**MIT DEM WOHNMOBIL IN DIE
SCHÖNSTEN STÄDTE EUROPAS**

Weltbild

MIT DEM WOHNMOBIL IN DIE SCHÖNSTEN STÄDTE EUROPAS

MIT DEM WOHN-MOBIL IN DIE STADT

Städtereisen sind in, Wohnmobilreisen ebenfalls – da können Städtereisen mit dem Wohnmobil doch nur eine glasklare »Win-win-Situation« bedeuten. Und so ist es ja auch: Städtereisen bieten im Idealfall einen herrlichen Mix aus Kultur und Natur, Unterhaltung und Entspannung. Und das Wohnmobil ist ein idealer Rückzugsort, den man sich so individuell wie möglich gestalten kann. Zudem ist es genau das richtige Gefährt für Kurzentschlossene: Wir möchten mal eben übers Wochenende oder länger von hier nach da fahren, ganz unabhängig von einer aufwendigeren Vorausplanung? Wir bekommen unterwegs Lust, schnell umzudisponieren, wollen noch ein anderes attraktives Städtereiseziel anhängen oder vielleicht überhaupt gleich mehrere Ziele miteinander kombinieren? Mit dem Wohnmobil ist das alles jederzeit möglich. Bei den meisten Städten des Buches gibt es zentrumsnah gelegene oder eine gute Verkehrsanbindung bietende Stellplätze, die über eine Infrastruktur für Wohnmobilisten verfügen. Die Palette der in diesem Buch vorgeschlagenen Adressen reicht vom einfachen Parkplatz bis zum voll eingerichteten Campingplatz mit großem Freizeitangebot: Frühstücksservice oft inklusive. Bleibt also nur noch die Qual der Wahl. Wohin soll es denn gehen? Um diese Entscheidung zu erleichtern, präsentieren wir in diesem Buch eine Auswahl der Besten vom Besten: 54 europäische Großstädte, in denen es viel zu sehen und noch mehr zu erleben gibt. Wir geben zunächst jeweils eine kurze Übersicht über die Stadt, inklusive wichtiger Webadressen auch zum Thema Parken und Park and Ride. Dann präsentieren wir eindrucksvolle Sehenswürdigkeiten sowie Karten und Infokästen zu den Stellplätzen. Bleibt also nur noch eine Frage offen: Wann geht's los?

In der Welt zu Hause: mit dem eigenen Wohnmobil. Oder doch zumindest mit diesem Buch: in Europa.

Helsingborg
Malmö
VILNIUS
Kaunas
Rostock
Lübeck
Bialystok
POLAND
WARSAW
Brest
Poznan
Oder
BERLIN
Vistula
Lódz
Lublin
Magdeburg
Wroclaw
GERMANY
Opole
Dresden
Katowice
Leipzig
Kraków
Erfurt
PRAGUE
Ostrava
Olomouc
Plzeň
CZECH REP.
Brno
SLOVAKIA
Kosice
BRATISLAVA
Miskolc
VIENNA
BUDAPEST
AUSTRIA
HUNGARY

Inhalt

Vorwort	4
Übersichtskarte	10

Nordeuropa 12

IRLAND
1	Dublin	14

VEREINIGTES KÖNIGREICH
2	Glasgow	20
3	Edinburgh	24
4	London	28

NORWEGEN
5	Bergen	34
6	Oslo	38

SCHWEDEN
7	Malmö	42
8	Stockholm	44

DÄNEMARK
9	Aarhus	50
10	Kopenhagen	54

FINNLAND
11	Helsinki	60

ESTLAND
12	Tallinn	64

LETTLAND
13	Riga	66

Westeuropa		70		**DEUTSCHLAND**		
NIEDERLANDE				25	Hamburg	110
14	Amsterdam	72		26	Bremen	116
15	Den Haag	78		27	Berlin	120
16	Rotterdam	80		28	Frankfurt am Main	126
BELGIEN				29	München	130
17	Antwerpen	84		**SCHWEIZ**		
18	Brüssel	88		30	Zürich	134
FRANKREICH				31	Bern	138
19	Paris	92		32	Genf	140
20	Straßburg	98		**ÖSTERREICH**		
21	Bordeaux	100		33	Innsbruck	144
22	Lyon	102		34	Salzburg	148
23	Marseille	104				
24	Nizza	108				

Still ruht der See – oder doch eher der Fjord, denn hier befinden wir uns in Norwegen, und was da so verführerisch glitzert im Hintergrund ist Oslo.

Ost- und Südeuropa 152

POLEN
35	Danzig	154
36	Warschau	158
37	Krakau	164

TSCHECHIEN
38	Prag	168

SLOWAKEI
39	Bratislava	174

UNGARN
40	Budapest	178

RUMÄNIEN
41	Bukarest	182

PORTUGAL
42	Porto	184
43	Lissabon	188

SPANIEN
44	Bilbao	194
45	Barcelona	196

46	Sevilla	202
47	Granada	206

ITALIEN

48	Meran	208
49	Bozen	210
50	Florenz	212
51	Rom	216

SLOWENIEN

52	Ljubljana	222

KROATIEN

53	Split	226

GRIECHENLAND

54	Athen	230

Register	236
Bildnachweis/Impressum	239

Auf einem einfachen Parkplatz wie hier in Amsterdam möchte man ungern länger stehen. Nachts stellt man das Wohnmobil lieber auf einem der Campingplätze in der näheren Umgebung ab.

Norwegische See
Dänemarkstraße
ISLAND
Reykjavík
Färöer (Dän.)
Tórshavn
Thorshavn
Shetlandinseln (U.K.)
Orkneyinseln (U.K.)
Hebriden
NORWEGEN
SCHWEDEN
FINNLAND
Bottnischer Meerbusen
Weißes Meer
Petrozavodsk
HELSINKI
HELSINGFORS
Tallinn
STOCKHOLM
OSLO
Skagerrak
Kattegat
ESTLAND
RUSSLAND
RIGA
LETTLAND
LITAUEN
Wilna
MINSK
WEISSRUSSLAND
Ostsee
Nordsee
DÄNEMARK
KOPENHAGEN
Bornholm (Dän.)
RUSSLAND
POLEN
WARSCHAU
UKRAINE
IRLAND
BAILE ÁTHA CLIATH
DUBLIN
VEREINIGTES KÖNIGREICH
Keltische See
LONDON
Der Kanal
Straße von Dover
NIEDERLANDE
AMSTERDAM
BRÜSSEL
BELGIEN
LUX.
Luxemburg
DEUTSCHLAND
BERLIN
PRAG
TSCHECHISCHE REP.
SLOWAKISCHE REP.
Bratislava
WIEN
BUDAPEST
ÖSTERREICH
UNGARN
RUMÄNIEN
BUKAREST
MOLDAU
CHISINAU
PARIS
FRANKREICH
Golf von Biscaya
Bern
SCHWEIZ
LIECHT.
Vaduz
Ljubljana
SLOWENIEN
ZAGREB
KROATIEN
BOSNIEN-HERZEGOWINA
SARAJEVO
BELGRAD
SERBIEN
BULGARIEN
SOFIA
MONTENEGRO
Podgorica
KOSOVO
Prishtinë
Priština
SKOPJE
NORDMAZEDONIEN
Tiranë
ALBANIEN
GRIECHENLAND
ATHEN
Peloponnes
MONACO
Monte-Carlo
SAN MARINO
Adriatisches Meer
VATIKANSTADT
ROM
ITALIEN
Korsika (Fr.)
Sardinien (It.)
Tyrrhenisches Meer
Ionisches Meer
Sizilien
MALTA
Valletta
MITTELMEER
ANDORRA
PORTUGAL
LISSABON
SPANIEN
MADRID
Mallorca
Menorca
ALGIER
TUNIS
TUNESIEN
RABAT
MAROKKO
ALGERIEN
1 2 3 4 5 6 7 8 9 10 11 12 13 14 15 16 17 18 19 20 21 22 23 24 25 26 27 28 29 30 31 32 33 34 35 36 37 38 39 40 41 42 43 44 45 46 47 48 49 50 51 52 53 54

London: Ein Ort der Nostalgie, an dem Hippie-Bulli und viktorianischer Häuserbaustil aufeinandertreffen.

IRLAND UND DAS VEREINIGTE KÖNIGREICH, NORDEUROPA

»Die Welt ist ein Buch«, schrieb einst der Mitte des 4. Jahrhunderts geborene Augustinus von Hippo, ein römischer Bischof und Kirchenlehrer, und fügte hinzu: »Wer nie reist, sieht nur eine Seite davon.« Seitdem ist viel Wasser die Flüsse hinabgeflossen, auch eine Menge Zeit vergangen – und das Reisen ist immer einfacher geworden. Mit dem Wohnmobil können wir heute sogar unterwegs zu Hause sein. Wer würde da nicht gern »mehrere Seiten« der Welt sehen? Nur: Wo anfangen? In diesem Buch konzentrieren wir uns auf europäische Ziele und in diesem ersten Kapitel auf die schönsten nordeuropäischen Städte, denen wir noch, ihrer insularen Ausnahmestellung gerecht werden wollend, einige in Irland und dem Vereinigten Königreich vorangestellt haben. Und auch hier haben wir natürlich, wie überall in diesem Buch, die Qual der Wahl. Sicher wird kein Mensch alle in diesem Kapitel präsentierten Städte, von A wie Aarhus bis T wie Tallinn, auf einer einzigen, sehr, sehr langen Wohnmobilreise »abhaken« wollen – obwohl es durchaus interessant wäre, mal auszurechnen, in welchem Zeitrahmen man das überhaupt schaffen könnte. Wohnmobilreisen aber ist beschauliches Reisen, und langsamer kommt man oft besser voran. Weshalb wir die präsentierten Städte nach Ländern zusammengefasst haben, nicht nach Alphabet. Dabei zeigt sich, dass die klingendsten Namen wie London oder Stockholm oft auch wirklich diejenigen sind, in denen es am meisten zu sehen gibt. Deutlich wird aber auch, dass die zunächst vielleicht etwas weniger klingenden Namen ebenso ihren Reiz haben. Tatsächlich sind oft gerade sie diejenigen, in den sich noch echte Entdeckungen machen lassen.

In der Altstadt – Gamla Stan – von Stockholm: Da die Entfernungen in Schwedens Hauptstadt überschaubar sind (und das Befahren der Innenstadt werktags mautpflichtig ist), empfiehlt es sich, das Wohnmobil in einer der mehr als 30 Park-and-Ride-Anlagen außerhalb des Zentrums stehen zu lassen.

Im hohen – und nicht so hohen – Norden

Auf Städtereise im Wohnmobil durch den Norden des Kontinents, das verspricht ein buntes Kaleidoskop urbaner Möglichkeiten. Doch vor dem Festland begeben wir uns erst mal in zwei westlich und nordwestlich vorgelagerte Inselreiche.

Mehr als 4,5 Millionen Bücher umfasst die Sammlung der Bibliothek des Trinity College, an dem einst auch Samuel Beckett und Oscar Wilde studierten. Hier ein Blick in den 64 Meter langen, zwölf Meter hohen Long Room.

1 DUBLIN

Dublin ist in jeder Hinsicht das Zentrum der Republik Irland: politisch, wirtschaftlich und kulturell. Seinen Aufschwung nahm der schon von Kelten besiedelte, offiziell im 9. Jahrhundert von Wikingern gegründete Ort Anfang des 18. Jahrhunderts, als er auf englisches Geheiß von einer mittelalterlichen Siedlung zur großzügigen georgianischen Stadtanlage umstrukturiert wurde. Bald nach der Unabhängigkeitserklärung des irischen Freistaats von Großbritannien (1922) wurde Dublin zur Hauptstadt. Heute lebt jeder achte Bewohner des Landes in der Stadt, deren Besichtigung idealerweise mit einem Pubbesuch enden sollte – auf den Spuren von James Joyce' grandiosem Dublin-Roman »Ulysses« etwa im Pub Davy Byrne's in der Duke Street.

Informationen:
www.visitdublin.com, www.dublinvisitorcentre.ie, https://city-tourist.de/Irland/Dublin.html, www.tii.ie/public-transport/luas/park-ride

01 Grafton Street

Wer in Dublin etwas auf sich hält, der kauft in der Grafton Street ein, die das Trinity College mit St Stephen's Green, einem öffentlichen Park, verbindet. In der größtenteils als Fußgängerzone gestalteten Straße unterhalten Gaukler und Musiker die Passanten. Hier findet man das »Brown Thomas«, eines der nobelsten Kaufhäuser des Landes, oder »Weir & Sons«, einen der führenden Juweliere. Imposant sind aber auch die Mieten: Grafton Street zählt zu den teuersten Wohnadressen weltweit. An ihrer Einmündung in die Suffolk Street steht die im Jahr 1987 – zum 1000-jährigen Stadtjubiläum – von Jean Rynhart erschaffene Bronzestatue der »Molly Malone«: James Yorkston schrieb Anfang der 1880er-Jahre ein Lied über diese schöne, früh verstorbene Fischverkäuferin (die es in Wirklichkeit nie gegeben hat). Das Lied wurde zu einem der bekanntesten irischen Volkslieder und ist heute inoffizielle Hymne der Stadt Dublin.

02 O'Connell Street

Einst gehörte die um die Mitte des 18. Jahrhunderts als vornehme Wohnstraße angelegte O'Connell Street zu den großzügigsten Boulevards Europas. Weite Teile des alten Baubestands wurden jedoch durch die Bürgerkriegskämpfe in den Jahren 1916 und 1922 zerstört. Markantestes Gebäude ist das ab 1815 errichtete General Post Office, in dem 1916 der Osteraufstand ausbrach. Im Verlauf der Ereignisse wurde es von britischen Truppen in Brand gesetzt, ab 1925 restauriert und 1929 wiedereröffnet. Heute ist das Postgebäude Symbol des irischen Nationalismus; am Eingang gedenkt eine Statue des mythologischen Helden Cúchulainn (1911 von Oliver Sheppard geschaffen) dem Osteraufstand. Den Mittelstreifen der viel befahrenen Straße zieren Standbilder irischer Freiheitskämpfer. Spektakulär ist die über 120 Meter hohe »Spire of Dublin«: Diese zu den höchsten Skulpturen der Welt zäh-

Das Daniel O'Connell Monument an der Nordseite der gleichnamigen Brücke in Dublin erinnert an den ersten (ab 1841) katholischen Bürgermeister der Stadt. Vier geflügelte Frauenfiguren symbolisieren Irlands Provinzen.

lende Metallnadel wird nachts beleuchtet. Sie steht an der Stelle, an der die IRA 1966 ein Denkmal für Admiral Nelson sprengte.

03 Trinity College

Manches historische Gebäude in Dublin erinnert bis heute an die einstige englische und protestantische Dominanz über das keltische und katholische Irland: Als Elisabeth I. im Jahr 1592 das Trinity College gründete, durften Katholiken dort kostenlos studieren, wenn sie zur anglikanischen Kirche konvertierten. Allerdings war ihnen erst ab dem Jahr 1873 erlaubt, einen akademischen Grad zu erwerben. Herzstück von »Trinity« ist die im Jahr 1732 von Thomas Burgh fertiggestellte Old Library. Prachtstück der Alten Bibliothek ist das aufwendig illustrierte »Book of Kells« – eine um das Jahr 800 entstandene Sammlung von Evangelien, die als Meisterwerk irischer Buchkunst gilt und den walisischen Geschichtsschreiber Giraldus Cambrensis (1146–1223) zu der Bemerkung veranlasste, es sei wohl »eher durch die Emsigkeit eines Engels als eines Menschen« zusammengefügt worden. Unbedingt mitmachen sollte man eine von Trinity-Studenten geführte Tour über den Campus sowie durch die Bibliothek. Tickets erhält man am Eingang zur Hochschule; diese können auch mit dem Eintritt zum »Book of Kells« kombiniert werden.

04 Custom House

Dublins Hauptzollamt gestaltete der englische Architekt hugenottischer Abstammung James Gandon (1743 bis 1823), der 1781 nach Irland gekommen war und in den Folgejahren mehr als jeder andere Architekt das Gesicht von Dublins Innenstadt prägte. Das Zollgebäude mit seinen vier Pavillons in dorischer Säulenbauweise gilt als bestes Beispiel für Gandons meisterlich entwickelte Kunst,

Ihre heutige Struktur erhielt die im Herzen der mittelalterlichen Stadt errichtete Christ Church Cathedral ab dem Jahr 1172.

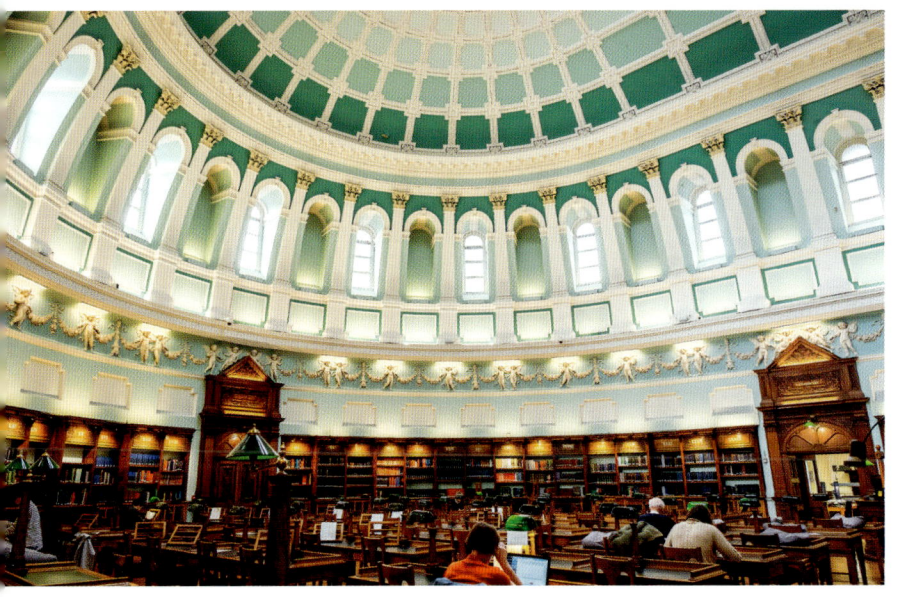

neoklassizistische und palladianische Einflüsse harmonisch miteinander zu vereinen. Errichtet wurde der Monumentalbau am Nordufer des River Liffey in den Jahren 1781 bis 1791 gegen den Widerstand vieler örtlicher Händler und Hafenarbeiter, die den Standort des alten, weiter östlich flussaufwärts am Wellington Quay gelegenen Hauptzollamts auch für diesen Neubau bevorzugt hätten.

05 National Library

Im Jahr 1877 schuf ein Gesetz (der »Dublin Science and Art Museum Act«) die rechtliche Voraussetzung für die Gründung der irischen Nationalbibliothek. Als Grundausstattung erhielt die neue Bibliothek eine Sammlung von Büchern, Schriften und Grafiken aus dem Besitz der »Royal Dublin Society«, einer 1731 von den Schriftstellern Thomas Prior und Samuel Madden gegründeten Gelehrtengesellschaft zur Förderung irischer Kultur. Das Gebäude in der Kildare Street erbauten Thomas Newenham Deane und sein Sohn Thomas in den Jahren 1884 bis 1890. Heute beherbergt es mehrere Millionen Bücher, darunter eine bedeutende Sammlung von Erstdrucken vornehmlich der irischen Literatur des 17. Jahrhunderts. Hinzu kommen Manuskripte, Landkarten, Gemälde und Fotografien. Zudem ist es Sitz des nationalen Zeitungsarchivs sowie einer genealogischen Forschungsstelle. Besucher und Interessierte können immer wieder wechselnde Führungen zu wichtigen

Oben: Blick auf die Fassade des Irish Parliament House in Dublin, hinter der sich heute eine Filiale der Bank of Ireland verbirgt.

Mitte: Der Lesesaal der Irischen Nationalbibliothek.

Unten: Temple Bar ist nicht nur der Name einer Szenekneipe, sondern auch der eines ganzen Viertels, das sich südlich des Liffey bis zur Dame Street erstreckt.

Themen der Geschichte und Schriftsteller Irlands besuchen.

06 National Gallery

Die hinter der Nationalbibliothek gelegene staatliche Gemäldesammlung wurde im Jahr 1864 eröffnet. An den ursprünglichen »Dargan Wing«, in dem sich eine Bronzestatue des Schriftstellers George Bernard Shaw befindet, wurden 1899 bis 1903 die Milltown Rooms angebaut, um die Sammlung des Russborough House aufzunehmen. In den Jahren 1968 und 2001 weihte man den Nordflügel und den »Millennium Wing« als weitere Anbauten der Gemäldesammlung ein. Den Sammlungsschwerpunkt bildet die irische Kunst, besonders das Werk des Impressionisten Jack B. Yeats (1871 bis 1957). Aber auch Beispiele spanischer Malerei und italienischer Renaissancekunst sind hier zu finden. Der spektakuläre Höhepunkt der Sammlung ist Caravaggios »Gefangennahme Christi« (1602).

07 Government Buildings

Hier werden die politischen Geschicke der Republik bestimmt: In den von Sir Aston Webb und Thomas Manley Dean 1904 bis 1911 als Universitätsgebäude errichteten, nach der Unabhängigkeit (1922) sukzessive für Regierungszwecke umfunktionierten Government Buildings hat Irlands Premierminister seinen Sitz. Keine 500 Meter von hier entfernt tagen die beiden Kammern des irischen Parlaments in einem ursprünglich 1745 bis 1748 für den Earl von Kildare im georgianischen Stil errichteten Stadtpalais: Als der Earl von Kildare 1766 den Titel eines Duke of Leinster verliehen bekam, erhielt das Kildare House seinen heutigen Namen, »Leinster House«. 1814 wurde es von der »Dublin Society« erworben, nach der irischen Unabhängigkeit ging es in Staatsbesitz über. Das Oberhaus tagt im ehemaligen Ballsaal, das Unterhaus im Nordflügel. Jeden Samstag um 10.30, 11.30 und 13 Uhr werden kostenlose Führungen durch die Government Buildings angeboten.

CAMPER PARK DUBLIN

Das kann ja schon mal keine schlechte Adresse sein – ein Camper Park auf dem Gelände eines der ältesten, im Jahr 1620 eröffneten Pubs (The White House) der Stadt: Tatsächlich handelt es sich aber anders als der Name vermuten lässt nicht wirklich um einen Camper Park, sondern um einen Parkplatz, auf dem man sein Wohnmobil abseits der Straße sicher über Nacht abstellen kann. Zur O'Connell Street sind es von hier nur etwa 20 Minuten.

The White House Newpark, The Ward, Co. Dublin, D11 X8DH, www.camperparkdublin.com, GPS: 53.44138, -6.33642

CAMAC VALLEY TOURIST CARAVAN AND CAMPING PARK

Dublins »erste Adresse« für Wohnmobilisten verfügt über 113 Stellplätze, liegt hübsch bei einem Park – an das rund um die Uhr hörbare Hintergrundgeräusch von der nahen Autobahn muss man sich allerdings erst gewöhnen. Größter Vorteil ist die Nähe zur Stadt – und dass es einen Shuttlebus dorthin gibt. Die sanitären Anlagen könnten besser gepflegt sein – man merkt, dass dieser Platz in Dublin keine wirkliche Konkurrenz hat.

22 Green Isle Rd, Kingswood, Clondalkin, Co. Dublin, D22 DR60, www.camacvalley.com, GPS: 53.30463, -6.41534

LYNDERS MOBILE HOME PARK

Stadt, Land, Meer vereint diese auf der Donabate-Portrane-Halbinsel, nur 15 Minuten vom Flughafen Dublin entfernt gelegene Anlage. Mit dem Wohnmobil steht man hier auf einer Wiese, genießt den Blick auf die Irische See und fährt mit dem Zug gemütlich zum Sightseeing in die Stadt. Kein Internet, zu den Duschen ist es etwas weit.

Quay Rd, Quay, Portrane, Co. Dublin, K36 V326, https://lyndersmobilehomepark.ie, GPS: 53.49146, -6.09817

---

08 National Museum

Das von Thomas Newenham Deane entworfene Nationalmuseum in der Kildare Street wurde im Jahr 1890 eingeweiht. Darin hat man die Sammlungen der Royal Irish Academy, des National History Museum, des Museum of Irish Industry und des Dublin Museum of Science and Art zusammengeführt. Das Nationalmuseum präsentiert Gegenstände aus der irischen Geschichte – von archäologischen Funden aus der Bronzezeit über liturgische Gegenstände aus dem Mittelalter bis zu Exponaten aus der Zeit des Unabhängigkeitskrieges. Besondere Aufmerksamkeit verdienen die »Tara Brooch« sowie der »Ardagh Chalice« und der »Derrynaflan Chalice«, zwei fein ziselierte Silberkelche. Die drei Exponate stammen wohl aus dem 8. Jahrhundert und zählen zu den berühmtesten Kunstgegenständen, die auf der Insel hergestellt wurden.

09 City Hall

Dublins Rathaus mit seiner hohen Kuppel über der Eingangsrotunde wurde von Thomas Cooley 1769 bis 1779 als Sitz der Börse (des Royal Exchange) errichtet. Im Jahr 1852 kaufte die Stadtverwaltung das Haus, dessen Eingangshalle noch immer Statuen regionaler Berühmtheiten schmücken.

10 Bank of Ireland

Die Bank of Ireland residiert in einem 1729 nach Entwürfen von Sir Edward Lovett für das irische Parlament

Von Daniel Libeskind entworfen wurde das nach einem Wechsel der Eigentümer so umbenannte Bord Gáis Energy Theatre in den Docklands von Dublin.

errichteten Prachtbau. Erst zwei Jahre nach der Auflösung des Parlaments als Folge des (die Vereinigung beider Länder zum Königreich von Großbritannien und Irland besiegelnden) Act of Union von 1801 erwarb die Bank of Ireland das Gebäude. An die ursprüngliche Bestimmung erinnert noch der mit Kassettendecke und Kronleuchter ausgestattete ehemalige Saal des Oberhauses im ersten Stock.

11 Dublin Castle

Mehr als 700 Jahre lang war die ab 1204 unter König John wohl genau am Ort der ersten wikingischen Befestigung errichtete Burg ein Inbegriff der englischen Fremdherrschaft – mit ihrer Übergabe 1922 an das nun unabhängige Irland wurde sie zu einem Symbol nationaler Freiheit. Bis auf den gut erhaltenen Record Tower (1258), einen der vier alten Ecktürme, und Teile des Fundaments erinnert heute nichts mehr an die ursprüngliche, bei einer Rebellion (1534) und einem Brand (1684) größtenteils zerstörte Anlage, deren heutiges Erscheinungsbild im Wesentlichen auf Um- und Neubauten des 18./19. Jahrhunderts zurückgeht. Berühmt ist die Burg auch als Aufbewahrungsort der 1907 gestohlenen irischen Kronjuwelen, deren Verbleib bis heute ungeklärt ist. Seit 2000 beherbergt sie die Chester Beatty Library.

12 Docklands

Warum sollte es in Dublin anders sein als in anderen Hafenstädten? Irgendwann wurden das Hafenbecken und die logistischen Möglichkeiten zu klein für moderne Schiffe und das ohnehin schon etwas heruntergekommene Viertel zu einem der Schandflecken der Stadt. Doch wie in London auch, war genau das die Rettung so manch alten Gebäudes – und gleichzeitig die Chance, fast im Zentrum der Stadt einen ganz neuen, modernen urbanen Mittelpunkt zu schaffen. Das Leben und Arbeiten nahe am Wasser wurde hip, wer etwas auf sich hielt, ob Start-up-Firma oder aufstrebender Jungmanager, den zog es in das alte Hafenviertel. Glas-, Beton- und Stahlpaläste entstanden, ein Kongresszentrum und eine Konzerthalle. Wer heute noch in die Vergangenheit eintauchen will, muss unter anderem das London & North Western Railway Co. Hotel der 1890er-Jahre besuchen. Umso paradoxer, dass auch die Boomzeit der Docklands inzwischen Vergangenheit ist. Die Zeit, als Irland zu den reichsten Ländern Europas zählte, ist heute schon Geschichte.

13 Bord Gáis Energy Theatre (ehemals Grand Canal Theatre)

Schon die Außenansicht dieses von Daniel Libeskind entworfenen Baus ist überwältigend: Die Fassade des diamantenförmigen Gebäudes fasziniert mit zwei überlappenden Glaswänden. Sie wirken wie ein Theatervorhang, durch den die Besucher ins Innere schreiten. Der große Saal ist modern und traditionell zugleich. Segel erinnern an die einstigen Hafenanlagen und die edle Ausgestaltung sorgt bei den Besuchern für glänzende Augen.

14 Samuel Beckett Bridge

Eine wichtige Infrastrukturmaßnahme, die gleichzeitig eine der Sehenswürdigkeiten der Stadt ist, einen der größten Schriftsteller des Landes ehrt und dazu noch das Wahrzeichen der ganzen Insel widerspiegelt! Die Samuel Beckett Bridge ist einfach spektakulär. Die Drahtseilkonstruktion führt über den Fluss Liffey, ist gute 120 Meter lang, 48 Meter hoch und verbindet die Macken Street auf der Südseite des Flusses mit der Guild Street und den Docklands. Es ist ganz besonders eindrucksvoll, wenn die Brücke bei der Durchfahrt von großen Schiffen zur Seite geschwenkt wird. Dem Architekten Santiago Calatrava gelang es, den Bau in der Form einer auf der Seite liegenden Harfe zu entwerfen.

15 St Patrick's Cathedral

Der Legende nach soll diese am St Patrick's Day 1192 geweihte Kathedrale an einem der ältesten mit dem Christentum verbundenen Orte Dublins errichtet worden sein – dort nämlich, wo der heilige Patrick im 5. Jahrhundert die ersten Iren taufte. Erst im Jahr 1558, mit dem Regierungsantritt von Elisabeth I., wurde St Patrick's protestantisch – seitdem wird in dieser mit 93 Metern Länge größten Kathedrale der (zu 95 Prozent katholischen) Republik Irland der anglikanische Ritus praktiziert. Das heutige neogotische Aussehen erhielt sie erst im 19. Jahrhundert – nachdem sie während des Irland-

Oben: Santiago Calatrava gestaltete die futuristische Schrägseilkonstruktion der den Fluss Liffey in der irischen Hauptstadt überquerenden Samuel Beckett Bridge.

Unten: (Irische) Flagge zeigen geht auch mit diesem nostalgischen Campergefährt in Dublin.

feldzugs von Oliver Cromwell (1649) zum Pferdestall umfunktioniert sowie durch schwere Stürme und Brände beschädigt worden war.

16 Christ Church Cathedral

Kinder bewundern in dieser ältesten Kathedrale des Landes zunächst die dort ausgestellte mumifizierte Ratte und die sie einst verfolgende, gleichfalls mumifizierte Katze. Beide blieben auf ihrer Verfolgungsjagd in einer Engstelle stecken und wurden erst viel später entdeckt. Weit bedeutender als diese kleine Geschichte ist aber der Kirchenbau selbst, der auf ein Holzkirchlein zurückgeht, das die Wikinger schon im Jahr 1038 erstellten. Die heutige Steinkirche wurde 1172 von Richard de Clare in Auftrag gegeben und 68 Jahre später im frühgotischen Stil eingeweiht. Sie ist seit dem Mittelalter der Sitz der Erzbischöfe Dublins, auch Parlamente und Gerichte tagten im Laufe der Zeit in dem imposanten Bau.

17 Phoenix Park

Wenn New Yorker von der Größe und Schönheit des Central Park schwärmen, beginnen die Dubliner leise zu lächeln. Denn der Phoenix Park, drei Kilometer nordwestlich des Stadtzentrums, ist nicht nur doppelt so groß, sondern mit sieben Quadratkilometern Grundfläche auch einer der größten Stadtparks der Erde. Eine elf Kilometer lange Mauer umschließt das Gelände, in dem sich unter anderem die Residenz des irischen Präsidenten, das Hauptgebäude der Polizei, die Botschaft der USA, das Gästehaus für Staatsgäste sowie die historische Befestigungsanlage Magazine Fort befinden. Selbst der Dublin Zoo hat Platz gefunden in der grünen Lunge der Stadt.

18 Kilmainham Gaol

Irgendwann konnten es die republikanischen Veteranen nicht mehr mit ansehen. Im Jahr 1924 war das Gefängnis geschlossen und dem Verfall preisgegeben worden. Doch zu viel Schlimmes im Freiheitskampf Irlands war hinter diesen Mauern geschehen, als dass man das Vergessen darüber hätte breiten können. Seit dem Jahr 1960 ist das Gefängnis nun geöffnet – nachdem die Veteranen das Gebäude als Museum in Eigenregie wiedererweckten. Es ist eine Ironie der Geschichte, dass ausgerechnet der damalige irische Präsident Éamon de Valera seine Zustimmung zu dem Museum gab. Ausgerechnet er, der hier selbst zwei Mal einsaß und im Jahr 1924 entlassen wurde – als letzter Insasse vor der endgültigen Schließung.

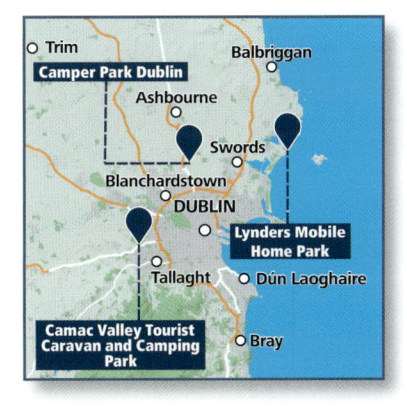

Die im Jahr 1451 gegründete University of Glasgow gehört zu den ältesten Universitäten des Landes. Auch für Studierende aus der EU gibt es ein attraktives Stipendienprogramm.

2 GLASGOW

Die größte Stadt Schottlands überrascht im Zentrum mit exklusiven Geschäften, imposanten Fassaden und hübschen Einkaufspassagen. Besucher verspüren hier weltstädtisches Flair, und der radikale Imagewechsel Glasgows in den letzten Jahrzehnten hatte zur Folge, dass manche Besucher – im Gegensatz zum lokalen »Erzrivalen« Edinburgh – sogar von Glasgow als einer »Trendmetropole« sprechen. Eine rekordverdächtige Zahl an Theatern und anderen Kulturstätten, Museen von Weltrang sowie mehr als 70 Parks und Grünzonen geben der einstigen Arbeiterstadt neuen Glanz. Port Glasgow mit seiner Schiffswerft und dem Newark Castle aus dem 16. Jahrhundert liegt etwa 40 Kilometer westlich der Stadt.

Informationen:
https://peoplemakeglasgow.com, www.visitscotland.com/de-de/destinations-maps/glasgow/see-do, www.travelinescotland.com, www.parkandride.net/glasgow

01 Merchant City

Die »Kaufmannsstadt« ist viel mehr als ein Konsumtempel. Schon Mitte des 18. Jahrhunderts hatten hier Geschäftsleute ihren Sitz, die mit Tabak oder Baumwolle ein Vermögen gemacht hatten. Auch Zucker und Tee stapelten sich in den Lagerhäusern. Rund 100 Jahre später bezog Glasgows Obst-, Gemüse- und Käsemarkt hier sein Domizil. Auch heute wird in dem Viertel noch Handel getrieben. Doch längst nicht nur: Zu den Geschäften und Boutiquen haben sich Galerien, Clubs, Bars und Restaurants gesellt. Das Beer Café ist eines der bekanntesten Lokale. Im Arisaig wird echte schottische Küche serviert. Auf dem Merchant Square und den Straßen darum herum lässt es sich herrlich bummeln und das bunte Treiben der Leute beobachten.

02 George Square und City Chambers

Die im Jahr 1888 entstandenen City Chambers gehören nicht nur zu den schönsten Bauten Glasgows, sondern des ganzen Vereinigten Königreichs. Schon der Platz, der mitten in der Stadt unmittelbar neben Queen Street und Central Station liegt, verschlägt Besuchern die Sprache. Von einer hohen Säule blickt Walter Scott (1771–1832) herab, gleich neben ihm der Nationaldichter Robert Burns (1759–1796). Und es begegnen einem weitere Berühmtheiten: der Wissenschaftler Thomas Graham (1805–1869), der Dichter Thomas Campbell (1777–1844) oder auch Lord Clyde (1792–1863). Ein Mahnmal erinnert an die Toten von Nagasaki und Hiroshima. Obwohl im Rathaus, das im italienischen Renaissancestil errichtet wurde, noch immer gearbeitet wird, können Teile besichtigt werden – eines der prächtigsten Marmortreppenhäuser Europas etwa oder der Festsaal.

03 Royal Exchange Square und Gallery of Modern Art

Nur einen Steinwurf vom George Square entfernt findet man den

Das größte Museum der Stadt Glasgow ist die im Jahr 1901 eröffnete, heute Jahr für Jahr über eine Million Besucher anziehende Kelvingrove Art Gallery, am Rand des gleichnamigen Parks im Glasgower West End gelegen.

Börsenplatz. Bevor der das Gelände dominierende Bau 1817 in den Besitz der Royal Bank of Scotland ging, war er das luxuriöse Stadthaus eines Tabakbarons. Zum Ende des Jahrhunderts wurde hier die erste Telefonzentrale Glasgows eingerichtet. Wer heute vor dem Portal mit seinen Säulen steht, kann sich kaum vorstellen, dass die Gallery of Modern Art, kurz GoMA genannt, erst 1996 eingezogen ist. Die goldene Inschrift scheint schon immer an Ort und Stelle gewesen zu sein. Einzig die Malereien darüber verraten den modernen Ursprung. Vor dem Eingang zum Museum mit seinen wechselnden Ausstellungen steht ein Reiterdenkmal des Herzogs von Wellington.

04 St Mungo's Cathedral
Die Glasgow Cathedral, wie sie offiziell heißt, ist die einzige Kathedrale auf dem schottischen Festland, die aus dem Mittelalter bis in die heutige Zeit überdauert hat. Sie ist dem Schutzpatron der Stadt, dem heiligen Kentigern, auch bekannt als der heilige Mungo, gewidmet. Er fand in der Kirche seine letzte Ruhestätte. Der Turm des Gebäudes, das als eines der wenigen sogar die Reformation unbeschadet überstand, stammt aus dem 13. Jahrhundert. Damit zählt er zu einem der letzten noch erhaltenen Kirchtürme aus dem Mittelalter. Heute gehört die Kathedrale, die bereits seit 1690 keinen Bischofssitz mehr hat, zur Church of Scotland. Sehenswert ist auch der Friedhof neben der Kathedrale. Vom Haupteingang schreitet man über die Seufzerbrücke mitten hinein in das stille Reich der Toten.

05 Kelvingrove
Museum und Kunstgalerie zugleich, findet man hier Information und Unterhaltung für Menschen jeden Alters und jeglichen Interesses. Da staunt man gerade noch über die Spitfire LA198, die in einem prachtvollen Saal von der Decke hängt, und bewundert gleich darauf Werkzeuge aus der Bronzezeit. Es gibt schottische Waffen und Rüstungen ebenso zu bestaunen wie Schmuck, Glas und Keramik aus Glasgow. Liebhaber internationaler Malerei kommen bei Werken von Monet, Rembrandt, Picasso, van Gogh und Dalí auf ihre Kosten. Sehenswert ist die naturgeschichtliche Ausstellung. Auch über die Seefahrt und den Schiffbau auf und am River Clyde, unverzichtbar für die Entwicklung der Stadt, erfährt man viel. Wie in allen städtischen Museen ist der Eintritt frei.

06 Glasgow School of Art
Die Kunsthochschule in der Renfrew Street gehört zu den interessantesten Gebäuden im alten Kern der Stadt. Durch die für damalige Verhältnisse riesigen Fenster dringt viel Licht in die Ateliers, überhaupt folgt die Form deutlich der Funktion, was Ende des 19., Anfang des 20. Jahrhunderts noch kein geläufiges Gestaltungsmotto war. Sehr aufschlussreich sind ein ausgestelltes Modell und die Pläne des Bauwerks. Professoren und Studenten der School of Art kommen aus der ganzen Welt. Es sind Schauspieler, Regisseure, Bildhauer, Maler, Fotografen und Musiker. Produkte dieser Absolventen oder Dozenten kann man in einem Shop erwerben. Außerdem erwartet den Kunstliebhaber ein spannendes Besucherzentrum.

07 Glasgow Botanic Gardens
Ruhe und Erholung im quirligen urbanen Alltag findet man im Botanischen Garten an der Great Western

Road. 1817 erbaut, findet man hier beeindruckende Gewächshäuser und Wintergärten. Am prächtigsten ist der Kibble Palace, der eine renommierte Sammlung an Baumfarnen beherbergt. Das imposante Glashaus hat eine Fläche von mehr als 2000 Quadratmetern.

08 Victoria Park
Zum Goldenen Jubiläum von Queen Victoria im Jahr 1887 wurde der Park ihr zu Ehren benannt. Die beliebte Grünfläche liegt im westlichen Teil von Glasgow und kann von drei verschiedenen Eingängen aus betreten werden. Auf dem 20 Hektar großen Gelände befindet sich auch das Fossil Grove Museum, in dem prähistorische Funde präsentiert werden.

09 Kelvingrove Park
Zwischen Innenstadt und West End gelegen, fasziniert dieser Park durch seine anmutige Landschaft, durchzogen vom Fluss Kelvin, über den an zwei Stellen Brücken führen. Bei schönem Wetter tummeln sich hier viele Besucher, zu denen sich auch gern die Studenten der nahen Glasgower Universität gesellen.

10 Queen's Park
Der im 19. Jahrhundert vom seinerzeit bekannten Designer Paxton entworfene Park umfasst ein 60 Hektar großes Gebiet im Süden Glasgows und ist Mary, Queen of Scots, gewidmet. Ehedem für die ständig wachsende Zahl der Anwohner in den umgebenden Bezirken gedacht, erfreut sich der Park heute großer Beliebtheit bei allen Besuchern.

11 Seven Lochs Wetland Park
Gleich sieben Seen, fünf Naturschutzgebiete, ein Landschaftspark und das älteste Gebäude von Glasgow in der Provan Hall werden hier zu einem schönen Stadtpark vereint.

12 Clyde Waterfront
Der Fluss war schon Lebensader und Schandfleck Glasgows. Am Clyde gründete sich früher Reichtum durch den Bau legendärer Luxusschiffe, doch hier zeigten sich auch die Folgen katastrophaler Hungersnöte in aller Härte. Noch in der ersten Hälfte des 20. Jahrhunderts zeugten verlassene Industrieanlagen und verfallene Slums von schweren Zeiten. Diese Spuren wurden mit viel Engagement und mindestens ebenso viel Geld beseitigt. Jetzt säumen Grünflächen, hübsche Stadthäuser und imposante Bauwerke das Flussufer. Zu Letzteren gehört vor allem das Riverside Museum (siehe unten).

13 Glasgow Science Centre
Die silbrig schimmernde Fassade des Glasgow Science Centre wirkt wie ein Ufo, das auf einem Klecks Wasser gelandet ist. Der Titanpanzer des Konstrukts sieht aus, als würde eine riesige Raupe an Land kriechen. Seit Glasgow im Jahr 1990 die europäische Kulturhauptstadt war, hat eine Wandlung in die Moderne stattgefunden. Die neuen Bauten wenden sich der Zukunft zu. Am Ufer des River Clyde, am Pacific Quay gelegen,

Oben: Die kühne Architektur von Zaha Hadid macht das Glasgow Riverside Museum zu einem weithin sichtbaren Blickfang (rechts im Bild der auch im Inneren zu besichtigende, an der Rückseite des Museums im Glasgower Hafen vor Anker liegende Großsegler »Glenlee«, auch als »The Tall Ship at Glasgow Harbour« bekannt).

Links: Auf Städtetour im Licht der schottischen Sonne.

fasziniert aber nicht nur das Äußere des Publikumsmagneten. Hier entstand ein modernes Zentrum multimedialer und interaktiver Ausstellungen, Workshops, Shows mit einem Planetarium und einem Kino. Alles, um den Besuchern Wissenschaft und neue Technologien auf unterhaltsame Weise näherzubringen.

14 Scottish Event Campus (SEC)

Die Stadt, die sich immer wieder und besonders seit den 1980er-Jahren neu erfindet, beauftragt auch schon mal weltweit bekannte Architekten wie den Briten Norman Foster. Als Highlight entstand 2013 am Nordufer des Clyde auf dem Gelände des ehemaligen Queen's Dock ein beeindruckendes Ausstellungs- und Kongresszentrum.

15 SEC Armadillo

Einen besonderen Stempel drückte der Architekt Norman Foster dem Komplex der neuen Sport- und Eventhallen mit der zusätzlich entstandenen Konzerthalle auf: Das Clyde Auditorium (oder SEC Armadillo) mit seiner markanten, schuppenartig geformten Fassade, die auch ein wenig an die Oper von Sydney erinnert, nennen die Glasgower liebevoll »Armadillo«, »Gürteltier«.

16 Finnieston Crane

Entlang des Clyde stehen heute nur noch vier dieser Ausleger-Kräne aus Stahl. Der Finnieston ist mit 53 Meter Höhe, dem Ausleger von 46 Meter Länge und 175 Tonnen Gewicht der größte. Er ist ein Symbol für die Schwerindustrie, in der hier bis in die 1950er-Jahre hinein viele arbeiteten.

17 Clyde Arc Bridge

Die Brücke, deren Straßenverlauf eine Kurve bildet, fasziniert durch ihr wie ein Bogen gespanntes, innovatives Design. Seit 2006 führt sie über den Clyde in Richtung Zentrum und verbindet die neuen Bauwerke am Südufer mit dem Pacific Quay.

18 Riverside Museum

Das durch die Stararchitektin Zaha Hadid schon von seiner äußeren gezackten Form her mit viel Glas auffallend markant gestaltete Riverside Museum, das die Exponate des früheren Verkehrsmuseums übernommen hat, begeistert nicht nur Architekturliebhaber oder die Fans schneller Autos und schnaufender Loks. In den Jahren 2004 bis 2012 für mehr als 100 Millionen Euro erbaut, wurde es bereits im Jahr 2013 als Europäisches Museum des Jahres ausgezeichnet. Neun Themenbereiche gibt es hier; darunter sind nachgebaute Straßen, die man mit öffentlichen Verkehrsmitteln befahren kann. Dem Fluss ist ein eigener Abschnitt gewidmet. Nicht zuletzt kommt man im Riverside Museum Menschen näher, die Mobilität auf ihre ganz eigene Weise zum Teil ihres Lebens gemacht haben – etwa bei einer Radreise von Schottland nach Anchorage. Gleich beim Museum vor Anker liegt der Weltumsegler »Glenlee«, ein im Jahr 1896 für die Glen-Linie der in Glasgow ansässigen Reederei Archibald Sterling & Company gebauter stählerner Windjammer, der wie das Museum kostenfrei besichtigt werden kann. Bei Hop-On-Hop-Off-Touren auf einem Ausflugsschiff lassen sich der Fluss und viele Attraktionen der Stadt am besten erkunden.

RED DEER VILLAGE HOLIDAY PARK

Direkt vor den Toren Glasgows, an der A80, einer der Hauptverkehrsachsen im Norden Schottlands, gelegener Ferienpark mit einigen Stellplätzen und guter Verkehrsanbindung via Bus und Zug ins Zentrum der Stadt. Ruhig, gepflegt (auch im Sanitärbereich), edel – das hat natürlich seinen Preis. WLAN ist aber kostenlos verfügbar.

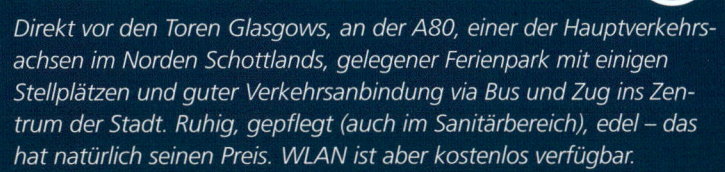

1 Village Dr, Stepps, Glasgow G33 6FQ, www.reddeervillageholidaypark.co.uk, GPS: 55.88522, -4.14389

STRATHCLYDE COUNTRY PARK CARAVAN AND MOTORHOME CLUB CAMPSITE

Großzügig angelegter Campingplatz an einem schönen Park mit einer Handvoll Stellplätzen – allerdings hört man auch hier durchgängig die nahe Autobahn. Sehr sauber, auch im Sanitärbereich gut gepflegt, teuer. Die nächste Bushaltestelle ist 2,5 Kilometer entfernt.

Bothwellhaugh Road, Bothwell, Bellshill, Glasgow G71 8NY, www.caravanclub.co.uk/club-sites/scotland/glasgow/strathclyde-country-park-club-campsite, GPS: 55.80399, -4.04769

CAMPSIE GLEN HOLIDAY PARK

Etwa eine Autostunde nordöstlich von Glasgow in einem Dorf bei Fintry gelegener Ferienpark mit Stellplätzen und guter Infrastruktur auch für einen etwas längeren Aufenthalt. Wer nach einem ereignisreichen Besichtigungstag in Glasgow hierher zurückkehrt, wird die Ruhe und Natur der ländlichen Idylle – und nicht zuletzt den Swimmingpool – zu schätzen wissen.

Campsie Glen Holiday Park, Fintry, Glasgow G63 0LP, www.woodleisure.co.uk/our-parks/campsie-glen, GPS: 56.06835, -4.24515

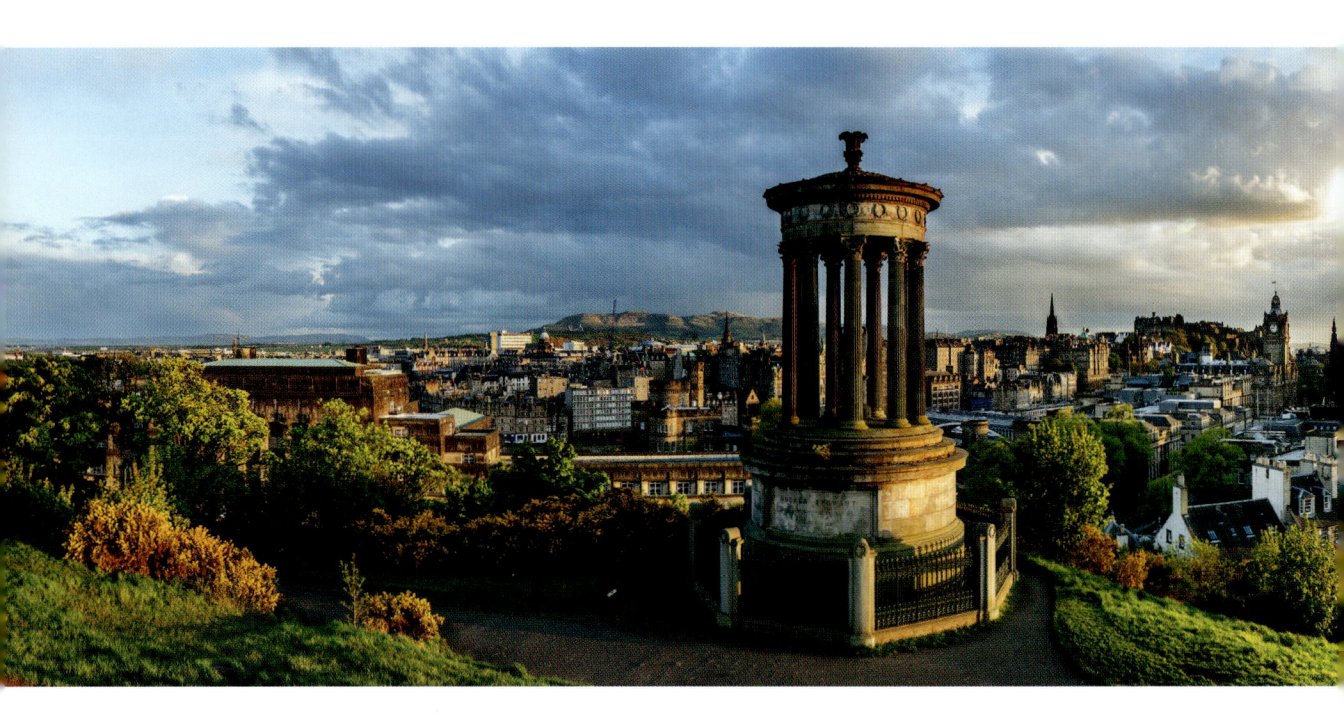

Blick vom Calton Hill, der markantesten Erhebung der Stadt am östlichen Ende der Princess Street. Das Dugald Stewart Monument im Vordergrund ist einem Philosophen gewidmet, der an der hiesigen Universität lehrte.

3 EDINBURGH

Die schottische Hauptstadt fasziniert durch architektonische Geschlossenheit und ein buntes Kulturleben, vor allem im Sommer während des berühmten Musik- und Theaterfestivals, das 2022 sein 75. Jubiläum feiern konnte. Dabei erobern Jahr für Jahr Gaukler die Gassen, Theatergruppen und Musiker treten auf, Kabarett, Zirkus, Oper, Film und Ballett werden geboten – und überall erklingen Dudelsackweisen. Der älteste, seit der Bronzezeit besiedelte Kern der Stadt ist Castle Rock, der Felsen, auf dem bereits im 7. Jahrhundert König Edwin eine erste Burg errichten ließ. So entstand der Name Edinburgh. Bis heute ist das Castle, das zum Schloss ausgebaut wurde, Blickfang der Stadt. Die umsichtig im georgianischen Stil geplante, gegen Ende des 18. Jahrhunderts mit rechtwinkligen Straßen in Richtung Norden errichtete Neustadt bildet einen auffälligen Kontrast zur mittelalterlich geprägten Altstadt.

Informationen:
https://edinburgh.org, www.visitbritain.com/de/de/schottland/edinburgh, www.edinburgh.gov.uk/parkandride

01 Edinburgh Castle
Als Residenz schottischer Könige blickt die auf dem Castle Rock, 100 Meter über der Stadt thronende Trutzburg auf eine bewegte Historie zurück. Bis zur Vereinigung Schottlands mit England, nach der Schlacht von Culloden 1746, wurde sie immer wieder belagert, zerstört und neu aufgebaut. Die Festung umfasst daher Gebäudekomplexe aus fast allen Epochen der schottischen Geschichte. Vor allem die Gemächer im Royal Palace lohnen einen Besuch: Hier sind die schottischen Reichsinsignien ausgestellt, und hier befindet sich die Kammer, in der Maria Stuart 1566 ihren einzigen Sohn gebar: König Jakob VI. von Schottland (und König Jakob I. von England).

02 National War Museum
Hinter den massiven Mauern des Edinburgh Castle präsentiert dieses Museum 400 Jahre Militärgeschichte. Ehedem ein Lager für Artillerieausrüstung, wurde es später als Militärhospital genutzt. Es liegt am Hospital Square und kann vom Redcoat Café aus sowie durch den Archway betreten werden.

03 Old Town
Die Altstadt Edinburghs wird durch die Princes Street von der Neustadt getrennt. Winzige mittelalterliche Sträßchen verlieren sich hier inmitten der ungewöhnlich hohen, teils noch mittelalterlichen Häuser. Steile, enge und düstere Gassen mit grobem Kopfsteinpflaster verbergen verschachtelte Hinterhöfe. Bei einem Spaziergang stößt man oft auf urige Pubs und gemütliche Restaurants.

04 Royal Mile
Die Royal Mile bildet die Hauptschlagader der Altstadt Edinburghs und wird von steil abfallenden und ansteigenden engen Gassen, Hinterhöfen

Rast mit Blick auf ein Weltkulturerbe: Die zweigleisige Eisenbahnbrücke über den Firth of Forth gilt als ein Wunderwerk der Technik und Architektur.

und Durchgängen, den »Closes«, gekreuzt. Einst waren sie als Rückzugsgebiet von Kleinkriminellen verrufen. Heute sind die alten Gemäuer sorgfältig restauriert und die Closes ein Touristenmagnet. Besonders sehenswert sind der Old Fishmarket Close und der Advocate's Close. Der Real Mary King's Close verschwand 1753 durch Überbauung im Untergrund und wurde zum Gegenstand von Gerüchten, Mythen und Gruselgeschichten. Im Lady Stair's Close befindet sich das Writers' Museum, das schottischen Schriftstellern gewidmet ist. In einer Druckerei am Anchor Close wurde in den Jahren 1768 bis 1771 die erste Auflage der »Encyclopædia Britannica« gedruckt.

05 St Giles' Cathedral
Mitten auf der Royal Mile, zwischen viktorianischen Häusern, steht die St Giles' Cathedral, die Mutterkirche des schottischen Presbyterianismus. Gedrungen und ohne richtigen Kirchturm, fällt ihre offene Steinkrone schon von Weitem auf. Giles (im deutschen Sprachgebrauch: Ägidius von St. Gilles) ist der Schutzpatron der Aussätzigen und Krüppel. Die Bezeichnung »Kathedrale« ist womöglich etwas übertrieben, denn nur für wenige Jahre befand sich hier der anglikanische Bischofssitz. Zwar stand dort schon im Jahr 854 eine Kirche, doch bauliche Andenken gibt es keine mehr, die ältesten Relikte stammen von 1120 – eine Kirche im normannischen Stil, die die Engländer niederbrannten. Der nüchterne Neubau im Stil der Gotik dürfte dem Reformator John Knox gefallen haben, der von der Kanzel gegen Lebenslust und Hedonie wetterte.

06 Thistle Chapel
Löwe, Labrador, geflügeltes Fabeltier, geballte Faust oder gleich die ganze Welt unter einem Regenbogen – die Vielfalt der Wappen in der Thistle Chapel ist groß. Wessen Wappen dort hängt, der ist amtierender Ritter vom Distelorden, Schottlands höchstem Ritterorden. Neben der Königin und den Prinzen zählt der noble Club, das schottische Pendant zum englischen Hosenbandorden, nur 16 Ritter und Nobeldamen sowie einige ausländische Monarchen. Jedes Mitglied hat einen mit Schnitzereien verzierten Kirchenstuhl, den die eigene Wappenfigur krönt. Der schottische Architekt Robert Lorimer entwarf die Pläne für die im Jahr 1911 fertiggestellte Kapelle, in der auch mit einem Kilt bekleidete, Dudelsack spielende Engel zu sehen sind.

07 Princes Street Gardens
Im Sommer werden die Princes Street Gardens zum Freiluft-Wohnzimmer der Edinburgher. An vielen Ständen gibt es kühle Getränke, Eis und heiße Würstchen, Dudelsackspieler amüsieren Sonnenanbeter, und die Konzerte und Aufführungen im Ross Open Air Theatre sind schnell ausverkauft. Malerisch liegen die Gärten mit ihren Denkmälern, Statuen und Brunnen zu Füßen der Altstadt und von Edinburgh Castle. Nur einen Steinwurf entfernt verläuft Edinburghs Haupteinkaufsstraße, die Princes Street, parallel zum Park.

08 Ross Fountain
Der vor Ort ansässige Waffenbauer Daniel Ross entdeckte die Brunnenskulptur aus Gusseisen 1862 auf einer Messe in London, kaufte sie und vermachte sie der Stadt Edinburgh. Der aus 122 Einzelteilen bestehende Brunnen stellt an der Basis Nixen und Löwenköpfe dar. An der Spitze prangen vier weibliche Figuren, die Wis-

Die Skyline der Stadt überragen das Edinburgh Castle, der Balmoral Hotel Clocktower sowie (im Bild links neben dem Riesenrad) das dem schottischen Dichter Sir Walter Scott gewidmete Memorial – das zweitgrößte Denkmal weltweit für einen Autor neben dem für José Martí in Havanna auf Kuba.

senschaft, Kunst, Poesie und Industrie symbolisieren.

09 New Town

Trotz sinkender politischer Bedeutung nach der Union mit England im Jahr 1707 blieb Edinburgh ein wichtiges kulturelles Zentrum. Gegen Ende des 18. Jahrhunderts wurde die georgianische Neustadt mit den rechtwinklig angelegten Straßen gen Norden errichtet. Entlang der Princes Street reihen sich einige sehenswerte Denkmäler und Monumente aneinander; sie trennt Edinburghs Altstadt von der Neustadt.

10 Princes Street

Die Princes Street bietet die spektakulärsten Ausblicke über die gleichnamigen Gärten hinweg zum Castle. An ihrem Ostende liegt der Calton Hill. Entlang der Straße locken etliche Shops, dazwischen lässt sich in zahlreichen Cafés und Restaurants pausieren. Am Bahnhof findet man das Princes Mall Shopping Centre.

11 Balmoral Hotel

Bis 1980 gehörte das Balmoral der North British Railway, die es unter dem Namen North British Hotel als Eisenbahnhotel erbaute. Nachdem eine Hotelgruppe das Gebäude aufkaufte, ging es als Balmoral Hotel in Betrieb. Es ist heute eines der luxuriösesten Hotels in Schottland.

12 St Andrew Square

Zunächst als reines Wohngebiet mit Platz und Parkanlage in der ab 1772 neu gebauten New Town konzipiert, wandelte sich der St Andrew Square mit der noblen George Street im östlichen Teil zum Finanzviertel. Das Melville Monument in den St Andrew's Gardens ist das weithin sichtbare Wahrzeichen.

13 Scott Monument

Das begehbare, zu Ehren von Sir Walter Scott 1846 eingeweihte Monument steht zentral an der Princes Street in der Nähe der Waverley Station. Unübersehbar überragt es mit seinen 61 Metern die Princes Street Gardens, über 287 Stufen gelangt man gegen ein geringes Entgelt bis zur höchsten Aussichtsplattform

14 Calton Hill

Von hier aus genießt man zuerst den Blick auf die »Kronen« der Stadt: Edinburgh Castle auf seinem Fels, die Spitze des Scott Monument und links daneben den Turm des Balmoral Hotel. Mit seiner Höhe von 103 Metern bildet Calton Hill (auch Caltoun oder Caldoun genannt) neben Arthur's Seat und dem Castle Rock die markanteste Erhebung der Stadt Edinburgh. Auf dem Hügel findet man auch eine ganze Reihe bedeutsamer Bauwerke. So war das St. Andrew's House einst Sitz der schottischen Regierung. Das Parlament zog aber nach Fertigstellung in das neue Gebäude beim Holyrood Palace ein. Unterhalb des St Andrew's House befinden sich die Glasdächer der Waverley Station, dahinter liegt die North Bridge, und darüber wacht das Edinburgh Castle. Das seit 1829 unvollendete Säulenensemble des National Monument wurde dem Parthenon in Athen nachempfunden und sollte zur Ehrung der Gefallenen der Napoleonischen Kriege dienen. Umstritten bleibt, dass das Ehrenmal aus Geldmangel nicht beendet wurde. Seitdem wird Edinburgh ironisch »Athen des Nordens« genannt. Das sogar vom Firth of Forth aus sichtbare Nelson Monument auf dem Calton Hill wurde 1807 zu Ehren von Admiral Horatio Nelson als Nachbildung seines Teleskops erbaut. Nelson starb 1805 als Nationalheld in der Trafalgar-Schlacht. Bewältigt man die 143 Treppenstufen hinauf, eröffnet sich ein spektakuläres Panorama über ganz Edinburgh. Zur Zeitmessung erbaut, wurde das Old Observatory 1852 mit dem Nelson Monument verbunden. Das Zeitzeichen ist ein Ball, der täglich um 12 Uhr niedersaust, im Sommer gleichzeitig mit der One O'Clock Gun am Edinburgh Castle. Es diente ehedem der Synchronisation der Chronometer und der Navigation der in Leith Harbour ankernden Schiffe. Der »Time Ball« ist 762 Kilo schwer!

15 Holyrood Palace

Die offizielle Residenz der britischen Königsfamilie in Schottland, am östlichen Ende der hier zum Edinburgh Castle hinaufführenden Royal Mile, steht in Abwesenheit der Royals für Besichtigungen offen. Die meisten Besucher interessieren sich aber weniger für die heutige Königsfamilie als für eine frühere Bewohnerin des Palastes: In Holyrood House residierte zwischen 1561 und 1567 Maria Stuart, hier heiratete sie in zweiter Ehe Lord Darnley, hier musste sie mit ansehen, wie ihr Privatsekretär und vermutlicher Liebhaber David Rizzio hinterrücks erstochen wurde. Im Nordwestturm des Palastes sind einige Erinnerungsstücke ausgestellt. Der größte Teil des heute sichtbaren Schlosses wurde erst rund 100 Jahre nach dem Tod der berühmten Königin errichtet. Die Räumlichkeiten sind mit kostbaren Möbeln, Teppichen und Gemälden ausgestattet. Das Schloss ging aus dem Gästehaus einer Abtei, der Holyrood Abbey, hervor, deren Ruinen noch zu sehen sind. Der Legende nach wurde sie im Jahr 1128 von König David I. erbaut, der hier ein wundersames Erlebnis gehabt haben soll: Als ein Hirsch den König angreifen wollte, blitzte am Himmel plötzlich ein Kreuz auf, blendete das Tier und schlug es in die Flucht. (Daher auch der Name der Abtei: »Heiliges Kreuz«.)

16 Royal Botanic Garden

Von den Einheimischen kurz »The Botanics« genannt, hat der botanische Garten neben dem Erholungswert für seine Besucher auch einen hohen Stellenwert in wissenschaftlicher Hinsicht. Seit 1820 befindet sich der Garten an diesem Platz – knapp eineinhalb Kilometer außerhalb des Stadtzentrums –, nachdem 1670 die erste Anlage dieser Art nahe dem Holyrood Palace begründet wurde. Rund 35 000 Pflanzenarten wachsen hier. Das Herbarium hat eine wertvolle Sammlung von zwei Millionen Proben an Pflanzenarten. Der Eintritt ist frei, nur der Besuch des Palmenhauses, das größte in Großbritannien, ist kostenpflichtig.

17 Queen Street Gardens

Entlang des nördlichen Teils der Queen Street liegen im Herzen der New Town drei Parks, die im frühen 19. Jahrhundert als öffentliche Anlagen konzipiert wurden. Fast so groß wie die Princes Street Gardens, sind die der Queen Street allerdings privat und nur den Anliegern vorbehalten. Mit ein bisschen Glück erhascht man aber doch einen Blick auf die hinter schmiedeeisernen Geländern verborgenen Schönheiten, zu denen neben einem griechischen Tempel auch ein Teich gehört, an dem Robert Louis Stevenson als kleiner Junge spielte. Im September öffnen sich bei den Doors Open Days auch die Tore dieser Gärten.

18 Dean Village

Nur wenige Schritte von der Haupteinkaufsstraße Princes Street gen Nordwesten erreicht man eine Oase dörflichen Lebens: Dean Village. Die Ansiedlung entstand bereits im Mittelalter, als hier in der Senke mehr als zehn Mühlen standen, die vom Wasser des Flüsschens Leith angetrieben wurden. Sehenswert sind die vierbogige Brücke, die 1912 mit einer besonders hohen Brüstung versehen wurde, um Selbstmorde zu verhindern, die Dean Gallery in ihrem klassizistischen Prachtbau, das schottische Nationalmuseum, der Friedhof und die Daniel Stewart School. Schön ist auch das einstige Arbeiterwohnhaus Well Court.

EDINBURGH CARAVAN AND MOTORHOME CLUB CAMPSITE

Gepflegte Anlage am Firth of Forth, dem Mündungstrichter des Flusses Forth in die Nordsee, mit ausreichend Platz auf den einzelnen Stellplätzen. Die Sanitäreinrichtungen sind schon ein bisschen in die Jahre gekommen, aber sauber. Freundliches, hilfreiches Personal. Alle Sehenswürdigkeiten der Stadt sind von hier aus leicht zu erreichen.

35–37 Marine Dr, Edinburgh EH4 5EN, www.caravanclub.co.uk/club-sites/scotland/edinburgh/edinburgh-club-campsite, GPS: 55.97762, -3.26396

LINWATER CARAVAN PARK

Einfache, gut gepflegte Anlage mit großen Stellflächen, sauberen Sanitäreinrichtungen und freundlichem Personal. Leider ohne direkte Verkehrsanbindung, aber der Flughafen von Edinburgh ist nur 6,5 Kilometer entfernt. Etwa genauso weit ist es auch nur zum Ingliston Park & Ride, wo regelmäßig Straßenbahnen nach Edinburgh fahren.

Clifton Rd, Newbridge EH53 0HT, www.linwater.co.uk, GPS: 55.91183, -3.4349

MORTONHALL CARAVAN & CAMPING PARK

Schön angelegter Platz mit guter Verkehrsanbindung – mit dem Bus fährt man in rund 20 Minuten in die Stadt. Auch hier sind die Sanitäranlagen schon etwas in die Jahre gekommen, aber sauber. Freundliches, hilfreiches Personal, aber leider kam es hier zuletzt mehrfach zu Diebstählen, weshalb man besonders gut auf seine Wertsachen (Fahrräder, Motorräder etc.) achten muss!

38 Mortonhall Gate, Frogston Road, Edinburgh EH16 6TJ, www.meadowhead.co.uk/parks/mortonhall, GPS: 55.9034, -3.18018

In der Skyline von London mischen sich so bedeutende historische Bauwerke wie die Tower Bridge mit ultramodernen Bauten, darunter der spitz wie eine Pyramide aufragende, fast 310 Meter hohe Wolkenkratzer The Shard.

4 LONDON

London ist Haupt- und Residenzstadt, britischer Regierungssitz und auch nach dem Brexit noch eine Weltstadt im wahrsten Sinne des Wortes: Bis vor einigen Jahrzehnten war die Stadt das Zentrum eines gigantischen Weltreichs, des British Empire, und das ist bis heute deutlich sichtbar. Im Jahr 1851, als Großbritannien auf dem Höhepunkt seiner imperialistischen Macht stand und sich in einer Weltausstellung selbst feierte, hatte London rund eine Million Einwohner. Heute leben im Ballungsraum mehr als zwölf Millionen Menschen. Dabei hatte es mal ganz bescheiden angefangen, allerdings schon vor fast 2000 Jahren, als die Römer die Insel eroberten und hier am Fluss Londinium gründeten. Mehrmals setzten sich fremde Völkerschaften in Britannien fest, aber immer blieb London das Herrschaftszentrum. Nicht zuletzt wegen seiner günstigen Lage, dem Kontinent zugewandt und dennoch geschützt in einer Flussmündung. Auch der Normanne Wilhelm der Eroberer hielt sich an seine Vorgänger und machte London zu seinem Hauptsitz. Im Jahr 1078 legte er den Grundstein zum Tower, Londons altehrwürdigstem Bauwerk. Lebensader der Stadt ist die Themse: Hier vereinen sich Alt und Neu, Tradition und Moderne. Der traditionsreiche Regierungsbezirk Whitehall im geschichtsträchtigen Stadtteil Westminster, noble Wohn- und Geschäftsviertel wie Knightsbridge und Belgravia, turbulente Plätze, etwa Picadilly Circus und Trafalgar Square, sowie herrliche Parkanlagen im typisch englischen Stil machen die anregende Vielfalt allein schon der östlichen Londoner Innenstadt aus.

Informationen:
www.visitlondon.com/de, www.visitbritain.com/de/de/england/london, https://tfl.gov.uk/modes/driving/station-car-parks

01 Tower of London

Am östlichen Rand der City wacht die massive Anlage »Her Majesty's Royal Palace and Fortress of the Tower of London« an der Themse, gemeinhin nur als »Tower« bezeichnet. Im Mittelpunkt des Areals steht der White Tower, ein wuchtiger Festungsbau, den Wilhelm der Eroberer nach seiner Krönung zum König von England 1078 erbauen ließ. Bis ins 17. Jahrhundert war der Tower königliche Residenz, bis ins 20. Jahrhundert Gefängnis und bis heute ist er eine königliche Schatzkammer, in der seit mehr als 300 Jahren die britischen Kronjuwelen der staunenden Öffentlichkeit präsentiert werden.

02 Tower Bridge

Die bereits im Jahr 1894 eröffnete, nach dem nahen Tower of London benannte Brücke gehört nicht nur zu den berühmtesten Wahrzeichen Londons, sondern sie ist auch ein bedeutendes Zeugnis der Ingenieurskunst der damaligen Zeit. Mitte des 19. Jahrhunderts war das Londoner East End so dicht bevölkert, dass eine Brücke notwendig wurde. Bis zu jener Zeit hatte man alle neuen Brücken westlich der London Bridge

Das Kunst-, Kultur- und Shoppingangebot von Covent Garden – einem Vergnügungsviertel im West End – zieht auch viele Touristen an.

errichtet, da im Osten die Hafenanlagen und der Schiffsverkehr nicht behindert werden durften. Die Lösung war eine kombinierte Klapp- und Hängebrücke. In beiden Türmen befindet sich eine kostenpflichtige Ausstellung zur Geschichte des Bauwerks. Der mittlerweile verglaste Fußgängerübergang hoch über der eigentlichen Brücke bietet einen umwerfenden Blick über London.

03 Buckingham Palace

Buckingham Palace ist der offizielle Sitz der königlichen Familie, allerdings nur werktags und außerhalb der Sommerferien. Offiziell zu besichtigen ist der Palast daher nicht – außer in den Monaten August und September, wenn 19 seiner Zimmer für die Öffentlichkeit zugänglich sind. Das prachtvolle Schloss stammt im Kern aus dem Jahr 1705 und gehörte ursprünglich dem Herzog von Buckingham. Im Jahr 1837 beschloss Königin Victoria, dass der St James' Palace royalen Ansprüchen nicht mehr genügte. Besuchermagnet ist die täglich um 11 Uhr stattfindende Wachablösung vor den Toren des Buckingham-Palasts, welche auf Henry VII. zurückgeht.

04 St Paul's Cathedral

Stolz und unübersehbar thront die Kuppel der St Paul's Cathedral inmitten der Finanzpaläste der City. Die heutige englisch-barocke St Paul's Cathedral ist bereits die fünfte Version und sicher die prächtigste. Die Feuersbrunst von 1666, die fast ganz London vernichtete, machte auch vor der mittelalterlichen Kathedrale nicht halt. Mit der Aufgabe des Neubaus wurde der Architekt Sir Christopher Wren betraut, der auch für die Entwürfe weiterer rund 50 Kirchen in der zerstörten Stadt zuständig war. Highlights eines Besuches sind der Aufstieg (257 Stufen) zur »Whispering Gallery« 30 Meter über der Kuppel sowie der Abstieg in die Krypta der Kathedrale.

Auch in Zeiten des Smartphones findet man in London noch einige der klassischen roten Telefonzellen wie hier am Parliament Square.

05 Westminster Abbey

Einzigartig ist dieses Gotteshaus, das offiziell »Stiftskirche St Peter, Westminster« heißt, nicht nur wegen seiner großartigen Architektur, sondern vor allem wegen seiner bedeutungsvollen Symbolik. Seit Wilhelm dem Eroberer wurden in dieser Kirche bis auf wenige Ausnahmen alle Monarchen Englands gekrönt – viele fanden hier auch ihre letzte Ruhestätte. Die Grabmale weiterer historischer Persönlichkeiten, darunter bedeutende Schriftsteller, Künstler, Wissenschaftler und Politiker, sind hier zu finden, unter ihnen Isaak Newton, Charles Darwin, Georg Friedrich Händel und Charles Dickens. In der Westminster Abbey begraben zu werden war und ist die höchste Auszeichnung. Das Bauwerk selbst ist eine Mischung aus vielen Stilen, da im Lauf der Jahrhunderte etliche An- und Umbauten erfolgten. Die Abbey gilt als edelstes Beispiel der englischen Gotik – und als schönstes Bauwerk Londons.

06 Westminster Palace

Die neugotische Fassade des Westminster Palace mit den charakteristischen Türmen, darunter auch der weltbekannte Uhrenturm mit der Glocke Big Ben (offiziell heißt der Turm seit 2012 Elizabeth Tower), erweckt den Eindruck, als habe sie sich schon seit dem Mittelalter in der Themse gespiegelt. Tatsächlich befand sich seit dem 11. Jahrhundert an dieser Stelle ein Herrschaftssitz. Das heutige Gebäude wurde jedoch erst Mitte des 19. Jahrhunderts errichtet, nachdem ein Vorgängerbau einem Feuer zum Opfer gefallen war. Einzige erhaltene Teile aus dem Mittelalter sind der Jewel Tower und die Westminster Hall, die nur noch zu zeremoniellen Zwecken genutzt wird. Der größte Parlamentsbau der Welt mit seinen über 1100 Räumen, 100 Treppenhäusern und Fluren von insgesamt drei Kilometern Länge ist Sitz der britischen Volksvertretung. Seit dem 16. Jahrhundert residieren das House of Commons (Unterhaus) und das House of Lords (Oberhaus) hier in den Houses of Parliament.

07 Downing Street

Als Sitz der britischen Premierminister seit 1732 scheint das relativ bescheidene Reihenhaus wenig herzumachen. Aber die simple, wenngleich weltberühmte Fassade täuscht. Hinter der schwarzen Tür verbirgt sich ein durchaus repräsentativer Komplex aus ursprünglich drei Häu-

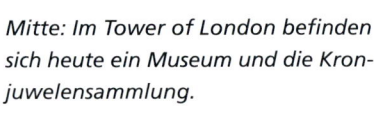

Oben: Vor den Houses of Parliament wacht eine im Jahr 1860 aufgestellte Reiterstatue von Richards Löwenherz, der als Richard I. im 12. Jahrhundert regierte.

Mitte: Im Tower of London befinden sich heute ein Museum und die Kronjuwelensammlung.

Links: Die Nelsonsäule auf dem Trafalgar Square ist schon seit dem Mittelalter ein beliebter Treffpunkt.

08 British Museum

Vor allem die ägyptische Sammlung ist legendär. So viele Statuen, Sarkophage und Papyri aus allen Phasen der ägyptischen Frühgeschichte gibt es außerhalb Ägyptens sonst nirgends zu bestaunen. Aber auch aus vielen anderen Kulturen und Zeiten sind hier grandiose Schätze zusammengetragen. Etwa die Elgin Marbles vom Fries des Athener Parthenon und Relikte vom Mausoleum von Halikarnassos, einem der Sieben Weltwunder. Zwar ist die Herkunft oft mehr als dubios und es existieren berechtigte Rückgabeforderungen zu so manchem Exponat. Doch das ändert nichts daran, dass es wohl keinen anderen Ort gibt, an dem die Schätze aus der Frühgeschichte so vieler verschiedener Kulturen weltweit nebeneinander präsentiert werden. Das British Museum ist damit ein faszinierendes Kompendium der Menschheitsgeschichte und ihrer kulturellen Vielfalt. Auch ohne tiefere Geschichtskenntnis sind allein Gebäude, der nach Entwürfen von Sir Norman Foster überdachte Hof, Objekte und Präsentation ein Genuss.

09 National Gallery

Die Nationalgalerie am Trafalgar Square wurde erst relativ spät gegründet. Dafür ist sie aber das einzige Museum seiner Art, das nicht auf eine königliche oder fürstliche Sammlung zurückgeht. Die britische Regierung kaufte im Jahr 1824 38 Gemälde aus der Sammlung des verstorbenen Bankiers John Julius Angerstein. Erst 14 Jahre später, 1838, wurde der Neubau am Trafalgar Square eröffnet – als ein Ort, der allen Bevölkerungsschichten zugänglich und keineswegs nur den privilegierten Kunstkennern vorbehalten sein sollte. In den Hallen sind um die 2300 Gemälde aller europäischen Schulen und Epochen ausgestellt, darunter einige der bedeutendsten Werke von Künstlern wie Vincent van Gogh, Claude Monet, Leonardo da Vinci, Paul Cézanne, Tizian.

ABBEY WOOD CARAVAN CLUB SITE

Mit dem alten Baumbestand auf dem sanft abfallenden grünen Gelände wirkt der im südöstlichen Londoner Stadtteil Greenwich gelegene Campingplatz wie eine ländliche Oase. Zugleich ist die Lage ideal für das Sightseeing in London: Der Abbey-Wood-Bahnhof ist nur einen kurzen Spaziergang entfernt (mit dem Rad sind es fünf Minuten), und von da fährt man mit der Elizabeth Line in etwa 20 Minuten bis in das Zentrum der Stadt. Zudem verkehren von der nahen Abbey Wood Club Campsite Flusskreuzfahrten zwischen Greenwich, Tower Bridge, Westminster, Kew, Richmond und Hampton Court.

Federation Rd, Abbey Wood, London SE2 0LS, www.caravanclub.co.uk/club-sites/england/south-east-england/london/abbey-wood-club-campsite/, GPS: 51.48614, 0.11989

CRYSTAL PALACE CARAVAN CLUB SITE

Ruhiger Platz im Süden im hübschen Vorort Crystal Palace am Rande eines großen Parkgeländes. Dank einer guten Busverbindung, die auch abends aktiv ist, kommen Besucher in 40 bis 50 Minuten in die City. Fast genauso schnell geht es mit dem Fahrrad auf einer ausgewiesenen Radroute (Route 23).

Old Cople Lane, Crystal Palace Parade, London SE19 1UF, www.caravanclub.co.uk/club-sites/england/south-east-england/london/crystal-palace-caravan-club-site, GPS 51.42539, -0.07091

LEE VALLEY CAMPING AND CARAVAN PARK

Im Norden von London etwas versteckt neben einem See gelegener Campingplatz mit bester Infrastruktur für Wohnmobilisten: Unter anderem gibt es einen gut ausgestatteten Shop, einen großen Spielplatz, moderne Sanitäreinrichtungen inklusive Toiletten und Warmwasserduschen (gratis) – wer mag, kann sogar Golf spielen. Sauber, gepflegt. Nach London ist es mit dem Bus nicht mal eine Stunde.

Edmonton, Meridian Way, Edmonton, London N9 0AR, www.visitleevalley.org.uk/lee-valley-camping-and-caravan, GPS: 51.63223, -0.03501

10 Victoria & Albert Museum

In dem weitläufigen Gebäude des »V & A«, wie das Museum kurz genannt wird, befinden sich etwa 4,5 Millionen Gegenstände des Kunsthandwerks und Designs aus Europa, Nordamerika, Asien und Nordafrika, aus frühesten Epochen vor 5000 Jahren wie aus der Gegenwart. Und als wenn das noch nicht genug wäre, umfassen die Werke sämtliche Formen gestalterischen Schaffens, von Skulpturen, Gemälden, Zeichnungen und Fotos über Glas, Porzellan, Keramiken und Möbel bis hin zu Spielzeug, Kleidung und Schmuck.

11 Tate Britain

Britische Kunst von 1500 bis zur Gegenwart versammelt dieses Museum in einer einzigartigen Sammlung. Im Neubau der Clore Gallery neben dem klassizistischen Haupteingang befindet sich der Nachlass des britischen Romantikers William Turner. Aufsehenerregend sind die Sonderausstellungen, die nicht nur einzelnen Künstlern gewidmet, sondern häufig monothematisch konzipiert sind.

12 Tate Modern

Die Galerie für internationale zeitgenössische Kunst, die den Zeitraum

Der von Renzo Piano konstruierte Wolkenkratzer The Shard ist das höchste Gebäude der Stadt.

von 1900 bis heute abdeckt, hat sich seit ihrer Gründung im Jahr 2000 zur beliebtesten Galerie für moderne und zeitgenössische Kunst der Welt gemausert, aber stets auch Kritik auf sich gezogen. Neben Surrealismus, Minimalismus, abstraktem Expressionismus und Neuer Figuration der Nachkriegszeit widmet sich die Tate Modern auch zeitgenössischen Strömungen. Einen Höhepunkt bildet die Abteilung für Pop-Art, wo Lichtenstein ebenso begeistert wie Warhol, Oldenburg oder Hockney.

13 Museum of London

Dieses faszinierende Museum erläutert mithilfe von über einer Million Exponaten die Entwicklung Londons von prähistorischer Zeit bis zur Gegenwart. Man sollte sich zunächst einen Überblick über die Stadtgeschichte verschaffen, um dann einzelne historische Etappen in den nach Themen organisierten Sälen detaillierter zu betrachten. Interaktive Stationen und Führungen lassen die Geschichte Londons auf sehr anschauliche Weise lebendig werden.

14 The Monument

Die dorische Säule mit der goldenen Feuerurne auf der Spitze wurde wenige Jahre nach dem Großen Feuer 1666 zur Erinnerung an diese Katastrophe genau 61 Meter vom Ursprung des Feuers in der Pudding Lane errichtet. Die Aussichtsplattform hoch oben ist durch eine Wendeltreppe mit 311 Stufen begehbar.

15 Bank of England

Die »alte Dame«, wie die Bank of England auch oft genannt wird, hat seit über 300 Jahren das staatliche Geldmonopol in England und Wales. Das imposante Gebäude in der Threadneedle Street verströmt so auch Seriosität und Macht. Im hauseigenen Museum wird eine spannende Reise durch die Geschichte des Bankwesens präsentiert.

16 Guildhall

Die Guildhall stammt in einigen Teilen noch aus dem Mittelalter und dürfte somit das älteste weltliche Bauwerk Londons sein. Sie wurde zwischen den Jahren 1411 und 1440 von wohlhabenden Kaufleuten gebaut. Das Gebäude diente einige Jahrhunderte lang als Rathaus für die City, also den inneren Bezirk, und wird noch heute für zeremonielle Zwecke sowie als Verwaltungsgebäude genutzt. Das Gebäude kann besichtigt werden.

17 Hyde Park

Die Rolling Stones oder Pink Floyd, um nur einige der großen Rockbands zu nennen, selbst der legendäre Tenor Luciano Pavarotti, sind schon im Hyde Park aufgetreten. In altmodischen britischen Krimis taucht der Park gelegentlich als Ort des Verbrechens auf. Noch früher duellierten sich dort gern Gentlemen im Morgennebel, und Straßenräuber trieben ihr Unwesen. Heutzutage geht es in dem mit 142 Hektar größten innerstädtischen Park Londons recht friedlich und beschaulich zu. Hyde Park ist der erste königliche Park, der der Öffentlichkeit zugänglich gemacht wurde. An seiner Nordostecke befindet sich die berühmte Speakers' Corner – ein Ort, an dem Briten seit 1827 politische Reden halten und Publikum um sich versammeln dürfen. Dabei darf jeder sagen, was er will – nur Kritik am Königshaus ist nicht erlaubt.

18 Kensington Gardens

Der 111 Hektar große Park, einst königlicher Schlossgarten, ist weitaus formeller gestaltet als der benachbarte Hyde Park. Er ist vor allem bei Kindern beliebt, die in der sehr gepflegten Anlage etliche Attraktionen finden. Am Ostrand nahe dem See Serpentine bezaubert die Peter-Pan-Statue aus Bronze, errichtet zum Gedenken an den berühmten Kinderbuchhelden. Am Westrand des Parks lockt der Diana Memorial Playground, ein Abenteuerspielplatz mit Piratenschiff, Indianertipis und reichlich Platz zum Toben. An Prinzessin Dianas enge Beziehung zu Kensington erinnert auch ein Gedenkbrunnen. Erwachsene schätzen neben dem Park selbst die Serpentine Gallery als beliebteste Attraktion. Der Teepavillon aus den 1930er-Jahren zeigt Wechselausstellungen zeitgenössischer Kunst. Meisterwerke sind auch die temporären Sommerpavillons, die Jahr für Jahr von berühmten Architekten entworfen werden.

19 Covent Garden

Seit dem 17. Jahrhundert ist dieser Ort ein Zentrum des Volksvergnügens. Es begann mit einem großen

Das Palmenhaus in den Kew Gardens ist weltweit das älteste viktorianische Gewächshaus.

Markt für Waren aller Art, der inzwischen an anderer Stelle stattfindet. 1980 wurden die alten Markthallen als Einkaufszentrum und Touristenattraktion neu eröffnet. Bald schon gab es allerlei Unterhaltungseinrichtungen und fahrende Künstler. Im 18. Jahrhundert erwies sich die »Bettleroper« von John Gay, ein Stück, das im Gegensatz zur höfischen Oper das einfache Volk unterhalten sollte, als so großer Erfolg, dass ein erstes Theater gebaut wurde, das Theatre Royal Drury Lane, das in der Folge als Inbegriff der großen, aber volksnahen Kunst galt. Die jüngste architektonische Version des Theaterhauses ist die Royal Opera, die zu den bedeutendsten Opernhäusern der Welt gehört.

20 The Shard

Im Juli 2012 wurde das markante Hochhaus, das einer lang gezogenen Pyramide gleicht, eingeweiht. Im Februar des darauffolgenden Jahres machte man die Aussichtsterrasse für die Öffentlichkeit zugänglich. Seitdem ist die in der Dunkelheit hell erleuchtete gläserne Gebäudespitze der »Scherbe« (engl. »Shard«) schon von Weitem zu sehen. In der Planungsphase hatte es viele Proteste gegeben, der Bau passe nicht ins Stadtbild. Mittlerweile lockt das außergewöhnliche Hochhaus mit 72 Etagen zum Wohnen und Arbeiten, einem 5-Sterne-Hotel, Luxusapartments, Restaurants, Bars, Geschäften und Ausstellungsräumen im Shard Plaza und einem Zugang zur Wartehalle des Bahnhofs London Bridge viele Besucher an.

21 London Eye

Das Riesenrad zwischen County Hall und Southbank Centre wurde am Silvesterabend 1999 vom damaligen Premier Tony Blair feierlich eröffnet und hat sich seither zu einem Highlight der Metropole entwickelt. Mit 135 Metern ist es das bislang größte Riesenrad Europas. Während der Betriebszeiten dreht es sich ununterbrochen – etwa 30 Minuten dauert eine komplette Umdrehung. Passagiere können die Kabinen betreten oder verlassen, ohne dass das Rad anhalten muss. Die 32 Kabinen sind voll verglast und am Außenring des Rades aufgehängt, sodass die Fahrgäste einen 360-Grad-Blick über London haben. Die ganze Stadt liegt einem zu Füßen. Ursprünglich war das London Eye nur für fünf Jahre konzipiert, doch der Erfolg war so groß, dass es sich noch viele Jahre drehen soll.

22 Docklands & Canary Wharf

Knapp 200 Jahre lang war die in einer Biegung der Themse gelegene Isle of Dogs die rührigste Hafenanlage Londons. Auch hier hatten die Bomben im Zweiten Weltkrieg an den traditionsreichen Anlagen riesige Schäden verursacht. Doch erst der Niedergang der internationalen Werftindustrie versetzte ihnen den endgültigen Todesstoß. Am Ende des 20. Jahrhunderts nahm in der Finanzmetropole der Bedarf an Büroflächen rasant zu. 1988 begann deshalb allen Widerständen zum Trotz der Ausbau der Canary Wharf auf dem heruntergekommenen Werftgelände. Heute ist das postmoderne Bauensemble, in dem neben Banken auch konservative Medien ein Zuhause fanden, ein Zeichen der kommerziellen Bedeutung Londons und ein Wegweiser in die Zukunft.

23 Kew Gardens

Botanische Gärten sind überall ein Publikumsmagnet, aber Kew Gardens, mit offiziellem Namen Royal Botanic Gardens in Kew, ist eine Parkanlage der Superlative. Diese entwickelte sich von einem kleinen, 3,6 Hektar großen Garten im 18. Jahrhundert bis zur heutigen, 120 Hektar umfassenden größten Pflanzensammlung der Welt. Im Zentrum der Anlage stehen die beiden bedeutendsten Gewächshäuser aus viktorianischer Zeit: das Palmenhaus, das neben Palmen und andere Pflanzenarten der feuchten Tropen im Untergeschoss auch Aquarien beherbergt, und das Temperate House für Pflanzen aus gemäßigten Klimazonen.

Jahrhundertelang besaß Bergen einen der wichtigsten Häfen der Nordsee. Die berühmteste Meile des einstmaligen Hansestützpunkts ist Bryggen mit seinen rund 280 überaus malerischen alten Speicherhäusern an der Wasserfront.

5 BERGEN

Nicht zuletzt dank ihrer unvergleichlichen Lage am Inneren Byfjord wird die zweitgrößte Stadt Norwegens auch »Königin der Fjorde« genannt. Von hier aus brechen alljährlich Hunderte von Schiffen zu Kreuzfahrten durch die norwegischen Fjorde auf. Der Hafen ist Ausgangs- und Endpunkt der berühmten Postschiffslinie Hurtigruten, die seit dem Jahr 1893 die Städte und Gemeinden entlang der norwegischen Küste bis hinauf nach Kirkenes verbindet. Bergen selbst wurde im Jahr 1070 gegründet und war lange die größte Stadt Norwegens. Zwischen den Jahren 1217 und 1299 residierten hier sogar die norwegischen Könige. Schon im Jahr 1360 eröffnete in Bergen ein Kontor der Hanse. Dieses Bündnis entstand im Hochmittelalter und endete mit der Entdeckung Amerikas durch europäische Seefahrer im Jahr 1492, als sich der Handel nach Westen verlagerte. Seit dieser Zeit ist die Stadt mit ihrem alten Hafen eines der wichtigsten Handelszentren ganz Skandinaviens.

Informationen:
https://de.visitbergen.com, www.visitnorway.de,
www.njtransit.com/station/north-bergen-park-ride

01 Bryggen

Das historische Hanseviertel Bryggen an der natürlichen Hafenbucht Vågen in Bergen wurde benannt nach den »Brücken«, dem Ensemble aus Kais zum Be- und Entladen der Schiffe sowie den Speichern, Lagerhallen und Wohnhäusern der Kaufleute, Handwerker und Bediensteten. Die bunte Kulisse der Holzhäuser wurde nach Brandkatastrophen rekonstruiert, wie sie im ausgehenden Mittelalter aussah. Im Hafen liegen die hochbordigen Hansekoggen, mit denen die Waren zwischen den Hansestädten Deutschlands, Englands, Flanderns und des Baltikums verschifft wurden. Die wichtigsten Importgüter waren Getreide, Mehl, Malz, Bier und Salz, Hauptexportartikel waren Stockfisch, Tran und Häute. Vom 14. bis zum 16. Jahrhundert wurden die Geschäfte in Bergen größtenteils von deutschen Kaufleuten der Hanse kontrolliert. Sie verfügten über das Salz, mit dem die Fischanlandungen aus dem Europäischen Nordmeer haltbar gemacht werden konnten. Bis in den Mittelmeerraum wurden die Fische gehandelt. Mit dem Fischhandel stieg Bergen zu einem der wichtigsten Handelsplätze des Hansebundes auf.

02 Marienkirche

Noch bis zum Jahr 1868 hat der Pastor hier auf Deutsch gepredigt: Die Marienkirche, nahe am Hanseviertel Bryggen gelegen, ist mit dem Seefahrerquartier sichtbar verbunden. Bei den Norwegern war sie auch als »Tyskekirken«, die Kirche der Deutschen, bekannt, da sie von 1408 bis 1776 im Besitz der Hanse war. Nach dem Zweiten Weltkrieg sollte sie diesen Namen jedoch nicht länger tragen. Ähnlich wie der Dom zu Speyer ist die Marienkirche aus Naturstein

Das Denkmal auf dem Vågsallmenningen in der Innenstadt von Bergen erinnert an den hier im Jahr 1684 geborenen Dichter Ludvig Holberg.

erbaut, ihre Ansicht gleicht sogar ein wenig dessen Ostfassade. Der romanische Bau wurde schon im 12. Jahrhundert als dreischiffige Basilika mit zwei Türmen errichtet. Dass sie der Muttergottes geweiht ist, gibt einen weiteren Hinweis auf die Hanse, deren Kirchen alle dieser Heiligen gewidmet waren. Auch die Innenausstattung lässt eine direkte Verbindung zwischen den Marienkirchen in Lübeck und Bergen erkennen.

03 Gamle Bergen

Wie es einst in der norwegischen Hafensiedlung ausgesehen haben mag, vermittelt gut das Freilichtmuseum »Gamle Bergen«. Mehr als 50 Häuser aus der ganzen Region wurden hier zu einer kleinen Museumsstadt wiederaufgebaut. Der Großteil der Holzhäuser stammt aus dem 17. bis 19. Jahrhundert. Außen wie innen vermitteln sie einen Eindruck vom Leben vor 200 Jahren. Auch Friseur-

Oben: Ein imposantes Steinportal rahmt die Holztür der Marienkirche.

Rechts: Die Antwort der Bergener auf graues Wetter: bunte Häuser!

Det skal ikke lenger males interiører og folk som leser og kvinner som strikker. Det skal være levende mennesker som ... der og elsker – jeg skal male en rekke slike bilder. Folk skal forstå de...
There will be no more pictures of interiors, of people reading and women knitting. There will be pictures of real people who breathed, suffer... paint a series of such pictures. People should understand the significance, the p...

Oben: Blick ins Innere der um das Jahr 1150 erbauten, dem norwegischen Heiligen Olav II. Haraldsson geweihten Domkirche in Bergen.

Mitte: Eine umfassende Sammlung von Kunst und Design, verteilt auf vier Häuser, präsentiert das KODE Art Museum of Bergen.

Unten: Außerhalb der Stadt parkt es sich am besten.

BERGEN CAMPING PARK

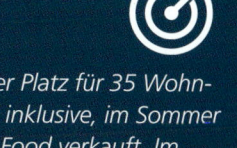

Rund 14 Kilometer von der Stadt entfernt, ist hier Platz für 35 Wohnmobile. Viele Leistungen und Einrichtungen sind inklusive, im Sommer werden an der Rezeption Lebensmittel und Fast Food verkauft. Im Umfeld lassen sich Berge, Wälder und das Ufer des Sørfjords erwandern – ein gutes Kontrastprogramm zur Stadtbesichtigung.

Nordre Bruras 26, 5111 Breistein, https://bcp.no, GPS: 60.48536, 5.3824

BERGENSHALLEN TØMMESTASJON BOBIL

Auch dieser Platz ist ein idealer Ausgangspunkt für die Besichtigung von Bergen: Zur Straßenbahn sind es nur 300 Meter, die Fahrt in die Stadt dauert knapp 15 Minuten. Er bietet ebene parzellierte Asphaltflächen und liegt bei der Eissportstätte Bergenshallen. Alle notwendigen Ver- und Entsorgungseinrichtungen sind vorhanden. Einige Stellplätze haben Stromanschlüsse.

Vilhelm Bjerknes' vei 24, 5081 Bergen, www.bergen.kommune.no, GPS: 60.35405, 5.3596

LONE CAMPING

Nur 19 Kilometer vor Bergen liegt das ebene Areal dieses Campingplatzes – der größte im Umfeld der Stadt. Geboten werden neben Spielplatz, Kanuverleih und einem kleinen Zoo sonnige und schattige Stellplätze, grandiose Ausblicke und jede Menge Ruhe.

Hardangerveien 697, 5268 Haukeland, www.lonecamping.no, GPS: 60.37354, 5.45919

---

salons, Uhrmacherwerkstätten, Fotostudios oder Zahnarztpraxen wurden originalgetreu wiederaufgebaut. Das Museumsgelände liegt im Norden der Innenstadt. In der Sommerzeit zieht mit Vorführungen alter Handwerks- und Alltagskunst wieder Leben in die Fülle geschichtsträchtiger Häuser ein: Schmiede hämmern das Eisen, beschürzte Frauen backen Brote. Ein Café und ein Museumsladen runden den Besuch in der kleinen Stadt ab.

04 Festung Bergenhus

Die Anfänge dieses an der Hafeneinfahrt gelegenen Gebäudekomplexes reichen bis in das 13. Jahrhundert zurück. Nicht zuletzt um seinem Königtum angemessen Ausdruck verleihen zu können, ließ Håkon IV. Håkonsson (1204–1263) hier zwei repräsentative Hallen im Stil der englischen Gotik errichten. Eines der beiden Gebäude wurde während des Zweiten Weltkrieges zerstört, das andere, die Håkonshalle, wurde sorgfältig restauriert und kann besichtigt werden. Auch der Rosenkranzturm wurde unter König Håkon errichtet und im 16. Jahrhundert zu einem sehr prachtvollen Renaissancepalast umgebaut.

05 Marktplatz und Domkirche St. Olav

Dank des täglich hier stattfindenden Fisketorget ist der direkt am Vågen gelegene Marktplatz eine besondere Touristenattraktion. Hier werden aber nicht nur fangfrische Fischspezialitäten, sondern auch Blumen und allerlei Gemüse angeboten. Unweit des Marktplatzes ragt der mächtige Turm der Domkirche St. Olav in den Himmel. Das Langschiff des Gotteshauses wurde Ende des 12. Jahrhunderts im romanischen Stil erbaut. Der gotische Chor und der untere Teil des Turmes stammen aus dem 13. Jahrhundert. In den folgenden Jahrhunderten kamen einige weitere Anbauten hinzu. Der Turm wurde erst im 17. Jahrhundert fertiggestellt.

06 Bergen Kunstmeile

Als Kulturmetropole beherbergt Bergen zahlreiche Museen. Allein am Lille Lungegårdsvann, dem Stadtsee, befinden sich mehrere Gemäldegalerien, die alle unter dem Begriff KODE zusammengefasst sind. KODE 4 ist der skandinavischen Malerei vom 14. bis zum 21. Jahrhundert gewidmet. Im benachbarten KODE 2 wird zeitgenössische Kunst gezeigt. Die Sammlung Rasmus Meyers in KODE 3 kann u.a. mit Meisterwerken von Edvard Munch punkten. KODE 1 zeigt Kunsthandwerk und Design.

07 Akvariet i Bergen

Seit dem Jahr 1960 ist das Aquarium in Bergen eine Attraktion für Groß und Klein. Es liegt an der Spitze der Halbinsel Nordnes und kann vom Hafen aus mit regelmäßig verkehrenden Fährbooten erreicht werden. Es ist eine der modernsten und größten Anlagen seiner Art in Europa.

Der ursprünglich als strenges Rechteck geplante große Platz vor der königlichen Residenz in Oslo bekam dann später eine Hufeisenform. Davor wahrt das im Jahr 1875 aufgestellte Reiterstandbild Karl Johanns (s)eine eigene Form.

6 OSLO

Norwegens Hauptstadt liegt rund 100 Kilometer vom offenen Meer entfernt am nördlichen Ende des malerischen Oslofjords. Ihre besondere Attraktivität verdankt sie der Lage in einer von dichten Wäldern, zahlreichen Seen und Stränden geprägten Naturlandschaft sowie dem großstädtischen Flair. Gegründet wurde die Stadt im Jahr 1048 unter Harald III., König Håkon V. machte sie im Jahr 1299 zur norwegischen Kapitale. Im Mittelalter entwickelte sich Oslo zu einer der bedeutendsten Residenz- und Kaufmannsstädte in ganz Skandinavien. Heute zählt Oslo zu den teuersten Städten der Welt. Nicht zuletzt ist der Ort eine Hochburg für den Wintersport. Im Jahr 1952 fanden hier die Olympischen Winterspiele statt. Die alljährlich auf dem Holmenkollen, einem Berg bei Oslo, ausgetragenen Skisprungwettbewerbe zählen zu den bedeutendsten der Welt.

Informationen:
www.visitoslo.com, www.visitnorway.de/reiseziele/ostnorwegen/oslo, /www.oslo.kommune.no/english/street-transport-and-parking

01 Königliches Schloss

Die offizielle königliche Residenz in Oslo zählt mit ihren gut 170 Räumen zu den kleinen Schlössern Europas. Sie liegt majestätisch auf einer Anhöhe und erhebt sich westlich über der Karl Johans gate. Erbaut ist das dreiflügelige Prunkgebäude im klassizistischen Stil, 1848 wurde es fertiggestellt. Neben den Wohnräumen für den König beherbergt es sehr vornehme Suiten für royale Gäste sowie Büros für Kronprinz Haakon und seine Gemahlin Mette-Marit. Wenn der König im Haus ist, weht als Zeichen dafür die Fahne über dem Schloss. Eine gute Chance, König Harald oder Prinz Haakon zu sehen, bietet sich auch jedes Jahr am 17. Mai: Am norwegischen Nationalfeiertag winken die Mitglieder der Königsfamilie dem Volk vom Schlossbalkon aus zu. Sehenswert ist auch die Wachablösung der Leibgarde.

02 Vigelandpark

Eine der größten Skulpturensammlungen Europas aus der Hand eines einzigen Künstlers präsentiert der Vigeland-Park. Mehr als 220 Skulpturen aus Bronze, Eisen und Granit sind dort zu sehen. Viele einzelne Figuren fügen sich dabei oft zu einer großen Einheit. Der norwegische Bildhauer Gustav Vigeland (1869–1943) schuf die Werke für die Stadt Oslo, weil sie die Rechte an seinem Werk erworben hatte. Als Gegenleistung zahlten die Stadtväter ihm den Lebensunterhalt. Der Künstler plante nicht nur die Skulpturen, sondern auch den ganzen Park von der Anordnung bis zur Architektur. Selbst auf dem Kinderspielplatz finden sich die naturalistisch anmutenden Skulpturen. Auch das Motiv auf der Medaille des Friedensnobelpreises schuf der Künstler.

03 Historisches Museum

Drei wertvolle Sammlungen sind im Historischen Museum vereint: Staatliche Antikensammlung, Völkerkun-

Den Zyklus des Lebens verkörpern die meisterhaften Skulpturen aus Bronze, Eisen und Granit in Oslos Vigelandpark. Mittelpunkt ist der Lebensbaum.

demuseum und Münzkabinett. Gemeinsam dokumentieren sie norwegische Geschichte von der steinzeitlichen Besiedlung bis in die Gegenwart. Neben der Wikingerzeit ist auch die mittelalterliche Kirchenkunst gut vertreten, dazu gehören auch Objekte aus Stabkirchen. Eine Ausstellung widmet sich Polarexpeditionen, vor allem denen des norwegischen Seefahrers Roald Amundsen. Einzigartig ist außerdem die Sammlung zur Kultur der Inuit.

04 Nationalgalerie
Zu den Höhepunkten in Norwegens größter Sammlung von Gemälden, Skulpturen und Stichen gehören Werke von Edvard Munch (u. a. »Der Schrei«), dem berühmtesten Künstler des Landes. Eine Abteilung der Nationalgalerie widmet sich französischen Impressionisten wie Cézanne und Manet, eine andere zeigt Bilder beispielsweise von El Greco, Rubens und Rembrandt. Wechselnde Sonderausstellungen präsentieren auch Werke aus anderen Epochen.

05 Karl Johans gate
Die beste Art, Oslo kennenzulernen, ist ein Spaziergang auf der Karl Johans gate. Als Lebensader der Stadt führt sie vom Bahnhof bis zum Schloss. In den 1830er-Jahren wurde die Straße zum Prachtboulevard ausgebaut, schnell folgten stattliche Gebäude, oft im klassizistischen Stil. Gesäumt ist der Boulevard von staatlichen Institutionen wie der Universität, dem Nationaltheater oder dem Stortinget – dem Parlament. Darüber hinaus findet man Luxusboutiquen und Cafés. Wer auf der Karl Johans gate wandelt, trifft auf eine bunte Mischung aus Straßenmusikern, hektischen Geschäftsleuten und kreativen Studenten. Dieser Mix hat schon den Maler Edvard Munch zu manchem Gemälde inspiriert.

06 Stortinget
Ein Namensbestandteil verweist auf eine uralte nordische Tradition – »Ting«, altgermanisch »Thing« – und führt diese frühen demokratischen Gerichtsversammlungen fort. Im Mittelalter hatten die immer stärker werdenden Rechte des Königs diese Gerichtbarkeit abgelöst, und noch heute regiert in Norwegen die konstitutionelle Monarchie. Doch im Parlament entscheiden seit Einführung des Parlamentarismus im Jahr 1884 nun 169 Abgeordnete über neue Gesetze. Der Bau hat seinen Ursprung in der Mitte des 19. Jahrhunderts. Mit seiner geschwungenen Rundung versprüht das von dem schwedischen Architekten Victor Langlet entworfene Gebäude einen ganz eigenen Charme. Auch im Inneren ist es sehenswert – der Sitzungssaal erinnert eher an ein pompöses Theater als an eine nüchterne Versammlungshalle.

07 Rathaus
Das monumentale Rathaus (erbaut in den Jahren 1931 bis 1950) gehört zu den Wahrzeichen von Oslo. Direkt am Hafen gelegen, stechen die zwei viereckigen Türme, einer mit einer großen Uhr, sofort hervor. Hinter der eher schmucklosen Ziegelfassade verbirgt sich ein prachtvoll gestaltetes Interieur mit Freskenschmuck. Am 10. Dezember jeden Jahres findet die Verleihung des Friedensnobelpreises statt.

08 Aker Brygge
Das Szeneviertel Oslos erstreckt sich rund um die Gebäude einer ehemaligen Werft: Wo einst Schiffe gebaut wurden, haben Architekten die

Oben: In der großen Halle des Osloer Rathauses, an dessen Wänden Norwegens Geschichte malerisch in Szene gesetzt wurde, wird jedes Jahr am 10. Dezember, dem Todestag von Alfred Nobel, der Friedensnobelpreis vergeben.

Links: Abendsonne tanken am Aker Brygge Pier in Oslo: Ach, bleiben wir doch noch ein Weilchen …

atmosphärischen Backsteinbauten in luxuriöse Büros und Ladenzeilen verwandelt – ganz im Stil der Londoner Docklands. Seit Mitte der 1980er-Jahre ließen sich am Rand des westlichen Hafenbeckens auch moderne Theater, Bars und Restaurants nieder, zum Teil auf ausrangierten Booten. Besonders schön sind die schwimmenden Plattformen, auf denen Cafés, Kinos und Boutiquen zum Besuch locken. Ein abendlicher Besuch in Aker Brygge ist ein absolutes Muss. Dort lassen die Norweger ihren Feierabend gebührend ausklingen – mit Blick auf die Lichter der Jachten und die Spiegelungen der modernen Glasbauten auf dem Wasser. Dazu gibt es in den Bars oft stimmungsvolle Livekonzerte, die auch gerne einmal bis spät in die Nacht hinein andauern können.

09 Domkirke

Die Kathedrale der Stadt wurde im Jahr 1697 geweiht, Altar und Kanzel aus jener Zeit sind noch erhalten. Eindrucksvolle Gestaltungselemente des 20. Jahrhunderts sind die Glasmalereien von Emanuel Vigeland und die Deckenmalereien von Hugo Louis Mohr.

10 Museet for Samtidskunst

Das Museum für Gegenwartskunst birgt Norwegens umfangreichste Sammlung moderner Kunst der Jahrzehnte seit dem Zweiten Weltkrieg. Im Vordergrund stehen neben Gemälden, Skulpturen und Installationen auch Fotografien einheimischer Künstler. Präsentiert wird die internationale zeitgenössische Kunst in einem Gebäude, in dem früher eine Bank ihren Sitz hatte.

11 Oper

Oslos Opernhaus ist eine architektonische Meisterleistung. Wie das Gegenstück im australischen Sydney liegt auch die Oper in Oslo direkt am Hafen. Erbaut wurde sie von 2003 bis 2008 – sie war sogar früher fertig als geplant. Ihre Form soll an einen treibenden Eisberg erinnern. Ihre Architektur hat inzwischen Weltrang, das Gebäude mit mehr als tausend Räumen ist das größte Kulturprojekt des Landes seit dem Zweiten Weltkrieg. Es misst allein mehr als 200 Meter Länge und 110 Meter Breite. Fast 50 000 Quadratmeter Raum umfasst dieser Bau der Superlative. Konzipiert hat das mit Preisen gekrönte Wahrzeichen der Stadt das Architekturbüro Snøhetta, es hatte schon die neue Bibliothek von Alexandria in Ägypten entworfen.

12 Munch-Museum
Außerhalb des Zentrums, in östlicher Richtung, kann man das Museum besuchen, in dem die Werke des berühmten Malers Edvard Munch ausgestellt sind. Das Museum wurde im Jahr 1994 zu Munchs 50. Todestag eingeweiht.

13 Bygdøy
Nach kurzer Fahrt mit dem Fährboot erreicht man die westlich des Hafens gelegene Museumsinsel Bygdøy. Die waldreiche Villen-Halbinsel im Oslofjord (im Westen der Hauptstadt) trägt den bedeutendsten Museumskomplex Norwegens.

14 Norsk Folkemuseum
Schon 1902 wurde das Norsk Folkemuseum als erstes Freilichtmuseum des Landes eröffnet. Es befindet sich auf der Museumsinsel Bygdøy. Heute präsentiert man dort eine der wohl umfassendsten Sammlungen nordischer Gebäude: aus allen Teilen des Landes, aus dem 16. Jahrhundert ebenso wie aus jüngster Vergangenheit. Spannungsreich ist dabei der Wechsel zwischen urbaner und ländlicher Kultur – präsentiert werden alte Bauernhöfe genauso wie ganze Straßenzüge, denn Altbauten sind zu einer kleinen Innenstadt zusammengefügt. Zudem gibt die Sammlung einen umfangreichen Einblick in die Kultur der Samen, zeigt deren Hütten, aber auch das typische Schuhwerk mit den eingekringelten Spitzen. In vielen Vorführungen lassen Schauspieler das Leben von einst lebendig werden. Neben den Gebäuden zählen Alltagsgegenstände und Spielzeug zu den Exponaten.

15 Vikingskiphuset
Einen Einblick in die frühen nautischen Künste der Nordmänner gibt dieses Museum auf Oslos Insel Bygdøy. Dort ist der wohl reichste Grabfund Norwegens ausgestellt: 1904 fand man in der Nähe von Tønsberg die Ruhestätte der Wikingerkönigin Åsa. Dort legten Archäologen neben Schmuck und Waffen auch einen Wagen, prächtige Schlitten und ein ganzes Schiff frei. Das Osebergschiff aus dem 9. Jahrhundert ist aus Eichenstämmen gebaut und gehört zu den bedeutendsten historischen Schiffsfunden Skandinaviens. Wie es für Wikingerschiffe typisch ist, hat es einen kurzen Kiel und wenig Tiefgang. Dazu zeigt das Museum zwei weitere bedeutsame Funde: Das Gokstadschiff und das Tuneschiff wurden noch vor dem Osebergschiff entdeckt. Sie versetzen bis heute ins Staunen über die schnelle und wendige Navigation, zu der die Wikinger bereits in der Lage waren.

16 Fram-Museum
Die Hauptattraktion des Museums ist sein Namensgeber: die »Fram«, jenes berühmte Schiff, mit dem Fridtjof Nansen ins Nordpolarmeer stach und das später Roald Amundsen bei seiner Antarktis-Erkundung diente. Kein Schiff aus jenen Tagen drang weiter in den Norden und in den Süden des Erdballs vor. Das Fram-Museum präsentiert anschaulich die Geschichte der norwegischen Polarexpeditionen und zeigt polarhistorische Sammlungen. Vor dem Haus findet sich Amundsens legendäres Schiff »Gjøa«.

17 Norsk Sjøfartsmuseum
Ein schönes maritimes Erlebnis direkt am Wasser: In diesem Museum wird anhand vieler Modelle die nordische Geschichte der Seefahrt dokumentiert – vom Einbaum bis zum modernsten Schiff. Einzelne Abteilungen widmen sich der Meeresarchäologie, der Fischerei oder dem Schiffbau. Ein Film lädt zur Reise entlang der norwegischen Küste ein.

SJØLYST MARINA BOBILPARKERING
Auf dem großen, kostenpflichtigen Parkplatz am Jachthafen können mehr als 100 Mobile parken. Es gibt ebene parzellierte Asphaltflächen. Alle notwendigen Ver- und Entsorgungseinrichtungen sind vorhanden. Die Innenstadt von Oslo ist mit dem Fahrrad über den Vigelandsparken bequem zu erreichen.

Drammensveien 164, 0277 Oslo, https://sjølystmarina.no/bobil, GPS: 59.92032, 10.67529

EKEBERG CAMPING OSLO
Sommer-Campingplatz mit Panoramablick über Oslo – das Stadtzentrum ist mit dem Bus in einer knappen Viertelstunde zu erreichen. Geöffnet vom 15. Mai bis zum 15. September – nur Ende Juni eine Woche lang nicht, denn da findet auf dem Gelände das »Tons of Rock«-Festival statt.

Ekebergveien 65, 1181 Oslo, https://topcamp.no/nb/ekeberg, GPS: 59.89828, 10.77355

BOGSTAD CAMP
Sehr große Anlage mit guter Verkehrsanbindung und modernen Sanitäreinrichtungen. Mit dem Bus von hier ins Zentrum von Oslo braucht man knapp 15 Minuten. Reservierung empfehlenswert.

Ankerveien 117, 0766 Oslo, https://topcamp.no/nb/bogstad, GPS: 59.96252, 10.64226

Oben: Die ältesten Teile von Schloss Malmö entstanden zwischen den Jahren 1526 und 1530. Heute befinden sich darin einige Museen. Rechte Seite unten: Wohnmobilstellplätze an einem Strand bei Malmö.

7 MALMÖ

Ende des 20. Jahrhunderts sah es in der drittgrößten Stadt Schwedens (nach Stockholm und Göteburg) nicht gut aus. Werften und Industrieanlagen wurden nicht mehr genutzt und verfielen, die Bewohner zogen weg. Doch Malmö schaffte den Sprung in die Moderne: Mit einem Zentrum für Wissenschaft und Forschung wurden verlassene Gebäude wieder herausgeputzt, die Öresundbrücke sorgte für Aufschwung. Heute leben rund 300 000 Menschen in der City und so viele Nationalitäten wie sonst nirgendwo in Schweden. Historische Fachwerkhäuser stehen neben modernen Gebäuden – gerade das macht Malmö interessant. Vom Rathausplatz Stortorget aus lassen sich alte Prachtbauten in der Altstadt bewundern, im Südwesten sticht der Lilla Torg ins Auge. Der Platz diente im 16. Jahrhundert Händlern als Markt, heute finden sich ringsum kleine Lokale, die ihn zur Ausgehmeile werden ließen.

Informationen:
https://visitsweden.de/regionen/sudschweden/malmo, https://visitskane.com/de/cities-locations/malmoe, www.pmalmo.se/Parkera/park--ride

01 Trelleborg
Regelmäßig legen Fähren aus Rostock, Swinemünde und Sassnitz in Trelleborg an: Die rund 30 Kilometer südöstlich von Malmö gelegene Hafenstadt liegt an der Europastraße 22 Richtung Stockholm und ist zugleich Ausgangspunkt der Europastraße 6, auf der wir nach Malmö fahren.

02 Hafen
Das modernen Hafenviertel von Malmö, Västra Hamnen, präsentiert sich in einem erfrischenden Mix aus Alt und Neu. Auf der einen Seite der moderne Westhafen mit dem Turning Torso und einem hippen Wohn- und Geschäftsviertel, auf der anderen Seite das traditionelle Hafenviertel mit dem sehenswerten Koggenmuseum, das über die mittelalterliche Seefahrt im Ostseeraum informiert und außerdem Hafenrundfahrten in originalgetreu nachgebauten Koggen – ein mit Mast und einem Rahsegel ausgestatteter Segelschifftyp der Hanse – anbietet. Das gesamte Stadtviertel ist durchzogen von Grünflächen, Teichen, künstlichen Wasserläufen und Springbrunnen. An einigen Stellen befinden sich Badeplätze, die praktisch vor der Haustür zum Sprung in das Wasser des Öresunds einladen. Eine lange Strandpromenade führt von hier aus durch ausgedehnte Grünflächen am Meer entlang zum nahe liegenden Ribbersborgstrand.

03 Gamla staden
Das von Kanälen umgebene historische Zentrum Malmös beginnt südlich des Bahnhofs und lässt sich gut zu Fuß erkunden. Als Ausgangspunkt für einen Stadtbummel bietet sich der Stortorget an. Der weitläufige Platz wird von einem Reiterstandbild König Karls X. Gustav, unter dem Malmö endgültig schwedisch wurde, geschmückt. An seiner Ostseite zieht die reich dekorierte

STÄLLPLATS MALMÖ

Rund fünf Kilometer südwestlich vom Stadtzentrum von Malmö befindet sich dieser Stellplatz für 30 Wohnmobile direkt am Wasser mit Blick auf den Jachthafen. Für Wohnmobile sind Ver- und Entsorgungsanlagen vorhanden, Sanitäranlagen gegen Bezahlung nutzbar.

Vaktgatan, 216 13 Limhamn, https://lagunen.nu/guests, GPS: 55.59588, 12.93336

TRELLEBORG STRAND CAMPING

Der etwas mehr als eine halbe Autostunde südöstlich von Malmö gelegene Campingplatz ist schön mit Bäumen und Sträuchern bewachsen und verfügt über einen Steg zum Meer. Die circa 150 Stellplätze sind mit Strom und Kabel-TV-Anschlüssen ausgestattet. Minigolf-, Tennis- und Spielplätze sowie eine Sauna runden das Angebot ab.

Dalköpinge strandväg 2, 231 32 Trelleborg, https://trelleborg strand.se/de, GPS: 55.36375, 13.20924

Fassade des in der Mitte des 16. Jahrhunderts errichteten und um 1860 umgebauten Rathauses alle Blicke auf sich. Den auffallenden herrschaftlichen Backsteinbau an der Nordwestecke des Stortorget ließ der als Reformator und baufreudiger Bürgermeister Malmös bekannt gewordene Jörgen Kock um 1525 errichten. Auch an der Västergatan finden sich einige sehenswerte historische Backsteinbauten wie etwa das Rosenvingehuset, das als Paradebeispiel renaissancezeitlicher skandinavischer Stadtarchitektur gilt.

04 Lilla Torg

Der Lilla Torg südwestlich des Stortorget wird immer wieder als schönster Platz Malmös gerühmt. Er wurde Ende des 16. Jahrhunderts als Marktplatz für die vielen Einzelhändler der Stadt angelegt und ist von recht stattlichen Fachwerkhäusern gesäumt. In den hippen Lokalen, die hier zu finden sind, herrscht meistens Hochbetrieb. Den ganzen Sommer über kann man sich hier draußen an einem der vielen Tische niederlassen und das bunte Treiben beobachten. Hedmanska Gården, ein Kaufmannshof aus dem 18. Jahrhundert, wurde in ein Kulturzentrum verwandelt. In einem Teil des Fachwerkbaus ist das Form Design Center untergebracht. Malmös Altstadt bietet gute Einkaufsmöglichkeiten. Rund um den Lilla Torg und in der Hauptgeschäftsstraße Södergatan zwischen Stortorget und Gustav Adolfs Torg finden sich Geschäfte für jeden Geschmack und Geldbeutel.

05 Schloss Malmöhus

Der trutzige Backsteinbau westlich der Altstadt wurde um das Jahr 1430 unter Erik VII. von Dänemark als Kastell errichtet und von König Christian III. ab dem Jahr 1526 zu einer Residenz ausgebaut. Nach dem im Jahr 1658 geschlossenen Frieden von Roskilde, mit dem Dänemark seine südschwedischen Provinzen verlor, nahmen die Schweden Schloss Malmöhus zwar in Besitz, ließen es aber anschließend verfallen. Erst in den 1930er-Jahren wurde das Gebäude restauriert. Heute beherbergt es Malmös Stadtmuseum, ein Naturkundemuseum mit einem angeschlossenen Aquarium und Tropikarium sowie das Malmö Kunstmuseum, das über die größte Sammlung moderner skandinavischer Kunst in Schweden verfügt. Schloss Malmöhus liegt inmitten einer schönen, von Wassergräben durchzogenen Parklandschaft, die zu ausgedehnten Spaziergängen einlädt.

Stockholm ist umgeben und durchzogen von Wasser – eine schwimmende Stadt, reich an historischen Sehenswürdigkeiten, die sich aber auch als moderne, weltoffene Metropole mit einer regen Kunst- und Kulturszene präsentiert.

8 STOCKHOLM

Stockholm liegt am Ausfluss des Sees Mälaren in die Ostsee, erstreckt sich über 14 Inseln, die durch 57 Brücken miteinander verbunden sind, und ist umgeben von Meerengen, Kanälen sowie rund 24 000 größeren und kleineren Inseln (Schären). Ihr Name bedeutet übersetzt »Pfahl-Insel« – vor rund 6000 Jahren ragten hier nur ein paar Eilande aus dem Wasser. Später hob sich das Land und gab mehr von sich preis. Offizielle Hauptstadt Schwedens wurde Stockholm erst im 17. Jahrhundert. Heute erzählen die imposanten öffentlichen Gebäude, die zahlreichen Schlösser und Museen der mittlerweile auf knapp zwei Millionen Einwohner angewachsenen Metropole eine rund 700 Jahre alte Geschichte. Damals wie heute aber steht außer Zweifel – den Charme dieser Metropole macht ihre Lage am Wasser aus. Das »Venedig des Nordens« wird durch unzählige Eilande – der Stockholmer Schärengarten – vom Meer abgeschirmt. Die kleinen Inseln sind unbewohnt, die großen als Urlaubsziel beliebt. Allen Schären gemeinsam ist ihre Entstehung: Während der letzten Eiszeit schliffen die Gletscher das unter ihnen liegende Gestein rund. Seit dem Abschmelzen des Eises vor rund 10 000 Jahren hebt sich das Land und durchbricht den Meeresspiegel. Im Sommer lassen es sich die Stockholmer nicht nehmen, mit ihren Segelbooten von Schäre zu Schäre zu fahren. Auch für Besucher, die von außerhalb kommen, ist der Schärengarten ein ideales, schöne Naturerlebnisse garantierendes Naherholungsgebiet.

Informationen:
www.visitstockholm.com, https://city-tourist.de/Stockholm-Touristeninformation.html, https://mapcarta.com/W5372240 (Park and Ride)

01 Gamla Stan

Alle Wege führen in die Altstadt, nach Gamla Stan. Sie ist das Herz Stockholms und verteilt sich auf drei Inseln: Stadsholmen mit dem Schloss, die Ritterinsel Riddarholmen und die Heilig-Geist-Insel Helgeandsholmen mit dem Reichstag. Viele Gebäude in den Kopfsteinpflastergassen stammen aus dem 17. Jahrhundert, obwohl dieser Stadtkern bereits im Jahr 1252 gegründet wurde. Zwischen den beiden Hauptachsen Västerlånggatan und Österlånggaten verlief einst die Stadtmauer. Gamla Stan hat viele Cafés, Geschäfte und Sehenswürdigkeiten. Die Hauptattraktion für Touristen ist natürlich das Schloss: Mit mehr als 600 Zimmern gehört es zu den größten der Welt und beherbergt einige schöne Museen. Einplanen sollte man auch einen Besuch im Nobelmuseum.

02 Storkyrkan

Strahlende Augen, die ein paar Tränen der Rührung wegwinkern, ein langes weißes Kleid mit Schleier und zahlreiche Blumenkinder. Millionen Zuschauer auf der ganzen Welt verfolgten, wie sich Kronprinzessin Victoria und Daniel Westling am 19.

Juni 2010 in der Stockholmer Domkirche, der Storkyrkan, das Jawort gaben. Auf den Tag genau, nur 34 Jahre danach, an dem Königin Silvia den Thron bestiegen hatte. Die Hochzeits- und Krönungskirche der schwedischen Monarchen ist das älteste Gotteshaus der Stadt und liegt nur ein paar Schritte vom Stortorget und dem Nobelmuseum entfernt am Ende der steilen Auffahrt Slottsbacken. Ihre Barockfassaden täuschen zunächst über das Innere hinweg: Darin entpuppt sich das Bauwerk als eine spätgotische Hallenkirche.

03 Norrmalm

Breite Straßen und geschäftiges Treiben: In Norrmalm blieb in den 1950er-Jahren kaum ein Stein auf dem anderen. Grund dafür war der Bau der U-Bahn. Hochhäuser und moderne Glasfassaden geben diesem Stadtteil ein ganz anderes Gesicht, als er ursprünglich hatte. Es ist eben doch nicht alles pure Nostalgie in

Unten links: Storkyrkan, die Große Kirche. Die Anfänge des prächtigen fünfschiffigen, im Inneren überaus reich ausgestatteten Backsteinbaus lassen sich bis in das Jahr 1279 zurückverfolgen.

Unten rechts: Jede Großstadt hat ihren Ruhepol. In Stockholm ist es »Gamla Stan«, die vom pulsierenden Leben der Umgebung abgeschirmte Altstadt – hier mit ihrem zentralen Platz, dem Stortorget.

Stockholm und Umgebung. Dafür pulsiert hier das Leben, es gibt viele große Geschäfte, aber auch Luxusläden in den Einkaufsstraßen. Abends ist richtig viel los: Dann erwachen Kungsgatan, Sveavägen und Birger Jarlsgatan zum Leben und verwandeln sich in echte Flaniermeilen. Restaurants, Bars, Kinos – hier finden Einheimische und Besucher alle erdenklichen Unterhaltungsangebote. Kultur gibt es natürlich auch: Das Kulturhuset dient als Forum für Ausstellungen und Stadttheater, es hat eine Bibliothek und mehrere Cafés.

04 Östermalm

Östermalm gehört seit dem 19. Jahrhundert zur Stadt. Zuvor grasten auf dem von Wasser umgebenen Gelände königliche Schafherden. Das Zentrum bildet der Östermalmstorg, eine der schönsten Flaniermeilen der Stadt, an dem zahlreiche palastartige Bauten aus dem 19. Jahrhundert liegen. In der Saluhalle, einer backsteinernen Markthalle aus dem Jahr 1890, werden viele Delikatessen angeboten. Rund um den Sture plan haben sich viele Bars und Clubs angesiedelt. Auch viele Flagship-Stores angesagter Marken laden zum Luxus-Shopping ein. Komplettiert wird das Bild durch das repräsentative Botschaftsviertel und interessante Museen wie das Musik-, Armee- oder das Historische Museum. In Letzterem präsentiert der Goldraum (»Guldrummet«) eine Ausstellung

Oben: Goldener Saal des am Riddar.fjärde gelegenen Stadshuset.

Mitte: 605 Zimmer soll das gigantische Königsschloss in Stockholm haben, eines mehr als der Buckingham Palace in London.

Unten: Wie ein kleines Beiboot treibt der Reichstag auf der Insel Helgeandsholmen nahe dem Königlichen Schloss.

Rechte Seite: Auf einer Städtereise im Wohnmobil durch Schweden ist Stockholm die erste Adresse.

wertvoller Gold- und Silberschätze der schwedischen Geschichte.

05 Stadshuset

Das Stadshuset am Ufer des Riddarfjärde ist eines der markantesten Wahrzeichen Stockholms. Der dunkelrote Klinkerbau mit seinen grün patinierten Kupferdächern wurde in den Jahren 1911 bis 1923 errichtet. Den golden glänzenden Rathausturm in der Südostecke, 106 Meter hoch, zieren an der Spitze die drei Kronen des Stadtwappens. Das Gebäude selbst ist aus dunkelroten Klinkern und wurde angeblich aus acht Millionen Ziegelsteinen errichtet. Mit dem Aufzug können Besucher hinauffahren und von einer Plattform aus den Rundumblick genießen. Zweimal im Monat treffen sich die Stadtverordneten im Ratssaal, der einem Wikinger-Langhaus nachempfunden ist. Auch Führungen sind möglich: Dabei bekommen Besucher den »Blauen Saal« gezeigt. Der ist zwar nicht blau, dafür aber der festliche Ort für die Nobelpreisgala.

06 Königsschloss

Auf der Altstadtinsel Stadsholmen liegt das 1728 nach Plänen von Nicodemus Tessin im italienischen Barockstil errichtete Königliche Schloss. Hier befinden sich die Büros des schwedischen Königs Carl XVI. Gustaf und anderer Mitglieder der königlichen Familie. Das Schloss dient dem König als Amtssitz zu repräsentativen Zwecken. Wenn kein Staatsbesuch ansteht, gibt es Führungen durch die offiziellen Säle, durch die Schatz- und Rüstkammer sowie durch die Schlosskirche. Eine beliebte Attraktion ist die Wachablösung der königlichen Leibgarde im Yttre Borggården auf der Westseite des Schlosses.

07 Riddarholmen

Auf Riddarholmen, der »Ritterinsel«, bauten die Adligen im 17. Jahrhundert ihre Paläste. Heute werden die prächtigen Räume von Behörden genutzt. Eines der schönsten Herrenhäuser hat runde Türme an seinen Ecken und ist der Wrangelska

LÅNGHOLMENS HUSBILSCAMPING

In schöner Umgebung gelegen und dennoch nah an den Sehenswürdigkeiten der Stockholmer Innenstadt – Långholmens Husbilscamping verbindet das Beste zweier Welten. Zwischen Mai und September stehen hier insgesamt 77 Stellplätze ausschließlich für Wohnmobile zur Verfügung.

Skutskepparvägen, 117 33 Stockholm, www.husbilstockholm.se, GPS: 59.32016, 18.03205

TANTOLUNDENS HUSBILSCAMPING

Im Südwesten des Stadtteils Södermalm liegt der gebührenpflichtige Stellplatz für Wohnmobile etwa 600 Meter von der nächsten U-Bahn entfernt. Durch seine zentrale Lage ist der Platz schnell ausgebucht, weshalb man schon vorher reservieren sollte.

Ringvägen 24, 11867 Stockholm, www.husbilstockholm.se, GPS: 59.31246, 18.05329

STOCKHOLM SWECAMP FLOTTSBRO

Der ganzjährig geöffnete Campingplatz im Westen von Huddinge ist von einem Wald umgeben und bietet auf durch Büsche und Bäume unterteilten Wiesenflächen Platz für Wohnmobile. Er liegt etwa 15 Kilometer von der Stockholmer Innenstadt entfernt.

Häggstavägen 20, 141 32 Tullinge, www.flottsbro.se, GPS: 59.23054, 17.88793

FIRST CAMP CITY – STOCKHOLM

Schön im Wald an einem klaren See gelegener Campigplatz mit guter Verkehrsanbindung – die nächste Bushaltestelle ist nur 250 Meter entfernt, und von da ist man in rund einer halben Stunde in der City von Stockholm. Unweit des Campingplatzes befindet sich der Ställplats Stockholm, der das ganze Jahr über geöffnet hat.

Flatens skogsväg 30, 128 30 Skarpnäck, https://firstcamp.se/destination/city-stockholm, GPS: 59.24817, 18.16165

An den zahlreichen Uferpromenaden wird einem wie hier am Strandvägen die einmalige Lage von Stockholm immer wieder bewusst: eine Stadt, halb Land, halb Wasser, gelegen in einem Gewirr von Inseln.

Palatset mit Sitz des Svea Hovrätt, dem Gerichtshof. Riddarholmen ist mittlerweile zur Justizinsel des Landes geworden, es hat aber auch eine Kirche: die Riddarholmskyrkan. Der dreischiffige Backsteinbau wurde zwischen 1280 und 1300 im gotischen Stil auf dem Gelände eines Franziskanerklosters gebaut und ist die Begräbniskirche der schwedischen Könige. Die Kirche steht am Birger Jarls Torg, einem prachtvollen kopfsteingepflasterten Platz.

08 Helgeandsholmen

Auf Helgeandsholmen, der kleinen Insel gegenüber dem Schloss, ist Schwedens eigentliches Zentrum der Macht beheimatet: der Reichstag. 37 000 Kubikmeter Erde mussten einst abgetragen werden, um das neobarocke Gebäude, das auf 9000 Eichenpfählen steht, gegen Ende des 19. Jahrhunderts zu errichten. Bei den Schachtarbeiten für eine Tiefgarage vor dem Reichstag kamen in den 1970er-Jahren zahlreiche archäologische Schätze zutage. So entdeckte man Hausfundamente aus dem 13. Jahrhundert, Reste der Stockholmer Stadtmauer aus dem 16. Jahrhundert, elf Boote verschiedener Epochen, über 1000 menschliche Skelette (hier befand sich auch einmal ein Friedhof), die Reste einer Apotheke aus dem 17. Jahrhundert sowie Münzen, Scherben, Flaschen, gut erhaltene Kleidungsstücke und Kreidepfeifen. Um die Funde präsentieren zu können, verkleinerte man die Tiefgarage und errichtete auf Helgeandsholmen das Medeltidsmuseum (Mittelaltermuseum).

09 Vasamuseum

Das Schicksal der »Vasa« erinnert an das der »Titanic«. Es gibt aber auch große Unterschiede. Der wohl entscheidende ist, dass der Untergang der »Vasa« weniger Menschenleben gekostet hat. Ein gigantisches Kriegsschiff sollte es werden, der Stolz der schwedischen Flotte. Von König Gustav II. Adolf in Auftrag gegeben, waren ab 1626 rund 400 Arbeiterinnen und Arbeiter mit seinem Bau beschäftigt. Das gewaltige Schiff hatte drei Masten mit insgesamt 10 Segeln, war vom Kiel bis zur Mastspitze 52 Meter hoch, 69 Meter lang und wog 1200 Tonnen. Mit ihren 64 Kanonen hätte die Vasa zu einem wichtigen Schiff der schwedischen Kriegsflotte werden sollen. Vielleicht war es die mangelnde Statik, vielleicht das Gewicht der Kanonen. Jedenfalls sank die »Vasa« 1628 schon bei der Jungfernfahrt im Hafen von Stockholm. Erst 333 Jahre später wurde sie vom Meeresgrund geborgen. Der Großteil des Schiffes ist erhalten und wird in seinem eigenen Museum präsentiert.

10 Skansen

Skansen auf der Halbinsel Djurgården ist eines der größten Freilichtmuseen der Welt und eines der beliebtesten Ausflugsziele in Stockholm. Das Freilichtmuseum geht auf den schwedischen Philologen und Ethnographen Dr. Artur Hazelius (1833–1901) zurück. Dieser wollte schwedische Kulturgeschichte auf

Seit die schwedische Königsfamilie Bernadotte – 1982 mit König Carl XVI. Gustaf und seiner Ehefrau Silvia – den Südflügel von Schloss Drottningholm bezog, zu dem auch ein prachtvoller Garten gehört, ist dies ihr Hauptwohnsitz.

eine ganz neue, spannende Weise präsentieren. Statt seine umfangreichen Sammlungen aus dem Leben von Bauern, Arbeitern, Stadtbürgern und Herren in einem herkömmlichen Museum auszustellen, zeigte er die Gegenstände in ihrem ursprünglichen Zusammenhang. So entstand 1881 das erste Freilichtmuseum der Welt, das Freilichtmuseum Skansen. Heute kann man hier zahlreiche schwedische Milieus aus vergangenen Zeiten erleben: Bauernhöfe, eine Kirche, ein kleines Stockholmer Stadtviertel, einen Herrenhof, mehrere Handwerker-Werkstätten. Kinder dürfen im Sommer auf bestimmten Höfen mithelfen. Dazu gibt es Spielplätze, einen kleinen Zoo, einen Zirkus sowie einen Aussichtsturm.

11 Djurgården

Seit dem Jahr 1809 ist die Insel Djurgården für die Allgemeinheit zugänglich, die Zäune, die das 279 Hektar große Jagdgebiet der Königsfamilie einst umgaben, sind verschwunden. Heute ist Djurgården die Freizeitinsel der Stockholmer. Hier gibt es neben dem Freilichtmuseum Skansen viele Möglichkeiten, sich zu erholen: Wandern, Radfahren, Joggen und Skaten, Paddeln – alles ist auf dem Eiland möglich. Dazu gibt es Museen, nette Cafés und Ausflugslokale. Auf der Waldemarsudde, dem südlichsten Teil der Insel, liegt die Villa des Prinzen Eugen, die heute ein Museum ist und Bilder des Prinzen wie seiner Zeitgenossen zeigt. Des Weiteren findet man auf der Insel auch noch das Rosendals slott, ein Lustschloss, das König Karl XIV. Johann im 19. Jahrhundert errichten ließ.

12 Schloss Drottningholm

Der Herkulesbrunnen vor Schloss Drottningholm ist eine Kriegsbeute. Auch andere Skulpturen im Park können eine bewegte Vergangenheit aufweisen, doch heute ist das Schloss in erster Linie der Hauptwohnsitz der Königsfamilie. Im Jahr 1690 im Stil französischer und holländischer Vorbilder erbaut, ließ Kronprinzessin Lovisa Ulrika einige Gebäudeflügel mit Rokokoräumen errichten. Es ist das am besten erhaltene Schloss des Landes und steht elf Kilometer westlich von Stockholm auf der kleinen Insel Lovön im Mälarsee. Der größte Teil des Anwesens ist für Besucher geöffnet, nur die Privatgemächer von Königin Silvia und Carl XVI. Gustaf nicht. Wegen der Kinder waren sie im Jahr 1982 aus Gamla Stan aus- und vor die Tore der Stadt gezogen. Die Eltern pendelten zur Arbeit, und die Kinder besuchten öffentliche Schulen.

Schöner Wohnen im Isbjerget (Eisberg), ein zu dem neuen Stadtteil Aarhus Ø gehörender, supermodern gestalteter Wohnkomplex auf dem Hafengelände der Stadt.

9 AARHUS

Dänemarks zweitgrößte Stadt (nach Kopenhagen) bietet Natur, Kultur und kulinarische Höhepunkte und ist eine der ältesten im Land. Ihre Sehenswürdigkeiten liegen so nah beieinander, dass man sie mit dem Fahrrad oder auf einem Spaziergang erreichen kann. Die vielen internationalen Studenten an Dänemarks größter Universität sorgen dafür, dass die kleine Metropole weltoffen und lebendig ist. In Bars und Kneipen kann man gemütlich ein Bier trinken und es vergeht kaum ein Tag ohne ein kulturelles Event – nicht zufällig war Aarhus im Jahr 2017 die Europäische Kulturhauptstadt. Das Zentrum ist von alter und neuer Architektur geprägt und wird von den schlanken Türmen der Domkirche überragt. Dort, wo in den 1960er-Jahren Überreste einer Wikingersiedlung freigelegt wurden, steht heute das Wikingermuseum. Zusammen mit anderen Einrichtungen ist hier ein regelrechtes Museumszentrum entstanden.

Informationen:
www.visitaarhus.de/region-aarhus, https://city-tourist.de/Aarhus_Touristen_Information.html, www.getyourguide.de/aarhus-l32302

01 St.-Clemens-Dom

Anfang des 13. Jahrhunderts wurde mit dem Bau der Kathedrale begonnen. Fertiggestellt wurde sie erst zwischen dem 15. und 16. Jahrhundert im gotischen Stil. Man weihte sie dem hl. Clemens, Patron der Seefahrer, der mit einem Anker um den Hals den Märtyrertod starb. Ein Feuer zerstörte den Kirchturm im 17. Jahrhundert; erst Ende der 1920er-Jahre wurde er auf seine heutige Höhe von 96 Metern aufgestockt. Im Inneren fasziniert der mit Schnitzereien verzierte Hochaltar des berühmten Lübecker Künstlers Bernt Notke, und nirgends in Dänemark findet man ein größeres Buntglasfenster als hier.

02 ARoS Århus Kunstmuseum

Nach mehreren Umzügen ist das Museum in dem so auffälligen wie originellen Bau mit seinen – auf zehn Etagen verteilten – 20 700 Quadratmetern Fläche eines der größten Kunstmuseen Nordeuropas. Die begehbare Dachskulptur »Your rainbow panorama« wurde von Olafur Eliasson gestaltet, dem weltbekannten dänischen Künstler isländischer Herkunft. Von hier aus können die rund eine Million Besucher jährlich einen farblich wechselnden Blick auf die Stadt genießen. In den großen Ausstellungsräumen im oberen Bereich des Gebäudes werden Kunstsammlungen vom 19. Jahrhundert bis heute mit den Schwerpunkten Goldenes Zeitalter und Modernismus dänischer Künstler präsentiert. Auf der ersten Museumsetage werden in der Ausstellung »De 9 rum« (Die neun Räume) Werke von Bill Viola, James Turrell, Tony Oursler und Pipilotti Rist gezeigt. Beides zusammen – die Skulpture auf dem Dach als »Himmel« und die unteren Räume als »Hölle« entsprechen dem architektonischen Grundkonzept des Bauwerks, bei dem man sich an Dantes »Göttlicher Komödie« orientierte.

»Your rainbow panorama« heißt die riesige Skulptur des dänisch-isländischen Künstlers Olafur Eliasson auf dem Dach des Aarhuser Kunstmuseums ARoS. Sie kann betreten werden und ermöglicht eine Rundumansicht der ganzen Stadt.

03 Marselisborg Slot

Zwischen dem Marselisborg-Wald und dem Mindeparken, einem Gedenkpark, der bis zur Aarhus-Bucht verläuft, liegt die Sommerresidenz der dänischen Königin Margrethe II. Der schöne Rosengarten des im englischen Stil angelegten Schlossparks kann besichtigt werden, aber nur, wenn die königliche Familie nicht anwesend ist. Dann kann man auch Skulpturen wie den »Malteser Bogen«, ein Geschenk des Premierministers von Malta, oder das »Liebespaar«, ein Werk des Prinzen Henrik, bewundern. Ist die Königin zu Hause, findet täglich um 12 Uhr der Wachaufzug der Königlichen Garde statt. Vom Schlosspark aus hat man einen schönen Blick über das Meer.

Oben: Am Åboulevardens findet man gemütliche Cafés, diverse Einkaufsmöglichkeiten, ein interessantes Nachtleben – und viel Platz zum Ausruhen und Entspannen.

Rechts: Das Kontrastprogramm zu den modernen Neubauten bilden die alten gemütlichen bunten Cottages in ruhigen Seitenstraßen.

Links: Das im Jahr 1900 eingeweihte, im Jugendstil errichtete Aarhus Teater im Zentrum der Stadt ist das größte Regionaltheater des Landes.

Unten: Auch im Vadestedet, der Gegend zwischen dem Warenhaus Magasin und dem Europaplatz, flanieren an schönen Sommertagen die Menschen den Fluss entlang.

Ganz unten: Die bunten Häuser im Freilichtmuseum Den Gamle By vermitteln ein authentisches Bild vom Wohnen und Leben in vergangener Zeit.

04 Latinerkvarteret

Nicht nur Paris hat ein Quartier Latin. Im zum großen Teil modernen Århus gibt es das Latinerkvarteret mit Trödelläden, Antiquariaten, Boutiquen und Restaurants. Es liegt im ältesten Stadtteil, was man an den schmalen Gässchen mit Kopfsteinpflaster erkennt, die historische Namen wie Klostergade oder Badstuegade tragen. Viele Designer und Künstler erkannten den Reiz des gemütlichen Viertels und richteten sich in den Häusern, die zum Teil noch aus dem 16. Jahrhundert stammen, ihre Galerien und Studios ein. Secondhandläden, exquisite Blumengeschäfte und Bäckereien mit Bio-Angebot erweitern das Shoppingerlebnis. Eine angenehme Oase zum Ausruhen ist der Pustervig Torv, ein malerischer Platz mitten im Viertel. Straßenmusik und Tanz gehören an die Tagesordnung. Auch das Nachtleben kommt hier nicht zu kurz.

05 Mejlgade og Skolegade

Die Mejlgade im Latinerkvarteret und die Skolegade in Midtbyen gehören zu den ältesten Straßen von Aarhus. Wo früher Kaufleute ihrem Geschäft nachgingen, bestimmen heute Feinkost- und Lifestyle-Läden den Markt. Die Stimmung in der Fahrradstraße Mejlgade wird durch Cafés, Restaurants und Musiklokale bestimmt. Pittoreske Häuser mit hübschen Gärten bieten den entsprechenden Rahmen. Die lebendige Skolegade schließt sich direkt an. Gebäude aus dem Mittelalter, als die nach der Kirchenschule benannte Straße eine der wichtigsten war, prägen das Bild. Ein Gebäude mit Fachwerkelementen stammt aus dem 16. Jahrhundert und diente einstmals als Lagerhaus wie als Gefängnis. Ein anderes aus dem 19. Jahrhundert beherbergte einmal eine Verwaltung, die zum ehemaligen Rathaus gehörte. Außerdem sehenswert ist das Aarhus Theater, ein hübscher Jugendstilbau.

06 Universitet

Die Universität von Aarhus existiert seit dem Jahr 1928, ist die größte Dänemarks und platziert sich immer wieder unter den Top-100-Instituten weltweit. Studenten aus rund 100 Ländern kommen hierher, um sich für die mehr als 60 Masterstudiengänge in englischer Sprache oder für Bachelorprogramme einzuschreiben. Gleich mehrere spätere Nobelpreisträger absolvierten hier ihr Studium. Der moderne Gebäudekomplex aus gelben Ziegeln liegt zentral im Herzen der Stadt, mitten in dem großen Universitätspark. Studenten und Spaziergänger können sich gleichermaßen auf den weiten Grünflächen mit altem Baumbestand sowie rund um den natürlich entstandenen See entspannen. Die Königliche Bibliothek befindet sich am nördlichen Rand des Parks und darf von jedem genutzt werden, der sich dafür interessiert.

07 Den Gamle By

Das Freilichtmuseum von Århus ist eines der ältesten und meistbesuchten des Landes. Es wurde zu Beginn des 20. Jahrhunderts gegründet und um einen aus dem Zentrum der Stadt stammenden, renaissancezeitlichen Kaufmannshof, der beinahe abgerissen worden wäre, sukzessive aufgebaut. Mittlerweile stehen 75 historische Gebäude aus Dänemark auf dem Areal, darunter nicht nur Bürgerhäuser, Werkstätten und Läden, sondern auch eine Windmühle und das Theater von Helsingør. »Die alte Stadt« – so die deutsche Übersetzung des Museumsnamens, ist ein Living-History-Museum, das den Besuchern ein ganz authentisches Bild des städtischen Lebens im Dänemark des 17., 18. und 19. Jahrhunderts vermitteln kann.

AARHUS CAMPING I/S

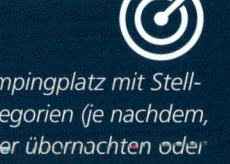

Schon ein bisschen in die Jahre gekommener Campingplatz mit Stellplätzen für Wohnmobile in unterschiedlichen Kategorien (je nachdem, ob man das mobile Zuhause nur abstellen und hier übernachten oder auch die Infrastruktur des Campingplatzes nutzen will). Gute Anbindung an die City – entweder nur mit dem Rad (da geht es auf dem Rückweg aber viel bergauf) oder mit Rad und Bahn kombiniert.

Randersvej 400, 8200 Aarhus, www.aarhuscamping.dk/de, GPS: 56.22667, 10.16274

MARSELISBORG LYSTBÅDEHAVN

Auch in diesem Jachthafen in Aarhus gibt es einige Stellplätze für Wohnmobile, teils direkt am Wasser. Da das Einchecken nicht ganz einfach ist, schaut man sich am besten vorher die Website an.

Marselisborg Havnevej 54, 8000 Aarhus, https://marselisborghavn.dk, GPS: 56.13838, 10.2158

DCU-CAMPING AARHUS BLOMMEHAVEN

Schön gelegener Campingplatz mit Badesteg am Naturstrand und schöner Sicht auf Aarhus, das gut mit dem Fahrrad zu erreichen ist. Der Platz teilt sich in zwei Bereiche – unten am Meer und oben mehr im Wald. Der obere Bereich ist etwas günstiger.

Ørneredevej 35, 8270 Højbjerg, www.dcu.dk/de/dcu-camping/aarhus-blommehaven, GPS: 56.1103, 10.23225

Kopenhagens Stadtgebiet verteilt sich über mehrere Inseln. Hier ein Blick auf die Alte Börse (Børsen) und das Schloss Christiansborg auf der Insel Slotsholmen, die seit dem Mittelalter das Machtzentrum des Landes markiert.

10 KOPENHAGEN

Die vielleicht treffendste Reiseempfehlung für Dänemark formulierte einmal Königin Margrethe II.: »Es gibt ja kein anderes Land, das so sehr Dänemark ist wie Dänemark.« Vor allem für Liebhaber der See ist Dänemark ein optimales Reiseland: Wo sonst kann man unter 7400 Kilometern meist unverbauter, frei zugänglicher Küste wählen, zwischen blau schimmerndem Kattegat und milder Ostsee, dem rauen Skagerrak oder der von Gezeiten bestimmten Nordsee? Und in Kopenhagen, das seit dem Jahr 1443 die Hauptstadt von Dänemark ist, begegnen dem Reisenden Geschichte und Tradition auf Schritt und Tritt. Die Atmosphäre ist weltoffen und angenehm beschaulich zugleich, die meisten Sehenswürdigkeiten lassen sich bequem zu Fuß erreichen. Eine erste Blütezeit erlebte die Stadt am Öresund im späten Mittelalter als Handelshafen. Zu einem neuerlichen Aufschwung kam es im 16. und 17. Jahrhundert vor allem unter König Christian IV., der seine Stadt erweitern und ausbauen ließ. Sehenswert ist der Kanal Nyhavn mit alten Holzsegelschiffen und vielen Cafés. Heute hat die dänische Kapitale ein vielseitiges kulturelles Angebot, die Ausgeh- und Vergnügungsviertel sind weltberühmt. In den Sommermonaten spielt sich das Leben auf den Straßen, in den Parks und nicht zuletzt am Wasser ab. Das im Westen und Norden von Wasser, den Kopenhagener Seen, eingefasste und im Osten an den Hafen grenzende historische Zentrum wartet mit einem Ensemble aus prächtigen Repräsentationsbauten auf.

Informationen:
www.visitcopenhagen.de,
www.visitdenmark.de/daenemark/regionen/kopenhagen,
https://parkimeter.com/de/kopenhagen-parkplatze

01 Rådhus

Das zwischen dem Hauptbahnhof und dem Vergnügungspark Tivoli gelegene Rathaus wurde im Jahr 1905 eingeweiht. Es erinnert an einen italienischen Palazzo, und tatsächlich sind das Gebäude und der Vorplatz vom Rathaus in Siena inspiriert. Über dem Eingangsportal glänzt ein Relief mit der Statue des Absalon, des Gründers von Kopenhagen und Bischofs von Roskilde im 12. Jahrhundert. Zur Aussichtsplattform auf dem Glockenturm führen 300 Stufen. Ein besonderes Detail des Bauwerks ist die Weltzeituhr am mächtigen Turm. Sie wurde vom Uhrmacher Jens Olsen entwickelt und besteht aus über 35 000 Einzelteilen! Leider hat Olsen die Inbetriebnahme seines Werkes, das die Zeit aller Orte der Welt inklusive Sonnenauf- und -untergang anzeigen soll, im Jahr 1955 nicht mehr erlebt. Zum Rathaus gehört auch eine hohe Säule, auf der zwei Musikanten, genauer: zwei Lurenbläser, stehen.

02 Rådhuspladsen

Auf dem eher kahlen Rathausplatz standen bis ins 19. Jahrhundert Verteidigungswälle mit vier Stadttoren,

Das fast 30 000 Quadratmeter große Rathaus (rechts im Bild) gab dem Rathausplatz (Rådhuspladsen) von Kopenhagen seinen Namen.

die Christian IV. errichten ließ. Zwei Monumente schmücken ihn: der Drachenkampfspringbrunnen und eine Statue des dänischen Schriftstellers Hans Christian Andersen, der in Richtung Tivoli blickt. Auf dem Platz finden Großveranstaltungen wie Märkte oder Konzerte statt. Zu Weihnachten steht hier ein riesiger Baum, Silvester trifft man sich um Mitternacht beim Glockenschlag. Vom Rådhuspladsen gehen die wichtigsten Einkaufsstraßen ab.

03 Tivoli

Der hinter dem Rathausplatz gelegene Vergnügungspark ist, neben der kleinen Meerjungfrau, wohl das bekannteste Wahrzeichen der dänischen Hauptstadt. Seit nun schon mehr als 170 Jahren locken Dutzende von Karussells und andere Fahrgeschäfte, Gaukler und Akrobaten die Besucher in den Tivoli. Mehrmals wöchentlich finden Konzerte statt. Eine chinesische Pagode und der Nachbau eines indischen Palastes sind noch weitere Höhepunkte.

Mobile Freuden, mobil unterwegs: Camperstillleben im Retrochic.

04 Ny Carlsberg Glyptotek

Die wertvolle Kunstsammlung der Glyptothek aus dem 19. Jahrhundert ist dem Gründer der Carlsberg-Brauerei zu verdanken, der allerdings darauf bestanden hat, dass die Stadt für die Exponate ein mindestens so schönes Gebäude zur Verfügung stellt, wie es die Münchner mit ihrer Glyptothek haben. Tatsächlich ist der mehrfach erweiterte Bau mit seinen Arkaden, einem Wintergarten und einer eleganten Kuppel sehenswert, eine Kaffeepause im luftigen Palmengarten ein Genuss. Die berühmtesten Skulpturen in der Glyptothek schufen Degas und Rodin.

05 Gammeltorv & Nytorv

Alter Platz, neuer Platz! Beide liegen an der Haupteinkaufsstraße Strøget, einer belebten Fußgängerzone. Gammeltorv ist der älteste Platz Kopenhagens aus dem 12. Jahrhundert. Früher befand sich dort das Rathaus. Die meisten Gebäude fielen im 18. Jahrhundert einem Feuer zum Opfer und wurden im neoklassizistischen Stil neu aufgebaut. Die Mitte des Platzes schmückt der Caritas-Renaissance-Brunnen. Zum Geburtstag der Königin werden dort vergoldete Äpfel auf den Fontänen zum Tanzen gebracht. Am weitläufigen Nytorv liegen das Stadtgericht, das

Königliche Theater und das große Kaufhaus Magasin du Nord. Der Platz ist über den 400 Meter langen Nyhavenskanalen mit dem Øresund verbunden, sodass früher die Waren direkt von der Ostsee auf dem Markt landen konnten.

06 Holmens Kirke & Børsen

Links und rechts vom Holmens Kanal liegen die Holmens-Kirche und die ehemalige Börse. Die Kirche war ursprünglich nicht als solche geplant, sondern beherbergte Werkstätten für ein militärisches Dock. Der Turm diente nur zur Dekoration, wurde im Rahmen der Umbaumaßnahmen zum Gotteshaus für Angehörige der königlichen Marine aber zum Glockenturm umfunktioniert. Das Inventar der Kirche, in der im Jahr 1967 Königin Margrethe II. geheiratet hat, ist trotz Bränden und Bombenangriffen im Originalzustand des 17. Jahrhunderts erhalten. Die Börse, in der noch bis zum Jahr 1974 Geldgeschäfte getätigt wurden, ist heute ein – sehr imposantes – Bürogebäude: ein Hingucker auf der östlichen Spitze der zentralen Stadtinsel Slotsholmen.

07 Slotsholmen

Auf dieser am Inderhavn gelegenen, nach drei Seiten durch einen schmalen Kanal vom übrigen Stadtgebiet getrennten Insel schlägt das politische Herz Dänemarks. Hier befindet sich Schloss Christiansborg – der Sitz des dänischen Parlaments, der Regierung und des Obersten Gerichtshofs. Über die Jahrhunderte wurde die Königsresidenz (Anfänge ab 12. Jahrhundert) häufig durch Brände zerstört, dann aber immer wieder neu aufgebaut.

08 Det Kgl. Bibliotek

Die Königliche Bibliothek ist die bedeutendste ganz Skandinaviens. Durch ihren angebauten Kubus, den siebengeschossigen »Schwarzen Diamanten«, in dem auch ein Konzertsaal untergebracht ist, ist sie auch als Gebäude eine Attraktion. Etwa vier Millionen Bücher, Karten, Fotos und Zeitschriften gehören zum Inventar, darunter fast alle Werke, die in Dänemark seit dem 17. Jahrhundert herausgebracht wurden.

09 Bibliotekshaven

Der 1920 geschaffene Garten der Königlichen Bibliothek liegt mitten in der Stadt, versteckt zwischen dem Schloss Christiansborg und dem alten Gebäudeteil der Bibliothek. Er wurde gemeinschaftlich von einem Landschafts- und einem Schlossarchitekten entworfen und ist eine Oase mit alten Bäumen, Rasenflächen, kunstvoll geschnittenen Hecken und fantasievoll angelegten Blumenbeeten. Der Brunnen inmitten des Gartens mit seiner acht Meter hohen Kupfersäule in einem Teich soll daran erinnern, dass hier im 17. und 18. Jahrhundert einmal der Marinehafen war. Zur vollen Stunde schnellen Fontänen aus dem Wasser.

10 Christiansborg Slot

Das ab 1906 erbaute Schloss auf der Stadtinsel Slotsholmen ist einzigartig: Nur hier sitzen Judikative, Legislative und Exekutive unter einem Dach. Es ist gleichzeitig Sitz des dänischen Parlaments, des Ministerpräsidenten und des Landesgerichts, und hier sind die Empfangsräume der Königin. Das Gebäude fällt eher durch den höchsten Turm Kopenhagens als durch seine besondere Schönheit auf. Die königlichen Repräsentationsräume allerdings sind prunkvoll ausgestattet – soweit vorhanden, noch mit Originalstücken aus den Vorgängerbauten. In einem Nebengebäude befindet sich das Hoftheater.

11 Slotskirke

Die Schlosskirche befindet sich in einem separaten, neoklassizistischen Bau, der über einen Gang mit dem Schloss verbunden ist. Nach römischem Vorbild wird das Langhaus von einer Kuppel dominiert, die an das Pantheon erinnert. Der helle Innenraum mit Arkaden, Säulen und Galerien vermittelt den Eindruck eines römischen Tempels. Hinter dem Eingang, der von korinthischen Säulen bestimmt wird, liegt die Königliche Loge. Die Schlosskirche wird von der Monarchenfamilie für Taufen, Konfirmationen oder Trauerfeiern genutzt. Auch der Gottesdienst zur Eröffnung des Parlaments wird hier abgehalten.

12 Ridebaneanlægget

In den Königlichen Ställen sind die Pferde untergebracht, mit denen die Monarchen in ihren Kutschen zu offiziellen festlichen Anlässen chauffiert werden. Etwa 20 Pferde kommen heute noch dort unter, Ende des 18. Jahrhunderts waren es einmal 270. Die Stallungen und ein Museum kann man besichtigen. Im 17. Jahrhundert war Dänemark berühmt

Blick ins Atrium und in die Lesesäle im »Schwarzen Diamanten«, einem im Jahr 1999 fertiggestellten Anbau der Königlichen Bibliothek.

für eine eigene Pferderasse, die Frederiksborger, die sich auch in anderen Königshäusern großer Beliebtheit erfreute.

13 Christianshavn

Das Viertel auf der Insel Amager zählt zu den urigsten von ganz Kopenhagen. Es wurde unter König Christian IV. ab 1619 nach dem Vorbild Amsterdams angelegt und mit einem Kanalsystem ausgestattet. Da es von Zerstörungen verschont blieb, sind viele Teile der historischen Bebauung erhalten. Weltbekannt wurde Christianshavn durch die im Jahr 1970 von Hippies gegründete »Freistadt Christiania«, in der alternative Lebensformen und -konzepte entwickelt und erprobt werden sollten. Mittlerweile zieht es nicht nur Aussteiger, sondern auch Touristen auf einer Sightseeingtour hierher.

14 Nyhavn

Der Kanal im Norden des Stadtzentrums verbindet den Kongens Nytorv mit dem Hafen. Sehenswert – am besten bei einer Hafenrundfahrt – ist die Front aus bunten alten Kontorhäusern im Norden des Nyhavn. Seit den 1980er-Jahren gibt es hier eine lebendige Kneipen- und Restaurantszene. Am Nyhavn befinden sich auch das Schauspielhaus und die neue Oper. Der Park Amaliehaven und Schloss Amalienborg sind nah.

15 Strøget

Kopenhagens berühmte Fußgängerzone zieht sich über fünf Straßen vom Rathausplatz bis zum Kongens Nytorv, dem Königlichen Neumarkt, hin. Ein Bummel über die Flaniermeile ist ein Muss für jeden Besucher, denn hier gibt es auf Schritt und Tritt etwas zu sehen und zu bestaunen. Die Strøget wird von prachtvollen, hohen Renaissancebauten gesäumt. Überall locken interessante Geschäfte, Cafés und Restaurants, auch Straßenmusikanten spielen auf. Außerdem liegen einige Museen und sehenswerte Sakralbauten an der Route. Biegt man vom Rathausplatz in die Frederiksberggade ein, gelangt man nach wenigen Minuten zum Gammeltorv – einem der schönsten Plätze der Stadt und Treffpunkt junger Leute. Nördlich des Platzes schließt sich das »Lateinische Viertel« mit dem in den 1830er-Jahren errichteten Hauptgebäude der Universität, der St.-Petri- und der Liebfrauenkirche an. Eines der bekanntesten Baudenkmäler der Stadt liegt ein Stück weiter nördlich in einer Nebenstraße der Strøget. Der »Runde Turm« wurde im Jahr 1642 im Auftrag von König Christian IV. als Observatorium direkt neben der Dreifaltigkeitskirche errichtet. Im Inneren führt ein spiralförmiger, stufenloser Aufgang zu einer Aussichtsplattform, die einen schönen Blick über Kopenhagen gewährt. Am nordöstlichen Ende der Strøget wartet der Kongens Nytorv mit dem zwischen den Jahren 1872 und 1874 im Neorenaissancestil errichteten Prunkbau des königlichen Theaters auf. Auch das im Osten gelegene Palais Charlottenburg aus dem Jahr 1683 ist sehenswert.

16 Amalienborg Slot & Frederiks Kirke

Nur einen Steinwurf von der »Kleinen Meerjungfrau« entfernt liegt im Süden Schloss Amalienborg, eine der Residenzen von Dänemarks Königin Margrethe II. Der Gebäudekomplex aus der Mitte des 18. Jahrhunderts ist kein typisches Schloss. Er besteht aus vier Palais, die sich um einen achteckigen Platz gruppieren. Die prunkvoll geschmückten Fassaden gelten als Höhepunkt des dänischen Barock. Besucher sollten auf die Flagge achten: Ist sie gehisst, ist die Königin zugegen. Um 12 Uhr kann der beeindruckende Wachwechsel der Garden mit ihren großen Fellmützen bestaunt werden. Überragt wird die Szenerie von der Frederikskirche, die von 1740 bis 1894 errichtet wurde und wegen ihres Baumaterials auch Marmorkirche genannt wird. Als Vorbild diente der Petersdom in Rom, entsprechend zählt die 45 Meter hohe Kuppel zu den größten Europas.

CHARLOTTENLUND FORT CAMPING

Nur etwa sieben Kilometer nördlich von Kopenhagen, direkt am Øresund gelegener, von Wald und Meer umgebener Campingplatz auf dem Gelände einer historischen Festung (Charlottenlund Fort). Onlinereservierung vorab unbedingt erforderlich!

Strandvejen 144, 2920 Charlottenlund, https://camping copenhagen.dk/de, GPS: 55.74455, 12.58496

DCU-CAMPING KØBENHAVN ABSALON

Nur etwa zwölf Kilometer von Kopenhagens Zentrum entfernter, hübsch »im Grünen« gelegener Campingplatz, ideal für die Besichtigung der Stadt. Zu Fuß zum Bahnhof sind es keine zehn Minuten, von da in die Stadt fährt man circa 20 Minuten. Große, helle, saubere Sanitäreinrichtungen, freundliche Atmosphäre.

Korsdalsvej 132, 2610 Rødovr, www.dcu.dk/da/dcu-camping/koebenhavn-absalon, GPS: 55.67176, 12.43159

TANGLOPPEN CAMPING

Alle zehn Minuten fährt eine S-Bahn von Ishøj ins etwa 18 Kilometer entfernte Zentrum von Kopenhagen. Der in einer Art Lagune neben einem Jachthafen gelegene Platz selbst ist gut gepflegt und wird freundlich geführt. Erfreulich: Es gibt auch ein Self-Check-In für die Spätankommer nach 22.00 Uhr.

Tangloppen 2, 2635 Ishøj, https://tangloppencamping.dk, GPS: 55.6078, 12.38024

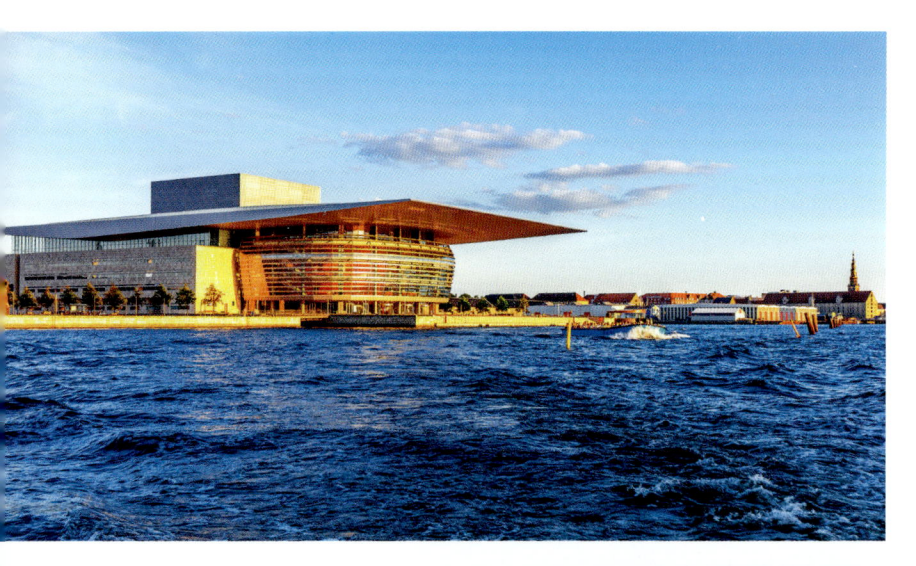

Oben: Das Opernhaus von Kopenhagen steht auf einer Insel gegenüber der Amalienburg.

Mitte: Die Nationalgalerie, das Statens Museum for Kunst (SMK), präsentiert dänische und internationale Werke aus mehr als sieben Jahrhunderten.

Unten: Das Hauptgebäude der Universität steht am Frue Plads im Zentrum der Stadt, nicht weit vom Radhuspladsen (Rathausplatz).

17 Operaen på Holmen

Der im Jahr 2005 eröffnete Neubau des Kopenhagener Opernhauses, ein Geschenk des Reeders Arnold Mærsk Mc-Kinney Møller an den dänischen Staat, war von Anfang an umstritten. Denn der reichste Mann Dänemarks ließ die Oper ohne vorherige öffentliche Ausschreibung errichten. Den Standort, eine von ihm gekaufte Insel gegenüber Schloss Amalienborg, wählte Mærsk persönlich aus, und auch in die Planung mischte er sich ein, sodass das Gebäude von der Fassade bis zur Bestuhlung weniger die Handschrift des Architekten Henning Larsen trägt als die des edlen Spenders – weshalb Larsen sich schließlich auch von seinem Bauherrn distanzierte. Mit Kosten von 350 Millionen Euro ist die Operaen København das teuerste Opernhaus der Welt. Die Innenräume wurden teilweise von Olafur Eliasson gestaltet.

18 Rosenborg Slot

Im Stadtzentrum fällt eine große, fast quadratische Grünfläche ins Auge: der streng geometrisch angelegte Park von Schloss Rosenborg. Das Gebäude ließ sich König Christian IV. ab 1606 als Sommersitz errichten, die Bauzeit betrug rund zwei Jahrzehnte. Heute gilt das Schloss als exzellentes Beispiel der Renaissancearchitektur. Als saisonale Residenz wurde es nicht genutzt, denn um 1710 empfand es der Urenkel des Erbauers, König Frederik IV., als nicht mehr zeitgemäß. So beherbergte das Schloss nun die königlichen Sammlungen. Für das Publikum wurden die Türen erst 1838 geöffnet. Größter Schatz sind die Kronjuwelen.

19 Rundetårn

Der Runde Turm aus dem 17. Jahrhundert wurde als astronomischer Wissenschaftsturm gebaut. Dank der Errungenschaften des Astronomen Tycho Brahe ließ Christian IV. ihn nach dem Tod des Wissenschaftlers errichten. Heute ist er Volkssternwarte und Touristenattraktion. Zur Spitze des knapp 35 Meter hohen Baus geht man über einen spiralförmigen Gang ohne Stufen, der sich auf seinen 209 Metern sieben Mal um seine eigene Mitte windet. Auf diese Weise konnten Bücher oder astronomische Instrumente mit dem Pferdewagen direkt zum Observatorium geliefert werden. Ein altes Teleskop kann noch heute dort besichtigt werden. Auf dem Dach befindet sich eine Aussichtsplattform, die einen spektakulären Blick über Kopenhagens Zentrum bietet.

20 Sankt Petri Kirke

In der ältesten Kirche der Stadt kommt die deutsche evangelisch-lutherische Gemeinde zusammen. Als die Herzogtümer Schleswig und Holstein noch zu Dänemark gehörten, war Deutsch die Sprache der Oberschicht. Untertanen des Königs sowie wirtschaftliche, kulturelle und militärische Elite gingen hier aus und ein. Nach dem Deutsch-Dänischen Krieg verlor die Kirche an Bedeutung, doch ist die Zahl der Mitglieder wieder steigend. Die Verbindung zum dänischen Königshaus besteht nach wie vor. Zusammen mit der St.-Petri-Schule und dem Kulturverein bildet sie das Zentrum deutscher Sprache und Kultur in Kopenhagen. Das schlichte Innere der Kirche wirkt einladend, das Restaurant »Hugs & Food« ist Anlaufstelle für Obdachlose, die hier eine Mahlzeit bekommen.

21 Universitet

Das Hauptgebäude der Universität aus dem 15. Jahrhundert liegt mitten in der Innenstadt. Die dazugehörigen Dependancen der sechs Fakultäten sind im Großraum Kopenhagen verteilt. Rund 40 000 junge Menschen studieren hier, etwa 2000 davon aus dem Ausland. Viele Masterprogramme werden daher auf Englisch unterrichtet. Ob in der imposanten Bibliothek des alten Baus oder in den neuen Gebäuden – der Betrieb der Universität ist modern und fortschrittlich. Es gibt eine eigene Buchhandlung, in der sich Studenten mit den nötigen Materialien versorgen können, sowie eine Mensa, in der gesundes, abwechslungsreiches Essen serviert wird. Der Maersk Wissenschaftsturm liegt technisch weit vorn, und zur Universität gehören mehrere Museen sowie der Botanischen Garten.

22 Botanisk Have

Seit dem Jahr 1870 befindet sich der Botanische Garten an seinem heutigen Platz und nimmt eine Fläche von zehn Hektar ein. Auf dem Spaziergang durch die Stadt kann man einfach hindurchschlendern, denn der Park ist öffentlich zugänglich und kostet keinen Eintritt. Besonders faszinierend sind die historischen Gewächshäuser aus Glas, 27 an der Zahl. Das größte, der Palmengarten, ist 16 Meter lang und in unterschiedliche Klimazonen unterteilt.

23 Nationalmuseet

Zum dänischen Nationalmuseum gehören 20 Museen und Schlösser. Das Zentrum der gesamten dänischen Kulturgeschichte ist allerdings das Prinsens Palæ. Von Exponaten aus der Vorgeschichte bis zum heutigen Dänemark in seinem internationalen Kontext wird ein komplexer Überblick gegeben. Die ständige Kollektion umfasst berühmte Funde wie den filigranen Sonnenwagen von Trundholm, eine Statue aus der Nordischen Bronzezeit. Thematische Ausstellungen erzählen etwa die Geschichte der Wikinger oder auch die der dänischen Kolonien.

24 Dansk Design Center

Im Jahr 1890 gegründet, befindet sich das Designmuseum seit 1926 an seinem jetzigen Standort in einem prachtvollen Rokokobau, der einmal ein Krankenhaus war. Die Innenausstattung entwarf federführend der dänische Architekt Kaare Klint. Ein wichtiges Anliegen des Hauses ist es, die Verbindung von Funktionalität, hoher Qualität und Gestaltung hervorzuheben.

25 Statens Museum for Kunst

Die dänische Nationalgalerie wurde im Jahr 1897 eröffnet und residiert seitdem in einem prächtigen Gebäude, das Ende des letzten Jahrhunderts harmonisch mit einem modernen Anbau verbunden wurde. Die umfangreiche, bedeutende Kunstsammlung reicht von der frühen Renaissance bis zur neuesten Gegenwartskunst. Der Fokus liegt auf nordischer Kunst, aber auch die französische Sammlung mit mehreren Exponaten von Matisse genießt großes Ansehen. Ein weiterer Schwerpunkt ist die Königliche Kupferstichsammlung mit rund 300 000 Exponaten. Die Werke von Cranach, Rembrandt, Tizian und anderen stammen teils aus den privaten königlichen Sammlungen. Heute gehören alle Bilder dem dänischen Volk.

26 Pisserenden & Latinerkvarteret

Früher war dieser Stadtteil nahe der Haupteinkaufsstraße Strøget und des Rathauses das Rotlicht- und Schmuddelviertel der Stadt. Ein großer Brand im Jahr 1728 ließ davon nicht viel übrig. Heute ist dies eine bunte, quirlige Nachbarschaft, die auch bei der Schwulen- und Alternativenszene beliebt ist. Nette Cafés, moderne Bistros und gute Restaurants beleben die kopfsteingepflasterten Gassen mit den bunten Häusern, an deren Wänden manche fantasievolle Graffiti zu sehen sind. Wer Secondhand- oder Vintage-Läden mag, gerne in urigen Bücher- und Plattenläden stöbert oder nach origineller Kleidung zu kleinen Preisen sucht, wird hier noch fündig, selbst wenn inzwischen auch Betreiber teurer Geschäfte den Reiz des einstigen »Pissoirs« erkannten.

Blick auf den Südhafen der schön am finnischen Meerbusen gelegenen Stadt Helsinki. Weithin sichtbares Wahrzeichen der Kapitale ist der auf einem Sockel stehende Dom – die Kathedrale des lutherischen Bistums Helsinki.

11 HELSINKI

Rund 650 000 Menschen leben in Helsinki, Finnlands überschaubarer Hauptstadt, die der Schwedenkönig Gustav Vasa im Jahr 1550 gründete. Nach schweren Bränden beauftragte Zar Alexander II. den Berliner Architekten Carl Ludvig Engel, Helsinki im neuklassizistischen Stil wiederaufzubauen. Zwanzig der in den Jahren 1820 bis 1850 errichteten Monumentalbauten sind noch erhalten und verleihen der Metropole gemeinsam mit weltbekannten Bauten vom Jugendstil bis zur Moderne ihr ganz eigenes Antlitz.

Informationen:
www.myhelsinki.fi, www.visitfinland.com/de/reiseziele/die-helsinki-region, www.vr.fi/en/last-mile-connections/park-and-ride

01 Hauptbahnhof

Helsinkis Hauptbahnhof, ein monumentaler Granitbau, wurde im Jahr 1919 nach einem Entwurf des Architekten Eliel Saarinen erschaffen. Der 48 Meter hohe Uhrenturm erinnert an amerikanische Architektur. Auf dem seitlich gelegenen Vorplatz ist der bedeutende Schriftsteller Aleksis Kivi, der der finnischen Sprache zu internationaler Anerkennung verhalf, als Statue verewigt. Durch das Hauptportal, geschmückt mit den vier von Emil Wikström gestalteten Lampenträgern, geht es in die hohe, lichte Eingangshalle. Dort erinnert die Anzeige mehrerer Züge nach St. Petersburg und Moskau an die Nähe zu Russland.

02 Botanischer Garten und Kaisaniemi-Park

Im – in Bahnhofsnähe gelegenen – Kaisaniemi-Park findet man den Botanischen Garten der hiesigen Universität. Besucher bummeln entlang der gepflegten Grünflächen oder bestaunen die Seerosenteiche. Etwa 1200 Pflanzenarten sind im Park untergebracht, in den Außenbereichen vor allem einheimische winterharte Bäume, Sträucher und Blumen. In den gläsernen Gewächshäusern, deren ältestes Jugendstil-Konstrukt vom Ende des 19. Jahrhunderts stammt, reist man durch die verschiedenen Klimazonen. Ein besonderes Augenmerk verdient das herrschaftliche Wohnhaus auf dem Hügel am Park. Dort hätte der finnische König wohnen sollen, wäre es zu einer Monarchie gekommen. Heute befindet sich hier das Botanische Museum.

03 Nationaltheater

Das Finnische Nationaltheater ist eins der drei großen Häuser der Stadt. Gegründet wurde es in der alten Hafenstadt Pori. Es befindet sich seit 1902 nördlich des Hauptbahnhofs in einem eleganten Jugendstilgebäude, und es ist das älteste Theater, in dem die Stücke in finnischer Sprache gespielt werden. Inzwischen gibt es nicht nur den großen Saal im Hauptgebäude mit fast 900 Plätzen, sondern es wird ein eckiger Bau auf der Rückseite bespielt, und 1976 erfolgte ein dritter Bau. Die kleine Studio-Bühne »Omapohja« nebenan wird ebenfalls für Aufführungen vor einem kleinen Publikum genutzt.

Auch in Helsinki empfiehlt es sich, das Park-and-Ride-System zu nutzen, um mit öffentlichen Verkehrsmitteln die Stadt erkunden zu können.

04 Ateneum
Das Ateneum, direkt am Hauptbahnhof gelegen, beherbergt den Großteil der Finnischen Nationalgalerie. In dem eindrucksvollen zweigeschossigen Neorenaissance-Gebäude wird die größte Sammlung finnischer Gemälde seit dem 17. Jahrhundert beherbergt. Interessant ist auch das Gebäude selbst: Zahlreiche Figuren, Skulpturen und Reliefs, die finnische und internationale Künstler darstellen, schmücken die Fassade.

05 Dom
Am Bau des prachtvollen weißen Doms am Senaatintori, dem Senatsplatz, in dessen Mitte eine Bronzestatue Zars Alexander II. steht, wirkten gleich mehrere Architekten mit. So wurden erst viele Jahre nach dem Bau der großen Hauptkuppel die vier kleineren dazugesetzt. Einer der ebenfalls nachträglich gebauten Seitenpavillons fungiert als Glockenturm. Der Innenraum des imposanten Sakralbaus ist ganz in schlichtem Weiß gehalten.

06 Nationalbibliothek
Nahe dem Senatsplatz steht der prunkvolle Bau der im Jahr 1840 errichteten Nationalbibliothek. Sehenswert sind die kunstvoll bemalten Decken und Bögen der Kuppelhalle.

07 Kauppatori
Am Kauppatori, dem südöstlich vom Bahnhof am Fährhafen gelegenen Marktplatz, kaufen die Hauptstädter frisches Obst und Gemüse, Fisch und Fleisch ein. Die südlich des Platzes gelegene Markthalle aus dem Jahr 1888 wurde aufwendig restauriert. Auch heute sind die Stände noch nach Zünften geordnet. Vom Kauppatori aus führt die eleganteste Geschäftsstraße Helsinkis in Richtung Westen, die Pohjoiesplanadi. Sie wird von prächtigen Jugendstilbauten gesäumt.

08 Uspenski-Kathedrale
Weithin sichtbar thront die Uspenski-Kathedrale auf einem Felsen der Halbinsel Katajanokka am Rande des stadtzentrums. Mit ihren goldbekrönten Spitzen zählt sie zu den größten orthodoxen Kirchen im Westen des Kontinents. Als die Kathedrale 1868 geweiht wurde, war Finnland Teil des Russischen Reichs, das mit dem Gebäude seinen Herrschaftsanspruch untermauern wollte.

09 Nördliche Esplanade bis Aleksanterinkatu
Mitten durch Helsinkis Zentrum laufen parallel die Nördliche und die Südliche Esplanade, Pohjoiesplanadi und Eteläesplanadi. Sie sind nicht nur exklusive Einkaufsstraßen, sondern auch Hotspots des Nachtlebens. Inmitten ihrer neoklassizistischen, von Jugendstilgebäuden unterbrochenen Architektur dehnt sich eine Grünfläche aus, die die Finnen »Espa« nennen. Besonders im Sommer, wenn Modeschauen oder Konzerte stattfinden, herrscht hier eine angenehm entspannte Atmosphäre.

10 Traditionskaufhaus Stockmann
Im Stadtteil Kluuvi, am westlichen Ende der Esplanaden, findet man das ursprünglich im Stil des nordischen Art déco gebaute Kaufhaus Stockmann. Mit acht Stockwerken Verkaufsfläche, großem Restaurant, zwei tief in den Fels unter das Gebäude getriebenen Untergeschossen für Parkplätze und mehr als 50 000 Quadratmeter Verkaufsfläche ist es das drittgrößte in Europa, nach Harrods in London und dem Kaufhaus des Westens in Berlin.

11 Museum für Finnische Architektur

In einem eleganten zweigeschossigen Bau im Stil der Neorenaissance hat das Finnische Architekturmuseum seit über 50 Jahren seinen Sitz in der Kasarmikatu. Es gilt international als eins der wichtigsten Zentren moderner Architektur in Europa.

12 Design-Museum

Unweit des Architekturmuseums befindet sich in der Korkeavuorenkatu in einem ehemaligen Schulgebäude vom Ende des 19. Jahrhunderts das Design-Museum. Schon der rote Backsteinbau selbst mit seinen schlanken Türmchen und den verziert umrahmten Fenstern lohnt die Besichtigung.

13 Kapelle des Schweigens

Die am Rande des Viertels Kamppi errichtete »Kapelle des Schweigens« ist ein architektonisches Kleinod und lädt zur stillen Einkehr ein.

14 Felsenkirche

An den Stadtteil Kamppi schließt nördlich das Viertel Töölö an. In den 1960er-Jahren wurde hier nach Entwürfen von Timo und Tuomo Suomalainen eine Felsenkirche errichtet. Die Wände des Gotteshauses sind naturbelassen, das an der höchsten Stelle dreizehn Meter hohe Dach besteht aus einer Kuppel aus Glas und einer feinen Kupfertextur. Die Mischung aus den kahlen, groben Felsstücken, dem modernen Dach und den farbigen Stühlen vermittelt den Eindruck einer modernen, schützenden Höhle. Die Orgel mit vier Manualen passt sich harmonisch vor den Steinwänden an. Der Lichteinfall durch das filigrane Dach verändert sich mit der Tageszeit – faszinierend!

15 Oper

Im Jahr 1993 wurde an der Bucht Töölönlahti das erste von Anfang an als reines Opernhaus konzipierte Gebäude Finnlands eingeweiht. Der weiße Bau beherbergt zwei Spielstätten: das Haupttheater mit 1350 Sitzen und einen kleineren Saal.

16 Nationalmuseum

10 000 Jahre Geschichte – von der Steinzeit bis in die Gegenwart – werden im Nationalmuseum lebendig. Allein das Bauwerk an der Mannerheimintie ist ein erstrangiges Kulturdenkmal. Der mit »mittelalterlichen« Türmen, Erkern und Rundbogen geschmückte Bau des Finnischen Nationalmuseums (gebaut 1905 bis 1910, 1916 eröffnet) ist charakteristisch für die Architektur der finnischen Nationalromantik, in der sich Elemente des Historismus und des Jugendstils mischen. In der Eingangshalle ziehen die 1928 geschaffenen Deckenfresken alle Blicke auf sich. Der Maler Akseli Gallen-Kallela hat hier Motive aus dem finnischen Nationalepos »Kalevala« verarbeitet.

Oben: Die im russisch-byzantinischen Stil errichtete Uspenski-Kathedrale wurde im Jahr 1868 geweiht.

Unten: Auch die Zentralbibliothek Oodi am Bürgerplatz (Kansalaistori) ist ein beliebter Treffpunkt mitten im Zentrum der Stadt.

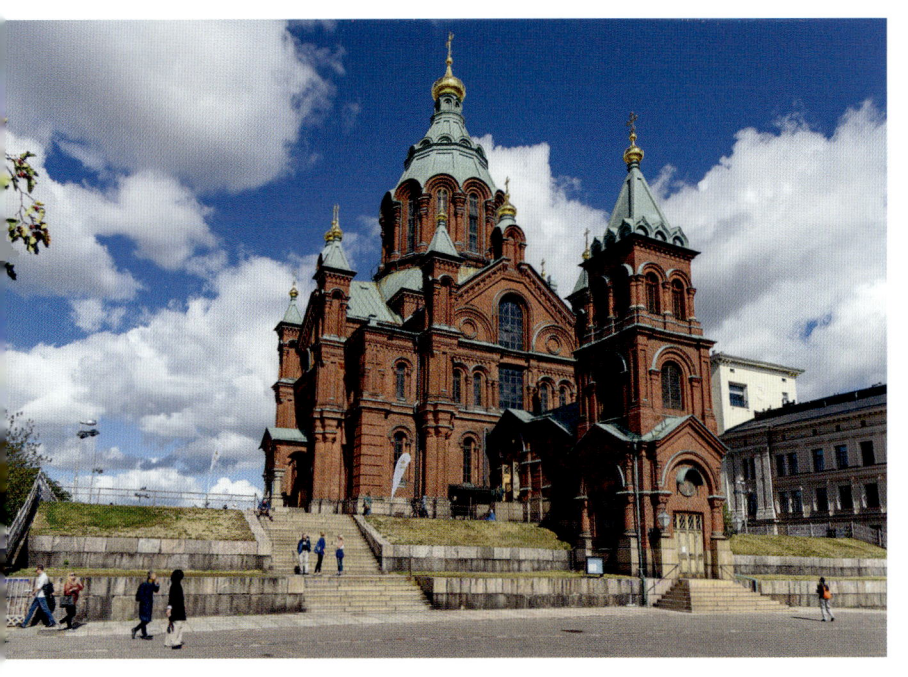

17 Kiasma – Museum für Gegenwartskunst

Ein weiteres Highlight an der Mannerheimintie ist das Museum der Gegenwartskunst Kiasma, das zur Finnischen Nationalgalerie gehört. Schon von Weitem fällt der moderne Bau mit großer, versetzter Glasfront auf. Im Inneren bestimmen die umlaufenden Galerien auf fünf Etagen die Aufteilung der Sammlung.

18 Finlandia-Halle

Folgt man der Mannerheimintie noch weiter in nördlicher Richtung, liegt rechter Hand das vielleicht berühmteste Gebäude des Architekten Alvar Aalto, die Finlandia-Halle. Der mit weißem Carrara-Marmor verkleidete, funktionelle Bau am Ufer der Töölönlahti-Bucht gehört zu den Wahrzeichen Helsinkis. Die bodentiefen, mehrere Meter hohen Fensterfronten, die weiten, lichtdurchfluteten Treppenbereiche, Details aus dunklem Granit und ausgesucht schlichte, elegante Möbel repräsentieren den Aalto-Stil und machen die Halle zu einem besonderen Ort. Hier finden das ganze Jahr hindurch Kongresse, Konzerte und Ähnliches statt. Der größte Saal bietet 1 750 Besuchern Platz.

19 Musikhalle

Die Musikhalle Helsinkis, das »Musiikkitalo« direkt neben der Finlandia-Halle, ist ein äußerlich großer, aber schlichter Quaderbau mit grüner Kupferfassade und Glasfronten zur Bucht. Hier sind die Philharmonie Helsinki, das Finnish Radio Symphony Orchestra (FRSO) und die Silbelius-Akademie zu Hause. Zum Komplex gehören auch noch Aufnahmestudios, Rundfunk-Einrichtungen und bequeme Aufenthaltsbereiche.

20 Sibelius-Park

Der am Meer gelegene Sibelius-Park erinnert mit seinen Birken und vielen Felsen an Lappland. Mitten darin befindet sich das markante Doppel-Denkmal für den finnischen Komponisten Jean Sibelius. Das ursprüngliche, aus 600 an Orgelpfeifen erinnernden Stahlrohren bestehende Denkmal des Bildhauers Eila Hiltunen mit dem Titel »Passio Musicae« erzeugt bei genug Wind eigene Töne. Die Enthüllung im Jahr 1967 führte in Teilen der finnischen Bevölkerung zu heftiger Empörung. Im Ergebnis der daraufhin landesweit öffentlich geführten Diskussion über abstrakte Kunst wurde zur Beruhigung der Gemüter eine Büste mit dem Antlitz Sibelius' hinzugefügt – so entstand das Doppel-Denkmal.

21 Olympiastadion

In nordöstlicher Richtung geht es zum Olympiastadion. Eröffnet wurde es im Jahr 1938 mit Blick auf die Olympiade 1940, die wegen des Zweiten Weltkriegs ausfiel. Stattdessen wurden die Olympischen Sommerspiele 1952 im Stadion ausgetragen. Der funktionalistische, 2020 umfassend renovierte und restaurierte Bau wird von einem 72,71 Meter hohen Aussichtsturm überragt. Dessen Höhe entspricht der Siegweite des finnischen Speerwurf-Olympiagewinners von 1932, Matti Järvinen. Vom Turm hat man einen fantastischen Blick über Helsinki bis weit ins Umland. Vor dem Stadion ist eine Statue des neunfachen Olympiasiegers Paavo Nurmi aufgestellt. Auf dem Parkplatz beim Stadion kann man auch gut sein Wohnmobil abstellen, um die Stadt zu erkunden.

22 Freizeitpark Linnanmäki

In dem auf einem Hügel im Stadtteil Alppiharju gelegenen Freizeitpark findet man von April bis September etwa 40 Fahrgeschäfte verschiedenster Art und Größe für Jung und Alt. Darunter sind eine bereits im Jahr 1951 gebaute Holzachterbahn, ein hoher Freifallturm und ein großes Riesenrad mit Saunakabine. Für Freunde der Geschwindigkeit gibt es außerdem ein Top Spin, eine Riesenschaukel, die sich kopfüber dreht, und einen Launch Coaster namens Taiga, bei dem der Zug katapultartig über die Schienen der Achterbahnanlage geschossen wird. Neben dem Park liegen das Aquarium Sea Life und das Musicaltheater Peacock Teatteri. Der von einem wohltätigen Kinderhilfswerk betriebene Freizeitpark wurde bereits im Jahr 1950 eröffnet.

RASTILA CAMPING HELSINKI

Citynaher Campingplatz mit guter Verkehrsanbindung, sauberen Sanitäreinrichtungen, Einkaufsmöglichkeiten, einem Restaurant und sehr freundlichem, hilfsbereitem Personal. Die mit Hecken unterteilten Stellplätze sind zwar ausreichend groß, haben aber eher »Parkplatz-Charme«. Von der Metrostation Rastila direkt neben dem Gelände pendeln die Züge in knapp 20 Minuten ins Zentrum von Helsinki.

Karavaanikatu 4, 00980 Helsinki, www.hel.fi/helsinki/en/culture/leisure/rastila, GPS: 60.20679, 25.12133

MUSTIKKAMAAN PARKKIPAIKKA

Terrassierter Parkplatz ohne jegliche Infrastruktur für Wohnmobilisten, aber ein idealer Ausgangspunkt für die Erkundung der Stadt. Gleich neben dem Platz gibt es eine Bushaltestelle – zum Zentrum sind es nur 5,5 Kilometer. Auf der Nachbarinsel befindet sich der Korkeasaari, einer der ältesten Zoos der Welt.

Mustikkamaantie 10, 00570 Helsinki, GPS: 60.1817, 24.99066

Blick über die Stadt von der – nach dem norwegischen König Olaf II. benannten – Olaikirche hinüber zum Domberg mit der Alexander-Newski-Kathedrale und dem Langen Hermann, einem mittelalterlichen Wachturm.

12 TALLINN

Im Mittelalter stieg die von Dänen gegründete Stadt an der Ostsee zu einem Zentrum der Hanse auf. Von der einstigen Blütezeit Tallinns zeugen noch viele Kaufmannshäuser und Kirchen. Nach starken Beschädigungen im Zweiten Weltkrieg wurde das Zentrum der estnischen Hauptstadt im Stil des 18. Jahrhunderts wiederaufgebaut. Auf dem Domhügel liegt die Keimzelle der alten Stadt Reval, die seit 1920 als Tallinn Hauptstadt der Republik Estland ist. Noch heute ragen dort die mächtigen Türme und Mauern der einstigen Befestigung in die Höhe. Daneben besitzt Tallinn aber auch einen hochmodernen Teil, der zahlreiche Start-up- und Technikunternehmen hervorbringt. Nicht umsonst wird Tallinn auch »Hongkong des Baltikums« genannt.

Informationen:
www.visittallinn.ee/deu/besucher, www.visitestonia.com/de/touristeninformation-in-tallinn, www.tallinn.ee/en/park-and-ride-0

01 Altstadt

Kopfsteingepflasterte Straßen schlängeln sich durch die Altstadt und enden auf mittelalterlichen Marktplätzen. Schmale Seitengänge führen zu verwunschen wirkenden Hinterhöfen. Schmuck renovierte Giebelhäuser stehen links und rechts, dazwischen gemauerte Speicher und Scheunen. Gut 80 Prozent davon stammen noch original aus dem 11. Jahrhundert. Abends sorgen historische Straßenlaternen für besondere Stimmung. Bars, Restaurants und Boutiquen locken zum Bummeln und Verweilen. Zauberhaft sind im Sommer die »Weißen Nächte«, wenn sich das Leben nur auf der Straße abspielt. Die alte, knapp zwei Kilometer lange Stadtmauer mit noch 26 stehenden Türmen schützt den Stadtkern.

02 Marktplatz und Rathaus

Inmitten der Altstadt liegt der Rathausplatz, seit Jahrhunderten Marktplatz und beliebter Treffpunkt der Tallinner. Gesäumt von historischen Bürgerhäusern, wird er beherrscht vom gotischen Rathaus (1404), das noch heute einen Eindruck vom Stolz der Bürgerschaft vermittelt, aber auch von hanseatischer Zurückhaltung. Es herrscht kein Protz, sondern selbstbewusste Schlichtheit, gekrönt von einem markanten Turm. Hoch oben sitzt der »Alte Thomas«, Träger der Wetterfahne und Wahrzeichen der Stadt. In den Kellergewölben wird die Geschichte des Baudenkmals dokumentiert. Eine besondere Attraktion ist die historische Ratsapotheke, die mit einer Schau von altertümlichen Heilmitteln begeistert.

03 Ratsapotheke

Schon um 1422 wurden in der »Raeapteek« an der Ecke des Rathausplatzes Arzneien hergestellt – damit ist sie die wohl älteste noch in den Ursprungsräumen betriebene Pharmazie Europas. Doch nicht nur Pflanzentees, Salben, Tinkturen und allerlei Öle gingen hier während der Jahrhunderte über die Tresen. Ver-

PIRITA HARBOUR CAMPING

Geteerter Platz mit bewachtem Zugang, mitten in der Marina des Olympia-Hafens. Von hier hat man einen schönen Blick auf die Skyline der Stadt. Mit dem Rad in das historische Zentrum von Tallinn sind es nur etwa fünf Kilometer. Eher spartanischer Parkplatz-Charme für eine Nacht, aber immerhin mit Stromanschluss auf den Stellplätzen.

Purje 13, 11911 Tallinn, www.piritatop.ee/motor-caravan-parking/?lang=en, GPS:59.46714, 24.82451

VANAMÕISA CARAVAN PARK

Einer der größten Campingplätze in Estland mit über 150 Stellplätzen, naturschön am Rand des Dorfs Vanamõisa im Kreis Harju in der Nähe der Kleinstadt Saue gelegen. Mit dem Auto nach Tallinn fährt man etwa eine halbe Stunde – bequemer ist die Fahrt mit dem Zug (der Bahnhof ist nur etwa einen Kilometer von der Anlage entfernt, die Endhaltestelle der Bahn befindet sich am Rand der Altstadt).

Vabaõhukeskuse road 18, Vanamõisa Village, Saue Parish, Harju County, 76407 Harju maakond, https://de.caravanpark.ee, GPS: 59.32989, 24.53966

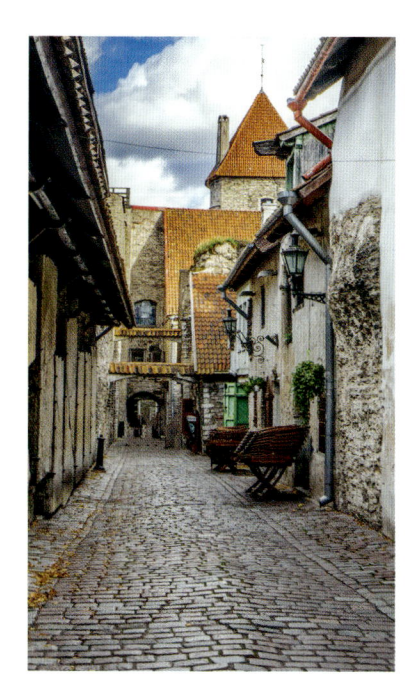

In Tallinn spaziert man durch mittelalterliche Gassen.

kauft wurden u. a. auch Papier, Wachs, Salz, Tinte, Spielkarten, Schießpulver und Tabak. Der Renner waren allerdings lange Zeit das hausgemachte Marzipan und der Tallinner Klarett, ein süßer Gewürzwein. Beide werden bis heute produziert.

04 Alexander-Newski-Kathedrale

Mit ihrer rot-weißen Fassade und den fünf Zwiebeltürmen setzt die Alexander-Newski-Kathedrale eindeutige Akzente im Stadtbild. Zar Alexander III. befahl 1894, die Kirche auf einem Martin Luther gewidmeten Platz zu bauen. Nach der Unabhängigkeit von Russland sollten alle Erinnerungen an die Besatzer beseitigt und der prunkvolle Kuppelbau abgerissen werden. Doch dazu kam es nicht. Namensgeber der russisch-orthodoxen Kirche war der Fürst von Nowgorod, Alexander Yaroslavitz Newski, ein russischer Nationalheld, der in der Eisschlacht 1242 die deutschen Ordensritter geschlagen hatte. Läuten die elf Glocken, erklingt die ganze Stadt: Das Glockenensemble ist das kraftvollste aller Kirchen Tallinns; die schwerste Glocke wiegt 16 Tonnen.

05 Heiliggeistkirche

Mit ihren schneeweißen Mauern, dem schmalen, achteckigen Turm und dem hölzernen Interieur ist die Heiliggeistkirche einer der ältesten und prächtigsten Bauten in Tallinn. Errichtet wurde sie bis 1380 als Erweiterung der ursprünglichen Kapelle des Armen- und Siechenhauses; der Turm ist eine Hinzufügung aus dem 17. Jahrhundert. Dessen Uhr misst bis heute die Zeit. Zu den Kostbarkeiten der Einrichtung zählen der Schrankaltar von Berndt Notke aus dem 15. Jahrhundert und die Kanzel von 1597. Nach der Reformation wurden in der Heiliggeistkirche die ersten Predigten auf Estnisch (und nicht mehr auf Deutsch) gehalten; der von Pastor Johann Koell 1535 veröffentlichte Katechismus gilt als erstes Buch in estnischer Sprache.

06 Kadriorg

Nachdem Zar Peter I. Estland seinem Reich einverleibt hatte, ließ er ab 1718 seine Sommerresidenz Katharinental (Kadriorg) mit Schloss und Park anlegen. Planer und Architekt des nordöstlich der Altstadt gelegenen, zum Finnischen Meerbusen ausgerichteten Ensembles war Nicola Michetti. Heute ist Kadriorg eine gehobene Wohngegend mit vielen aufwendig renovierten Holz- und Steingebäuden aus dem 19./20. Jahrhundert, Botschaftsdépendencen und diversen Museen – darunter auch jenes im kleinen Zaren-Wohnhaus und das für den estnischen Kunstsammler Johannes Mikkel. Der estnische Staatspräsident hat in einem Palais des Schlossparks seinen Sitz. Das Barockschloss selbst beherbergt das estnische Museum für ausländische Kunst. In unmittelbarer Nähe der einstigen Zaren-Sommerfrische steht der Neubau des KUMU-Museums – das größte und modernste Kunstmuseum der baltischen Staaten und eines der größten in Nordeuropa.

Blick auf die vieltürmige Silhouette der Altstadt von Riga. Im historischen Stadtkern der lettischen Hauptstadt findet sich neben mittelalterlichen Kirchen eine der schönsten Ansammlungen von Jugendstilgebäuden in Europa.

13 RIGA

Vor rund 800 Jahren wurde Riga als verkehrsgünstig gelegene Kaufmannsniederlassung gegründet. Heute wartet die an der Mündung der Düna in die Ostsee gelegene Stadt mit vielen historischen Bauwerken und schönen Parklandschaften auf. Nach mehreren Jahrhunderten Fremdherrschaft ist Riga seit dem Jahr 1918 die Hauptstadt Lettlands. Mit etwa 630 000 Einwohnern und einer breit gefächerten Industrie, mehreren Universitäten und Hochschulen ist sie auch die größte und bedeutendste Stadt des Landes. Am rechten Ufer der Düna erhebt sich die Altstadt, am linken die im 19. Jahrhundert entstandene Neustadt. Beide Stadtteile sind reich an sehenswerten Zeugnissen verschiedener Stilepochen. Während in der Altstadt Renaissance und Barock überwiegen, kann man in der Neustadt eine außergewöhnliche Dichte an Jugendstilbauten entdecken.

Informationen:
www.liveriga.com/de/home, https://city-tourist.de/Riga-Touristeninformation.html, https://rigaskarte.lv/en

01 Altstadt

Nur etwa einen Quadratkilometer groß ist Rigas Altstadt, ein kleines, kompaktes Areal, auf dem sich die Sehenswürdigkeiten der Stadt ballen: Rathaus, Katzenhaus, Große und Kleine Gilde, Pulverturm, Petrikirche und viele geschichtsträchtige Bauten mehr. Doch wer nur im Eiltempo die historischen Gebäude abhakt, wird das attraktive Flair der Stadt nicht genießen können. Bei Sonnenschein locken Straßencafés mit Kringels, dem traditionellen süßen Mandelgebäck. Die Bewohner Rigas rauschen vorbei, immer geschäftig und schick gekleidet. Eher ruhig und gemütlich ist das alte Riga in der Rozena-Straße, in der die Häuser nur eine Armesbreite auseinanderstehen.

02 Dom St. Marien

Der spätromanische, ab 1211 aus Backstein erbaute und immer wieder erweiterte Mariendom ist nicht nur ein Gotteshaus, sondern auch ein Zeugnis geistlicher Macht, die mit den reichen Hansekaufleuten und den Vertretern des Deutschen Ordens konkurrierte. Sieger im Prestigewettbewerb war die Kathedrale des Erzbischofs mit ihrem 140 Meter hohen Turm (1595). Baufällig geworden, musste er im 18. Jahrhundert einem Barockturm von 90 Metern Höhe weichen. Die gotische Innenausstattung der größten Kirche des Baltikums fiel dem Bildersturm der Reformation zum Opfer, wurde aber im 17. Jahrhundert erneuert.

03 Petrikrche

Er hat den besten Blick über Altstadt, Düna und Ostsee: der goldene Hahn auf der über 123 Meter hohen Kirchturmspitze von St. Petri. Auch der Panoramablick, den Besucher von der Aussichtsplattform auf 72 Metern Höhe genießen, ist großartig. Doch das Glück schien den Kirchtürmen nicht hold. Der erste stürzte ein, seinen Nachfolger, ein prächtiges Barockexemplar und mit 136 Metern

Das Schwarzhäupterhaus war einst das Gilde- und Versammlungshaus einer Vereinigung unverheirateter Kaufleute in den baltischen Hansestädten.

die damals höchste Holzkonstruktion weltweit, traf der Blitz, den folgenden zerstörten deutsche Bomben. Die Ursprünge der Petrikirche stammen von 1209. Erhalten sind noch die äußeren Wände im Seitenschiff und ein paar Pfeiler im Inneren. Diverse Um- und Neubauten ergaben das heutige Aussehen der dreischiffigen Basilika im Stil der Backsteingotik aus dem 15. Jahrhundert. Heute dient die Kirche als Raum für Ausstellungen und Konzerte, denen die bemalten, gotischen Glasfenster eine einzigartige Stimmung verleihen.

04 Schwarzhäupterhaus

Das eindrucksvolle Bauwerk am historischen Rathausplatz wurde 1334 als Gilde- und Versammlungshaus errichtet. Ursprünglich im Stil der Gotik erbaut und später mehrfach verändert, erhielt es im 17. Jahrhundert seine großartige Renaissancefassade mit zahlreichen Figuren und Reliefs. »Schwarzhäupterhaus« nennt man das Gebäude erst seit der zweiten Hälfte des 17. Jahrhunderts. Namenspatronin ist die Kaufmannsvereinigung, die das Haus damals schon seit mehr als zwei Jahrhunderten genutzt hatte. »Schwarzhäupter« nannten sich die Mitglieder eines Bundes von Kaufmännern vorwiegend deutscher Herkunft in Riga

Das ursprünglich als »Deutsches Theater« errichtete, nach einem Brand 1882 wieder aufgebaute »Weiße Haus von Riga« am Aspazijas-Boulevard beherbergt die Lettische Nationaloper und das Staatsballett. Die erste Neuinszenierung der Oper war im Jahr 1919 Wagners »Fliegender Holländer«.

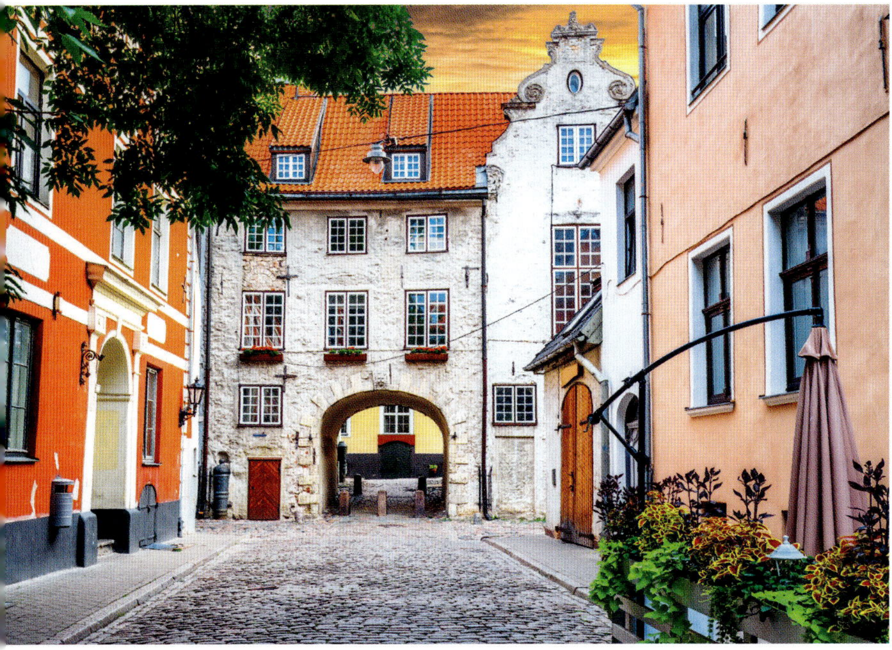

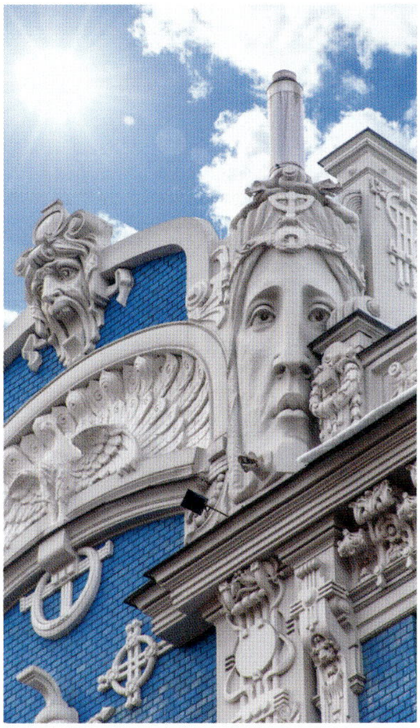

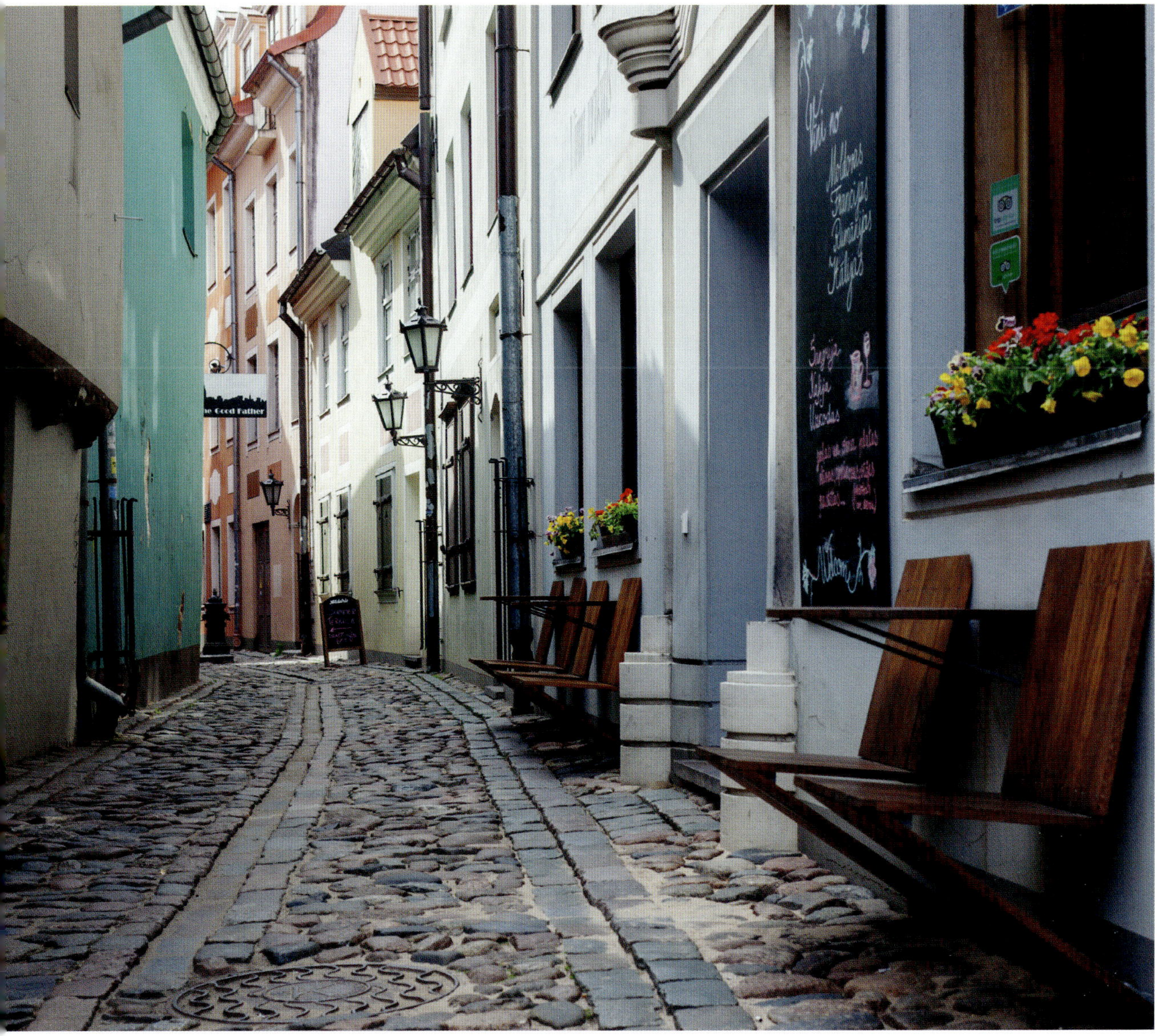

und einigen anderen Städten des Baltikums. Im Zweiten Weltkrieg wurde das Gebäude fast ganz zerstört und 1995 bis 1999 originalgetreu wiederaufgebaut.

05 Neustadt

Ein Stück nordöstlich des 42 Meter hohen Freiheitsdenkmals, das mit den Parkanlagen die Grenze zur Altstadt markiert, beginnt der »Boulevardbogen«. So nennt man den von drei großen Prachtstraßen bestimmten, zentralen Bereich in der Rigaer Neustadt. Hier bietet sich eine eindrucksvolle Zusammenstellung großartiger Bauwerke, die vom Klassizismus bis zum Jugendstil reichen.

06 Nationaloper

Südöstlich der monumentalen Statue liegt die Lettische Nationaloper. Das klassizistische Bauwerk am Aspazijas-Boulevard mit seinen Säulen und allegorischen Statuen entstand zwischen 1860 und 1863 nach Entwürfen von Ludwig Bohnstedt; nach einem Brand 1882 wurde es wieder neu aufgebaut. Der Nymphenbrunnen des Bildhauers August Voltz auf dem begrünten Vorplatz davor wurde im Jahr 1887 ergänzt.

07 Kultur- und Wissenschaftspalast

Unübersehbar erhebt sich in der Neustadt auch der 1955 fertiggestellte Kultur- und Wissenschaftspalast, der einst den Namen Josef Stalins trug und heute neben anderen Einrichtungen die Akademie der Wissenschaften beherbergt. Ebenfalls von Weitem sichtbar ragt an der Südwestspitze der Dünainsel Zaķusala der über 368 Meter hohe Fernsehturm in den Himmel.

In den Gassen der Altstadt spaziert man noch über das alte Kopfsteinpflaster (oben links und unten). Im Detail (oben rechts) zu sehen: die Fassade in der Elizabetes iela 10b, die Michail Eisenstein entworfen hat. Frauenfiguren, florale Motive und Masken sind typische Elemente auch des Rigaer Jugendstils.

RIGA CITY CAMPING
Einfacher, sauberer Campingplatz hinter der Messe in Riga mit Einkaufsmöglichkeiten und Duschen (rund 150 Meter entfernt bei der Messe). Es gibt Stellplätze mit und ohne Strom. Hauptvorteil ist die Nähe zur Altstadt, die mit dem Rad in wenigen Minuten oder auch zu Fuß etwa in einer halben Stunde zu erreichen ist.

Ķīpsalas iela 8, Kurzemes rajons, Rīga, LV-1048, http://rigacamping.lv, GPS: 56.95637, 24.07877

CAMPING YACHTS
Vielleicht der schönste Campingplatz Rigas, keine vier Kilometer von der Altstadt an einem Jachthafen gelegen. Mit geräumigen Stellplätzen, sauberen Sanitäreinrichtungen und einer Terrasse, von der man einen schönen Blick auf das historische Zentrum hat. Sehr freundlich, hilfsbereit geführt. An den Wochenenden kann es (wegen der Partys am anderen Ufer des Flusses) etwas lauter werden.

Matrožu iela 7a, Kurzemes rajons, Rīga, LV-1048, www.campingyachts.lv, GPS: 56.96412, 24.08219

RIVERSIDE CAMPING
Nach einem pandemiebedingten Neuanfang in der Sommersaison 2022 ist manches noch im Umbruch, aber der Campingplatz bietet bereits jetzt Stellplätze und eine gute Infrastruktur für Wohnmobilisten. Hauptvorteil ist auch hier die Nähe zur Altstadt.

Matrožu iela 12, Kurzemes rajons, Rīga, LV-1048, http://riversidecamping.lv/en/camping/, GPS: 56.96305, 24.07957

---

08 Zentralmarkt

Gegenüber befindet sich der Zentralmarkt, der zwischen den Jahren 1924 und 1930 unter Verwendung der Bausubstanz zweier großer Zeppelinhallen entstand. Heute umfasst der Markt ein riesiges Gelände mit einem Ensemble aus fünf großen Markthallen und vielen kleineren mit einer Wirtschaftsfläche von zusammen über 70 000 Quadratmetern.

09 Jugendstilbauten

Wer die Neustadt von Riga erkundet, entdeckt einen Reichtum an Jugendstilgebäuden, der den Vergleich mit berühmteren Ensembles wie denen in Wien oder Prag nicht zu scheuen braucht. Insgesamt schmücken an die 800 Jugendstilbauten die Stadt. Nach der Schleifung der Festungswälle 1863 wurden die gewonnenen Freiflächen jenseits der Altstadt bebaut. Der Rigaer Jugendstil ist besonders mit dem Namen Michail Eisenstein (1867–1921) verbunden, dem Vater des berühmten Filmregisseurs Sergej M. Eisenstein (»Panzerkreuzer Potemkin«). Als Leiter des städtischen Bauamtes schuf der Architekt und Ingenieur ab 1893 eine Vielzahl der herausragendsten Gebäude mit einer ungeheuren Fülle an Formen und Skulpturen. Eines der berühmtesten ist das an Verzierungen kaum zu überbietende Wohnhaus in der Elizabetes iela 10b mit seinen neun Fensterachsen und den überdimensionalen Köpfen am Giebel.

WESTEUROPA

Amsterdam ist immer eine Reise wert, Den Haag, Rotterdam und Antwerpen werden zwar weniger häufig besucht, sind aber gleichermaßen interessant. Nach Brüssel wollten wir doch schon immer mal, auch wegen des Europaparlaments, und nach Paris – also mal ehrlich: Wer würde nicht in die Stadt der Liebe fahren wollen? Für Straßburg gilt, was wir schon für Brüssel sagten, für Bordeaux und Lyon sprechen der Wein sowie Bordeaux und Lyon selbst. Marseille ist ohnehin von ganz eigenem Reiz, gänzlich unvergleichbar mit anderen Städten, und wer noch nie in Nizza war, sein Croissant am Morgen mit Blick aufs Meer in zwei Hälften geteilt, mit Marmelade bestrichen oder in den Kaffee getunkt hat, der wäre doch sicher gern mal in Nizza gewesen. Verglichen mit den klimatischen (und atmosphärischen) Bedingungen an der Côte d'Azur bewegen wir uns in den nachfolgend vorgestellten deutschen Städten zwar in ungleich kühleren Gefilden, aber wer nicht gerade das Glück hat, in Hamburg, Bremen, Berlin, Frankfurt oder München zu wohnen, der sollte sich auch diese Orte unbedingt einmal genauer ansehen. Was ebenso für die österreichischen und Schweizer Städte gilt, die wir in diesem Kapitel vorstellen werden: Zürich, Bern und Genf. Innsbruck und Salzburg sind weitere gut klingende Namen auf unserer Städtereisetour durch den Westen Europas.

Mit dem Wohnmobil nach Bern?
Aber gern!

Im Westen nichts Neues?

Von wegen: Viele der Ziele in diesem Kapitel sind den meisten schon recht vertraut. Aber das heißt nicht, dass man hier im Westen Europas nichts Neues entdecken könnte. Im Gegenteil.

Amsterdam die größte Pfahlsiedlung der Welt: Das Fundament der gesamten Altstadt wird von zahllosen Baumstämmen gebildet, die bis zu 30 Meter tief in die Erde geschlagen sind. So entstanden rund 70 künstliche Inseln.

14 AMSTERDAM

Nach Paris, London und Neapel war das im Mündungsdelta der Amstel errichtete Amsterdam, das seinen Reichtum seinem Hafen, der Einfuhr und der Verarbeitung von Rohstoffen aus den einstigen Kolonien sowie dem Handel mit Gewürzen und Sklaven verdankt, im 17. Jahrhundert die viertgrößte Stadt Europas. Während von hier aus die sieben Weltmeere beherrscht wurden, bauten sich die wohlhabenden Kaufleute in Amsterdam stolze, bis heute das Stadtbild beherrschende Paläste und förderten die Künste. Im selben Jahrhundert begann man mit dem Bau des halbmondförmigen Drei-Grachten-Gürtels. Alleine im historischen Zentrum überspannen 400 Brücken die Kanäle. Den Wasserspiegel hält man sorgsam mit Schleusen und Pumpen in konstanter Höhe, und noch heute wird ein Teil des innerstädtischen Warenverkehrs auf dem Wasser abgewickelt. An den Kais der 160 Kanäle im Grachtengürtel sind Unmengen von Wohnbooten vertäut. Sie gehören genauso selbstverständlich zum Stadtbild wie die zahlreichen Fahrräder, Blumenverkaufsstände mit »Tulpen aus Amsterdam« und den herrlichen Drehorgeln, die diesen weltbekannten Gassenhauer immer wieder gern zum Erklingen bringen. Amsterdams Kulisse, die einem gigantischen, belebten Freilichtmuseum gleicht, seine Aufgeschlossenheit und kulturelle Vielfalt, seine abwechslungsreiche Gastronomie sowie ungezählte Unterkunftsmöglichkeiten für jeden Geldbeutel und jeden Anspruch machten die Hauptstadt der Niederlande zu einem der meistbesuchten Orte des europäischen Kontinents.

Informationen:
www.iamsterdam.com/de,
www.amsterdam.info/de/parken/park-ride/

01 Hauptbahnhof

Es gibt imposantere Bahnhöfe in den Benelux-Ländern als den historischen Amsterdam Centraal. Aber irgendwie passt das von Pierre Cuypers in der zweiten Hälfte des 19. Jahrhunderts entworfene Empfangsgebäude zur Stadt, die es gar nicht nötig hat, mit einem architektonischen Highlight zu protzen. Der Bahnhof erfüllt die an ihn gerichteten Bedürfnisse. Er ähnelt ein wenig einer Mischung aus Stadttor, Rathaus und Markthalle und empfängt Zugreisende dennoch hinreichend würdig, ohne sich selbst in den Vordergrund zu drängen. An die 160 000 Menschen passieren täglich den Verkehrsknotenpunkt Amsterdams. Wasserfähren, U-Bahnen, Busse, Straßenbahnen und Taxis halten hier. Und dazwischen tummeln sich Fernreisende aus aller Welt.

02 Blumenmarkt

An der Singel-Gracht liegt der bereits im Jahr 1862 gegründete Amsterdamer Blumenmarkt. Das Besondere: Hier werden die Blumen nicht an festen Blumenständen auf der Straße, sondern auf schwimmenden Pontons verkauft. Doch keine Sorge –

Das Nationalmonument auf dem Dam-Platz gegenüber dem Königlichen Platz erinnert an die Opfer der deutschen Besetzung im Zweiten Weltkrieg.

man muss sich nicht von einem schaukelnden Ponton zum nächsten bewegen, sondern kann entspannt die Straße entlangflanieren. Die Tradition der schwimmenden Stände geht zurück auf eine Zeit, als die Märkte noch mit Booten beliefert wurden. Ein positiver Nebeneffekt war, dass die schwimmenden Stände keinen Platz auf den ohnehin schmalen Straßen Amsterdams einnahmen. Heute werden hier nicht nur Blumenzwiebeln, sondern auch zahlreiche Souvenirs verkauft.

03 Anne Frank Huis

Still wird es schon nach wenigen Schritten durch die engen Räume, in denen sich zwei Jahre lang Anne Franks Familie nebst einer weiteren

Rechts oben: Sieben Park-and-Ride-Plätze gibt es in Amsterdam, sechs davon sind sieben Tage die Woche rund um die Uhr geöffnet.

Rechts: Auch der Hauptbahnhof von Amsterdam wurde auf Holzpfählen errichtet. Der Entwurf stammt vom selben Architekten, Pierre Cuypers, der auch das Rijksmuseum gestaltete.

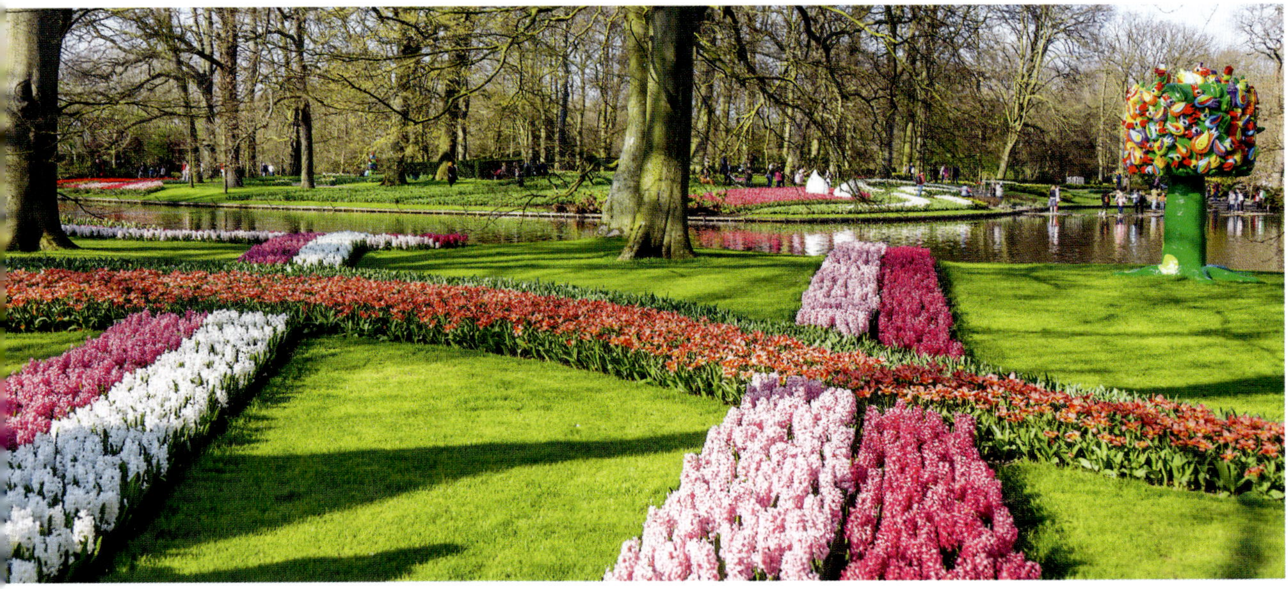

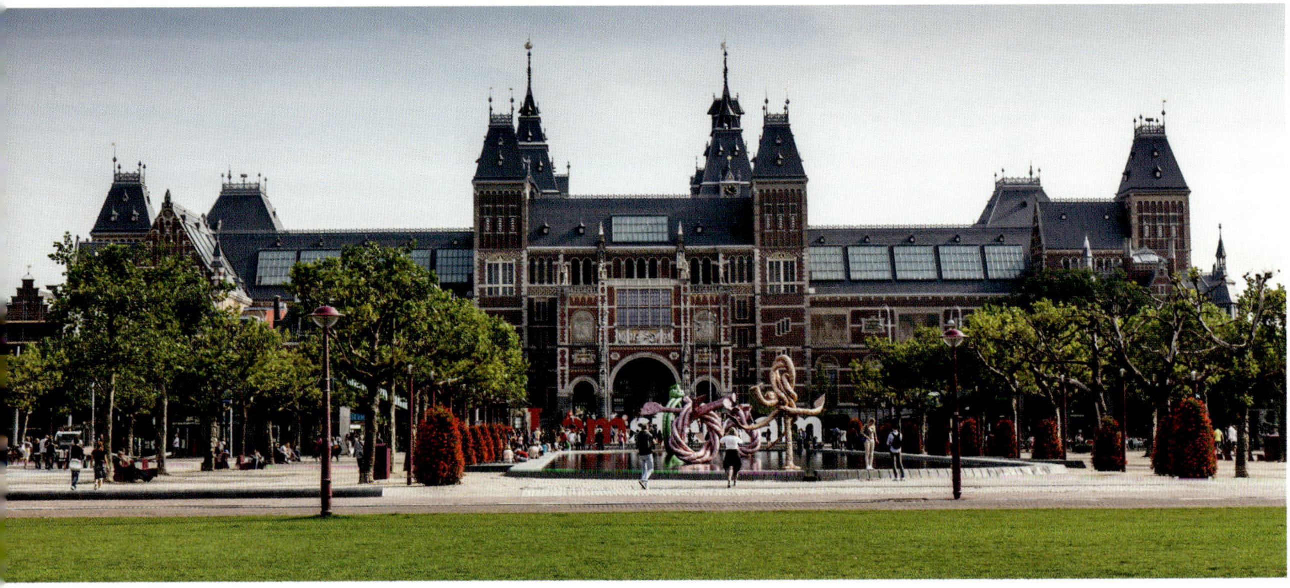

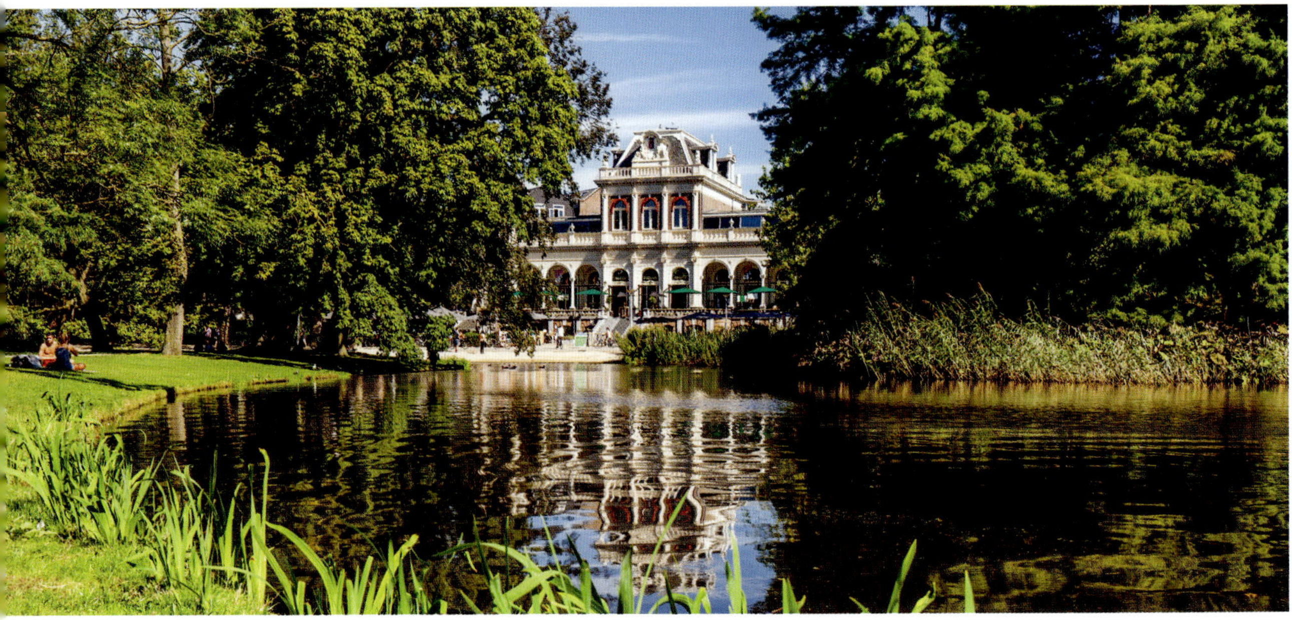

Familie und einem hinzukommenden Freund verstecken konnte. Vermutlich jeder, der hierherkommt, hat die Tagebücher des jungen Mädchens gelesen, das darauf hofft, es möge alles gut ausgehen, all die Schrecknisse der Zeit wären nur ein böser Traum. Die Räume im Hinterhaus sind – auf Wunsch des einzigen Überlebenden der Familie, Annes Vater – unmöbliert, wie er sie nach dem Krieg vorfand. Einige persönliche Dinge werden im Museum ausgestellt, darunter das originale, rot karierte Tagebuch von Anne. Auch wenn viele Menschen gleichzeitig durch das Museum pilgern, entsteht eine andächtige Atmosphäre. Jeder wird ganz für sich mit den allgemeinen existenziellen Fragen konfrontiert, die das Haus aufwirft.

04 Dam-Platz und Königspalast
Menschenleer ist der zentrale Platz Amsterdams zu keiner Tages- oder Nachtzeit. Zumeist dominieren das von imposanten Gebäuden gesäumte Geviert die Gäste der Stadt, die zu geführten Touren aufbrechen, ein Café am Platz suchen oder einfach nur einmal hier gewesen sein wollen. Straßenkünstler sorgen für Unterhaltung, der Verkehr und die vielen Menschen für Lärm, das am Platz gelegene Kaufhaus »De Bijenkorf« für Luxus. Der Königspalast war ursprünglich das Mitte des 17. Jahrhunderts erbaute Rathaus. Napoléon funktionierte es für seinen Bruder Louis Bonaparte um, der sich »König von Holland« nennen und zwischen den Jahren 1808 und 1810 hier residieren durfte. Heute dient es diversen Empfängen und ist ansonsten als Inbegriff des niederländischen Klassizismus der Öffentlichkeit zugänglich.

Linke Seite:
Einen Ausflug lohnt der Keukenhof in Lisse (oben), südwestlich von Amsterdam; laut Eigenwerbung »der schönste Frühlingspark der Welt«. Das Rijksmuseum (Mitte) wurde im Jahr 1863 von Pierre Cuyper entworfen. Der Vondelpark (unten) ist eine grüne Oase der Erholung inmitten der Stadt.

Diese Seite:
Zum modernen Amsterdam gehören hippe Szeneviertel wie die NDSM-Werft in Amsterdam-Noord (oben) und der 22-stöckige A'DAM Tower (unten) mit Blick über den Hafen.

05 Rijksmuseum
So viele Bilder. So viele Bücher. Das noch von Louis Bonaparte während seiner kurzen Regierungszeit Anfang des 19. Jahrhunderts initiierte Museum verfügt über die größte öffentlich zugängliche Fachbibliothek zur Kunstgeschichte des gesamten Landes. Für Amsterdam-Besucher vor allem interessant ist die Konzentration an Kunstwerken – nicht nur, aber vornehmlich aus dem Goldenen Zeitalter, darunter weltberühmte Werke wie Rembrandts »Nachtwache« und Vermeers »Milchmädchen«. Interessant ist die Multimedia-Tour mit Smartphone-App statt Audioguide. Auch Waffen und Schiffsmodelle wie das des Kriegsschiffs »William Rex« aus dem Jahr 1698 werden gezeigt. Kuratorisch setzt man auf ein überraschendes Nebeneinander statt auf schnöde Chronologie.

06 Van-Gogh-Museum
Ach, dieser van Gogh. Ach, diese Sonnenblumen. Irgendwie wird es einem immer wehmütig ums Herz

76 NIEDERLANDE

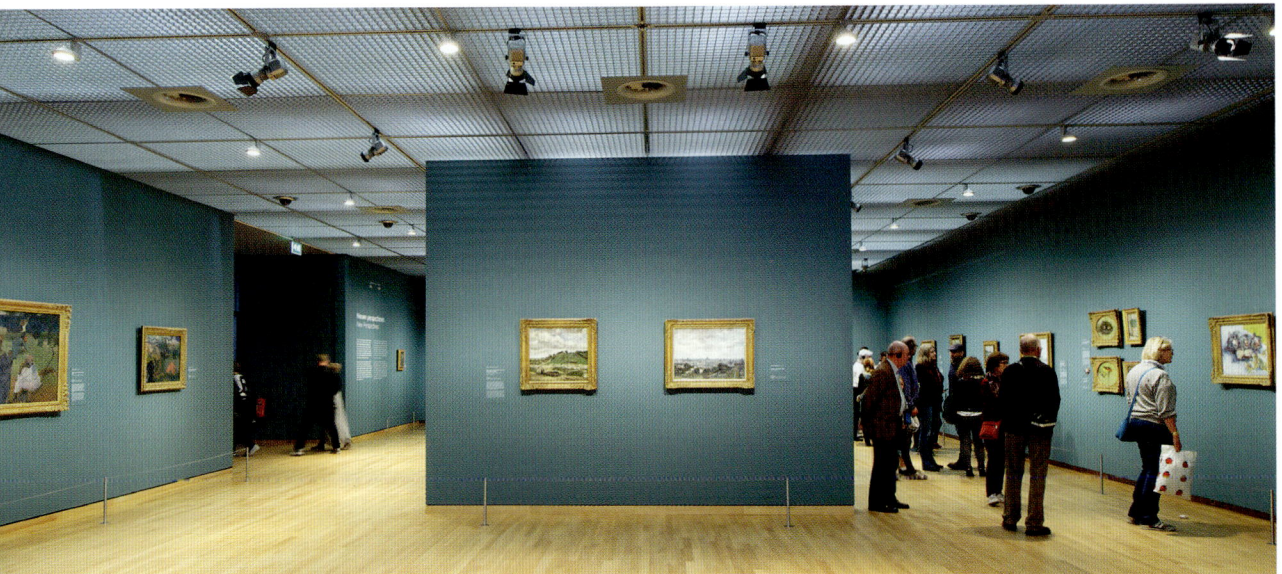

bei der Auseinandersetzung mit dem Privatmenschen van Gogh, beim Blick hinter all die Mythen und die verschiedenen Versionen seines Lebens, beim Blick auch auf seine Werke, in denen eine sanfte Melancholie mitschwingt. Dem Van-Gogh-Museum in Amsterdam gelingt es, die Gemälde, Zeichnungen und Schriften für sich stehen zu lassen. Um dann doch eine zusammenhängende Geschichte zu erzählen, vom Menschen, Künstler, Inspirator für so viele Nachfolgende. Und natürlich mag die Fachwelt sich über das verschwundene Lila der Schlafzimmerwände im gelben Haus in Arles streiten, über LED-Leuchten und meisterhafte Fälschungen. Aber das alles ändert überhaupt nichts an dem starken Eindruck, den Mensch und Werk hinterlassen, trotz seiner Vermarktung und Verkitschung im Lauf des 20. Jahrhunderts.

07 Vondelpark

Vielleicht kommt der eine oder andere Amsterdam-Besucher mit einer älteren Dame auf einer der vielen Parkbänke ins Gespräch, die dort strickend und freundlich lächelnd sitzt und hin und wieder ins Leere starrt. Meistens können sie ja deutlich besser Deutsch als wir Niederländisch. Und dann erzählt sie vom Sommer 1971. Als der Park voller junger Menschen war, Gitarrenweisen die ganze Nacht hindurch erklangen, bunte Schlafsäcke allerorten unter freiem Himmel ausgebreitet waren. Der Vondelpark war eines der Zentren der niederländischen Hippie-Bewegung. Heute erinnert höchstens der Rosengarten nachts noch an unkonventionellere Nutzungsvarianten des Parks, denn

Oben: Längst hat sich das Amsterdamer Rotlichtviertel zu einer Touristenattraktion entwickelt.

Mitte: Etwa 200 Gemälde, 500 Zeichnungen und 850 Briefe von van Gogh beherbergt das Museum.

Unten: Amsterdams Beginenhof wurde im Jahr 1346 errichtet.

CAMPING ZEEBURG AMSTERDAM

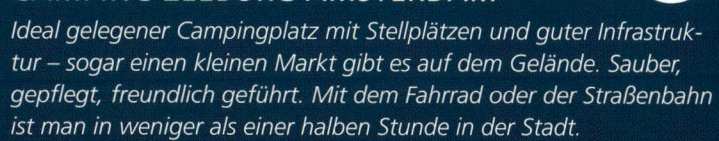

Ideal gelegener Campingplatz mit Stellplätzen und guter Infrastruktur – sogar einen kleinen Markt gibt es auf dem Gelände. Sauber, gepflegt, freundlich geführt. Mit dem Fahrrad oder der Straßenbahn ist man in weniger als einer halben Stunde in der Stadt.

Zuider IJdijk 20, 1095 KN Amsterdam, www.campingzeeburg. de, GPS: 52.36533, 4.95944

GAASPER CAMPING AMSTERDAM

Großer, gepflegter Campingplatz mit etwas engen Stellplätzen. Ungünstigerweise befindet sich die Abwasserentsorgung im Ein- und Ausfahrbereich. Zu Fuß zur Metro sind es fünf Minuten, die Fahrt dauert dann etwa 20 Minuten.

Loosdrechtdreef 7, 1108 AZ Amsterdam, www.gaasper camping.nl/de, GPS: 52.31262, 4.99155

CAMPING DE BADHOEVE

Schöner Campingplatz am Meer – wer das Glück hat, in der ersten Reihe zu stehen, blickt direkt aufs Wasser. Mit dem Fahrrad (auch vor Ort zu mieten!) braucht man etwa eine halbe bis eine Dreiviertelstunde nach Amsterdam. Sanitäreinrichtungen sind vorhanden.

Uitdammerdijk 10, 1026 CP Amsterdam, http://camping debadhoeve.nl, GPS: 52.38461, 5.0129

hier treffen sich mit einsetzender Dämmerung die gleichgeschlechtliche Liebe bevorzugenden »Cruiser«. Ansonsten geht es weitestgehend bieder und entspannt zu im zweitgrößten Park der Stadt.

08 Begijnhof

Fast fühlt er sich wie ein Portal in eine andere Zeit an, der Eingangstunnel in den Begijnhof Amsterdams, einem Stille inmitten der lebhaft pulsierenden Stadt bietenden mittelalterlichen Erbe. Kein Museum wurde hier errichtet, stattdessen leben noch immer Frauen in den Häusern. Doch es sind keine Beginen mehr, die letzte starb 1971. Es darf herumspaziert werden im Hof, der auf mittelalterlichem Straßenniveau liegt, also deutlich tiefer. Hinter zwei Fassaden verborgen liegt die »Geheimkirche«. Nachdem Calvinisten die Kapelle der ansonsten in Privatbesitz befindlichen und deshalb unantastbaren katholischen Lebensgemeinschaft konfisziert hatten, wurde kurzerhand eine neue, von außen als solche nicht erkennbare Kirche inmitten der sonstigen Häuserreihe gebaut.

09 Rotlichtviertel

Einst ging es hoch katholisch zu im heutigen Rotlichtviertel an der Oude Kerk, der Alten Kirche. Noch immer künden Straßennamen wie »Gebed zonder End« (Gebet ohne Ende) von der frommen Vergangenheit. Nun flanieren in den frühen Abendstunden sogar Familien durch den nicht mehr ganz so frommen Amsterdamer Rotlichtbezirk (De Wallen) ganz in der Nähe vom Hauptbahnhof.

Oben: das Mauritshuis (links im Bild neben dem Binnenhof). Unten von links nach rechts: aufstrebende Neubauten in der City von Den Haag, Strandpromenade in Scheveningen, Blick an der Binnenhoffontein vorbei auf den Rittersaal.

15 DEN HAAG

Die drittgrößte Stadt der Niederlande (nach Amsterdam und Rotterdam) ist Regierungssitz und Sitz des Internationalen Gerichtshofes. Die Geschichte von Den Haag reicht rund 750 Jahre zurück und begann mit einigen Häusern um das Jagdgehege des Grafen von Holland. Eines der im 13. Jahrhundert entstandenen Gebäude, der Binnenhof, beherbergt bis heute das politische Zentrum des Landes. Es ist Sitz der Regierung und des Parlaments.

Informationen:
https://denhaag.com/de, www.denhaag.nl/en/parking/where-to-park-and-costs/park-economically-park-and-ride-pr.htm

01 Binnenhof

Im Jahr 1581 konstituierte sich die aus der Utrechter Union hervorgegangene Republik der sieben vereinigten Provinzen als eigenständig operierendes Staatswesen, geeint im Kampf gegen die spanisch-katholische Herrschaft im Süden. Regierungssitz der sogenannten Staten-Generale (Generalstaaten) wurde kurz nach der Republikgründung der Binnenhof Den Haags. Berühmtestes Bauwerk des Ensembles ist der im Jahr 1280 fertiggestellte Rittersaal, der mit seinen spitz aufragenden Türmen von außen ein bisschen an eine Kirche erinnert. In den Niederlanden kennt jeder seine gotische Fassade, da am »Prinsjestag« der jeweils amtierende Monarch hier seine Parlamentseröffnungsrede hält. Im erst später barock umgestalteten Trêveszaal wurde im Februar 1608 der Friedenskongress mit Spanien eröffnet. Mit diesem Frieden begann der Aufstieg der Niederlande, ihr Goldenes Zeitalter.

02 Gemeentemuseum

Irgendwie untertreibt der Name des Museums gehörig: »Gemeentemuseum« (dt. Gemeindemuseum) – da

CAMPERPARK DEN HAAG

Auf dem großen, gebührenpflichtigen Platz sind alle notwendigen Ver- und Entsorgungseinrichtungen sowie Sanitärbereiche und Internetzugang vorhanden. Er liegt ideal, um Den Haag (acht Kilometer entfernt) mit dem Fahrrad zu besuchen.

Ingang vanaf, Valutapad, Ypenburgse Boslaan 7, 2496 ZP Den Haag, www.camperparkdenhaag.nl, GPS: 52.05734, 4.37828

CAMPING DUINHORST

Nahe an der Hauptverkehrstraße gelegener, trotzdem ruhiger Campingplatz mit Bäumen und viel Grün, zum Abkühlen an heißen Sommertagen gibt es einen Pool. Moderne, saubere Sanitäreinrichtungen, sehr gut gepflegt. Mit dem Rad ist man schnell auch am Strand von Scheveningen (das ist ein Stadtteil von Den Haag).

Buurtweg 135, 2244 BH Wassenaar, www.duinhorst.nl/de, GPS: 52.11079, 4.34347

---

tauchen Assoziationen von Stadtgeschichte und Volkskultur auf. Weit gefehlt. So wie das Mauritshuis zu den Top 3 der Landes-Museen für die Kunst des Goldenen Zeitalters gehört, inszeniert sich das Gemeentemuseum als Anlaufstelle par excellence für moderne Kunst. Die größte ständige Mondrian-Ausstellung der Welt befindet sich hier. Auch über die – dem Bauhaus äquivalenten – Bewegung De Stijl erfährt man alles Wissenswerte in diesem Museum. Der nach Entwürfen von Hendrik Petrus Berlage gebaute Gebäudekomplex steht für den Aufbruch in die architektonische Moderne. Und das ist noch lange nicht alles: Es gibt ganze Räume voll Delfter Keramik, eine umfangreiche Kostümsammlung, moderne Klassiker, Picasso, Schiele, Kandinsky, Werke der Haager Schule und Niederländischer Expressionismus, die Toorops und Pyke Koch. Viel mehr, als man an einem einzigen Tag ansehen könnte.

03 Mauritshuis

Es ist kein sonderlich großes Museum, das ehemalige Adelspalais im schönsten klassizistischen Barock, direkt neben dem Binnenhof am Hofvijver gelegen. Aber die Größe eines Museums bemisst sich ohnehin an seiner Sammlung, nicht am Gebäude. Und da gehört das Mauritshuis definitiv zu den Größten des Landes. Es ist neben dem Rijksmuseum in Amsterdam die Anlaufstelle für Kunst des Goldenen Zeitalters. Rembrandts »Anatomie des Dr. Tulp« hängt hier, vor Vermeers »Mädchen mit dem Perlenohrgehänge« stehen die Menschen am längsten.

Eines der modernen architektonischen Highlights der Stadt ist die von Ben van Berkel konstruierte Erasmusbrug, eine die Nieuwe Maas überspannende, nach dem Philosophen Erasmus von Rotterdam benannte Schrägseilbrücke.

16 ROTTERDAM

Ein Ort erfindet sich neu: Lange Jahre war Rotterdam nicht viel mehr als eine Hafenstadt ohne besondere Grachtenromantik und all die anderen Attraktionen von Amsterdam. Doch die Zeiten ändern sich: Amsterdam ist noch immer toll (aber gnadenlos überlaufen), und Rotterdam mauserte sich in den letzten Jahren vom Geheimtipp zur Top-Destination für Städtereisende. Dass hier moderne Hochhaus-Architektur großgeschrieben wird, liegt auch daran, dass Rotterdams Innenstadt im Mai 1940 fast komplett zerstört wurde. Auferstanden aus Ruinen ist eine höchst sehenswerte Skyline, die in den letzten Jahren viel Zuwachs erfuhr. Und so sehenswert wie die Architektur, so erlebenswert sind Kunst und Kultur, Restaurants, Shopping- und Ausgehmöglichkeiten in der kosmopolitischen Metropole. Ganz zu schweigen vom Hafen, der immer noch eine der größten Attraktionen der Stadt – und der größte Hafen Europas – ist: Entlang des Nieuwe Waterwegs reihen sich auf einer Strecke von 20 Kilometern Containerterminals, Umschlagplätze, Lagerhallen und Silos aneinander. Eine Welt für sich!

Informationen:
www.visitrotterdam.org, https://en.rotterdam.info,
www.car-parking.eu/netherlands/rotterdam/pr

01 Van-Nelle-Fabrik

Nichts Geringeres als »die ideale Fabrik« wollten die Architekten Johannes Brinkmann und Leendert van der Vlugt schaffen, nachdem sie im Jahr 1923 den Auftrag erhalten hatten, für den niederländischen Kaffee-, Tee- und Tabakkonzern Van Nelle ein neues Kontor und neue Produktionsstätten zu errichten. Mit Erfolg: Bei seiner Eröffnung wurde der Komplex als modernstes und innovativstes Gebäude der Welt gefeiert. Dieser besticht durch von Licht durchfluteten Produktionshallen und -räume. Nicht Backstein, sondern Glas zählt hier zu den wichtigsten Baumaterialien. Den bis zu 2000 Mitarbeitern, die in der Fabrik tätig waren, standen eine Kantine, eine Teestube sowie eine Bibliothek und Sporteinrichtungen zur Verfügung. Bis zum Jahr 1990 wurde in der Fabrik weiterproduziert. Heute residieren hier Designer- und Architekturbüros sowie einige Werbeagenturen.

02 Grote Kerk

Es ist nicht ganz sicher, ob Erasmus von Rotterdam wirklich in Rotterdam geboren wurde. Aber da nichts anderes bekannt ist, kann Rotterdam den berühmten Gelehrten für sich beanspruchen. Vor der Laurenskirche, dem ältesten erhaltenen Gebäude der Stadt, steht sein Denkmal. In einen großformatigen Folianten versunken erinnert die schon 1622 gegossene Bronzeskulptur an die Zeit, als wissenschaftliche Dialoge noch in Form von Briefen und mit Büchern geführt wurden. Angefangen wurde der Kirchenbau schon 1449, also vor der Geburt des Hu-

Das Witte Huis ist eines der wenigen historischen Gebäude, das die schwere Bombardierung im Jahr 1940 unbeschadet überstanden hat.

manisten (zwischen 1466 und 1469). Doch die lange Bauphase fällt auch in seine Kindheit und Jugend. Während eines Stadtbesuches (aufgewachsen ist Erasmus im nahen Gouda) konnte er Anteil nehmen an der Errichtung des spätgotischen Gotteshauses. Es hat die Zeiten überdauert und wurde nach dem Zweiten Weltkrieg wiederaufgebaut.

03 Stadthuis

Das zwischen den Jahren 1914 und 1920 gebaute Rathaus Rotterdams überstand trotz seiner imposanten Größe die fast völlige Innenstadtzerstörung im Zweiten Weltkrieg. Es gehört somit zu den ältesten, original erhaltenen Gebäuden der Altstadt. Ursprünglich befand sich das Stadthuis inmitten belebter Gassen zwischen Hoogstraat und Kaasmarkt. Gegen Ende des 19. Jahrhunderts wurden Pläne für den Neubau an der heutigen Stelle entworfen. Die Zand-

Oben: Die Van-Nelle-Fabrik ist eine Ikone der Industriearchitektur.

Rechts: Die Grote Kerk stammt aus dem 15. Jahrhundert.

straatbuurt galt jedoch als finsteres Rotlichtmilieu. Auf nicht einmal zwei Hektar Fläche wohnten um die 2500 Menschen. Sie mussten dem Neubau weichen: Das Viertel wurde dem Erdboden gleichgemacht, und der heutige Komplex entstand.

04 Kijk-Kubus

Kreativ müssen die Bewohner der Kubushäuser sein, die der Architektenkünstler Piet Blom Anfang der 1980er-Jahre errichtete. Denn gerade Wände gehören nicht zu den kleinen, auf drei Etagen verteilten Wohnkuben, denen dennoch nachgesagt wird, sie würden den zur Verfügung stehenden Raum optimal ausnutzen. Um sich selbst von den Möglichkeiten und Grenzen des Wohnens in einem der auf Betonpfeilern errichteten Wohnwürfel zu überzeugen, empfiehlt sich ein Besuch im sogenannten Kijk-Kubus. Ein ehemaliger Kubus-Bewohner hat ihn für Besucher geöffnet – inklusive Einrichtung. Noch intensiver wird das Erlebnis allerdings im Hostel-Kubus, denn wer über Nacht bleibt, kann am besten einschätzen, wie das Kubus-Leben so ist. Die Kuben liegen zentral auf einer Fußgängerbrücke im Oude-Haven-Gebiet und ziehen zahlreiche Neugierige an.

05 Euromast

Türme mit Panoramafahrstühlen und Aussichtsplattformen sind immer eine gute Gelegenheit, sich einen Eindruck von einer Stadt zu verschaffen. Zumal, wenn der Turm so groß und architektonisch bedeutsam wie in Rotterdam ist. Mit dem Euroscoop,

Oben: Die Markthalle ist schon allein wegen ihrer modernen Architektur sehenswert.

Links: Das Depot des Museums Boijmans van Beuningen am Museumspark ist das erste öffentlich zugängliche Kunstlager der Welt.

Rechte Seite: Auch die würfelförmigen Kubushäuser sind ein echter architektonischer Hingucker.

der sich langsam emporschraubt und dabei um 360 Grad für einen vollendeten Rundblick dreht, können die 185 Meter bis zur Spitze zurückgelegt werden. Auf 100 Meter Höhe befinden sich ein kleines Hotel und ein Panorama-Restaurant. Bis zum Bauabschluss (2022) von »De Zalmhaven«, dem neuen Hochhaus an der Maas, war der Euromast das höchste Gebäude der Niederlande.

06 Markthalle

Eine moderne Basilika im alten Sinne, als darunter noch gigantische römische Hallenbauten verstanden wurden, die der Versammlung und dem Handel dienten – so erscheint die Markthalle Rotterdams. Ein riesiges Hufeisen, in die Länge gezogen, aus Stahl und Glas. Zwei Besonderheiten stechen hervor. Ein unglaubliches, verspieltes, vielfarbiges Hightech-Deckenbild im Inneren, das die Stände überspannt, mit Riesenfrüchten. Und dazwischen Fenster, die aus teilweise 40 Meter Höhe hinabschauen auf das bunte Gewimmel. Denn in dieser Markthalle wohnen auch Menschen. Rund 128 Wohnungen wurden über den Ständen, Restaurants und Cafés errichtet. Theoretisch bräuchten die hier Lebenden nicht einmal einen Kühlschrank, denn die Markthalle hat – wie fast überall in den Niederlanden – an sieben Tagen die Woche geöffnet.

07 Museum Boijmans van Beuningen

Das Museum Boijmans van Beuningen am Museumspark beherbergt eine ansehnliche Sammlung alter und neuer Meister, darunter eine kleine Version des »Turmbaus zu Babel« von Pieter Bruegel. Doch seit der Stadtrat von Rotterdam am 16. Dezember 2021 grünes Licht für eine umfangreiche Renovierung des Museums gab, blieben seine Pforten geschlossen – die Neueröffnung ist nicht vor 2029 geplant. An innovativer musealer Attraktion mangelt es trotzdem nicht, denn gleich neben dem Museum wurde ein spektakuläres Depot eröffnet, in dem Besucherinnen und Besucher das Ergebnis von mehr als 170 Jahren Sammeltätigkeit besichtigen können: Über 151 000 Objekte wurden in 14 Abteilungen mit fünf unterschiedlichen Klimazonen untergebracht. So kann man hier einen Blick hinter die Kulissen eines Museums werfen und bekommt auch einen Eindruck, wie wichtige, sonst dem Licht der Öffentlichkeit verborgen bleibende Tätigkeiten wie Konservierung und Restaurierung vonstatten gehen.

STADSCAMPING ROTTERDAM

Zentral gelegener Campingplatz direkt neben dem Zoo mit einfachen Stellplätzen nahe den Autobahnen A20 und A13. Die sanitären Einrichtungen sind schon ein bisschen in die Jahre gekommen. Mit dem Bus oder dem Rad ist man schnell im Herzen der Stadt.

Kanaalweg 84 / 86, 3041 JE Rotterdam, www.stadscamping-rotterdam.nl, GPS: 51.93129, 4.44424

MIDI CAMPING VAN DER BURGH

Familiär geführter Campingplatz mit gut ausgestatteten Stellplätzen und sauberen sanitären Einrichtungen. Es gibt sogar einen kleinen Streichelzoo. Nach Rotterdam sind es etwas mehr als 25 Kilometer.

Voet- of Kraagweg 9, 3235 LL Rockanje, www.midicamping.nl, GPS: 51.85654, 4.09303

WEERGORS CAMPING 'T

Schöner, familienfreundlich angelegter Campingplatz mit unterschiedlich großen Stellplätzen; auf einigen sind auch Hunde erlaubt. Sauber, gepflegt. Nach Rotterdam sind es etwa 45 Autominuten.

Zuiddijk 2, 3221 LJ Hellevoetsluis, www.weergors.de, GPS: 51.82967, 4.11534

Panoramaansicht von Antwerpen, vom linken Ufer der Schelde aus gesehen. Hier im Mündungsgebiet des in die Nordsee fließenden Flusses bildet sich ein Tiefwasserhafen, den auch sehr große Containerschiffe anlaufen können.

17 ANTWERPEN

In Antwerpen, der größten Stadt Flanderns, bildet der Hafen den Lebensnerv der Metropole. Er zählt zu den leistungsfähigsten der Welt, schuf von alters her eine weltoffene Atmosphäre und trug maßgeblich zum Aufstieg Antwerpens ab dem 12. Jahrhundert bei. Die meisten Sehenswürdigkeiten liegen in der Innenstadt, die am rechten Ufer der Schelde einen Halbkreis bildet. Markantester Punkt ist der Het Steen, die ehemalige Burganlage, deren älteste Teile aus dem 9. Jahrhundert stammen. Heute beherbergt sie das Nationale Schifffahrtsmuseum mit einem flämischen Kriegsschiff aus dem 15. Jahrhundert als Prunkstück. Die Aussichtsplattform der Burg bietet einen schönen Blick über die hier 500 Meter breite Schelde, die Brücken, den alten Kai, und – am Horizont – den Wald der Verladebäume des modernen Hafens. In der spätgotischen Fleischhalle residiert das Museum für Stadtgeschichte. Im Diamantenmuseum in der Lange Herentalsestraat können Diamantenschleifer bei der Arbeit beobachtet werden. Das an einen italienischen Palazzo erinnernde Rubenshaus bewohnte Peter Paul Rubens (1577–1640), der berühmteste Sohn der Stadt, in den Jahren 1610 bis 1640. Zu besichtigen sind die prachtvoll ausgestatteten Wohnräume des Meisters, sein Atelier und Kunstkabinett, dazu Werke des Malers und Arbeiten seiner Schüler. Wahrzeichen Antwerpens ist der Brabo-Brunnen mit der Figur des römischen Soldaten Silvio Brabo, wie er die Hand des Riesen Druon Antigon in die Schelde schleudert. Dieses »handwerpen« soll der Stadt ihren Namen gegeben haben.

Informationen:
www.visitantwerpen.be/de,
www.slimnaarantwerpen.be/de/auto-taxi/park-and-ride

01 Grote Markt mit Stadthuis und Brabo-Brunnen

Wenn frühmorgens im Sommer die fein gegliederte Renaissancefassade des Rathauses im ersten Sonnenglanz erstrahlt und die Schatten der Nacht sich allmählich zurückziehen, ist die Stimmung am Grote Markt besonders schön. Schnell füllt sich der Platz mit Menschen. Beliebtes Fotomotiv ist der Brabo-Brunnen mit seinem jungen Bronzehelden, der soeben anhebt, eine Riesenhand in den Fluss Schelde zu werfen – mythischer Hintergrund der Stadtgründung Antwerpens. Die Cafés am Rande des großen Platzes füllen sich, der Geräuschpegel steigt an, untermalt vom beständigen Knattern der Flaggen am Rathaus. Stadtführungsgruppen versammeln sich, es gibt viel zu erzählen über die alten Gildehäuser, die den Platz säumen, steinerne Zeugen des einstigen Reichtums der alten Handelsstadt, die einmal die reichste Stadt Mitteleuropas war.

02 Liebfrauenkathedrale

Es lässt sich kaum ausmalen, welche Kunstwerke in der Liebfrauenkathedrale heute zu bestaunen wären, hätte es den Bildersturm von 1566 nicht gegeben, dem nur eine Madonnen-Plastik aus dem 14. Jahrhundert entging. Wenigstens tobten calvinistische Bilderhasser nicht noch einmal einhundert Jahre später durch die Kirche, und so lassen sich immerhin vier barocke Meisterwerke bewundern, von niemand Geringerem als Peter Paul Rubens. Darunter die berühmte, zwischen 1611 und 1614 entstandene »Kreuzabnahme«. Zur Zeit ihrer Entstehung gehörte Rubens schon zur High Society Antwerpens, war ein angesehener Hofmaler und Meister einer wachsenden Malwerkstatt. Die Liebfrauenkathedrale ist die größte gotische Kirche Belgiens. Glücklicherweise entging sie zumindest als Bauwerk den Wirren der Geschichte und bewahrte sich eine eigene Aura von Erhabenheit und Imposanz, trotz der Barockisierung im Inneren.

03 Museum Plantin-Moretus

Im 16. Jahrhundert gehörte Antwerpen zu den drei größten Publikationszentren in Europa. Bedeutendstes Druckhaus war die Officina Plantiniana des Humanisten Christophe

Zu den Höhepunkten brabantischer Baukunst wird die Liebfrauenkathedrale gezählt, die Domkirche des Bistums Antwerpen.

Plantin (1520–1589). Sie bestand aus mehreren zu einem Patrizierhaus gehörigen Werkstätten. An den Pressen waren etwa 80 Arbeiter beschäftigt, unter ihnen 22 Schriftsetzer, 32 Drucker und drei Korrektoren. Im Jahr 1689 übernahm Plantins Schwiegersohn Jan Moretus die Firma. Heute präsentiert ein Museum neben frühen Drucken auch etwa 15 000 Holzdruckstöcke.

04 Bahnhof

Jede Zeit hat ihre grandiosen Bauten, in denen sich technisches Können und menschliche Hybris vereinen. Anfang des letzten Jahrhunderts waren es Stahl und Glas, die immer neue Superlative erschufen. Es verwundert nicht, dass der Bahnhof Antwerpens auch den Spitznamen »Eisenbahnkathedrale« trägt. Die pompöse Eingangshalle lässt Ankommende gefühlt schrumpfen. Aus dem einstigen Kopfbahnhof ist heute ein moderner Durchgangsbahnhof geworden, allerdings in der Tiefe, sodass der majestätische Prachtbau erhalten blieb. Für Architekturfotografen interessant ist vor allem die sechsundvierzig Meter hohe überdachte Gleishalle mit ihren symmetrischen Stahlstreben. Doch auch der unterirdische Neubau muss sich nicht verstecken und wird der ästhetischen Herausforderung gerecht, Gegenwärtiges zu schaffen, ohne den Gesamteindruck zu zerstören.

05 Königliches Museum der schönen Künste

Elf Jahre lang war das berühmte Königliche Museum der schönen Künste (KMSKA) wegen Renovierungsarbeiten geschlossen, erst im Herbst 2022 öffnete es wieder für Besucherinnen und Besucher. Zum

Oben: Das Hafenhaus ist die neueste architektonische Perle.

Links: Antwerpens Hauptbahnhof erinnert an vergangene Zeiten.

Rechte Seite oben/unten: Rubenhuis und Brabo-Brunnen am Grote Markt.

Glück für alle Kunstliebhaber, denn hier gilt es wahre Schätze zu bewundern. Rund 8400 Werke – Gemälde, Skulpturen, Zeichnungen und Drucke – umfasst die Sammlung des Museums, 650 davon bekamen nach einer sorgfältigen Auswahl einen Platz an den Wänden der restaurierten wie der neuen Museumssäle. Dazu gehören wichtige Werke der Flämischen Primitiven und von Peter Paul Rubens, moderne Kunst von Henri De Braekeleer und den flämischen Expressionisten sowie die weltgrößte James-Ensor-Sammlung. Der Schwerpunkt der Sammlung liegt auf der Kunst der südlichen Niederlande und Belgiens, doch das Museum besitzt auch einige Spitzenwerke ausländischer Künstler: Die reiche Palette umfasst Gemälde von Jean Fouquet (dessen »Maria mit Kind« seltsam surreal anmutet) über Tizian und Amedeo Modigliani und reicht bis zu Skulpturen von Ossip Zadkine, Auguste Rodin und Rik Wouters.

06 Hafen

Wo bis zum Jahr 1893 das alte Hansahaus stand, erhebt sich seit 2011 ein imposanter Bau aus Sandstein und Glas mit Blick auf Antwerpen: Das MAS, Museum aan de Stroom, versammelt Exponate aus ehemals vier städtischen Museen und kann auf einen Fundus von über 470 000 Objekten zurückgreifen. Wie ein Hybrid wirkt das moderne Hafenhaus – Sitz der Hafengesellschaft Antwerpens. Alt und Neu sind in dem Umbau des Kultarchitektenbüros Zaha Hadid sichtbar vereint: Der untere Teil des futuristisch anmutenden Baus war einmal eine Feuerwehrkaserne.

ANTWERP CITY CAMPING

Idealer Ausgangspunkt für einen entspannten Antwerpen-Wohnmobiltrip. Sauber, gepflegt, gut organisiert. Am linken Ufer der Schelde gelegen, ist man mit der Fähre (kostenlos) oder dem Rad schnell in der Innenstadt mit allen wichtigen Sehenswürdigkeiten.

Jachthavenweg 6, 2050 Antwerp, www.citycampingantwerp.be/en, GPS: 51.23414, 4.39294

CAMPERPARK VOGELZANG

Große, gebührenpflichtige, parkähnliche Anlage mit vielen schattigen Plätzen, die über alle notwendigen Ver- und Entsorgungseinrichtungen verfügt. Die Altstadt von Antwerpen ist nur rund vier Kilometer entfernt. Mit der Buslinie 22 von der Haltestelle Expo (250 Meter) fährt man etwa 20 Minuten.

Vogelzanglaan 7–9, 2020 Antwerpen, www.camperparkvogelzang.be/ge, GPS: 51.19046, 4.40185

Das eigentliche Herz von Brüssel ist die Grand Place. Hier stehen unter anderem das herrschaftliche Maison du Roi, das Hôtel de Ville, le Pigeon – das ehemalige Wohnhaus von Victor Hugo – und La Maison des Ducs de Brabant.

18 BRÜSSEL

Brüssel ist das bedeutendste Kultur- und Wissenschaftszentrum Belgiens mit Universität, Polytechnikum, Königlicher Akademie und zahlreichen Fach- und Kunstschulen. Die Stadt liegt am Kreuzungspunkt wichtiger Verkehrswege, sie ist das Wirtschaftszentrum des Landes, in dem mit der Nationalbank auch das Herz des Kapitals schlägt. Überdies ist Brüssel nach Antwerpen der zweitgrößte Industriestandort Belgiens. Produziert werden »feine Waren« wie die berühmten Brüsseler Spitzen, Woll-, Baumwoll- und Seidenwaren, Teppiche und Porzellan. Auch kulinarische Produkte haben einen großen Stellenwert. Zwischen Mittelalter und Barockzeit war es vor allem die bürgerliche Schicht, die ihre Stadt prächtig ausgestaltete. Auch das 19. Jahrhundert trug viel zum einzigartigen Stadtbild bei, das durch den Bauboom des 20. Jahrhunderts große Zerstörungen erlitt. Als nach dem Zweiten Weltkrieg die Westmächte begannen, zunächst vor allem wirtschaftlich enger zusammenzuarbeiten, tagten sie abwechselnd in Luxemburg, Belgien und Frankreich. Die belgische Regierung stellte von Anfang an passende Räumlichkeiten zur Verfügung. In Brüssel saß schon die NATO. Eine gut ausgebaute Infrastruktur, die relativ zentrale Lage, das Lebensgefühl in der flämischen Metropole bildeten günstige Hintergrundfaktoren. 1959 wurde beschlossen, Brüssel solle für drei Jahre der vorläufige Sitz der Europäischen Wirtschaftsgemeinschaft (EWG) sein. Aus der EWG wurde die EU, aus den drei Jahren ein bis heute währender Zeitraum. Aber erst seit 1997 ist Brüssel ganz offiziell der Sitz der EU.

Informationen:
https://visit.brussels/de,
www.parkandride.brussels/en/park-ride-brussels

01 Grand Place

Der Große Markt der belgischen Hauptstadt misst lediglich 110 Meter in der Länge und 68 Meter in der Breite, doch die dichte Bebauung mit Zunfthäusern rund um das Hôtel de Ville (Rathaus) macht ihn zu einem der schönsten Architekturkomplexe in ganz Europa. Als die reichen Brüsseler Gilden im 15. Jahrhundert das aristokratische Stadtregiment ablösten, schufen sie sich hier mit diesem Karree und seinen kostbaren Zunfthäusern gleich selbst ein Denkmal. Zentrum des Platzes ist das siebenstöckige Rathaus. Es beherbergte neben dem Magistrat der Stadt bis 1795 auch die Ständeversammlung von Brabant. Der Ostflügel stammt aus dem frühen 15. Jahrhundert, der westliche kam um 1450 hinzu. Die Maison des Ducs de Brabant, benannt nach den 19 Herzogsbüsten, welche die Fassade schmücken, besteht aus sechs Zunfthäusern, die durch eine einheitliche, monumentale Pilasterfassade zusammengefügt wurden. Lebendige szenische Darstellungen schmücken auch die Portale und Fassaden der Gebäude der übrigen Zünfte, die auf diesem Platz bewundert werden können.

Vor dem Europäischen Parlament weht die Flagge der EU: Zwölf Sterne symbolisieren Einheit, Solidarität und Harmonie zwischen den Völkern Europas.

02 Hôtel de Ville

Er wirkt anfangs wie eine optische Täuschung, der von vorn gesehen nach rechts versetzte schlanke Belfried, der wie ein Kirchturm den gotischen Prachtbau überragt, in dem seit Anfang des 15. Jahrhunderts die Belange der Stadt mitverhandelt wurden. Aber das Gebäude ist tatsächlich asymmetrisch, ein Effekt sich verschiebender Machtverhältnisse in der Stadt bei gleichzeitigem Platzmangel am Markt. Anfangs war nur der linke Flügel vorgesehen gewesen, ein kleines Gesamtkunstwerk in schönster Brabanter Gotik, mit Skulpturen, Maßwerk, einer äußerst repräsentativen Fassade. Doch dann hatten die Gilden genügend Einfluss erlangt, um ihre Teilhabe im Magistrat durchzusetzen. Das ging nur mit einem Anbau, der ebenfalls noch im 15. Jahrhundert erfolgte. Um die Brügger zu übertrumpfen, wurde der Belfried dem neuen Stil angepasst, trotz seiner 96 Meter Höhe wirkt er filigran. Auf seiner Spitze kämpft Erzengel Michael mit dem Drachen.

03 Maison du Roi

Eigentlich war es ja ein Brothaus. Hartnäckig hält sich im Niederländischen der entsprechende Name: Das Maison du Roi ist für viele einfach nur das Broodhuis. Die Verkaufsstätte der Bäcker im 13. Jahrhundert wurde im 16. Jahrhundert zum Maison du Roi. Doch kein König wohnte in diesem Haus des Königs, sondern das königliche Gericht tagte hier. Direkt vor dem neogotischen Gebäude befindet sich die entsprechende Gerichtsstätte. Graf Egmont, dank Goethe in die Weltliteratur eingegangen, wurde im Jahr 1568 vor dem Maison du Roi hingerichtet. Heute beherbergt es ein detailreiches Stadtmusem mit wertvollen Tapisserien, originalen Rathausskulpturen und dem echten Manneken Pis.

04 Basilique Nationale du Sacré-Cœur

Die nationale Basilika zum heiligen Herzen zählt nicht nur zu den größten Kirchen der Welt, ihr Turm ist auch ein großartiger Aussichtspunkt.

Zu den Wahrzeichen der Stadt gehört das 102 Meter hohe, für die Expo 58 errichtete Atomium – die 165-milliardenfache Vergrößerung eines Eisenkristallmoleküls.

Aus 52 Meter Höhe hat man einen Panoramablick über Brüssels Innenstadt oder das Atomium. Die Kirche ist ferner das weltweit größte Gebäude im Art-déco-Stil und bietet Platz für rund 2000 Menschen.

05 St. Michel

Es lohnt sich, ein Opernglas in das gewaltige Kirchenschiff mitzunehmen. Denn die schönsten Kunstwerke im Inneren sind sehr klein und mit bloßem Auge nicht hinreichend zu erkennen. Es handelt sich um die motivisch teils im 16. Jahrhundert verorteten Glasgemälde der Chorfenster. Doch nicht nur visuell ist die Kirche ein Erlebnis, die natürlich auch ohne Opernglas zu bewundernde Kunstwerke vorzuweisen hat wie die von Verbruggen geschnitzte Barock-Kanzel mit der Vertreibung von Adam und Eva aus dem Paradies. Auch auditiv hat der erhabene gotische Bau einiges zu bieten. Eine gewaltige Schwalbennest-Orgel bereichert seit der letzten Jahrtausendwende den ehrwürdigen Erzbischofssitz. Vorgänger der Kirche war eine karo-

Von oben nach unten: Triumphbogen im Parc du Cinquantenaire, das belgische Königshaus, in den Gassen der Altstadt von Brüssel.

lingische Taufkirche, zunächst nur dem Erzengel Michael gewidmet.

06 Musées Royaux des Beaux Arts de Belgique

Gleich mehrere Einrichtungen verbergen sich in den Königlichen Museen der Schönen Künste von Belgien: das Museum Alter Meister, das Museum der Moderne, das Musée Wiertz und das Musée Meunier, das Musée Magritte und das Musée Fin-de-Siècle. Ihr Gesamtbestand ist mit mehr als 20 000 Werken so umfangreich, dass selbst zwei Tage zu knapp bemessen sind, um alle ausgestellten Werke zu betrachten. Alles in allem wird hier die Geschichte der bildenden Künste – Malerei, Skulptur und Zeichnung – vom 15. bis zum 21. Jahrhundert dokumentiert. Schon allein die Sammlung Alter Meister bringt einen ins Schwärmen. Nicht nur aufgrund der schieren Fülle, sondern vor allem wegen der Qualität herausragender Werk wie der grotesk-großartige »Sturz der gefallenen Engel« von Pieter Brueghel dem Älteren. Eine gut gelungene Mischung aus Kunst und Leben inszeniert das Magritte-Museum. Die beiden Künstlermuseen zu Constantin Meunier und Antoine Wiertz befinden sich im Vorort Ixelles. Das Museum der Moderne beschränkt sich auf einige wenige Räume.

07 Parc du Cinquantenaire

Das Lambeau-Relief »Die menschlichen Leidenschaften« wirkt irgendwie fehlplatziert im immerhin 37 Hektar großen, sehr formal gehaltenen Park du Cinquantenaire, wo auf kilometerlangen schnurgeraden Wegen Jogger ihre unermüdliche Bahnen auch an Regentagen ziehen. Das einstmals Anstoß erregende Relief zeigt diverse allzu menschliche Situationen und kunsthistorisch den Übergang zum Jugendstil, wie auch der Pavillon, in dem es sich befindet. Doch wer einmal eine Demonstration in dem weitläufigen Park mit seinem Triumphbogen miterlebt hat, der gewinnt dem Relief plötzlich ganz andere Seiten ab. Meistens geht es allerdings angenehm entspannt zu auf den Wegen und Rasenflächen. Statt geheimer Nischen, die die Fantasie anregen könnten, ist alles sehr übersichtlich und gepflegt.

ARCADE DU CINQUANTENAIRE

Kostenfreier Parkplatz direkt vor dem Triumphbogen im Parc du Cinquantenaire mit genügend Platz auch für Wohnmobile zum Wenden und Abstellen. Zentral gelegen, aber nicht ganz einfach anzufahren – auf der Avenue des Gaulois die Zufahrt zum Museum nutzen, dort geht es über Kopfsteinpflaster nach oben zum Parkplatz.

1000 Bruxelles, GPS: 50.840403, 4.393536

AUBERGE DE JEUNESSE GÉNÉRATION EUROPE

Auf dem asphaltierten Hof einer Jugendherberge gibt es Stellplätze für fünf Wohnmobile. Vorteil: Zentrale Lage, etwa 15 Minuten von der Grand Place, und die Einrichtungen der Jugendherberge (Dusche, Bar, Frühstück) können mitgenutzt werden.

Rue de l'Éléphant 4, 1080 Bruxelles, https://lesaubergesdejeunesse.be GPS: 50.85291, 4.33454

08 Atomium

Als Atomenergie noch für eine strahlende, statt verstrahlte Zukunft stand, konnte anlässlich der Weltausstellung 1958 ein Gebäude errichtet werden, das ihrer friedlichen Nutzbarkeit huldigte, in Form einer gigantisch vergrößerten Elementarzelle von Eisenkristall. Ausgerechnet Eisenkristall als Atom-Modell zu wählen, war ästhetischen und statischen Gesichtspunkten geschuldet, der Erfolg des eigentlich nur für die Ausstellung errichteten Gebäudes rechtfertigt im Nachhinein die Entscheidung. Noch immer strömen Millionen Besucher jährlich zu den neun mit Stahlröhren verbundenen Kugeln, durch die (Roll-)Treppen und ein Aufzug führen. Mit dem Fahrstuhl lässt es sich bis zur höchsten Kugel, der Aussichtsplattform, hinaufsausen. In einer der Kugeln, die eigens für den wissenschaftlich interessierten Nachwuchs reserviert ist, können Schüler sogar übernachten.

09 Palais Stoclet

In den Jahren 1905 bis 1911 ließ der belgische Kunstsammler und Bankier Adolf Stoclet den österreichischen Architekten Josef Hoffmann (1870 bis 1956), Gründungsmitglied und einer der Hauptvertreter der Wiener Werkstätten, sein Wohnhaus erbauen. Geld spielte dabei offenbar keine Rolle, weshalb aus dem Haus ein Palast wurde: Allein die Innenausstattung des Palais, an der auch Künstler wie Gustav Klimt und Kolo Moser beteiligt waren, wird auf einen Wert von 30 Millionen Euro geschätzt. Hoffmann verwirklichte mit diesem Bau seinen Traum von einer harmonischen Vereinigung verschiedener Künste, Architektur und Design. Feinste Materialien wie Bronze, Marmor oder Kupfer waren ihm für die Ausstattung gerade gut genug. Die lichtdurchfluteten Räume des Obergeschosses zeigen aber, dass er auch die neuesten Kenntnisse über gesundes Wohnen berücksichtigte. Stoclet gefiel das rund 60 Meter lange Palais, zu dem auch eine imposante Gartenanlage gehört, wohl sehr, denn es blieb bis heute unverändert erhalten.

Oben: Immer wieder wurde Paris im Lauf seiner langen Geschichte vergrößert. Heute leben im Ballungsraum rund zwölf Millionen Menschen, ein Fünftel der Gesamtbevölkerung. Rechte Seite unten: Parkplätze findet man nur schwer.

19 PARIS

Wohl kaum eine andere Stadt ist häufiger in Liedern besungen worden, diente öfter als Kulisse für Filme, Romane oder Theaterstücke als Paris – Paris, die Lichterstadt, Paris, die Stadt der Liebe. Die französische Hauptstadt verzaubert ihre Besucherinnen und Besucher, und oft ist es Liebe auf den ersten Blick. Ob das beim Café crème oder beim Pastis in einem Straßencafé im quirligen Quartier Latin geschieht, beim überwältigenden Panoramablick vom Vorplatz von Sacré-Cœur, bei einer romantischen Schifffahrt im Lichterglanz auf der Seine, bei einem entspannten Bummel im Jardin du Luxembourg oder gar vor einem der bedeutenden Kunstwerke in den Museen, hängt wohl von den Vorlieben der Reisenden ab. Doch fest steht, dass sich kaum einer dem Charme der Metropole entziehen kann. Von der Keimzelle der Siedlung auf der Île de la Cité aus hat sich ein riesiges Stadtgebilde entwickelt, dessen einzelne Viertel sich aber noch immer in Spaziergängen gut zu Fuß erkunden lassen. Und wenn die Füße vom vielen Laufen müde sind, gibt es die Métro, von der es heißt, dass kein Punkt in Paris weiter als 500 Meter von einer ihrer Stationen entfernt liegt. Könige und Präsidenten, Künstler und Stadtplaner haben im Lauf der Jahrhunderte ihre Spuren in der Stadt hinterlassen. Ob die römischen Thermen im Musée de Cluny, die Kathedrale Notre-Dame, der Louvre, der Eiffelturm oder die Grande Arche in La Défense, alle beweisen, dass Paris schon immer war, was es auch heute noch ist, eine Weltstadt und eine Heimat der Künste und Künstler, reich an Tradition und avantgardistisch zugleich, von monumentaler Größe und bestechend charmant. Als echte Weltmetropole bietet Paris eine Fülle an historischer Bausubstanz und kulturellen Höhepunkten. Besonders geschichtsträchtig ist der Bereich des Seineufers zwischen Pont de Sully und Pont d'Iéna: Er beginnt mit der Île Saint-Louis, wo die Statue der Pariser Schutzheiligen Sainte Geneviève aufragt. Weiter westlich, auf der Île de la Cité, liegt das geistliche Paris mit der gotischen Kathedrale Notre-Dame und Sainte-Chapelle, einem filigranen Meisterwerk der Hochgotik. Im weiteren Verlauf trifft man auf die Conciergerie, einst Teil des mittelalterlichen Königspalastes und Staatsgefängnis. Gegenüber befindet sich im Louvre eine der bedeutendsten Kunstsammlungen Europas. Die Seine abwärts folgen das Musée d'Orsay, Grand und Petit Palais sowie die Nationalversammlung. Den Schlusspunkt bildet die seinerzeit revolutionäre Stahlkonstruktion des heute auf der ganzen Welt berühmten Eiffelturms.

Informationen:
https://de.parisinfo.com, https://help-tourists-in-paris.com, https://parclick.de/parking/park-and-rides-in-paris-und-umgebung

01 Île Saint-Louis und Île de la Cité

Ursprünglich waren es drei Inseln, die im Herzen des heutigen Paris in den Fluten der Seine lagen. 1614 wurden die Île aux Vaches und die Île Notre-Dame miteinander verbunden und erhielten 1726 den Namen Saint-Louis. Während die Île de la Cité mit vielen bedeutenden Monumenten lockt, kommen Besucher auf die Île Saint-Louis, um durch die stillen Straßen mit den Adelspalästen des 17. und 18. Jahrhunderts zu bummeln.

02 Notre-Dame

Notre-Dame bildet nicht nur das Zentrum von Paris, hier liegt der Mittelpunkt von ganz Frankreich: jenes imaginäre Fadenkreuz, von dem aus alle Entfernungen im Hexagon gemessen werden. Die Westfassade des 1345 vollendeten gotischen Bauwerks fasziniert durch ihren Skulpturenreichtum. Über den drei Portalen – Jungfrauen-, Annenportal und Portal des Jüngsten Gerichtes – erheben sich die Figuren der Königsgalerie, allesamt Nachbildungen, da die Originale während der Revolution im wahrsten Sinne des Wortes geköpft wurden; einige Originale finden sich heute im Musée de Cluny. Der teils im 18. Jahrhundert umgestaltete Innenraum besticht durch eine feierliche Atmosphäre, die verstärkt zur Geltung kommt, wenn die Klänge der Orgel bei Gottesdiensten oder Konzerten erschallen. Bei einem Großbrand am 15. April 2019 erlitt die Kathedrale schwere Schäden. Zerstört wurde insbesondere der hölzerne Dachstuhl. Im Juli desselben Jahres beschloss das französische Parlament, das Gotteshaus originalgetreu zu rekonstruieren.

03 Sainte-Chapelle

König Ludwig IX. (1214–1270) ließ die »heilige Kapelle« zwischen den Jahren 1245 und 1248 in nur 33 Monaten auf dem Gelände seiner Residenz als Hort für kostbare byzantinische Reliquien erbauen. Diese waren im oberen, ausschließlich dem König vorbehaltenen Teil der Kapelle untergebracht, während der untere Teil von den Angestellten des Hofes besucht werden durfte. Die Glasfenster der 33 Meter langen und 17 Meter hohen Kirche, über der sich ein 76 Meter hoher Turm erhebt, sind die ältesten von Paris.

04 Hôtel de Ville

Das Hôtel de Ville, das Rathaus von Paris, ist in seiner heutigen Form ein von den Architekten Théodore Ballu und Edouard Deperthes im Stil der Neo-Renaissance entworfener Bau des späten 19. Jahrhunderts, dessen Vorgängerbau, ein Renaissancepalast, während des Aufstands der Kommune 1871 zerstört wurde. Die Fassade des heutigen Rathauses zieren 146 Statuen. Diese stellen bedeutende Pariser Persönlichkeiten dar wie den Maler Eugène Delacroix oder den Historiker und Schriftsteller Jules Michelet. Seit 1977 residiert der Bürgermeister von Paris hier – zuvor wurde die Stadt wie alle anderen Départements von einem Präfekten geführt; nur die einzelnen Pariser Arrondissements hatten einen eigenen Bürgermeister.

05 Marais

Eine der ältesten Straßen von Paris ist die heutige Rue Saint-Antoine. Angelegt wurde sie schon in römischer Zeit, leicht erhöht in sumpfigem (»Marais«) Gebiet, um sie vor einem Hochwasser zu schützen. Im 13. Jahrhundert siedelten sich Mönche und Templer an, die das umliegende Land trockenlegten, urbar machten und bebauten. Später errichtete sich der Adel hier prächtige Stadtpaläste. Die Französische Revolution vertrieb die Adeligen; dann siedelten sich im östlich von Beaubourg zwischen dem Place de la République und dem Place de la Bastille gelegenen Marais viele Handwerker an. Heute zählt es zu den begehrtesten Stadtvierteln von Paris.

06 Place de la Bastille
Die Bastille wurde im 14. Jahrhundert unter Karl V. als Teil der Stadtbefestigung errichtet und von seinen Nachfolgern zu einem mächtigen, mit acht hohen Wehrtürmen versehenen Gefängnis ausgebaut. Im Jahr 1789 ging von der Erstürmung der Anlage, in der prominente Persönlichkeiten wie Voltaire, Mirabeau und der Marquis de Sade inhaftiert worden waren, die Initialzündung für die Französische Revolution aus. Obwohl das Gebäude bald abgerissen wurde, hat der Platz seinen Symbolcharakter bewahrt und ist alljährlich am 14. Juli, dem Nationalfeiertag, ein wichtiger Treffpunkt der Pariser. In der Mitte des Place de la Bastille steht die 47 Meter hohe, in den Jahren 1831 bis 1840 errichtete Colonne de Juillet; die an die Julirevolution des Jahres 1830 erinnernde Julisäule. Direkt an der Stelle des ehemaligen Gefängnisses an der Südostseite des Platzes liegt das neue Opernhaus, die Opéra Bastille.

07 Place des Vosges
Der älteste Platz von Paris geht auf König Heinrich IV. (1553–1610) zurück, der damit ein geschlossenes, nur im Norden und Süden durch Torwege zugängliches Ensemble mit einheitlicher Bebauung schuf. Angelegt wurde er ab dem Jahr 1605; nach seiner Fertigstellung (1612) entwickelte er sich rasch zu einem beliebten Treffpunkt der höfischen Welt. Auch die einheitliche Fassadengestaltung der 36 Pavillons rund um den quadratischen, ursprünglich »Place Royale« genannten Platz geht auf einen entsprechenden Wunsch des Königs zurück. Seinen heutigen Namen bekam er erst im Jahr 1800 zu Ehren des Départements Vosges (Vogesen), das als erstes seine Steuern gezahlt hatte. Zu den illustren Anwohnern des Platzes zählte unter anderem Victor Hugo.

08 Centre Pompidou
Das im Jahr 1977 eröffnete Centre Pompidou fand zunächst keineswegs nur Zustimmung. Der Bau von Renzo Piano und Richard Rogers, dessen farbig gekennzeichnete Versorgungsleitungen außen verlaufen, erinnerte Spötter an eine Raffinerie oder an einen »Kühlschrank von hinten«. Inzwischen gehört das nach dem gleichnamigen französischen Präsidenten benannte Kulturzentrum längst zu den meistbesuchten Sehenswürdigkeiten der Stadt. Hier finden sich das Musée National d'Art Moderne mit diversen Sonderausstellungen, ein Zentrum für Industriedesign, eine Bibliothek, ein Pro-

Oben: Nach dem Vatikan gilt der Louvre als zweitgrößter Palastbau der Welt.

Unten: Einen transparenten Eindruck vermitteln die Plexiglasröhren an der Fassade des Centre Pompidou.

grammkino, das IRCAM (Institut de Recherche et Coordination Acoustique/Musique), dazu eine Kunstbuchhandlung, ein Internetcafé, ein Café und ein Restaurant.

09 Louvre

Am rechten Seine-Ufer wurde um 1200 unter Philipp II. August eine erste Burg errichtet, von der freigelegte Teile zu besichtigen sind. Seit Franz I. residierten die französischen Könige hier und drückten dem Louvre durch Erweiterungsbauten ihren Stempel auf, etwa König Heinrich IV. oder Ludwig XIV., in dessen Regierungszeit der Cour Carrée entstand. Napoleon I. sowie Napoleon III. trugen durch Ausgestaltung im Inneren zur heutigen Form des Louvre bei, die erste museale Nutzung datiert auf das Jahr 1793. 1981 begann unter der Ägide von François Mitterrand das Projekt »Grand Louvre«, das dem Museum eine Erweiterung der Ausstellungsfläche einbrachte. Im Zuge umfassender Erneuerungsarbeiten schuf der Architekt Ieoh Ming Pei mit einer 22 Meter hohen Glaspyramide (1989) nicht nur einen modernen Akzent, sondern auch ein neues Entree.

10 Jardin des Tuileries

Wer heute Tuilerien sagt, meint den Jardin des Tuileries, denn das gleichnamige Palais wurde im Jahr 1871 beim Aufstand der Kommune zerstört. In der Mitte des 16. Jahrhunderts hatte Katharina von Medici das Palais in Auftrag gegeben, das mehrere Jahrhunderte lang als Stadtschloss der Könige diente. Der Name »Tuileries« weist auf die Ziegeleien hin, die sich ursprünglich an diesem Ort befanden. Heute lädt der Garten zwischen Place de la Concorde und Louvre zum erholsamen Bummel, zum Entspannen am großen Bassin oder auch zum Bewundern der von Aristide Maillol geschaffenen Statuen ein. Zwei Museen befinden sich am Rand der Tuilerien: das Jeu de Paume (früher ein Impressionistenmuseum, heute ein Ausstellungsraum für Foto- und Videokunst) und die Orangerie.

CAMPING LE GRAND PARIS

Fast alle Stellplätze dieser 4-Sterne-Anlage im Nordwesten von Paris richten sich am malerischen See im Zentrum des Areals aus. Die französische Hauptstadt erreicht man vom vier Kilometer entfernten Bahnhof Isle d'Adam aus mit dem Zug in etwa 45 Minuten.

10 chemin des Belles Vues, 95690 Nesles-la-Vallée
www.campinglegrandparis.com; GPS 49.128060, 2.185724

CAMPING INTERNATIONAL DE JABLINES

Knapp 30 Kilometer östlich vor Paris gelegen, bietet diese Anlage über 150 Stellplätze. Nur wenige Kilometer entfernt sind Disneyland Paris und der Bahnhof mit Anbindung in die Hauptstadt (30 Minuten).

Base de Loisirs, 77450 Jablines
www.camping-jablines.com; GPS 48.913386, 2.734333

CAMPING PARIS BEAU VILLAGE

Auch diese 3-Sterne-Anlage im Süden von Paris bietet eine gute Nahverkehrsanbindung in die Innenstadt. Von der zehn Minuten zu Fuß entfernten S-Bahn-Station aus ist Paris in 30 Minuten zu erreichen.

1 voie des Prés, 91700 Villiers-sur-Orge, https://campingaparis.com/camping-paris-beau-village-de, GPS 48.655182, 2.304157

---

11 Place de la Concorde

Ursprünglich als Königlicher Platz angelegt, wurde der Place de la Concorde 1792 in Place de la Révolution umbenannt. Hier stand die Guillotine, auf der unter anderem König Ludwig XVI. und seine Gattin Marie Antoinette ihr Leben ließen. Als im Jahr 1795 die schlimmsten Gräuel der Revolution abflauten, erhielt der Platz seinen heutigen Namen: Platz der Eintracht. In seiner Mitte steht der Obelisk von Luxor, den »Bürgerkönig« Louis-Philippe einst als Geschenk vom ägyptischen Vizekönig erhielt. Ein weiterer Blickfang sind die beiden Brunnen. An den acht Ecken des Platzes stehen Statuen, die französische Städte symbolisieren: Brest, Rouen, Lyon, Marseille, Bordeaux, Nantes, Straßburg und Lille. Den nördlichen Abschluss bilden zwei Paläste, die heute das Hôtel de Crillon und Frankreichs Marineministerium beherbergen.

12 Champs-Elysées

Die Avenue des Champs-Élysées gehört zu den berühmtesten Straßen der Welt. Hier findet jährlich am französischen Nationalfeiertag eine große Militärparade statt, jubeln die Zuschauer den Fahrern der Tour de France beim Zieleinlauf zu, begrüßen die Pariser und ihre internationalen Gäste regelmäßig das neue Jahr. Doch auch an »normalen« Tagen herrscht auf der Renommiermeile zwischen Place de la Concorde und Place Charles-de-Gaulle stets reger Betrieb. Der Place Charles-de-Gaulle hieß bis zum Jahr 1969 Place de l'Étoile, weil von ihm zwölf große Avenuen sternförmig (franz. »étoile« = Stern) ausgehen. Auf dem Platz erhebt sich der im Jahr 1836 vollendete, zu Ehren der siegreichen Armee Napoleons errichtete Arc de Triomphe. Im Schatten des Triumphbogens mahnt am Grabmal des Unbekannten Soldaten eine Ewige Flamme zum stillen Gedenken.

13 Galeries Lafayette

Heute eines der renommiertesten Kaufhäuser der Welt mit einer Reihe von Filialen in Frankreich wie im Ausland – eröffneten die Galeries Lafayette im Jahr 1894. Seit 1912 befindet sich das Stammhaus in dem

Links: Die Seinebrücke Alexandre III wurde zur Weltausstellung im Jahr 1900 errichtet.

Unten: Abendstimmung am Arc de Triomphe auf den Champs-Elysées.

Rechte Seite: Sacré-Cœur auf dem Montmartre-Hügel und ein Blick in die Kuppel des Invalidendoms.

prunkvollen Gebäude am Boulevard Haussmann, nahe der Métro-Station Havre-Caumartin und nur einen Katzensprung von der Opéra Garnier entfernt. Vieles hat sich im Lauf der Jahre geändert: Beherrschte anfangs die Damenmode das Bild, wurde das Sortiment permanent erweitert, sodass heute Herrenmode ebenso wie Kosmetika, Spielzeug oder Geschirr auf rund 70 000 Quadratmetern Verkaufsfläche zu finden sind. Im Inneren des Kaufhauses gibt es auch einen gläsernen Steg, von dem aus man das bunte Shoppinggeschehen betrachten und die Jugendstilarchitektur bewundern kann.

14 Opéra Garnier

Die Geburtsstunde der Pariser Oper schlug im Jahr 1669: Damals beauftragte Ludwig XIV. den Dichter und Librettisten Pierre Perrin mit dem Aufbau einer königlichen Musikakademie, vornehmlich um die Aufführung von Opern zu ermöglichen. In den folgenden zwei Jahrhunderten wechselte die Akademie mehrfach ihren Ort, bis Napoleon III. 1860 den bis dahin unbekannten Architekten Charles Garnier mit dem Bau eines Opernhauses als endgültigen Sitz der Akademie beauftragte. Zwei Jahre später begann man mit dem Bau, stieß aber schon bald auf Grundwasser, für das ein riesiges Becken gebaut werden musste, dessen Gewölbe das Gebäude trägt. Dieser unterirdische »See« inspirierte Gaston Leroux zu seinem von Andrew Lloyd Webber als Musical eingerichteten Roman »Das Phantom der Oper«. Erst 1875 konnte das Haus feierlich eröffnet werden. Die Decke des Zuschauerraums schmückt ein sehr schönes Gemälde von Marc Chagall.

15 Panthéon

Im Jahr 1744 gelobte der schwer erkrankte König Ludwig XV., nach seiner Genesung der heiligen Genoveva, der Stadtpatronin von Paris, an der höchsten Erhebung links der Seine eine neue Kirche zu bauen. Wieder zu Kräften gekommen, hielt er an seinem Versprechen fest: Ludwig XV. beauftragte den Marquis de Marigny, Bruder der Madame de Pompadour, mit der Realisierung eines Monuments, das als größter Sakralbau des 18. Jahrhunderts geplant war. 1764 erfolgte die Grundsteinlegung des von Jacques-Germain Soufflot auf dem Grundriss eines griechischen Kreuzes entworfenen, 110 Meter langen, 84 Meter breiten und 83 Meter hohen Baus, dessen Fertigstellung sich auch wegen finanzieller Probleme bis zum Revolutionsjahr 1790 verzögerte. Danach wechselte das Bauwerk mehrfach sein Bestimmung: von der Ruhmeshalle zum Gotteshaus und bis zur heutigen Gedenkstätte.

16 Jardin du Luxembourg

Wohl niemand kann sich dem Reiz des größten und schönsten Parks von Paris entziehen. Vom alten Barockgarten der Katharina de' Medici als historischem Kern der heutigen Parkanlage existiert noch die Fontaine Médici, deren aus Bronze- und Marmor gestaltete Skulpturengruppe eine Episode aus der antiken Mythologie darstellt, in der der eifersüchtige Zyklop Polyphem seine geliebte Galathea mit dem Hirten Acis in einer Grotte überrascht.

17 Hôtel des Invalides

Im Hôtel des Invalides am gleichnamigen Platz demonstriert das Musée de l'Armée, wie wehrhaft die Grande Nation war und ist. Der von Ludwig XIV. beauftragte Bau diente ursprünglich als Heim für Kriegsveteranen. Unter der vergoldeten Kuppel des Invalidendoms ruht Napoleon in einem monumentalen Porphyrsarkophag (Zugang über die Place Vauban auf der Rückseite).

18 Eiffelturm

Der Eiffelturm wurde anlässlich der Weltausstellung und der Hundertjahrfeier der Revolution 1889 errichtet. Ursprünglich sollte er nur 20 Jahre lang stehen bleiben. Seinen Bau begleiteten die Proteste zahlreicher Künstler, etwa der Schriftsteller Guy de Maupassant und Alexandre Dumas, des Architekten Charles Garnier oder des Komponisten Charles Gounod. Doch man gewöhnte sich an den Turm, und dank der Funkantenne auf seiner Spitze bekam er auch eine praktische Funktion. Mit Antenne ist der Eiffelturm 324 Meter hoch. 10 000 Tonnen Spezialstahl wurden verbraucht, die alle vier Jahre einen frischen Anstrich benötigen. Zu den drei Plattformen fahren Aufzüge. Bis zur ersten und zweiten Plattform können Besucher die Treppe benutzen. Auf der ersten und zweiten Plattform laden jeweils ein Restaurant, eine Snackbar und Souvenirshops ein.

19 Sacré-Cœur

Die Jahre 1870 und 1871 waren für Frankreich und Paris von traumatischen Ereignissen geprägt: der Niederlage im Deutsch-Französischen Krieg mit dem Verlust von Elsass-Lothringen sowie der blutigen Niederschlagung des Aufstands der revolutionären Pariser Kommune. Als Symbol der Sühne, aber auch der Stärke und des Neubeginns entstand Sacré-Cœur. Architekt Paul Abadie zog alle Stilregister, nahm sich dabei vor allem die byzantinisch inspirierte Kathedrale von Périgueux zum Vorbild und schuf 1876 bis 1914 aus weißem Stein eines der meistbesuchten Monumente von Paris. Wer den Aufstieg über die rund 200 Stufen scheut, kann bequem mit einer Standseilbahn hinauffahren. Von der Kuppel aus bietet sich ein traumhafter Blick auf die Stadt. Es lohnt sich auch ein Besuch der benachbarten Kirche St.-Pierre, eines der ältesten Bauwerke von Paris.

20 Montmartre

Der Name Montmartre soll vom lateinischen »mons martyrum« (Berg der Märtyrer) kommen, weil hier der heilige Dionysius, erster Bischof von Paris, enthauptet wurde. Eine andere Lesart besagt, dass es hier ein Heiligtum für den Gott Mars gegeben hat – daher der Name »mons martis«, Berg des Mars. In der Zeit der Belle Époque siedelten sich hier zahlreiche Künstler an, deren freizügiger Lebensstil den Bürgern oft ein Dorn im Auge war. Es entstanden Varietés wie das »Moulin Rouge«, dessen »verwerfliche« Darbietungen wie der Cancan aber durchaus auch die empörten braven Bürger anlockten. Bis heute kann sich das Moulin Rouge über einen Mangel an Besuchern nicht beklagen. Auf dem Place du Tertre tummeln sich zwischen den Touristen viele Maler und Schnellzeichner – Kunstwerke von zukünftigem Weltruhm entstehen dabei allerdings eher nicht.

Im Spannungsfeld französischer und deutscher Geschichte konzentrieren sich hier, in der mittelalterlichen, auf einer Insel des Flusses Ill, der Grande Île, gelegenen Altstadt von Straßburg bedeutende historische Bauten und Viertel.

20 STRASSBURG

Als offizieller Sitz des Europäischen Parlaments ist Straßburg die Metropole des politischen Europa. Die alte Hauptstadt des Elsass, geprägt durch die bewegte Geschichte Frankreichs und Deutschlands, war mit ihrer blühenden Kunst- und Wissenschaftsszene seit dem Mittelalter eine der wohlhabendsten Städte Europas. Heute zieht es Besucher auf die Grande Île mit dem Straßburger Münster und den Gassen der Altstadt, die von schmucken Fachwerkhäusern aus dem 16./17. Jahrhundert gesäumt sind. Vor allem auf dem Place du Marché-aux-Cochons-de-Lait sind die typisch elsässischen Fachwerkbauten in ihrer ganzen Pracht zu bewundern.

Informationen:
www.visitstrasbourg.fr/de/willkommen-in-strasbourg,
www.cts-strasbourg.eu/de/sich-bewegen/park-and-ride

01 Ponts Couverts und La Petite France

Zum historischen Bild der Stadt gehört das Viertel La Petite France (Kleinfrankreich). Es beginnt bei den Ponts Couverts, den ursprünglich von überdachten Holzgalerien gesäumten, auf den Bau der ersten mittelalterlichen Stadtmauer zurückgehenden Brücken. Einst spannten hier Gerber die Häute der Tiere über die Straßen zum Trocknen und sorgten damit für einen ziemlich strengen Geruch. Wer es sich leisten konnte, wohnte woanders – so war das Quartier als Arme-Leute-Viertel verrufen. Aber heute ist dieser Teil der pittoresken Altstadt von Straßburg eine der Hauptattraktionen für Besucherinnen und Besucher. Das »Maison des Tanneurs«, das Gerberhaus, gehört zu den besterhaltenen Häusern der ganzen Stadt. Viele Restaurants, kleine Cafés und kreative Boutiquen haben sich nun in den schönen Fachwerkräumen niedergelassen.

02 Liebfrauenmünster

Ab dem Jahr 1015 errichtet, ist das Münster romanischen Ursprungs. Da sich die Bauzeit über mehrere Jahrhunderte hinzog, gibt es auch gotische Stilelemente. Interessant ist besonders die wegen ihrer Proportionen und figurengeschmückten Portale gepriesene Westfassade, mit der sich die Bürgerschaft, die ab 1286 die Finanzierung dieses Mammutbaus übernahm, ein Denkmal setzen wollte. Weitere Höhepunkte des Sakralbaus sind die großartigen Buntglasfenster und die astronomische Uhr. Der Turm war mit 142 Metern bis zum späten 19. Jahrhundert der höchste Kirchturm der Welt.

03 Palais Rohan

Im klassizistischen Stil erbaut, erhebt sich das imposante Palais Rohan aus dem Stadtbild der Elsass-Stadt. Es wurde in den Jahren 1732 bis 1742 für die Straßburger Fürstbischöfe errichtet. Nach der Französischen Revolution hielten sich auch Könige wie Ludwig XV. oder Kaiser Napoleon hier auf. Ende des 19. Jahrhunderts diente das Palais als Universität. Im Jahr 1944 wurde der Komplex von amerikanischen und engli-

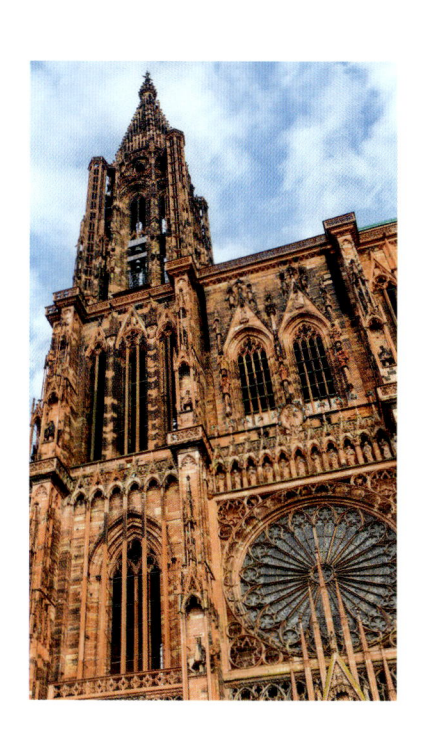

CAMPING DE STRASBOURG

Mitten im Grünen am Flussufer gelegene Anlage – ideal als Ausgangspunkt (und Ruhepol) vor und nach der Stadtbesichtigung. Sauber, gepflegt, freundlich geführt. Ein Radweg beginnt quasi vor der Haustür (Räder können auf dem Campingplatz geliehen werden), auch die Anbindung mit öffentlichen Verkehrsmitteln ist prima.

9 Rue de l'Auberge de jeunesse, 67200 Strasbourg, www.camping-strasbourg.com/de, GPS: 48.57434, 7.71817

STELLPLATZ AM WASSERTURM

Großer, gebührenpflichtiger Platz mit allen notwendigen Ver- und Entsorgungseinrichtungen. Man kann bequem mit dem Fahrrad über die Passerelle in das sehr fahrradfreundliche Straßburg fahren (sieben Kilometer zum Münster) oder mit der Tram vom Bahnhof Kehl über den Rhein in die Innenstadt.

Schwimmbadstraße 1, 77694 Kehl, GPS: 48.56371, 7.8139

Oben: Das Liebfrauenmünster ist einer der imposantesten Sakralbauten des Mittelalters. Unten: Während die Ausschüsse und Fraktionen des Europäischen Parlaments in Brüssel tagen, finden die Plenarsitzungen in Straßburg statt.

schen Bomben zerstört, erst in den 1990er-Jahren war der Wiederaufbau komplett abgeschlossen. Heute beherbergt der Prachtbau, der zu den schönsten Beispielen der französischen Architektur des 18. Jahrhunderts zählt, drei verschiedene Museen: das Archäologische Museum, das Kunstgewerbemuseum und das Musée des Arts décoratifs.

04 Cour de Corbeau
Diplomaten, Wissenschaftler, Literaten Herzöge, ein König und sogar ein Kaiser logierten bereits in dieser prächtigen Renaissance-Herberge unweit des Münsters. Mehr als drei Jahrhunderte lang bezauberte sie die Städtereisenden durch ihre Laubengänge, Mauerbrunnen und geschnitzten Balustraden. Erst um die Mitte des 19. Jahrhunderts empfing die Hostellerie ihre letzten Gäste, fortan hatte die Kunstglas-Fabrik Ott Frères ihre Ateliers in diesem Gebäude. Nach dem Auszug des Unternehmens gegen Ende des 20. Jahrhunderts stand der Rabenhof leer und verfiel allmählich. Erst im Jahr 2009, nach zweijähriger aufwendiger Sanierung, erwachte er zu neuem Leben und erhielt seine ursprüngliche Bestimmung als Hotel zurück.

05 Musée d'Art Moderne et Contemporaine (MAMCS)
Mit einer gut hundert Meter langen gläsernen Wandelhalle erstreckt sich das Museum für moderne und zeitgenössische Kunst seit dem Jahr 1998 am östlichen Ufer der Ill (Île). Im Erdgeschoss finden sich der parcours d'art moderne sowie das Graphikkabinet und die Fotothek. Auch Räume für Wechselausstellungen, eine Bibliothek sowie eine Kunstbuchhandlung sind hier untergebracht. Der erste Stock ist ganz der zeitgenössischen Kunst gewidmet. Insgesamt umfasst die Sammlung des MAMCS mehr als 17 000 Exponate aus der Zeit von 1870 bis heute. Impressionistische Malerei zählt dazu ebenso wie moderne Plastik, Design und Videokunst. Große Namen wie Hans Arp, Max Ernst oder Käthe Kollwitz sind hier vertreten.

Von der 487 Meter langen Pont de Pierre, der im Jahr 1819 begonnenen, 1820 vollendeten, später verbreiterten ältesten steinernen Brücke der Stadt, hat man einen tollen Blick auf Bordeaux.

21 BORDEAUX

Rund 50 Kilometer vom Meer entfernt an der Garonne gelegen, ist Bordeaux schon seit der Römerzeit eine Hafenstadt. Bis in das frühe 18. Jahrhundert hinein behielt der Ort seinen mittelalterlichen Charakter. Die Aufklärung sorgte dann für die geistigen Grundlagen der Umgestaltung der Stadt in ein klassizistisches Ensemble. Zunächst gestaltete Jacques Gabriel um 1730 die Place de la Bourse. In den Jahren 1743 bis 1757 verwaltete der Marquis von Tourny, Louis-Urbain Aubert, das Gemeinwesen. Er ersetzte die mittelalterlichen Tore durch neue klassizistische Gebäude, schuf die Place Gambetta, die Place d'Aquitaine, die Place de Bourgogne und die Place Tourny, ließ neue Straßenzüge sowie Gärten und Parks anlegen. Damals entstanden auch die Häuserfassaden an den Quais längs der Garonne. Viele öffentliche Gebäude wurden errichtet. In den Jahren 1810 bis 1822 baute man schließlich die erste steinerne Brücke über die Garonne. Der alte Hafen am linken Ufer blieb unverändert erhalten. Eines der bedeutendsten Handelsprodukte der Stadt ist der nach ihr benannte Wein, für den Bordeaux weltberühmt ist.

Informationen:
www.bordeaux-tourismus.de, www.france.fr/de/bordeaux/, www.infotbm.com/en/park-ride-how-does-it-work.html

01 Kathedrale St.-André

Die Kathedrale St.-André entstand zwischen dem 13. und 15. Jahrhundert und beeindruckt mit der Porte Royale, einem prächtigen, mit Skulpturen geschmückten Portal. Nicht von ungefähr erinnert sie an ihr großes Vorbild, die Pariser Kathedrale Notre-Dame. Neben dem Sakralbau erhebt sich der Tour Pey-Berland, ein frei stehender, 66 Meter hoher Turm, der auch erklommen werden kann.

02 Saint-Michel & Saint-Seurin

St.-Michels Glockenturm kündigt das Gotteshaus schon von Weitem an. Mit seinen 114 Metern ist er der zweithöchste Frankreichs. Er stammt aus dem 15. Jahrhundert und ist mit seiner nadelförmigen Erscheinung prägend für das Stadtbild. Spektakulär wurde die Kirche zur Zeit Victor Hugos. Damals zeigte man 1791 gefundene Mumien von einem alten Totenfeld auf schaurige Weise im Turm der Kirche. Sie zogen bis 1990 Tausende von Besuchern an. Auch die Basilika St.-Seurin aus dem 11. Jahrhundert ist über einem alten Friedhof errichtet worden. Im Inneren beeindrucken die spätgotische Altarwand sowie die Krypta mit Reliquienschreinen und Sarkophagen.

03 Place de la Comédie

Angelegt im Jahr 1778 an der Stelle eines gallo-romanischen Forums, nur knapp 400 Meter vom Ufer der Garonne entfernt, prägt den Platz vor allem das imposante Grand Théâtre. Mit korinthischen Säulen und einer Fassadenbalustrade, die zwölf Statuen von Göttinnen und Musen zieren, gab ihm der Pariser Architekt Victor Louis das Aussehen eines prächtigen

YELLOH! VILLAGE CAMPING BORDEAUX LAC

Der sehr große 4-Sterne-Campingplatz mit fast 400 Stellplätzen im Zentrum von Bordeaux wird von einigen kleinen künstlichen Seen geprägt. Jeglicher Komfort ist vorhanden. 20 Minuten zu Fuß von der Tramstation entfernt, ist man in weiteren 25 Minuten in der Innenstadt von Bordeaux.

Boulevard Jacques Chaban-Delmas, 33520 Bruges, www.camping-bordeaux.com/de, GPS 44.897730, -0.582804

CHATEAU ARNAUD DE JACQUEMEAU

Dieser kostenlose Stellplatz befindet sich mitten in den Weinbergen (mit Dégustation). Ganzjährig geöffnet. Der Fußweg durch die Weinberge nach St-Émilion beträgt etwa drei Kilometer.

2 Jacquemeau, 33330 Saint-Émilion, www.arnaud-de-jacquemeau.com, GPS: 44.89922, -0.18082

Oben: Die Basilika Saint-Michel in Bordeaux ist eine Station auf dem nördlichsten Teil (Via Turonensis) des Jakobsweges. Mitte: Fontaine des Trois Graces an der Place de la Bourse. Unten: Immer gut, wenn man Räder dabeihat.

Tempels – eine bewusste Reminiszenz an den Säulentempel der Tutella, der in der Antike an dieser Stelle stand. Auch nachdem die Place de la Comédie im frühen 21. Jahrhundert neu gestaltet wurde, hat sie nichts von ihrem Glanz eingebüßt.

04 Triangle d'Or

Sein reiches kulturelles Erbe soll dem Viertel zwischen dem Cours de l'Intendance (der einst ein Flussarm war), den Allées de Tourny mit ihrem breiten Mittelstreifen und dem Cours Georges Clémenceau den Namen »Triangle d'Or« beschert haben. Doch viele Einheimische wissen auch um die hohen Immobilienwerte des Areals um das Grand Théâtre und behaupten deshalb, diese seien es, von denen sich die Bezeichnung »Goldenes Dreieck« ableite. So oder so lohnt sich ein Besuch. Wo sich einst das Bordelaiser Großbürgertum gern zeigte, wo die Notablen ihre prächtigen Stadthäuser bauten und wo schon früh der Luxus (etwa mit dem berühmten »Hotel Régent«) zu Hause war, geht man gerne spazieren. Heute setzen Edelboutiquen diese Tradition fort. Und für den traditionellen Bordelais ist das Flanieren durch das Triangle d'Or auch heute noch ein absolutes Muss.

Park and bike: Mit dem Fahrrad über die Passerelle Saint-Georges (oben) mitten hinein in die schmucke Altstadt (unten) von Lyon. Rechte Seite: Erhaben-raumgreifend ist der erste Eindruck im Inneren der Notre-Dame de Fourvière.

22 LYON

Am Zusammenfluss von Rhone und Saône gelegen, entwickelte sich Lyon, eine der größten Städte Frankreichs, dank der Seidenweberei und der Buchdruckerei im 16. Jahrhundert zu einem der wichtigsten Messeplätze Europas. Bereits im Jahr 1506 wurde hier die erste Börse Frankreichs gegründet. Auch heute noch ist Lyon ein bedeutender Bankenplatz. Verwinkelte Gassen und mittelalterliche Gebäude charakterisieren den ältesten Stadtteil Lyons, Fourvière, das römische »Forum vetus«.

Informationen:
https://de.lyon-france.com,
www.tcl.fr/de/tcl-services/park-and-ride-anlagen

01 Notre-Dame de Fourvière

Die Kirche Notre-Dame de Fourvière, die von außen so aussieht, als wäre sie mit Zuckerguss überzogen, steht auf geschichtsträchtigem Boden. Vor über 2000 Jahren wurde an dieser Stelle ein Römerlager gegründet. Daran erinnert kaum noch etwas, wohl aber an ungewöhnliche Ereignisse. So schworen 1870 die Bürger von Lyon, Notre-Dame zu vergrößern, wenn ihre Stadt von den deutschen Besatzern im Deutsch-Französischen Krieg verschont bliebe. Sie blieb – 1852 wurde die Kirche erweitert. Als das geplante Feuerwerk zur Kirchweihe ausfallen musste, erhellten die Franzosen kurzerhand die Kirche mit Tausenden von Kerzen. Bis heute erinnert alljährlich ein Lichterfest an dieses Ereignis.

02 Musée des Beaux-Arts

Untergebracht in den Räumen der einstigen königlichen Abtei der Dames de Saint-Pierre aus dem 17. Jahrhundert, diente die Sammlung zunächst der Schulung der von der Fabrique lyonnaise angestellten Zeichner der örtlichen Seidenindustrie. Heute umfasst das Museum mehr als 70 Säle. Das Spektrum der

CAMPING DE LYON

Hübsch im Grünen gelegene und trotz der Nähe zur Autobahn ruhige 4-Sterne-Anlage mit großem Pool zur Abkühlung an heißen Tagen und schattigen Stellplätzen. Einfache, aber saubere sanitäre Einrichtungen, gut gepflegt, freundlich geführt. Mit Bus und Metro braucht man etwa eine Stunde in die Stadt.

Prte de Lyon, 69570 Dardilly, www.camping-lyon.com/de, GPS: 45.81979, 4.76119

CAMPING DES BAROLLES

Terrassenartig angelegter, schlichter Campingplatz mit leider nicht voneinander abgetrennten Stellplätzen. Eher Parkplatzcharme, aber in guter Ausgangslage, um Lyon zu erkunden (Bushaltestelle in der Nähe). Sauber, freundlich, aber für das Gebotene etwas teuer.

88 Av. Maréchal Foch, 69230 Saint-Genis-Laval, www.barolles.fr/en, GPS: 45.68707, 4.78618

Exponate reicht von Objekten der Antiken Welt des Mittelmeerraums über die prächtige Kunst und Bildhauerei des Mittelalters wie der Renaissance bis hin zu islamischer Kunst. Die Münzsammlung des Museums gilt als eine der größten des Landes. Die Gemäldesammlung bietet ein umfängliches Panorama europäischer Kunst vom 14. Jahrhundert bis in die 1980er-Jahre.

03 Grand Hôtel-Dieux

Vom ältesten Hospiz der Stadt zum Luxus-Areal mit Fünf-Sterne-Hotel, Boutiquen, Bars, Restaurants, Gärten, Kongresszentrum und Büros – das hätte sich die Brückenbrüder, deren Orden im 12. Jahrhundert den Vorgänger des monumentalen, noch bis zum Jahr 2010 betriebenen Krankenhaus-Ensembles am Rhône-Ufer errichteten, wohl in ihren kühnsten Träumen nicht vorstellen können. Mehr als acht Jahre lang dauerten die Bauarbeiten auf dem gut zwei Hektar großen Gelände. Inzwischen sind unter der großen Kuppel, dem Glasdach des zentralen Hofes, in den Arkadengewölben oder am Ende marmorner Treppenaufgänge nicht nur Fashion, Design und Wellbeeing eingezogen, auch die Cité Internationale de la Gastronomie hat heutzutage ihren Sitz im nobelexklusiven Grand Hôtel-Dieux.

04 Centre d'Histoire de la Résistance et de la Déportation

Bereits im Jahr 1965, zum 20. Jahrestag der Befreiung, regten Lyonaiser Résistance-Kämpfer und überlebende Deportierte dieses Museum an. Nur wenig später in zwei Sälen des Naturhistorischen Museums eröffnet, erhielt es erst 1992 seinen neuen Sitz: in der ehemaligen Ausbildungsstätte von Militärärzten, die 1943 von der Gestapo besetzt wurde und in deren Kellern Klaus Barbie als Lyoner Chef der Geheimen Staatspolizei Mitglieder der Résistance foltern ließ. Nach dem Krieg wurde das von den Alliierten zerstörte Gebäude aus dem späten 19. Jahrhundert zum größten Teil wiedererrichtet. Neben dem Centre d'Histoire de la Résistance et de la Déportation (CHRD) mit seinen bewegenden Bild- und Tondokumenten birgt es heute unter dem Namen »Centre Berthelot« auch drei wissenschaftliche Institute.

Oben: Marseille, die Hauptstadt der Region Provence-Alpes-Côte d'Azur, besitzt den bedeutendsten Hafen Frankreichs. Rechte Seite unten: das Musée des Civilisations de l'Europe et de la Méditerranée (MuCEM).

23 MARSEILLE

Die zweitgrößte Stadt Frankreichs (nach Paris) und wichtigste Hafenstadt des Landes kann auf eine 2500 Jahre alte Geschichte zurückblicken. Ihre Bedeutung als wichtiges Einfallstor nach Nordafrika spiegelt sich auch heute noch in ihrer Bevölkerungszusammensetzung wider. Gegründet wurde die Ansiedlug von Griechen aus Kleinasien als Massalia auf dem Hügel, auf dem heute Notre-Dame-de-la-Garde steht. Mit den Römern war man zunächst verbündet, erst 49 v. Chr. eroberte Caesar die griechische Republik. Den ersten großen Aufschwung erlebte die Hafenstadt im 12. Jahrhundert, als sich die Heere der Kreuzritter von hier aus nach Jerusalem einschifften. In den folgenden Jahrhunderten war Marseille der wichtigste Hafen am Mittelmeer. Das Herz von Marseille schlägt bis heute im alten Hafen, in dessen Verlängerung die Canebière als Hauptachse die gesamte Stadt erschließt. Der Prachtboulevard war einst das Symbol einer Feste feiernden, quirligen Stadt. Die Einfahrt zum Alten Hafen flankieren auf der Nordseite das Fort Saint-Jean und auf der Südseite das Fort Saint-Nicolas. Vom Plateau de la Croix hat man vom Vorplatz der Basilika Notre-Dame-de-la-Garde, dem sichtbaren Wahrzeichen Marseilles, den besten Blick über Hafen und Stadt. Ein weiterer guter Aussichtspunkt ist der Gipfel des Felsens von Château d'If.

Informationen:
http://www.marseille-tourisme.com/en,
https://parclick.de/parking-marseille

01 MuCEM

Zwischen der Kathedrale und dem alten Fort steht ein modernes kubistisches Gebäude, vollverglast und mit einem Muster aus Beton verziert, das wie geklöppelte Spitze wirkt: Der im Jahr 2013 geschaffene Bau ist etwas Außergewöhnliches. Damals war Marseille zur europäischen Kulturhauptstadt geadelt worden. Ein neues Museum musste her. Entstanden ist das erste Museum, das sich den Kulturen des Mittelmeerraumes verschrieben hat – eine bislang einmalige Einrichtung. Nicht nur von außen ist das Gebäude sehenswert, auch im Inneren werden Exponate gezeigt, wie sie nicht überall auf der Welt zu sehen sind. Zum einen in Wechselausstellungen, zum anderen in der Dauerpräsentation, die die Geschichte des Menschen im Mittelmeerraum darstellt. Das Museum der Zivilisationen Europas und des Mittelmeeres zählt bereits heute zu den 50 meistbesuchten Museen der ganzen Welt.

02 Cathédrale

Ein sichtbares Zeichen der Stadt für Seeleute, aber auch für die Einwohner, sollte die Kathedrale von Marseille sein, als sie 1852 erbaut wurde. Napoleon III. selbst legte den Grundstein dafür. Damals erlebte Marseille als Hafenstadt einen wirtschaftlichen Aufschwung, der mit einem neuen Sakralbau auch nach außen getragen werden wollte. Vier Jahrzehnte lang bauten die Arbeiter an dem Gotteshaus, die Mosaiken wurden nie vollendet, weil die Baukosten den eingeplanten Etat weit überstiegen. Im neoromanisch-byzantinischen Stil ist dieses Gotteshaus als einzige Kathedrale, die in Frankreich im 19. Jahrhundert errichtet wurde, entstanden. Dabei haben die Erbauer nicht an Raum gespart. So ist sie fast ebenso groß wie der Petersdom in Rom und bietet 3000 Menschen Platz. Allein die Kuppel ist 70 Meter hoch — und prächtig mit Steinlagen und Ornamenten verziert.

03 Vieux Port

Der alte Hafen mit seinen Jachten und Fischerbooten ist zentraler Anziehungspunkt für Besucher Marseilles. Rings um den Hafen finden sich heute Cafés und Restaurants, in denen man Fischspezialitäten wie die legendäre Bouillabaisse probieren kann. Beim Centre Bourse liegt der Jardin des Vestiges, ein archäologisches Gelände, wo Befestigungen der griechischen Siedlung Massalia und Reste des römischen Hafens zu besichtigen sind. Im angrenzenden Musée d'Histoire kann man sich mit der Stadtgeschichte Marseilles vertraut machen. Wenn man etwa drei Stunden Zeit hat, kann man mit einem Boot vom alten Hafen zum Château d'If hinüberfahren, wo sich das im 16. Jahrhundert errichtete Staatsgefängnis befindet, das durch den Roman Alexandre Dumas' »Der Graf von Monte Christo« berühmt wurde. An der Nordseite ist das Hôtel de Ville ein beliebtes Fotomotiv.

04 Notre-Dame-de-la-Garde
Große, golden schimmernde Bilder an der Decke, davor rot-beige abge-

Oben: Kein Geringerer als Ludwig XIV., der Sonnenkönig, gab bereits im Jahr 1660 die Anweisung, das Fort Saint-Jean, eine trutzige Festung im Alten Hafen von Marseille, errichten zu lassen.

Mitte: Im Inneren der Marien-Wallfahrtskirche Notre-Dame de la Garde beeindrucken herrliche Mosaiken auf goldenem Grund.

Unten: Straße im idyllischen Stadtviertel Le Panier.

Rechts: Vom Wasserspeicher zum Musentempel – Palais Longchamp.

setzte Steinsäulen: Dramatisch-schöner kann man einen Raum kaum ausstatten. Der Erbauer der Kirche wusste genau um die Wirkung von Farben, Materialien und auch des Standorts. 154 Meter hoch auf einer Anhöhe thront die »gute Mutter« – »la bonne mère«, wie dieses Gotteshaus auch liebevoll von den Franzosen genannt wird. Es ist das Wahrzeichen der Stadt. Schon im 13. Jahrhundert stand an diesem Platz eine kleine Marienkapelle, doch sie war viel zu klein geworden und so begann man in der wirtschaftlichen Blütezeit der Stadt mit einem neuen Bauvorhaben. 1853 wurde mit dem Bau begonnen, ein Jahr nachdem man sich auch für den Neubau der Marseiller Kathedrale entschieden hatte. Wirkt die Kirche von außen eher bescheiden, ist sie im Inneren äußerst prächtig ausgestattet.

MARLY PARC

Der sehr einfache, kostenpflichtigen Parkplatz ist ein guter Standort, um mit öffentlichen Verkehrsmitteln nach Marseille zu fahren. Mit dem Bus sind es 15 Minuten zur Metrostation Rond-Point du Prado und von dort mit der U-Bahn sechs Minuten bis in die Innenstadt.

**Chemin de Morgiou 120, 13009 Marseille,
GPS: 43.24067, 5.40684**

CAMPING DU GARLABAN - MARSEILLE PROVENCE

Schön gelegener Campingplatz mit schattigen, geräumigen Stellplätzen, einfachem Swimmingpool, Bar, Restaurant. Sauber, aber die sanitären Einrichtungen sind schon ein bisschen in die Jahre gekommen und leider gibt es keine Möglichkeit zur Abwasserentsorgung.

**1914 Chem. de la Thuilière, 13400 Aubagne,
www.camping- garlaban.com/en, GPS: 43.29843, 5.53648**

05 Palais Longchamp

Sein linker Flügel beherbergt das Museum der Schönen Künste, sein rechter das Museum für Naturgeschichte. Und auch das Observatorium ist in dem prächtigen Palais aus dem späten 19. Jahrhundert untergebracht. Erbaut wurde es allerdings, um die Ankunft von Trinkwasser im Jahr 1849 auf dem Plateau von Longchamps zu feiern, welche durch den Bau eines Kanals vom Fluss Durance in die Region möglich wurde. Doch erst zwanzig Jahre später, 1869, folgte die feierliche Eröffnung dieses »größten Monumentalbaus des Zweiten Kaiserreichs außerhalb von Paris«. Der junge Architekt Henri-Jacques Espérandieu, damals tätig als Bauleiter an der Basilika Notre-Dame-de-la-Garde, hatte schließlich den Zuschlag für den repräsentativen Wasserverteiler Marseilles erhalten, nachdem die Revolution von 1848 und eine zögerliche Stadtverwaltung das Projekt zunächst immer wieder hatten scheitern lassen.

06 Le Panier

Dörfliche Idylle in der Millionenstadt: Gleich hinter dem barocken Rathaus am alten Hafen liegt die griechische Keimzelle Marseilles. Verwinkelte Gassen, steile Treppen und schmale Häuser meist aus dem 18. Jahrhundert prägen heute das Quartier du Panier, auf dessen Hügeln einst Windmühlen standen und eine Agora lag. Die deutschen Besatzer sprengten allerdings einen Großteil des Viertels, da sie hier Widerstandsnester und Judenverstecke vermuteten. Inzwischen changiert das von Migranten, alteingesessenen Marseillern und Künstlern bewohnte, zum Kulturhauptstadt-Jahr sanierte Panier zwischen Tradition und Trend – mit hippen Bars und Boutiquen, Open-Air-Cafés, Alternativ-Kino, stylischen Chambres d'Hôtes und dem prächtige Hôtel Dieu. Bereits seit dem Mittelalter wacht die Kirche Notre-Dame-des-Accoules über das antike Herz der Mittelmeermetropole.

Die heimliche Hauptstadt der Côte d'Azur und wirkliche Hauptstadt des Départements Alpes-Maritimes liegt herrlich an der von den Ausläufern der Seealpen umgebenen Engelsbucht (Baie des Anges).

24 NIZZA

Nizza ist ein Ort der Gegensätze: Während die Prachtboulevards die Erinnerungen an die Belle Époque wachzuhalten versuchen, geht es in Teilen der Altstadt noch zu wie in einem italienischen Dorf. Im 5. Jahrhundert v. Chr. gründeten die Griechen hier Nikaia, die »siegreiche Stadt«, die Römer bevorzugten die oberhalb liegenden Hügel für ihre Siedlung Cemenelum, das heutige Cimiez. Vom Schlossberg aus bietet sich ein schöner Blick über die Altstadt bis zum Meer.

Informationen:
www.explorenicecotedazur.com,
www.car-parking.eu/france/nice/pr

01 Promenade des Anglais

Aushängeschild und Wahrzeichen Nizzas ist die Promenade des Anglais unmittelbar am Meer. Betuchte Briten hatten Nizza Mitte des 19. Jahrhunderts zu ihrem Altersruhesitz erkoren, daher der Name »Promenade der Engländer«. Heute findet man an dem rund acht Kilometer langen Strandboulevard zahlreiche Restaurants, Cafés und Hotels mit Meerblick. Zur Eröffnung des berühmten Hotel Negresco im Jahr 1912 versammelte sich die Hautevolee der damaligen Zeit um sieben gekrönte Staatsober-

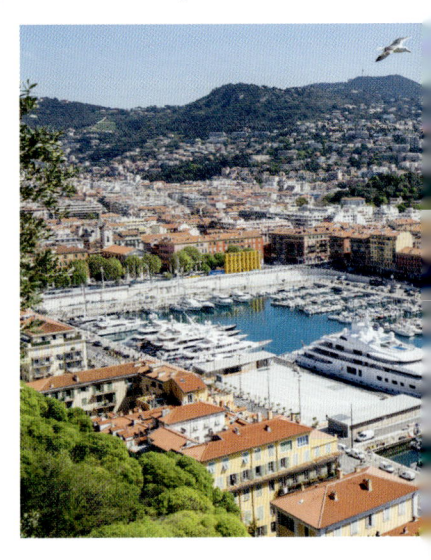

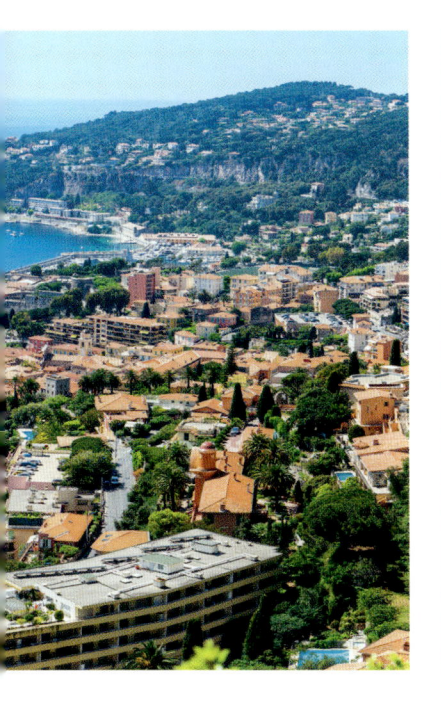

CAMPING SITES & PAYSAGES LES PINÈDES

Die Lage ist ideal für die Erkundung der kulturellen Highlights der Côte d'Azur, auch Nizza liegt sehr nah. Terrassenförmig angelegt, bietet der 4-Sterne-Campingplatz alles, was den Aufenthalt angenehm macht, vom Pool bis zu schattigen Stellplätzen.

Route du Pont de Pierre, 06480 La Colle-sur-Loup
www.lespinedes.com; GPS 43.681868, 7.083390

CAMPING LA FERME RIOLA

In den Bergen nördlich des Küstentrubels der nahen Côte d'Azur liegt diese kleine und familiäre 3-Sterne-Anlage dennoch ideal, um auch die Küstenattraktionen von Nizza bis Menton zu besuchen. Oder aber man verbringt seine Zeit in aller Ruhe mit den Füßen im Pool und genießt den Blick über die Berglandschaft.

5309 route de Sclos, 06390 Contes, www.campinglaferme riola.com/de; GPS 43.815994, 7.343389

---

häupter. Bauherr war der aus der rumänischen Hauptstadt Bukarest stammende Kellner Henri Negrescu, dem ein französischer Industrieller half, seinen Traum vom luxuriösesten Hotel der Region zu verwirklichen.

02 Altstadt

Die Altstadt selbst präsentiert sich als äußerst lebendiges Viertel, das nicht nur mit zahlreichen barocken Bauten, sondern auch mit einer bunten Gastronomieszene und vielfältigen Einkaufsmöglichkeiten aufwartet. In den malerischen Gassen des Quartiers locken viele hübsche kleine Läden, Marktstände und Restaurants mit kulinarischen Köstlichkeiten. Das Herz der Altstadt schlägt am Cours Saleya, einem lang gestreckten Platz, auf dem täglich außer montags ein Blumenmarkt stattfindet. Im Süden wird der Cours Saleya von einer Reihe von Flachdachhäusern gesäumt, in die mittlerweile kleine Restaurants, Boutiquen und Galerien eingezogen sind. Die Nordseite wird von der prachtvollen Chapelle de la Miséricorde beherrscht. Ein eindrucksvolles Relikt aus der römischen Epoche Nizzas ist das sechs Meter lange und 56 Meter breite Amphitheater Arènes de Cimiez, in der einmal rund 5000 Römer Platz und Unterhaltung fanden. Das exotischste Wahrzeichen der Stadt ist die Cathédrale Orthodoxe Russe St.-Nicolas aus dem Jahr 1912.

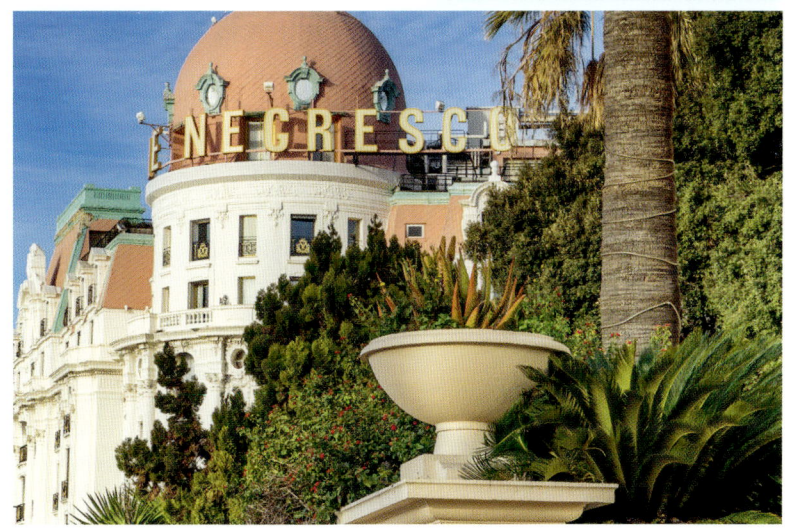

Unten von links nach rechts: die Kathedrale in der Altstadt von Nizza, der quirlige alte Hafen der Stadt und das Luxushotel Negresco.

Oben: Hamburg liegt an der Einmündung von Alster und Bille in die Niederelbe. An derem rechten Ufer erhebt sich die Elbphilharmonie als Architekturikone und neues Wahrzeichen der Stadt. Rechte Seite unten: in der Speicherstadt.

25 HAMBURG

Wer an Hamburg denkt, dem kommen zuerst der Hafen, die Elbe und die Alster in den Sinn. Vielleicht denkt man auch noch an den »Michel«, den berühmten Fischmarkt, den HSV oder den FC St. Pauli, die noble Elbchaussee und die legendäre Reeperbahn. Doch die Stadt ist viel mehr: eine pulsierende Wirtschaftsmetropole, ein internationaler Handelsplatz sowie eine facettenreiche Kultur- und Medienstadt. Dabei hat sich das »Tor zur Welt«, das in seiner über tausendjährigen Geschichte von schweren Schicksalsschlägen nicht verschont geblieben ist, im Lauf der Jahrhunderte immer wieder verändert. Und doch ist sich die Stadt ganz nach hanseatischer Tradition stets treu geblieben. Der Blick von der Lombardsbrücke über die Binnenalster auf den Jungfernstieg mit den alten Kontor- und Stadthäusern sowie dem Alsterpavillon gehört zu den schönsten Panoramen der Stadt. Ihren Hafen verdanken die Hamburger Kaiser Friedrich I. Barbarossa. Am 7. Mai 1189 erhielten sie von ihm einen Freibrief, der ihnen Zollfreiheit auf der Unterelbe gewährte. Auch wenn sich dieser Freibrief inzwischen als eine Fälschung aus dem 14. Jahrhundert erwiesen hat, so feiern die Hanseaten doch noch bis heute am 7. Mai ihren Hafengeburtstag.

Informationen:
www.hamburg-tourism.de,
www.pr.hamburg

01 Mönckebergstraße

Um 1900 sollte eine repräsentative Geschäftsstraße zwischen Hauptbahnhof und Rathausmarkt das Erscheinungsbild Hamburgs aufwerten. An die Stelle des alten Gängeviertels traten Waren- und Kontorhäuser, großzügig geplant und aufeinander abgestimmt. Hamburgs erste Architektengarde baute, was heute noch die Namen ihrer Auftraggeber trägt. Dazwischen entstanden kleine Plätze mit Musentempeln wie dem Thalia Theater am Gerhart-Hauptmann-Platz. Mit zurückhaltender Eleganz erfüllt die nun verkehrsberuhigte Einkaufsmeile auch heute noch die Erwartungen, die einst in sie gesetzt worden waren.

02 Rathaus

Das weithin sichtbare Rathaus mitten im Zentrum ist bereits das sechste der Stadt. Während des großen Brandes (1842) wurde das letzte zerstört. Erst 1886 war der Neubau mit Skulpturen und Neorenaissance-fassade bezugsfertig. 4000 Pfähle stützen den 70 Meter tiefen und 113 Meter breiten Bau. Der Festsaal beeindruckt durch seine riesigen Dimensionen und durch Gemälde, die die Stadtgeschichte illustrieren.

03 Jungfernstieg

Um 1235 wurde die Straße erstmals als Mühlendamm errichtet. Mitte des 17. Jahrhunderts wurde sie verbreitert, gepflastert und mit Bäumen verschönert. Seit 1684 trägt sie den

Namen Jungfernstieg – als Promenade, die einst hauptsächlich von Damen aufgesucht wurde. Nach aufwendiger Renovierung ist sie heute die schönste Straße der Innenstadt mit noblen Geschäften und Blick auf die Binnenalster.

04 Gängeviertel
Die »Gänge« waren typisch für Hamburg im 18./19. Jahrhundert: morsche Fachwerkbauten und Häuserzeilen, enge Hinterhöfe, wenig Licht, engster Wohnraum, ein Unruheherd noch bis in die 1930er-Jahre. Im Gängeviertel zwischen Valentinskamp, Caffamacherreihe und Bäckerbreitergang stand auch das 1943 abgebrannte Geburtshaus von Johannes Brahms (1833–1896).

05 St. Michaelis
Die Hamburger nennen ihre barocke Hauptkirche schlicht »Michel«. Kurz nach Fertigstellung des Gotteshauses übernahm Philipp Emanuel Bach, ein Sohn Johann Sebastians, hier die Musikdirektion. Nach Zerstörungen im Jahr 1906 und im Zweiten Weltkrieg wurde der Michel jeweils umgehend wiederaufgebaut. Der 132 Meter hohe Turm kann über 449 Stufen erklommen werden, und die Aussicht hier oben ist phänomenal.

06 Fleetinsel
Die historische Bebauung der Fleetinsel zwischen Herrengraben und Alsterfleet, heute Hauptabfluss der Alster in die Elbe, war im Zweiten Weltkrieg weitgehend zerstört und die Ödfläche bis zu den 1980er-Jahren nicht wieder ausgebaut worden. Durch Proteste ansässiger Künstler und Galeristen konnten die letzten historischen Kontor- und Speicherhäuser vor dem Abriss gerettet werden, wodurch in der Admiralitätsstraße ein Zentrum der Kunst mit Ateliers, Galerien und Buchhandlungen inmitten von Büro- und Geschäftsbauten aus Backstein und Glas im »Hambur-

ger Stil« entstand. Zwischen Fleethof, Steigenberger Hotel und Neidlingerhaus öffnet sich ein Platz mit Treppe zum Herrengrabenfleet.

07 Nikolaifleet/Deichstraße

Am Mündungsarm der Alster, der jetzt Nikolaifleet heißt, liegt die Geburtsstätte der Hansestadt. Die Trostbrücke bildete einst die Verbindung von gräflicher Neustadt und bischöflicher Altstadt. Hier befanden sich der Hafen, die städtische Waage, seit 1558 die erste deutsche Börse und – wo heute das Gebäude der Patriotischen Gesellschaft steht – bis zum großen Brand das alte Rathaus. In der Deichstraße hatte sich 1842 die Feuersbrunst entzündet. Einige zerstörte Häuser wurden wiederaufgebaut. Darauf verzichtete man bei der im Zweiten Weltkrieg zerstörten Kirche St. Nikolai. Die 147 Meter hohe Turmruine blieb erhalten.

08 St.-Katharinenviertel

Bereits um 1250 wurde die Katharinenkirche für die Bewohner der Marschinseln Cremon und Grimm errichtet. Der Backsteinbau entstand 1377 bis 1426, der barocke Turmhelm im 17. Jahrhundert. Die goldene Verzierung stammt angeblich aus dem Schatz von Klaus Störtebeker. Nach Kriegszerstörungen wurde die Kirche in den 50er-Jahren rekonstruiert. Die Innenausstattung war für immer verloren. Auch die mittelalterliche Altstadt rund um die Kirche vis-à-vis der Speicherstadt gibt es nicht mehr. Was den Krieg überstanden hatte, fiel der heutigen Willy-Brandt-Straße und Bürogebäuden wie dem Spiegel-Hochhaus zum Opfer.

09 Chilehaus

In den Jahren 1922 bis 1924 wurde von Fritz Höger das ehemalige Kontorhaus errichtet, heute ein Wahrzeichen Hamburgs. Eine Ostecke ist einem Schiffsbug nachempfunden.

10 Museum für Kunst und Gewerbe

Das traditionsreiche Haus aus dem Jahr 1877 zählt zu den wichtigsten Museen Europas für angewandte Kunst vom Mittelalter bis heute. Die Sammlung umfasst Gebrauchsgegenstände im Bauhausstil, Jugend-

Oben: Blick in die Elbphilharmonie: 2100 Sitzplätze hat der große Konzertsaal, dessen exzellente Akustik weithin gerühmt wird.

Links: in der Hamburger Kunsthalle.

Unten: St.-Pauli-Landungsbrücken und St.-Michaelis Kirche.

stilobjekte, ein japanisches Teehaus und historische Tasteninstrumente. Hinzu kommen Sonderschauen.

11 Kunsthalle
Mit der Errichtung der Kunsthalle konnte 1863 die Sammlung des Kunstvereins ausgestellt werden. Das Haus unterteilt sich in Altbau (1863–1869), Neubau (1911–1919) und Ungersbau (1997). Mit ihrer Gemälde- und Skulpturensammlung ist die Kunsthalle, deren Repertoire von den Alten Meistern bis zur Pop-Art reicht, eines der wichtigsten Museen Deutschlands.

12 St. Petri
Das älteste Gotteshaus der Stadt (11. Jh.) mit seiner dreischiffigen Halle (14. Jh.) wurde 1842 durch Feuer zerstört und danach mit Backsteinen im neugotischen Stil wiederaufgebaut. Sehenswerter Passionsaltar!

13 St. Jakobi
Die 1255 erstmals erwähnte, mehrfach durch Brände und Kriege beschädigte und restaurierte Kirche gibt einen guten Einblick in mittelalterliche Architektur. Höhepunkte sind die dreischiffige Backsteinhalle, der Hauptaltar (16. Jahrhundert), der Lukasaltar und der Altar der Fischerzunft (beide 1500). Die Arp-Schnitger-Orgel (1689–1693) ist eine der bedeutendsten ihrer Art.

14 Speicherstadt
Wer ahnt beim Gang durch die Speicherstadt mit ihren Backsteinfassaden, Kupferdächern und Türmchen mit Zinnen, dass sich hier Ende des 19. Jahrhunderts ein dicht bevölkertes Altstadtviertel befand? Kurzerhand wurde es abgerissen, als Hamburg neue Flächen zur zollfreien Lagerung von Waren brauchte. Inzwischen hat das Gebiet den Status als Freihafen verloren, etliche Lagerhäuser wurden von den alteingesessenen Firmen aufgegeben. Einblicke in die Welt der exotischen Waren gewähren noch das Speicherstadtmuseum, das Deutsche Zollmuseum, das Afghanische Kunst- und Kulturmuseum und das Gewürzmuseum.

WOHNMOBILSTELLPLATZ HAMBURG, LANDUNGSBRÜCKEN
Zwischen dem Fischmarkt und den Landungsbrücken liegt dieser kostenpflichtige Stellplatz ohne Versorgungseinrichtungen. Die Reeperbahn nicht weit, der Michel, die Speicherstadt und das neue Hafenviertel mit der Elbphilharmonie sind bequem zu Fuß zu erreichen, ebenso die Binnenalster und der Jungfernstieg. Barkassen an den Landungsbrücken laden zu einer Hafenrundfahrt ein.

Hafenstraße 89, 20359 Hamburg, GPS 53.54607, 9.96116

WOHNMOBILSTELLPLATZ ELBEPARK BUNTHAUS HAMBURG
Eingerahmt von Norder- und Süderelbe hübsch im Grünen gelegener, trotzdem nur zwölf Kilometer von der Hamburger Innenstadt entfernte Anlage für (Städte-)Urlauber, die gern das faszinierende Naturerlebnis der umliegenden Flusslandschaft mit den vielfältigen urbanen Attraktionen Hamburgs verbinden möchten. Die meisten Stellplätze haben Stromanschluss, die sanitären Einrichtungen sind einfach, aber sauber. Freundliches Personal.

Moorwerder Hauptdeich 33, 21109 Hamburg, www.elbepark- bunthaus.de, GPS: 53.46118, 10.06307

WOHNMOBILHAFEN HAMBURG
Einfacher, videoüberwachter Schotterplatz mit vielen Annehmlichkeiten für Wohnmobilisten, ideale Ausgangslage für die Besichtigung der Stadt: Mit dem Fahrrad und der S-Bahn kommt man überall gut hin. Allerdings etwas teuer, und leider ist keine Stellplatzreservierung vorab möglich.

Süderstraße 8, 20097 Hamburg, www.wohnmobilhafen-hamburg.de, GPS: 53.54324, 10.02612

CAMPING BUCHHOLZ HAMBURG
Auch für einen mehrtägigen Aufenthalt gut geeignet ist dieser Campingplatz – mit öffentlichen Verkehrsmitteln ist man in weniger als einer halben Stunde in der Innenstadt und an der Elbe, zu den Landungsbrücken sind es etwa fünf Kilometer. Die Stellplätze sind ein bisschen klein. Saubere Sanitäranlagen, freundlich geführt.

Kieler Straße 374, 25525 Hamburg, https://camping-buchholz.de, GPS: 53.59007, 9.93144

15 St. Pauli Landungsbrücken
Lange waren sie Hamburgs »Tor zur Welt«. 1839 als Anleger für Dampfschiffe nach Übersee gebaut, dienten die St. Pauli Landungsbrücken später Fähren nach England und Kreuzfahrtschiffen. Heute legen – in Sichtweite der Museumsschiffe »Rickmer Rickmers« und »Cap San Diego« – Barkassen zur Hafenrundfahrt und Elbfähren ab. Die 688 Meter lange schwimmende Pontonanlage, die durch mehrere Brücken mit dem markanten Abfertigungsgebäude verbunden ist, passt sich dem steten Auf und Ab der Gezeiten an. Am Ende der Landungsbrücken befindet sich der Eingang zum Alten Elbtunnel.

16 Fischmarkt
Einst befand sich hier der Fischhandelsplatz von Hamburg. 1895/96 entstand zudem eine Fischauktions-

Oben: Fischmarkt in den Morgenstunden in St. Pauli.

Unten: »Auf der Reeperbahn, nachts um halb eins …«.

Rechte Seite: Der Sommer lässt sich nirgends unbeschwerter genießen als am Elbstrand bei Övelgönne. Mit dem Wohnmobil nutzt man auch in Hamburg am besten das Park-and-Ride-System der Stadt.

halle als Stahl- und Glaskonstruktion. Im Zweiten Weltkrieg stark beschädigt, wurde sie Anfang der 1980er-Jahre restauriert und dient nun als Veranstaltungszentrum. Sonntags ist hier nach wie vor Fischmarkt.

17 Reeperbahn

Fischmarkt, Hamburger Dom, FC St. Pauli, Reeperbahn, Herbertstraße, Große Freiheit: St. Pauli ist der bekannteste und berüchtigtste Stadtteil Hamburgs. Vom einstigen Niemandsland zwischen Hamburg und Altona, wo angesiedelt wurde, was innerhalb der Stadtmauern unerwünscht war, entwickelte es sich zum Inbegriff des sündhaften Vergnügens. Heute hat sich der inzwischen auch als Wohnviertel beliebte Kiez darüber hinaus zur Anlaufstation für Szenegänger gemausert, mit Musikclubs, Bars, Diskotheken & Co.

18 Planten un Blomen

Der Name (»Pflanzen und Blumen«) beschränkte sich ursprünglich auf die anlässlich der Niederdeutschen Gartenschau 1935 neu gestaltete Parkanlage zwischen Congress Centrum und Messehallen. 1986 wurde der Name auch auf den Alten Botanischen Garten sowie die Kleine und Große Wallanlage mit dem Museum für Hamburgische Geschichte ausgeweitet. Neben Pflanzen und Blumen erwarten die Besucher auf der ehemaligen Befestigungsanlage zwischen Bahnhof Dammtor und St. Pauli denkmalgeschützte Gewächshäuser, prachtvolle Blumenbeete und einige Themengärten, Bachläufe und kleine Seen, japanische Teezeremonien, abendliche Wasserlichtkonzerte oder winterliches Eislaufvergnügen.

19 Roter Baum/Harvestehude

Das westliche Alsterufer gehört zu den feinsten Adressen Hamburgs. Betuchte Einwohner schätzen die vornehmen Jugendstilhäuser am Innocentiapark, die edlen Altbauten im mondänen Pöseldorf oder die großzügigen Etagenwohnungen entlang der Rothenbaumchaussee. Hier liegen auch das Stammhaus des NDR, das Museum für Völkerkunde und die Tennisanlage des Deutschen Tennis Bundes. In den repräsentativen weißen Villen mit wassernahen Aussichtslagen haben sich zahlreiche Konsulate und Unternehmen niedergelassen. Im noblen Palais des Bankiers Henry Budge werden heute die Studenten der Hochschule für Musik und Theater ausgebildet. Gegenüber liegt der Alsterpark.

20 Außenalster

Die schöne Außenalster, 165 Hektar groß und ringsum von Grünanlagen gesäumt, ist ein Lieblingsort der Hamburger. Bei gutem Wetter treffen sich hier Jogger oder Müßiggänger sowie Segler, Ruderer und Kanuten am und auf dem Wasser. Die Wohnlagen am Ufer gehören zu den besten Adressen der Stadt.

21 Schanzenviertel

Der Name des Viertels stammt vom früheren Fort (Sternschanze), das im heutigen Sternschanzenpark 1662 als Ergänzung der Wallanlagen errichtet wurde. Als die alternative Szene hier in den 1970er-Jahren auf der Suche nach billigem Wohnraum war, erwachte das alte Arbeiterviertel hinter dem Schlachthof wieder zu neuem Leben. Doch um die einst heiß umkämpfte »Rote Flora« hat in den nun sanierten Häusern längst der Zeitgeist Einzug gehalten, mit noblen Restaurants, Bars und Läden.

22 Altona

»All to nah« empfanden Hamburger die kleine Fischer- und Handwerkersiedlung an ihrer Westgrenze, die sich unter dänischer Herrschaft zu einer Konkurrenz für die Hansestadt entwickelt hatte. Von den Dänen erhielt Altona auch die Stadtrechte, Freihafen- und Zollprivilegien sowie die tolerante Haltung gegenüber Gewerbe und Glauben. Nach dem Anschluss an Preußen 1866 erfuhr Altona, auch durch die Eingemeindungen von Bahrenfeld und Ottensen, einen rasanten Aufschwung zur Industriestadt. Den Mittelpunkt bildete das neue weiße Rathaus nahe der Palmaille mit ihren klassizistischen Häusern. Das eigentliche Herz schlägt heute jedoch in Ottensen, das sich zum multikulturellen Szeneviertel entwickelt hat.

23 Palmaille
Der Straßenzug in der Nähe der Elbe ist ein Gesamtkunstwerk. Christian Friedrich Hansen ließ die einstige Prachtstraße zwischen 1786 und 1825 im norddeutsch-klassizistischen Stil errichten. Über die Hälfte der Häuser wurde im Zweiten Weltkrieg zerstört. Das Haus Nr. 16 baute der Architekt für sich selber.

24 Övelgönne
Als Övelgönne bezeichnet man einen etwa einen Kilometer langen Uferabschnitt unterhalb der Elbchaussee. Er besteht aus Strand, einer Häuserzeile und einem Stück Schifffahrtsgeschichte. Der Strand ist ein beliebter Treffpunkt für Jung und Alt, landseitig führt der Elbwanderweg vorbei an den Gärten und Hauseingängen alter Lotsen- und Kapitänshäuser, die teils noch aus dem 18. Jahrhundert stammen. Das schwimmende Museum am Schiffsanleger Neumühlen umfasst rund 30 originalgetreu restaurierte Schiffe, darunter Dampfschlepper und Barkassen, ein Feuerschiff, ein Schwimmkran, ein Rettungskreuzer und eine zum Café umgebaute alte Hafenfähre, die hier vor Anker liegen. Gelegentlich heißt es noch »Leinen los«, denn alle Oldtimer sind fahrtüchtig.

25 Blankenese
Der heutige Nobelvorort war einst ein kleines, im 14. Jahrhundert gegründetes Fischerdorf am Hang. Später wählten Kapitäne und Lotsen es als Residenz, Ende des 18. Jahrhunderts entdeckten wohlhabende Kaufleute ihre Vorliebe für das beschauliche Dorf an dem abfallenden Geestrücken der Unterelbe. In geschützter Hanglage mit Elbblick bauten sie noble Villen und großzügige Parkanlagen, die sich um den bürgerlich geprägten Ortskern mit den kleinen Kapitäns- und Fischerhäusern schmiegten. Dieses eng bebaute Treppenviertel mit seinen 4864 amtlich gezählten Stufen, das bis zum Strandweg unten reicht, ist heute ein begehrtes Domizil für Reiche und Prominente. Vom 75 Meter hohen Süllberg über Blankenese bietet sich eine herrliche Aussicht auf den breiten Strom, die vorbeiziehenden Schiffe und die großen Werkshallen von Airbus. Viele der ehemaligen Anwesen der Reeder und Kaufleute gehören der Stadt Hamburg und sind öffentlich zugänglich.

26 Tierpark Hagenbeck
Am 7. Mai 1907 eröffnete Carl Hagenbeck den ersten Tierpark der Welt ohne Gitter. Damals noch außerhalb der Stadt gelegen, gehört das Gelände heute zum Hamburger Bezirk Eimsbüttel. Es war der erste Landschafts- und Tiergarten, in dem zum Beispiel künstliche Felsen errichtet wurden, um die Tiere unter möglichst artgerechten Bedingungen halten zu können. Diese revolutionäre Idee ist bis heute maßgeblich für viele zoologische Gärten. Im Zweiten Weltkrieg wurde die Anlage fast vollständig zerstört, in den 1950er-Jahren wiederaufgebaut und vergrößert. Seit dem Jahr 1997 steht der Tierpark Hagenbeck unter Denkmalschutz.

Auf dem Marktplatz sieht man ein Hanseatenkreuz, wie es einst auf den Fahnen der von Bürgern Bremens, Hamburgs und Lübecks gebildeten Hanseatischen Legion während der Befreiungskriege (1813–1815) prangte.

26 BREMEN

In Bremen findet man Europas größten Autoverlade- und Fischereihafen sowie das Alfred-Wegener-Institut für Polar- und Meeresforschung. In der Altstadt, umzogen von Stadtgraben und ehemaligen Wallanlagen, zeigt sich die Stadt von ihrer schönsten Seite. Rund um den Marktplatz sind Bremens älteste Gebäude und berühmteste Skulpturen versammelt: Neben dem Rathaus aus dem 15. Jahrhundert mit einer Renaissancefassade aus dem 17. Jahrhundert stehen die Bremer Stadtmusikanten von Gerhard Marcks; auf dem Platz vor dem Rathaus steht der »Roland« aus dem Jahr 1404 – ein Sinnbild der Stadtfreiheit und der Gerichtsbarkeit Bremens.

Informationen:
www.bremen-tourismus.de,
www.brepark.de/parken/park-ride

01 Roland

Der mit Baldachin fast zehn Meter hohe Roland auf dem Marktplatz ist Bremens Wahrzeichen. Seitdem Jahr 1404 steht der steinerne Ritter, mehrfach restauriert, auf seinem Platz. Mit Schwert und Schild symbolisiert die aus dem altfranzösischen Rolandslied bekannte Statue die städtische Freiheit und eigene Gerichtsbarkeit der Hansestadt Bremen. Sie wendet sich trutzig dem Dom zu, um ein Zeichen gegen den einstigen Herrschaftsanspruch der Bremer Erzbischöfe zu setzen.

02 Rathaus

Der spätgotische Bau aus dem frühen 15. Jahrhundert erhielt zwischen 1609 und 1612 eine Prachtfassade im Stil der Weserrenaissance. Innen sind die 45 Meter lange Obere Rathaushalle, von deren bemalter Eichenholzdecke große Schiffsmodelle herunterhängen, sowie die

Vom Selbstbewusstsein der altehrwürdigen Hansestadt Bremen an der Weser zeugen nicht nur Rathaus und Rolandstatue, sondern auch viele Kaufmannshäuser und Kirchen.

Rathaus und Dom St. Petri: Bremens gute Stube, der Marktplatz, ist einer der schönsten öffentlichen Plätze in Europa.

Güldenkammer besonders sehenswert. Dieses Juwel frühbarocker Schnitzkunst wurde durch die Ledertapeten und Möbel Heinrich Vogelers auch zu einem Meisterstück des Jugendstils. Im historischen Ratskeller mit alten Weinfässern und den Fresken von Max Slevogt werden Weine aus allen deutschen Weinbauregionen angeboten. Nur wenige Schritte vom Ratskeller entfernt steht die Skulptur der Bremer Stadtmusikanten von Gerhard Marck.

03 Liebfrauenkirche

Die frühgotische dreischiffige Hallenkirche am Rande des Marktplatzes wurde um das Jahr 1230 ganz in der Nähe des Doms erbaut, um den Freiheitswillen der Kaufleute gegenüber dem Erzbischof zu betonen. Krypta und Südturm stammen noch von einem Vorgängerbau aus dem 11. Jahrhundert. Besonders stimmungsvoll ist der Kirchenbesuch, wenn die Sonne durch die 1966/67 eingebauten Glasfenster fällt, die aus einer Werkstatt in Chartres stammen.

04 Dom St. Petri, Dom-Museum und Bleikeller

Mit dem Bau des Bremer Doms begann man bereits im Jahr 1041. Im 13. Jahrhundert wurde die ursprüngliche dreischiffige Pfeilerbasilika im Stil der Frühgotik eingewölbt und erhielt die beiden mächtigen Türme. Einer von ihnen kann bestiegen werden und bietet die schönste Aussicht über die Stadt. Im 16. Jahrhundert nahm man zahlreiche Umbauten im gotischen Stil vor. Besonders sehenswert sind im Dom-Museum die restaurierten Textilfunde aus mittelalterlichen Bischofsgräbern. Sehr spektakulär sind zudem die acht mumifizierten Leichenfunde aus dem 15., 17. und 18. Jahrhundert im Bleikeller, die so gut erhalten blieben, dass man sogar noch die Fingernägel deutlich erkennen kann.

05 Böttcherstraße

Die schmale, autofreie Straße zwischen Marktplatz und Weser ist ein Gesamtkunstwerk, bei dem sich mittelalterliche mit expressionistischen Formen verbinden. 1923 bis 1931 schufen die Architekten Eduard Scotland und Alfred Runge zusammen mit dem Bildhauer Bernhard

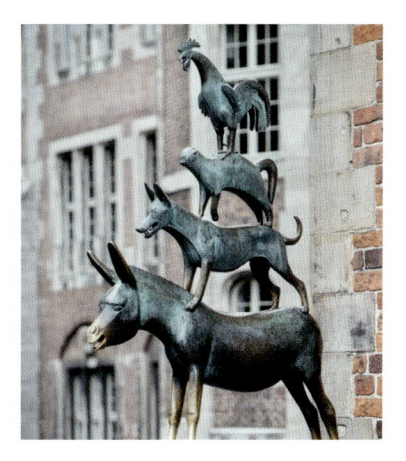

Vor dem Rathaus wacht der »steinerne Roland« (links). Untrennbar mit der Stadt verbunden sind auch die Bremer Stadtmusikanten (rechts die Bronzeskulptur am Ratskeller).

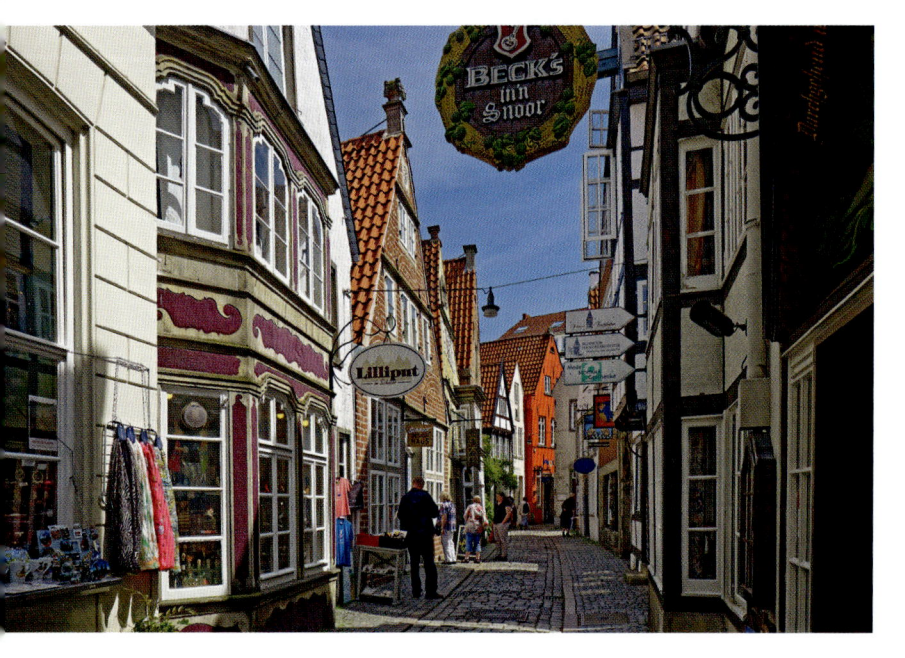

Hoetger zwei Häuserreihen aus Backstein, in denen heute Kunsthandwerksgeschäfte, das Bremer Spielcasino, ein Kino und die Kunstsammlungen Böttcherstraße untergebracht sind. Das Paula Modersohn-Becker Museum ist den Werken der Worpsweder Künstlerin gewidmet. Im Roselius-Haus lernt man den Wohnstil der Bremer Kaufleute des 19. Jahrhunderts kennen und sieht Kunstwerke von Tilman Riemenschneider und Lucas Cranach d. Ä. Am Haus des Glockenspiels drehen sich täglich um 12, 15 und 18 Uhr zehn historische Ozeanbezwinger von Leif Eriksson und Kolumbus bis zu Charles Lindbergh und Graf Zeppelin im Kreise.

06 Schlachte
Die Weserpromenade Schlachte war im Mittelalter Bremens Hafen mit vielen Lager- und Kontorhäusern. Einige von ihnen hat man renoviert oder nach historischen Vorbildern wiederaufgebaut; heute ist die Schlachte Bremens sommerliches Kneipenviertel am Fluss.

07 St. Stephani
Das bereits um das Jahr 1050 erstmals geweihte Gotteshaus wurde nach kriegsbedingten Beschädigungen in den 1950er-Jahren wieder ganz aus Backstein aufgebaut, wobei man allerdings auf die ehemaligen Seitenschiffe verzichtete. Der Kirchturm ist weiterhin ein bestimmendes Element der Silhouette der Bremer Innenstadt.

Oben: Die Herdentorswallmühle, ein im Jahr 1833 als in Bremens Wallanlagen errichteter, meist nur kurz »Wallmühle« genannter Galerieholländer, birgt heute ein Café.

Mitte: Das Universum Bremen ist ein »Wissenschaftsmuseum mit Erlebnischarakter«.

Links: Kleine bunte Häuser, enge Gässchen und historisches Flair – das ist das Schnoorviertel, das älteste Wohn- und Künstlerviertel der Stadt.

08 Schnoor
Auf dem Pflaster der autofreien verwinkelten Gassen im Schnoor-Viertel fühlen sich die Besucherinnen und Besucher der Stadt ins Mittelalter versetzt. In den schmalen, giebelständigen Häusern verschiedener Baustile wohnen und arbeiten heute verschiedene Kunsthandwerker und Schmuckdesigner. Stilvolle Restaurants, ein Teestübchen und Cafés sowie ein Theater ergänzen das attraktive Angebot.

09 Kunsthalle
Die vom 1823 gegründeten Bremer Kunstverein getragene Sammlung zeigt vor allem deutsche und französische Malerei des 19. und 20. Jahrhunderts sowie holländische Meister des 17. Jahrhunderts. Von internationalem Rang ist zudem das Kupferstichkabinett.

10 Wallanlagen und Wallmühle
Schon 1802 begannen die Bremer damit, die mittelalterlichen Stadtmauern einzureißen; nach den napoleonischen Kriegen legten sie dann die von einem Graben umgebenen Wallanlagen an. Auf der leichten Erhebung der ehemaligen Gießbergbastion thront die letzte von einst zwölf Windmühlen, die bis 1802 auf den Wällen der Stadt standen.

11 Überseemuseum
Das Museum am Hauptbahnhof zeigt in seinen Sälen und Lichthöfen ausgewählte Aspekte außereuropäischer Welten. Vier große Bereiche sind Afrika, Amerika, Asien und vor allem Ozeanien gewidmet. Ausgestellt findet man etwa vielerlei Boote und Wohnhäuser aus der Südsee, chinesische Tempel und mongolische Jurten. Dioramen bringen dem Besucher zudem die Tierwelt der Kontinente und deren Lebensräume näher. Ein wesentlicher Schwerpunkt der Ausstellungen ist zudem die Geschichte der Bremer Handelsbeziehungen seit der Kolonialzeit.

12 Bürgerpark und Stadtwald
Ein herausragendes Kennzeichen des 136 Hektar großen Bürgerparks ist es, dass er auf das besondere Engagement Bremer Bürger zurückgeht, die bereits seit dem Jahr 1866 den Bürgerparkverein darin unterstützen, ihren Park zu hegen und zu pflegen. Architektonisch außergewöhnliche Gebäude wie das Park-Hotel, die Meierei und die Waldbühne setzen optische Akzente, ein kleiner Tierpark sorgt für zusätzliche Anziehungskraft. Vom angrenzenden Stadtwald, der bis zur Universität reicht, wird der Bürgerpark lediglich durch die Bahnlinie Bremen–Hamburg getrennt, sodass sich eine Parkfläche von insgesamt mehr als 200 Hektar ergibt.

13 Rhododendronpark
Der mehr als 46 Hektar große Park ist vor allem im Frühjahr ein Paradies für Liebhaber von Rhododendren und Azaleen. Hier wachsen rund 500 der weltweit 1000 wilden Rhododendronarten und 2000 weitere Zuchtvarietäten. Eine besondere Attraktion ist die »Botanika«. In deren Gewächshäusern glaubt man fast, durch den Regenwald Borneos, die Gebirgslandschaft des Himalaja und durch einen japanischen Teegarten zu spazieren.

14 EADS Space Transportation
Bei EADS am Bremer Flughafen werden die Oberstufen der Ariane-Raketen und das Columbus-Modul der internationalen Raumstation ISS gebaut. Im Rahmen von Führungen kann man ein Modell des Moduls betreten. Ein Besuch in der Galerie der Luft- und Raumfahrt am Flughafen mit ihren Oldtimer-Flugzeugen – darunter eine VFW 614 – rundet das Programm ab.

WOHNMOBILSTELLPLATZ AM KUHHIRTEN
Schattiger, ruhiger und zugleich zentrumsnaher Platz mit allen nötigen Ver- und Entsorgungseinrichtungen. Mit der Sielwallfähre kann man vom Stellplatz die Weser überqueren und ist nach einem 15-minütigen Spaziergang entlang der Weser im Schnoorviertel.

Kuhhirtenweg 11, 28201 Bremen
www.stellplatz-bremen.de, GPS 53.06315, 8.82054

WOHNMOBILSTELLPLATZ – BREMEN
Zentrumsnah gelegener, ruhiger Platz. Straßenbahnhaltestelle direkt vor der Tür. Stellplätze sind – für Wohnmobilie über sieben Meter – vielleicht ein bisschen eng. Tipp: Das Frühstück im Hotel ist eine willkommene Abwechslung von der Selbstversorgung.

Schosterboorn 9, 28207 Bremen, www.wohnmobilstellplatz-bremen.de, GPS: 53.06771, 8.86356

WOHNMOBILSTELLPLATZ BREMEN LESUM
Kleiner, ruhiger, relativ stadtnah gelegener Stellplatz mit guter Verkehrsanbindung (Bahn). Restaurant gleich um die Ecke, Einkaufsmöglichkeiten fußläufig. Leider gibt es keine Duschen, und bei Regen kann es auf dem Platz recht matschig werden.

Im Pohl, 28717 Bremen, http://stellplatz-lesumer-schweiz.de, GPS: 53.16752, 8.6959

Oben: Der Reichstag und das Paul-Löbe-Haus am Ufer der Spree im milden Licht der Abendsonne.
Rechte Seite: Blick aus der von Norman Foster gestalteten gläsernen Reichstagskuppel auf die Stadt.

27 BERLIN

»Das große Berlin, die offene Stadt – sie soll nicht allein eine deutsche Stadt sein«, meinte der mexikanische Schriftsteller Carlos Fuentes einmal und fügte hinzu: »Sie ist unsere Stadt, eine Stadt der ganzen Welt.« Tatsächlich ist Berlin die Hauptstadt und die größte Stadt Deutschlands, mit dem brandenburgischen Speckgürtel im Umland bildet sie einen der größten Ballungsräume Europas. Menschen aus über 190 Nationen leben in der pulsierenden Metropole. Kosmopolitische Weltläufigkeit, ein breites Kulturangebot und ein großer Reichtum an Zeugnissen aus Geschichte und Gegenwart haben Berlin zu einem der beliebtesten europäischen Städtereiseziele gemacht. Die Wiege der Stadt ist die Spreeinsel im Herzen von Berlin. Von ihr bis zum Brandenburger Tor reiht sich am Prachtboulevard Unter den Linden eine Fülle historischer Sehenswürdigkeiten aneinander. Im Zweiten Weltkrieg wurden sie überwiegend zerstört, später rekonstruiert. Das Gebiet östlich der Spreeinsel hat man dagegen als das neue Berlin in der damaligen Hauptstadt der DDR modern wiederaufgebaut. Nördlich der Spree entwickelte sich die Spandauer Vorstadt seit der Wiedervereinigung zur touristischen Ausgehmeile. Im südlichen historischen Zentrum sind Friedrichstraße und Gendarmenmarkt beliebte Ziele von Stadtspaziergängern. Westlich des Brandenburger Tors dehnt sich das grüne Herz der Innenstadt, der Tiergarten, aus. Ab dem Jahr 1991 entstanden am Ostrand rund um den Reichstag das neue Regierungsviertel und südlich davon der neue, von weltberühmten Architekten gestaltete Potsdamer Platz.

Informationen:
www.visitberlin.de, www.berlin.de/tourismus,
www.berlinstadtservice.de/xinh/Park_and_Ride_in_Berlin.html

01 Reichstagsgebäude

Kaiser Wilhelm I. persönlich legte 1884 den Grundstein zu dem Gebäude, das wie kein anderes für die Wechselfälle der jüngeren deutschen Geschichte steht. 1894 tagte ein deutsches Parlament erstmals in dem von einer mächtigen Kuppel überwölbten Neorenaissancebau. 1918 proklamierte Philipp Scheidemann hier die Republik, 1933 ging der Reichstag kurz nach Hitlers Ernennung zum Reichskanzler in Flammen auf. 1961 bis 1989 verlief an seiner Rückseite die Mauer, 1990 fanden hier die offiziellen Feiern zur Wiedervereinigung statt. 1995 von Christo vorübergehend in silberglänzende Folie verpackt, verwandelte sich der Reichstag in den folgenden Jahren in eine gigantische Baustelle. Am 23. Mai 1999 nahm der Deutsche Bundestag seine Arbeit im Reichstagsgebäude auf – nun gekrönt von der gläsernen Kuppel von Sir Norman Foster, die seitdem das neue Wahrzeichen von Berlin ist.

02 Bundeskanzleramt

Östlich und nördlich flankieren den Bundestag riesige Gebäude mit Abgeordnetenbüros und für Ausschusssitzungen. Als »Band des Bundes« korrespondieren sie vis-à-vis mit dem von Axel Schultes und Charlotte Frank entworfenen Kanzleramt, einem im Jahr 2001 fertiggestellten postmodernen Monumentalbau.

03 Hauptbahnhof
Ende Mai 2006 wurde der größte Kreuzungsbahnhof Europas im nördlichen Spreebogen eröffnet. Seine beiden von Gerkan konzipierten 46 Meter hohen Bügelbauten überspannen eine 321 Meter lange gläserne Ost-West-Halle, die eine 40 Meter kürzere Nord-Süd-Halle kreuzt.

04 Haus der Kulturen der Welt
Im Jahr 1957 wurde Hugh Stubbins »Schwangere Auster« – so genannt wegen ihrer wie eine geöffnete Muschel wirkenden Dachkonstruktion – im Rahmen der Internationalen Bauausstellung errichtet. Seit dem Jahr 1989 dient das Haus als Veranstaltungsort für Musik, Tanz, Theater und Kunst aus aller Welt.

05 Siegessäule
Im Zentrum des Großen Sterns am Tiergarten steht diese von der Siegesgöttin Victoria gekrönte Säule. Das 1873 nach den siegreichen preußischen Einigungskriegen enthüllte Monument kann über 280 Stufen bestiegen werden.

06 Schloss Bellevue
Das dreiflügelige frühklassizistische Schloss, 1785 vollendet, ist heute der Amtssitz des Bundespräsidenten.

07 Potsdamer Platz
Vor dem Krieg einer der verkehrsreichsten Plätze Europas, wurde der Potsdamer Platz nach dem Mauerbau ödes Brachland. Nach dem Fall der Mauer großflächig bebaut, entstanden hier komplett neue Stadträume wie die unter Federführung von Renzo Piano entstandene Daimler City. An der Nordostspitze stellt das weinrot geklinkerte Kollhoff-Hochhaus eine besondere Wegmarke dar. Daneben glänzt der 103 Meter hohe gläserne Büroturm des Sony Center von Helmut Jahn.

08 Neue Nationalgalerie
Die 1965 bis 1968 nach Plänen Mies van der Rohes erbaute Stahl-Glas-Konstruktion beherbergt eine exquisite Sammlung von Werken der klassischen Moderne und ist Schauplatz spektakulärer Sonderausstellungen.

09 Philharmonie
Ganz im Dienst der Musik steht das Hauptwerk von Hans Scharoun, das das Kulturforum nach Norden zum Tiergarten hin abschließt. In den Jahren 1960 bis 1963 errichtet, gilt die Spielstätte der Berliner Philharmoniker als eines der herausragenden Bauwerke der Nachkriegsmoderne in Westberlin.

10 Oranienburger Straße
Das Scheunenviertel rings um die Oranienburger Straße war zu DDR-Zeiten in seiner baulichen Substanz völlig heruntergekommen. Unmittelbar nach dem Mauerfall erwachte es zu neuem Leben: Kneipen und Cafés jeder Couleur, avantgardistische Galerien sowie Szenetreffs schossen wie Pilze aus dem Boden. Später kamen auch vornehmere Restaurants und Bars hinzu.

11 Neue Synagoge
Weithin sichtbar sind die goldenen Kuppeln des jüdischen Gotteshauses, das 1859 bis 1866 von Eduard Knoblauch und Friedrich August Stüler erbaut wurde. Vom ursprünglichen Bau blieb nach Kriegszerstörungen nur die Vorsynagoge direkt an der Oranienburger Straße erhalten. Nur diese wurde 1988 bis 1993 originalgetreu rekonstruiert; dahinter markieren auf einer Freifläche schlichte Marmorstelen den Grundriss der früheren Hauptsynagoge und den einstigen Standort des Thoraschreins.

12 Hackesche Höfe
Am Hackeschen Markt befindet sich Deutschlands größtes geschlossenes

Links von oben nach unten: Brandenburger Tor mit Quadriga, Pergamonaltar im nach ihm benannten Museum, Museumsinsel mit Bode-Museum.

Hofareal. Kurz nach 1900 bezogen die ersten Mieter das acht Höfe umfassende Quartier, das man in der damals berlin-typischen Mischung für Wohn- und Gewerbezwecke errichtete. Mit Boutiquen, Kino, Theater, Cafés, Restaurants, Galerien und Ateliers nebst Wohnungen sind die Hackeschen Höfe auch heute noch ein viel und gern frequentierter Ort.

13 Fernsehturm
368 Meter hoch ragt der 1969 fertiggestellte Turm als höchstes Bauwerk der Stadt auf. Vom Sockel saust ein Fahrstuhl in 40 Sekunden hinauf zum Tele-Café, das sich zweimal pro Stunde um seine Achse dreht.

14 Alexanderplatz
Das weitläufige, von Hochhäusern und vielspurigen Straßen geprägte Geviert erlangte durch Alfred Döblins Roman »Berlin Alexanderplatz« 1929 literarischen Ruhm. Von der Vorkriegsbebauung sind nur das Alexander- und das Berolinahaus aus den 1930er-Jahren erhalten. Sehenswert sind auch Erich Johns Urania-Weltzeituhr und Walter Womackas Brunnen der Völkerfreundschaft.

15 Rotes Rathaus
Roter Backstein ziert das Neorenaissance-Gebäude, den in den Jahren 1861 bis 1869 errichteten Sitz des Berliner Senats.

16 Nikolaiviertel
Das von zahlreichen Cafés, Kneipen und Restaurants durchsetzte Alt-Berliner Viertel zwischen Spree, Rathaus und Mühlendamm, im 18. Jahrhundert errichtet und im Zweiten Weltkrieg zerstört, wurde 1987 zum 750. Stadtjubliäum nahezu originalgetreu wiederaufgebaut.

17 Museumsinsel
Das 1824 bis 1930 entstandene Ensemble von Museumsbauten auf der nördlichen Hälfte der Spreeinsel hat Berlin den Namen »Spree-Athen« eingetragen. Als erstes Bauwerk eröffnete 1830 das klassizistische Alte Museum, das nach Plänen von Karl Friedrich Schinkel erbaut wurde. Es birgt kostbare Sammlungen der griechischen und römischen Antike. Zwischenzeitlich war hier auch die Sammlung des Ägyptischen Museums untergebracht, das zusammen mit einem Teil des Museums für Vor- und Frühgeschichte im 1843 bis 1855 von Friedrich August Stüler errichteten Neuen Museum residierte. Als dritter Bau folgte 1876, ebenfalls nach Entwürfen Stülers, die Alte Nationalgalerie, die Malerei des 19. Jahrhunderts ausstellt. Ein wertvolles Münzkabinett, das Museum für Byzantinische Kunst und die Skulpturensammlung vereinigt das Bode- Museum. Das jüngste Bauwerk am Platz ist das Pergamonmuseum (1910–1930) mit archäologischen Monumentalexponaten.

18 Berliner Dom
Neubarock und goldverziert präsentiert sich das Gotteshaus an der Spree (1894–1905). Zur kostbaren Innenausstattung gehören Schinkels Altarwand, Stülers Marmoraltar sowie die Mosaiken in der 74 Meter hohen Kirchenkuppel, die Kaiser Wilhelms II. Lieblingsmaler, Anton von Werner, schuf. In der Hohen-

zollerngruft ruhen viele Mitglieder des Herrschergeschlechts.

19 Kronprinzenpalais und Opernpalais

Im Kronprinzenpalais wurde Geschichte geschrieben: Im Jahr 1859 kam hier der letzte deutsche Kaiser zur Welt, 1990 wurde in seinen Räumlichkeiten der deutsch-deutsche Einigungsvertrag unterzeichnet. Seit 1811 ist das Kronprinzenpalais mit dem benachbarten Opernpalais verbunden, dessen Operncafé schon zu DDR-Zeiten für seine Torten berühmt war. Seit der Wiedervereinigung dienen die Gebäude als Veranstaltungsstätte.

20 Zeughaus

In den Jahren 1695 bis 1730 als Waffenkammer erbaut, ist das Zeughaus das bedeutendste Barockgebäude Berlins. Seit 1991 beherbergt es das Deutsche Historische Museum, das 2003 um einen Ausstellungsbau von I. M. Pei erweitert wurde.

21 Neue Wache

Schinkels 1816 bis 1818 entstandene Wache dient heute als zentrale Gedenkstätte der Bundesrepublik Deutschland für die Opfer von Krieg und Gewaltherrschaft. Im Innenraum gibt es eine lebensgroße Kopie der Pietà von Käthe Kollwitz.

22 Forum Fridericianum

Nach dem Regierungsantritt Friedrichs des Großen entstand das Forum Fridericianum ab 1741 als Zentrum der Kunst und der Wissenschaft. 1743 eröffnete die von Knobelsdorff entworfene Deutsche Staatsoper Unter den Linden, 1773 wurde in der Nachbarschaft die nach Plänen desselben Baumeisters erbaute St.-Hedwigs-Kathedrale eingeweiht, die dem römischen Pantheon nachempfunden ist. Die katholische Bischofskirche geht auf Skizzen Friedrichs II. zurück, der mit diesem Bau die religiöse Toleranz Preußens demonstrieren wollte. Die beiden Gebäude flankieren den Bebelplatz, auf dem (er hieß damals noch Opernplatz) 1933 die erste Bücherverbrennung der Nationalsozialisten stattfand. Seit 1995 erinnert die ins Erdreich eingelassene Versunkene Bibliothek von Micha Ullmann daran. Bereits 1753 war das Prinz-Heinrich-Palais für den Bruder des Königs fertiggestellt worden. Es dient heute der Humboldt-Universität. Das 13 Meter hohe Reiterstandbild Friedrichs des Großen mitten auf dem Boulevard Unter den Linden bildet den Abschluss des Forums.

23 Unter den Linden

Von der Schlossbrücke mit ihren Schinkel-Figuren bis zum Pariser Platz säumen auf einer Strecke von anderthalb Kilometern zahlreiche geschichtsträchtige Bauten die Prachtstraße.

24 Brandenburger Tor und Pariser Platz

Am westlichen Ende der Straße Unter den Linden erhebt sich am Pariser Platz das Berliner Wahrzeichen schlechthin, das Brandenburger Tor, das von der von Schadow geschaffenen Quadriga mit der Siegesgöttin gekrönt wird. Unmittelbar davor verlief bis 1989 die Mauer. Der kriegszerstörte Platz, jahrzehntelang im Grenzstreifen gelegen, erstand erst nach dem Fall der Mauer wieder neu und wird heute vom Luxushotel Adlon sowie dem Haus Sommer und

---

REISEMOBILSTELLPLATZ BERLIN – »HISTORISCHES FÄHRHAUS«

Direkt am Wasser gelegene Stellplätze in Köpenick-Wendenschloss am Ufer der Dahme gegenüber von Berlin-Grünau – einem der beliebtesten Naherholungsziele der Stadt. Gute Verkehrsanbindung, freundliches Personal, sauber und gepflegt. Nicht zuletzt genießt man hier vielleicht die schönsten Sonnenuntergänge Berlins.

Müggelbergallee 3, 12557 Berlin, https://reisemobilstellplatz-berlin.de, GPS: 52.41875, 13.58747

WOHNMOBILSTELLPLATZ IN DER MARINA LANKE

Einfacher, relativ enger, aber direkt am Wasser der Havel bei einem Jachthafen gelegener Wohnmobilstellplatz mit guter Verkehrsanbindung in die Stadt. Sauber, gepflegt, freundlicher Empfang.

Scharfe Lanke 109-131, 13595 Berlin, www.marina-lanke.de/yachthafen-berlin/wohnmobilstellplatz, GPS: 52.502, 13.18594

WOHNMOBIL-OASE-BERLIN

Größtes Plus ist die zentrale Lage in Berlin-Mitte – ideal für die Erkundung der Stadt mit den öffentlichen Verkehrsmitteln oder dem Fahrrad. Für das Gebotene relativ teuer.

Hochstraße 4, 13357 Berlin, https://wohnmobiloase.com, GPS: 52.54877, 13.38324

WOHNMOBILSTELLPLATZ BERLIN BOOTSSTÄNDE ANGERMANN

Kleiner, ruhiger und komfortabler Stellplatz direkt an der Havel. Freundlich geführt, sauber, gepflegt. Gute Verkehrsanbindung (Bus), mit dem Fahrrad ist man etwa in einer halben Stunde in Berlin-Mitte.

Am Pichelssee 48-50 und 17-18, 13595 Berlin, www.boots staende-angermann.de, GPS: 52.50922, 13.19912

Oben von links nach rechts: Blick über Berlin-Mitte mit dem Roten Rathaus und dem Fernsehturm, Charlottenburg, Wohnmobilstellplatz mitten in der Stadt.

dem Haus Liebermann zu beiden Seiten des Brandenburger Tors flankiert. Außergewöhnliche Gebäude unter den Neubauten am Platz sind die von Günther Behnisch entworfene Akademie der Künste und die nach Plänen von Frank O. Gehry entstandene DZ-Bank.

25 Gendarmenmarkt
Mit seinem Ensemble aus Schauspielhaus, Deutschem und Französischem Dom sowie der Marmorstatue Schillers gilt der Gendarmenmarkt als einer der schönsten Plätze Berlins und als Inbegriff des romantischen Klassizismus. Die Kirchen verdanken ihre landläufige Bezeichnung den Kuppeln ihrer identischen Türme (französisch: »dôme«).

26 Friedrichstadtpassagen und Galeries Lafayette
Im Schatten der Mauer gelegen, ist die Friedrichstraße nach der Wiedervereinigung als eine der ersten Shopping-Adressen Berlins neu erstanden. Unter den vielen Neubauten gelten die aus drei Gebäudekomplexen bestehenden Friedrichstadtpassagen und die Galeries Lafayette als die spektakulärsten. 1997 eröffnet, sind sie unterirdisch miteinander verbunden und laden mit ihren Läden, Boutiquen und einem Kaufhaus zum Einkaufsbummel ein.

27 Holocaust-Mahnmal
Wenige Schritte südlich vom Brandenburger Tor erstreckt sich auf rund 19 000 Quadratmetern das von Peter Eisenman entworfene »Denkmal für die ermordeten Juden Europas« (2005). 2711 unterschiedlich hohe, im Raster angeordnete Stelen erinnern an den Massenmord an sechs Millionen Juden während des Nationalsozialismus.

28 Martin-Gropius-Bau
Das 1881 von Martin Gropius und Heino Schmieden im Stil der italienischen Renaissance errichtete Gebäude an der Niederkirchner Straße war Sitz diverser Museen und ist heute ein Präsentationsort für hochrangige Wechselausstellungen.

29 Kaiser-Wilhelm-Gedächtniskirche
»Hohlen Zahn« nannte die Berliner Schnauze das Gotteshaus von 1895, von dem im Zweiten Weltkrieg nur der Kirchturm erhalten blieb. Diesem fügte man 1956 ein modernes Kirchenschiff an. So wurde die Kirche zu einem Wahrzeichen Westberlins.

30 Zoologischer Garten
Der älteste Zoo Deutschlands (1844) ist auch der artenreichste der Welt.

31 Europacenter
Der 1965 errichtete 22-stöckige Bau mit dem Mercedes-Stern auf dem Dach war Berlins erstes Hochhaus.

32 KaDeWe
1907 öffnete das Kaufhaus des Westens am Wittenbergplatz seine Tore. Binnen weniger Jahre stieg es zu einem der größten Warenhäuser des Kontinents auf.

33 Kurfürstendamm
Die über drei Kilometer lange Straße, von den Berlinern kurz Ku'damm genannt, war einst – neben dem Boulevard Unter den Linden – die Flaniermeile Berlins, mit vielen Geschäften, Theatern und Cafés.

34 Schloss Charlottenburg
»Hier finde ich mein Versailles wieder!«, rief 1806 Napoleon mit Blick auf das prachtvolle Bauwerk aus. In den Jahren 1695 bis 1699 wurde der barocke Kernbau fertiggestellt. Erweiterungsbauten folgten. Im Verlauf eines Jahrhunderts war ein majestätisches Domizil für die preußischen Könige entstanden. Den Höhepunkt der Inneneinrichtung bilden der Thron- und der Speisesaal Friedrichs des Großen sowie die Goldene Galerie. Hinzu kommt ein barocker Schlosspark.

35 Funkturm
Im Jahr 1926 ging der 150 Meter hohe »Lange Lulatsch« in Betrieb.

Von der Aussichtsplattform genießt man den Blick über die Dächer Berlins.

36 Olympiastadion
Das Kennzeichen der für die Olympischen Spiele 1936 eingeweihten Sportarena ist das Olympische Tor mit den beiden 35 Meter hohen Türmen und den olympischen Ringen.

37 Kulturbrauerei
Am Gelände der alten Schultheiß-Brauerei werden auf 20 000 Quadratmetern Kino, Konzerte, Theater, Ausstellungen und Lesungen geboten.

38 Kollwitzplatz
Von Restaurants, Bars, Cafés und vielen Läden gesäumt wird dieser vor allem bei Touristen beliebte Platz im Kollwitz-Kiez. Samstags gibt es hier einen Markt mit Ökobauern und Kunsthandwerkern.

39 Synagoge
In der Rykestraße steht Deutschlands größte Synagoge. Das 1904 geweihte Gotteshaus mit Platz für rund 2000 Menschen wurde 1938 in der Reichspogromnacht geschändet. 1953 wurde es wieder eingeweiht und 2007 – nach umfassender Sanierung – wieder eröffnet.

40 Kastanienallee
Zwischen Mitte und Prenzlauer Berg hat sich in den vergangenen Jahren ein Szenetreffpunkt mit jeder Menge Bars, Cafés, Restaurants, dem Prater-Biergarten und hippen Modeboutiquen etabliert.

41 Karl-Marx-Allee
Die vom Alexanderplatz ostwärts durch Friedrichshain verlaufende Magistrale wurde ab 1952 von Tausenden freiwilliger Helfer im stalinistischen Zuckerbäckerstil gebaut.

42 Oberbaumbrücke
Einst unüberwindbare Grenzanlage, verbindet die türmchengeschmückte Spreebrücke am Osthafen heute Kreuzberg und Friedrichshain.

43 East Side Gallery
Am östlichen Spreeufer zwischen Ostbahnhof und Oberbaumbrücke blieben mehrere Hundert Meter der Mauer erhalten, die 1990 von Künstlern aus aller Welt bemalt wurden.

44 Checkpoint Charlie
Bis zum Mauerfall diente der innerstädtische Kontrollpunkt alliierten Streitkräften, Ausländern und Diplomaten als Grenzübergang zwischen West- und Ostberlin. Westberliner und Westdeutsche durften hier nicht passieren. Ein Originalschild mit der Aufschrift »You are leaving the American sector« und das Mauermuseum am Checkpoint Charlie erinnern noch daran.

45 Jüdisches Museum
Das von Daniel Libeskind in Form eines zerborstenen Davidsterns entworfene silberglänzende Bauwerk beherbergt eine sehr sehenswerte und informative Dauerausstellung zur deutsch-jüdischen Geschichte.

46 Grunewald
Der nach dem gleichnamigen 3000 Hektar großen Stadtwald benannte Stadtteil ist mit seiner Villenkolonie eine von Berlins exklusivsten Adressen. Das wohlhabende Viertel entstand Ende des 19. Jahrhunderts auf Initiative Bismarcks. Am Bahnhof Grunewald erinnert das Mahnmal »Gleis 17« an die Berliner Juden, die von dort aus ab 1942 deportiert wurden.

47 Strandbad Wannsee
Das im Jahr 1907 eröffnete Strandbad am Ostufer des Wannsees ist eines der ältesten in Deutschland. Ein 1300 Meter langer Sandstrand lädt zum Verweilen ein. Die denkmalgeschützte Anlage wurde zum 100-jährigen Jubiläum saniert.

Lichter der Großstadt: Blaue Stunde in Frankfurt, mit Blick über den Fluss hinweg auf die himmelstürmende Skyline der Stadt, die gleich mehrere »Metropolen« in sich vereint: Banken- und Finanz-, europäische und Mainmetropole.

28 FRANKFURT AM MAIN

Mehr als jede andere Stadt Deutschlands hat Frankfurt am Main – wegen seiner Skyline auch »Mainhattan« genannt – internationales Flair. Mit Maintower, Messeturm, Kronenhochhaus sowie den Bürotürmen von Deutscher, Dresdner und Commerzbank strebt Frankfurt sichtbar nach oben, doch im Schatten der Wolkenkratzer lockt auch das historische Frankfurt. (Karl der Große erwähnte Franconofurd schon im Jahr 794. Dessen Zentrum markieren der Römerberg mit dem Römer, einem Häuserensemble samt Altem Rathaus, und der Dom aus dem 13. Jahrhundert, in dem die deutschen Könige und Kaiser gewählt und später auch gekrönt wurden. In der nahen Paulskirche tagte in den Jahren 1848/49 die erste deutsche Nationalversammlung. Auch die Leonhards- und die Alte Nikolaikirche verdienen Beachtung, desgleichen die Liebfrauenkirche mit dem dazugehörigen Kapuzinerkloster. Ein Muss für Goethe-Liebhaber ist das sorgfältig rekonstruierte Geburtshaus des berühmten Dichters. Der archäologische Garten zwischen Dom, der Ausstellungshalle Schirn und Technischem Rathaus zeigt Reste eines römischen Militärlagers mit Thermen und der karolingischen Kaiserpfalz.

Informationen:
www.frankfurt-tourismus.de (hier gibt es auch Infos zum Thema Park and Ride)

01 Dom St. Bartholomäus
Der größte Sakralbau der Stadt bietet mit seinem 95 Meter hohen Turm selbst den Wolkenkratzern Paroli. Einst war es Wahl- und Krönungskirche der Könige und Kaiser des Heiligen Römischen Reiches Deutscher Nation. Deshalb galt die Kirche insbesondere im 19. Jahrhundert als Symbol der nationalen Einheit.

02 Steinernes Haus
Am Markt entstand 1464 ein spätgotischer Bau, der ehrfürchtig »Steinernes Haus« genannt wurde. Waren bisher alle Bauten in Fachwerkbauweise errichtet worden, wuchs das neue Haus aus Steinen und Mauern empor. Auftraggeber war ein Kölner Kaufmann, der den Bau als Kontor für seinen Seidenhandel nutzte. Heute befindet sich hier ein Gasthaus.

03 Römer und Römerberg
Der zentrale Platz Frankfurts, der auch Samstagsberg genannt wird, weil die Karolinger an diesem Tag dort früher Gericht hielten, ist heute ein beliebter Treffpunkt. Neben schönen Patrizierhäusern befinden sich hier auch der Gerechtigkeitsbrunnen mit der Justitia und die Alte Nikolaikirche. Eine von Willi Schmidt gestaltete Bronzetafel zwischen der alten Nikolaikirche und dem Gerechtigkeitsbrunnen erinnert mit einem Zitat von Heinrich Heine an die Bücherverbrennung im Nationalsozialismus: »Das war ein Vorspiel nur, dort wo man Bücher verbrennt, verbrennt man am Ende auch Menschen.« Während des Zweiten Weltkrieges wurden große Teile der historischen

Altstadt zerstört. Ab 2018 entstand mit dem sanierten Dom-Römer-Quartier ein neues Szeneviertel.

04 Paulskirche
Der klassizistische Bau aus auffallend rotem Sandstein mit ovalem Grundriss entstand in den Jahren 1789 bis 1833. 1848 bis 1849 tagte hier das erste Parlament Deutschlands. Im Zweiten Weltkrieg wurde die Kirche zerstört, zügig wiederaufgebaut und konnte bereits 1948 wieder eingeweiht werden. Heute ist sie eine Gedenkstätte der Demokratie Deutschlands und wird für kulturelle und politische Veranstaltungen genutzt wie die Verleihung des Friedenspreises des Deutschen Buchhandels im Rahmen der Frankfurter Buchmesse.

05 Liebfrauenkirche
Die spätgotische Hallenkirche am Liebfrauenberg entstand im Zeitraum zwischen den Jahren 1310 und 1478. In einem zweiten Bauabschnitt von 1506 bis 1509 wurde der Chor errichtet. Im Jahr 1944 brannte sie aus. Seit 1956 steht sie wieder für Gottesdienste zur Verfügung.

Der Gerechtigkeits- oder Justitiabrunnen auf dem Römerberg, der schon seit dem Hochmittelalter das Zentrum der Altstadt markiert.

06 Hauptwache
Das Kaffeehaus in der barocken Hauptwache ist als Treffpunkt beliebt. Das war nicht immer so: Im 18. Jahrhundert hatte hier die Stadtwehr ihren Sitz – den Wachstuben wie dem Gefängnis blieb man lieber fern.

07 Alte Oper
Man sieht es der Alten Oper nicht an, dass sie erst im Jahr 1981 eingeweiht wurde. Das ursprüngliche Haus wurde 1944 wie so viele Bauten in Frankfurt zerbombt. Fast 40 Jahre lang konnte man sich nicht einigen, ob man die verbliebene Ruine sprengen sollte. Eine Bürgerinitiative gab schließlich den Ausschlag und das Geld, um das Opernhaus im Stil der italienischen Renaissance neu zu errichten. Seitdem wird es für Konzerte und als Kongresshaus genutzt. Um Opern zu hören, geht man dagegen seit 1951 in die Oper Frankfurt am Theaterplatz.

08 Freßgass
Hinter dem Namen verbergen sich die Fußgängerzone Große Bockenheimer Straße und ihre Seitenstraße,

Von oben nach unten: Blick auf die Alte Oper mit dem Lucae-Brunnen davor, »lange Museumsnacht« im Städel Museum am Museumsufer, der Eiserne Steg, eine Fußgängerbrücke über den Main zwischen Altstadt und dem Stadtteil Sachsenhausen, der auch für seine Apfelweinwirtschaften bekannt ist.

die Kalbächer Gasse. Seit dem Ersten Weltkrieg siedelten sich in diesem Bereich der Stadt Feinkost- und Lebensmittelgeschäfte an, diese Tradition besteht bis heute. Zahlreiche Restaurants, Cafés und Läden für Gourmets sorgen dafür, dass hier niemand hungrig bleibt. Daneben laden schicke Boutiquen zum Shoppen ein.

09 Alt-Sachsenhausen

Das Viertel zwischen dem Deutschherrnufer, der Dreieichstraße und der Elisabethstraße ist bekannt für seine Kneipen und Apfelweinwirtschaften. Fachwerkhäuser, Brunnen, so viele wie sonst nirgends in der Stadt, und charmante Plätze mit Kopfsteinpflaster tragen zum Flair der Gegend bei. Zahlreiche »Ebbelwoi-Wertschafte« bieten neben dem erfrischend-säuerlichen Getränk auch typische Frankfurter Gerichte wie Rindfleisch mit Grüner Soße an.

10 Eiserner Steg

Die 107 Meter lange Fußgängerbrücke wurde von 1868 bis 1869 auf Betreiben Frankfurter Bürger errichtet, um vom Römerberg in den Stadtteil Sachsenhausen zu kommen. Der Steg über den Main ist aus Stahlfachwerk und ruht auf zwei Flusspfeilern. Auf die heutige Durchfahrtshöhe von acht Metern wurde der Steg im Jahr 1910 gehoben. Dazu hat man die Strompfeiler aufgemauert und die Treppenaufgänge aus Sandstein erweitert.

11 Städelsches Kunstinstitut und Städtische Galerie

Das Museum von Weltrang zeigt Kunstwerke vom Mittelalter bis zur Gegenwart und besitzt eine enorme Sammlung von Skulpturen, Gemälden, Zeichnungen und Grafiken weltberühmter Künstler aus sieben Jahrhunderten. Die Alten Meister Holbein, Dürer und Rembrandt sind ebenso vertreten wie die Moderne mit Monet, Van Gogh und Picasso und die Gegenwartskunst.

12 Museum für Moderne Kunst

So modern wie die Kunst ist auch das »Tortenstück« genannte dreieckige Gebäude mit dem großen Glasdach. Seit 1991 wird im MMK internationale Kunst von den 1960er-Jahren bis heute präsentiert, in Räumen, die so einzigartig sind wie die dort gezeigten Werke. Malerei, Bildhauerei, Fotografie, Video und Performance – insgesamt mehr als 4500 Exponate umfasst die Sammlung. Da immer nur ein Bruchteil davon gezeigt werden konnte, wurde Mitte 2014 eine Dependance im Taunus-Turm eingerichtet.

13 Senckenberg Naturmuseum

Riesige Skelette, Fossilien und jede Menge Tierpräparate beherbergt das Naturmuseum. Dargestellt werden die Entstehung und Entwicklung der Erde, die Vielfalt des Lebens und die Evolution. Zu allen naturwissenschaftlichen Bereichen gibt es spannende Sammlungen zu sehen.

14 Goethe-Haus und -Museum

Am 28. August 1749 kam Johann Wolfgang von Goethe in Frankfurt zur Welt. Sein Geburtshaus wurde im Zweiten Weltkrieg zerstört, später aber originalgetreu wiederhergestellt. Darin befindet sich heute (s)ein Museum, das mit den Einrichtungsgegenständen der damaligen Zeit einen Eindruck davon vermittelt, wie der Dichter hier einst gewohnt hat. Persönliche Gegenstände vervollständigen das historische Bild.

15 Frankfurter Zoo

Der im Jahr 1858 gegründete Zoo zählt zu den bedeutendsten Tiergärten in Europa. Er bietet auf etwa elf Hektar Grundfläche rund 500 Tierarten einen Lebensraum. Zu den Highlights gehört zum einen das Grzimekhaus, in dem nachtaktive Tiere untergebracht sind. Ein weiterer Publikumsmagnet ist das Exotarium mit Pinguinen, Fischen und anderen Wasserlebewesen, Reptilien, Amphibien und Insekten.

CITY CAMP FRANKFURT

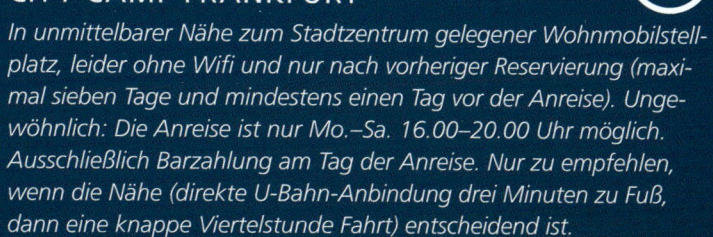

In unmittelbarer Nähe zum Stadtzentrum gelegener Wohnmobilstellplatz, leider ohne Wifi und nur nach vorheriger Reservierung (maximal sieben Tage und mindestens einen Tag vor der Anreise). Ungewöhnlich: Die Anreise ist nur Mo.–Sa. 16.00–20.00 Uhr möglich. Ausschließlich Barzahlung am Tag der Anreise. Nur zu empfehlen, wenn die Nähe (direkte U-Bahn-Anbindung drei Minuten zu Fuß, dann eine knappe Viertelstunde Fahrt) entscheidend ist.

An d. Sandelmühle 35B, 60439 Frankfurt am Main, www.city-camp-frankfurt.de, GPS: 50.1638, 8.65064

CAMPINGPLATZ MAINKUR

Campingplatz mit Wohnmobilstellplätzen auf einem parkähnlichen Wiesengelände mit altem Baumbestand, direkt am Main gelegen und mit Blick auf die Skyline von Frankfurt, das mit Bus, Straßenbahn oder Bahn gut zu erreichen ist. Auch mit dem Fahrrad ist es nicht zu weit in die Stadt. Sauber, gepflegt, freundlich geführt. Etwas laut von der Bundesstraße und der Bahn her.

Frankfurter Landstraße 107, 63477 Maintal, http://campingplatz-mainkur.de, GPS: 50.13826, 8.78289

Münchens gute Stube mit dem Marienplatz, dem Neuen Rathaus und der Frauenkirche: »Langsam begreife ich, was das ist, ein echter Münchner«, soll Napoleon mal bemerkt haben. »Ein Glücksfall ist es, kein Zufall.«

29 MÜNCHEN

Im Jahr 1158 gegründet, verdankt die Stadt ihren Aufstieg Napoleon, der sie 1806 zur Hauptstadt Bayerns machte. König Ludwig I. etablierte baulichen Glanz an der Isar, sein Sohn Maximilian II. das Schöngeistige. In Münchens historischem Machtzentrum, der Residenz, regierten Bayerns Herzöge, Kurfürsten und Könige. Das Stadtschloss wurde im 16. Jahrhundert anstelle der Neuveste (seit 1385) gebaut, die den Alten Hof als herzoglichen Sitz abgelöst hatte. In den Jahren 1568 bis 1619 entstand ein Renaissancegebäudekomplex, der später in den Stilen des Barock, Rokoko und Klassizismus erweitert wurde. Münchens urbane Mitte wird umrahmt vom neugotischen Neuen (1867 bis 1909) sowie vom Alten Rathaus (1470–1480). Berühmt ist das Glockenspiel im Rathausturm. 1638 ließ Kurfürst Maximilian I. die Mariensäule errichten – zum Dank für die Schonung der Stadt während der schwedischen Besatzung im Dreißigjährigen Krieg. Seit 1854 heißt Münchens Zentrum nach der Madonna auf der Säule »Marienplatz«. Münchens Wahrzeichen sind die Türme der Frauenkirche mit ihren welschen Hauben. Zugleich markieren sie eine wichtige Grenze: Höher als ihre 99 Meter darf kein Gebäude im Stadtzentrum sein.

Informationen:
www.muenchen.travel,
www.parkundride.de/de/pr-anlagen.html

01 Marienplatz
Münchens zentraler Platz wird gesäumt von bürgerlichen Häuserzeilen sowie vom Neuen Rathaus und dem Alten Rathaus. Den Mittelpunkt bildet die vergoldete Mariensäule mit ihrem von Putten umkränzten Sockel. Der Marienplatz markiert das pulsierende Zentrum der Stadt und ist ein beliebter Treffpunkt.

02 Neues Rathaus
In Formen der flämischen Gotik wurde im 19. Jahrhundert ein repräsentatives Bauwerk geschaffen. Berühmt ist das Glockenspiel, unter dem sich tagtäglich Touristen kurz vor 12 Uhr versammeln, um den Klängen des Schäfflertanzes zu lauschen; abends um 21 Uhr zeigt sich dann das Münchner Kindl.

03 Alter Peter
Der von den Einheimischen Alter Peter genannte Turm der Pfarrkirche St. Peter kann über 306 Treppenstufen bis zu einer Aussichtsplattform bestiegen werden. Das Äußere der auf einer Anhöhe, dem Petersbergl, über dem Viktualienmarkt gelegenen Kirche wirkt gotisch, im Inneren steht ein gewaltiger Barockaltar.

04 Viktualienmarkt
Längst ist der nur einen Katzensprung vom Marienplatz entfernte Viktualienmarkt zum Dorado für Feinschmecker und Genussmenschen avanciert. Hier und in den umliegenden Läden kauft und schlemmt (nicht nur) Münchens Schickeria feine Delikatessen von regionalen Bauern und von überallher.

Theatinerkirche und Feldherrenhalle: »München ist die Stadt der angewandten und zwar der festlich angewandten Kunst.« (Thomas Mann).

05 Stadtmuseum Jakobsplatz
Ein Kubus mit vorgeschalteter Travertinwand dient der Darstellung jüdischer Identität in München. Das offene Ensemble mit der 2006 eröffneten Hauptsynagoge, dem Jüdischen Museum und dem jüdischen Gemeindehaus schafft eine neue Flaniermeile vom Viktualienmarkt zum Oberanger. Ebenfalls am Jakobsplatz liegt das Stadtmuseum mit Exponaten aus Münchens Kulturgeschichte.

06 Frauenkirche
Der Liebfrauendom trägt die imposantesten Doppelzwiebeltürme im Land. Die Kuppeln sind das Wahrzeichen Münchens und weithin zu sehen. Im Inneren gibt es Ausstattungsstücke aus der Zeit der Gotik, etwa einen riesigen Bronzesarkophag Ludwigs des Bayern oder den sagenumwobenen Fußabdruck des Teufels vor dem Zutritt zum Kirchenschiff.

07 Asamkirche
Dieses Gotteshaus, dessen offizieller Name St. Johann Nepomuk lautet, gleicht einer Schmuckschatulle in einer Grotte. Die Brüder Cosmas Damian und Egid Quirin Asam schufen dieses rauschhaft überladene Vermächtnis ihrer Kunst zwischen den Jahren 1733 und 1746.

08 Valentin-Karlstadt-Musäum
Das im Isartor untergebrachte Museum erinnert an den Meister des skurrilen Humors und Sohn der Stadt München, Karl Valentin (1882–1948), und an seine kongeniale Bühnenpartnerin Liesl Karlstadt (1892–1960).

09 Feldherrnhalle
Die der Florentiner Loggia dei Lanzi nachgebildete offene Halle am Odeonsplatz wurde um die Mitte des 19. Jahrhunderts durch Friedrich von Gärtner als Denkmal für die Bayerische Armee und als Auftakt für die Ludwigstraße gebaut. Sie ist heute oft Schauplatz für Konzerte wie »Klassik am Odeonsplatz«.

10 Theatinerkirche
Die Barockkirche mit ihren markanten Türmen steht am Ende der ei-

Fein, gut und etwas teuer ist der Einkauf am Viktualienmarkt.

Von oben nach unten:
Olympiapark mit der berühmten Zeltdacharchitektur, dem Olympiastadion und dem Fernsehturm; Blick über den Rundtempel (Monopteros) im Englischen Garten; Schloss Nymphenburg, der Geburtsort von König Ludwig II. im Westen der Stadt; ein einfach ausgestatteter Wohnmobilstellplatz in Thalkirchen, einem Stadtteil im Münchner Süden.

gentlichen Altstadt. Außen kaisergelb, ist das Innere in zurückhaltender Farbigkeit gehalten.

11 Residenz
Der mächtige Renaissancebau hütet eine beeindruckende Ansammlung von Schätzen der Wittelsbacher, unter anderem die bayerische Königskrone. Der Gebäudekomplex besteht aus mehreren Höfen, darunter das Cuvilliés-Theater im Rokokostil und die Allerheiligen-Hofkirche. Prunkstück im Inneren der Residenz ist das freskengeschmückte Antiquarium.

12 Nationaltheater
Am Max-Joseph-Platz erhebt sich das Nationaltheater mit schönem Säulenportikus und doppeltem Giebel.

13 Hofgarten
Ein Garten zum Promenieren und Flanieren zwischen höfischer Architektur. Die Anlage ist auf den Diana-Tempel zentriert. Er wird von einer weiblichen Figur bekrönt, die eine Allegorie auf das Land Bayern darstellt (Tellus Bavarica, »Bayerische Erde«).

14 Haus der Kunst
Am Beginn der Prinzregentenstraße steht der Kunsttempel von 1937. Er hat keine eigene Sammlung, sondern zeigt mehrere Ausstellungen und Performances im Jahr zur zeitgenössischen Kunst.

15 Englischer Garten
Mit seinen weiten Grünflächen, Hainen, Bächen und Seen ist der Landschaftsgarten an der Isar ein grünes Juwel sowie mit 345 Hektar Grünanlagen und 78 Kilometer-Wegenetz eine der weltgrößten Freizeitflächen – größer als der Central Park in New York und der Hyde Park in London. Wie kein anderer Ort verkörpert er Münchens Lebensgefühl. Viele kommen einfach nur zum Relaxen. Auf Spaziergängen kann man von einem tempelartigen Rundbau (Monopteros) die Aussicht auf München genießen, Surfern auf der Eisbachwelle beim Haus der Kunst zuschauen oder den beliebten Biergarten am Chinesischen Turm besuchen.

CAMPING THALKIRCHEN
Dieser relativ teure Platz in unmittelbarer Nähe der Isar verfügt über alle notwendige Infrastruktur für Wohnmobilisten. Die Innenstadt ist bequem mit dem Fahrrad zu erreichen. Die Haltestelle der U3 ist einen knappen Kilometer entfernt, von dort sind es nur noch zehn Minuten mit der U-Bahn bis zum Marienplatz, dem Herz der Stadt.

Zentralländstraße 49, 81379 München
campingplatz-thalkirchen.de, GPS 48.09271, 11.54561

CAMPINGPLATZ MÜNCHEN-OBERMENZING
Direkt an der Autobahn gelegener Campingplatz im Münchner Westen mit schönem Baumbestand und direkter Verkehrsanbindung (Bus) in die Stadt. Freundlich, hilfsbereit. Releativ preiswert, allerdings sind die (veralteten) sanitären Einrichtungen in keinem guten Zustand.

Lochhausener Str. 59, 81247 München, www.campingplatz-muenchen.de, GPS: 48.17455, 11.4465

---

16 Königsplatz
Den royalen Platz ließ König Ludwig I. von seinem Baumeister Leo von Klenze entwerfen. Der mächtige Torbau der Propyläen schließt die klassizistische Platzanlage zur Brienner Straße hin ab.

17 Kunstareal München
Zwischen Königsplatz und Theresienstraße bietet das Kunstareal München auf einer Fläche von nur 500 mal 500 fußläufig gut miteinander zu verbindenden Metern einen der wichtigsten Kulturstandorte Europas. In 18 Museen und Ausstellungshäusern – darunter die Glyptothek und die Staatliche Antikensammlung, das Lenbachhaus, Alte und Neue Pinakothek, Pinakothek der Moderne und ein NS-Dokumentationszentrum –, über 20 Galerien, sechs international renommierten Hochschulen und vielen weiteren Kulturinstitutionen offenbart sich ein rund 5000 Jahre überspannendes, bis in die Gegenwart reichendes kulturgeschichtliches Panorama.

18 Deutsches Museum
Auf einer Isarinsel zwischen Ludwigs- und Corneliusbrücke erhebt sich eines der größten naturwissenschaftlichen und technischen Museen der Welt, das in anschaulichen Animationen und interessanten Vorführungen erklärt, wie das Leben und die Arbeit, wie Natur und Technik, die Erde und das Universum funktionieren.

19 Schloss Nymphenburg
Kurfürst Ferdinand Maria schenkte seiner Gemahlin Henriette das Schloss als Dank für die Geburt des Thronfolgers. Jahrhunderte diente es den Wittelsbachern als Sommerresidenz. Heute können das prächtige Schloss im Westen Münchens und der Schlosspark besichtigt werden.

20 Olympiapark
Im Jahr 2022 feierte der Olympiapark sein fünfzigjähriges Jubiläum: Bis heute ist der einstige Veranstaltungsort der Olympischen Sommerspiele 1972 eine grüne Stadtoase und sehr beliebt für sportliche, kulturelle, gesellschaftliche und weitere Veranstaltungen.

Das einstige Image als verschlafene Bankenmetropole hat die Stadt – hier ein Blick über die Münsterbrücke, welche die Limmat zwischen Stadthausquai und Limmatquai überquert, zum Fraumünster – längst abgestreift.

30 ZÜRICH

Bereits im Mittelalter hatte die im Jahr 1218 zur freien Reichsstadt erhobene, am Zürichsee gelegene Stadt ein Monopol auf die Woll-, Seiden- und Lederproduktion. Das führte zu frühem Reichtum, von dem bis heute die prächtigen Zunfthäuser in der sich beiderseits der Limmat erstreckenden Altstadt zeugen. Reich ist Zürich – heute mit mehr als 421 000 Einwohnern die größte Stadt und bedeutendste Wirtschaftsmetropole des Landes, größter Goldumschlagsplatz und viertgrößte Börse der Welt – geblieben. Das erkennt man auch beim »Shopping de luxe« in der Bahnhofstraße, wo manche für eine Uhr mehr Schweizer Franken ausgeben als andere im Jahr verdienen. Wer nun aber denkt, dass Zürich mit seinen vielen Banken nur ein altmodischer, etwas langweiliger Finanzplatz sei, der verkennt dabei, dass die Stadt auch über zahlreiche Baudenkmäler verfügt, westlich der Limmat etwa das Fraumünster mit einem Fensterzyklus von Marc Chagall, gleich daneben die Pfarrkirche St. Peter aus dem 13. Jahrhundert mit Europas größtem Zifferblatt. Und das Grossmünster am anderen Flussufer, dessen neogotische Turmhauben die Stadtansicht prägen, ging als Wirkungsstätte des legendären Zürcher Reformators Huldrych Zwingli (1484–1531) in die Kirchengeschichte ein.

Informationen:
www.zuerich.com, www.myswitzerland.com/de-de/reiseziele/zuerich, www.sbb.ch/de/bahnhof-services/velo-auto/auto-parkieren/park-and-rail.html

01 Fraumünster

Das Fraumünster war ursprünglich die Kirche eines Klosters für Frauen aus dem süddeutschen Hochadel, das 853 von König Ludwig dem Deutschen gestiftet wurde. 874 wurde an dieser Stelle eine dreischiffige Säulenbasilika mit Querschiff und drei Apsiden geweiht, in die man Reliquien der Stadtheiligen Felix und Regula verbrachte. Im 12. und 13. Jahrhundert wurde die Kirche in großem Stil umgebaut. Der Chor blieb romanisch, das Querschiff hingegen erhielt ein hohes gotisches Deckengewölbe. Im 13. Jahrhundert wurde es mit einem Fresko geschmückt, das die Ursprungslegende des Stifts darstellt. Heute ist nur noch eine Kopie zu sehen. Glanzpunkte des Fraumünsters sind der Fensterzyklus im Chor (1970) und die 1978 fertiggestellte Rosette im südlichen Querschiff von Marc Chagall sowie das Buntglasfenster von Augusto Giacometti aus dem Jahr 1945. Sie bescheren dem Gotteshaus jährlich Besucher aus aller Welt.

02 Grossmünster

Bereits im 8. Jahrhundert pilgerten Wallfahrer an den Ort des heutigen Grossmünsters, um die Heiligen Felix und Regula zu ehren. Die romanische Kirche entstand zwischen 1100 und 1250 mit reicher Bauskulptur. Sie wurde mehrmals umgebaut. 1519 erhielt Ulrich Zwingli einen Ruf

Das 1100 Personen Platz bietende Opernhaus am Sechseläutenplatz im Zentrum der Stadt wurde bis zum Jahr 1964 Stadttheater genannt.

als Leutpriester an das Grossmünster. Unter ihm und seinem Nachfolger Heinrich Bullinger wurde die Kirche ein Zentrum der Reformation. Die karge Nüchternheit des Innenraums spiegelt dies wider: Fast alle dekorativen Elemente wurden entfernt. Den Bildersturm überlebt haben nur Teile der Fresken im Chor sowie Bilder von Hans Leu d. Ä. in der Krypta und der Zwölfbotenkapelle. Im 20. Jahrhundert wurde die Kirche mit drei Buntglasfenstern (1933) des berühmten Augusto Giacometti sowie abstrakten Achat- und figurativen Glasfenstern von Sigmar Polke (2009) ausgestattet.

03 Opernhaus

Das Opernhaus Zürich liegt im Zentrum der Stadt beim Sechseläutenplatz. Es gilt als »das kleinste der großen Opernhäuser der Welt« und genießt ein internationales Renommee.

Zürichs doppeltürmiges Grossmünster prägt die Silhouette der am nördlichen Ende des Zürichsees gelegenen, von der Limmat – einem Nebenfluss der Aare – geteilten »kleinsten Großstadt der Welt«.

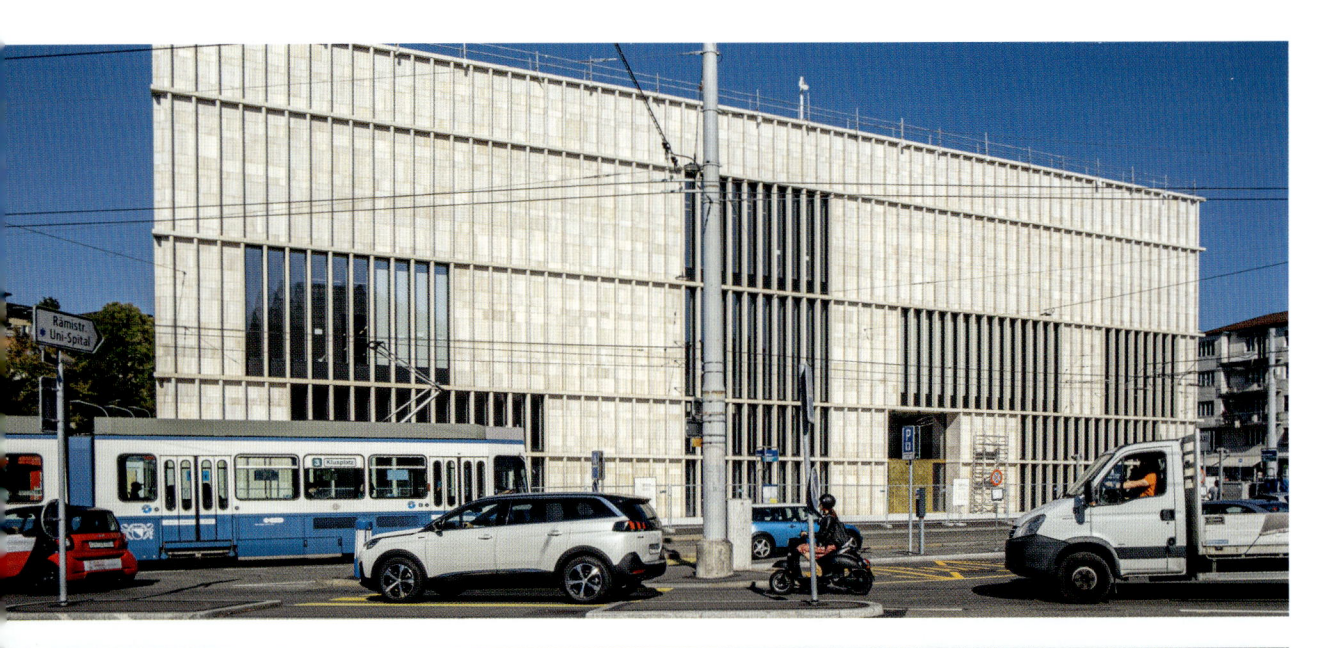

Zürich ist eine Museenstadt: 55 Museen mit einer außerordentlichen Vielfalt finden sich rund um die Limmat. Neueste Attraktion ist der von David Chipperfield Architects gestaltete, im Oktober 2021 eröffnete Erweiterungsbau (oben) des Kunsthaus Zürich, mit dem dieses zum größten Kunstmuseum der Schweiz wurde.

Mitte und unten: Erst zum Sonnenbaden auf eine Liegewiese am Zürichsee, danach zum Open-Air-Dinner in die Altstadt.

Rechte Seite: Flagge zeigen, auf Schweizer Art.

Beliebte Stücke, berühmte Sänger, aber auch regelmäßige Uraufführungen, Kinderopern und Ballett prägen den vielseitigen Spielplan. Das Haus ist ein schönes Beispiel der Theaterbauarchitektur um 1900 – eines der wenigen noch ganz erhaltenen Theater der beiden Wiener Architekten Fellner und Helmer. Das außen klassisch anmutende Gebäude vereinnahmt Besucher im Innern besonders durch seine neubarocke Verspieltheit. Die reichen Stuckarbeiten sowie die fantasievollen Deckengemälde und der originale bemalte Theatervorhang waren Grund genug, dass das Zürcher Opernhaus unter Denkmalschutz gestellt wurde. Anfang der 1980er-Jahre ist es rundum renoviert worden.

04 Zürich-West

Kein Zürcher Stadtquartier hat in der jüngsten Vergangenheit einen derart großen Wandel durchlebt wie das ehemalige Industriegebiet – äußerster Teil des Stadtkreises 5 – zwischen Escher-Wyss-Platz und Hardturm. Wo einst Schiffe gebaut und Motoren gefertigt wurden, stehen heute Kunst, Design, Gastronomie, Kultur, Shopping und Architektur im Mittelpunkt. Die Fabriken sind weggezogen und hinterließen enorm viel Raum, den sich Kreative zunutze machen. Ein neuer Stadtteil mit zahlreichen Hochhäusern ist hier herangewachsen. Unbestrittene Höhepunkte in Zürichs urbanem Westen sind – neben dem Prime Tower, dem zweithöchsten Gebäude der Schweiz – Frau Gerolds Garten, ein charmanter Stadtgarten mit Restaurant- und Barbetrieb, der aus Containern aufgebaute Freitag-Turm oder die schöne Einkaufs- und Bummelmeile entlang der Viaduktbögen.

05 Zürichsee

Aus der Vogelperspektive gleicht der Zürichsee einer Banane. Er ist bis Rapperswil rund 28 Kilometer lang und erreicht zusammen mit dem Obersee rund 42 Kilometer. An der breitesten Stelle zwischen Stäfa und Richterswil misst er knapp vier Kilometer. Zwischen Rapperswil und Pfäffikon liegen zwei Inseln, die bewohnte Ufenau und die unter Naturschutz stehende, unbewohnte Lützelau. Bei Rapperswil weist der See eine Verengung auf, gebildet durch die Halbinsel Hurden. Dort erbaute man einen Seedamm. Seither nennt man den Teil zwischen Rapperswil und Schmerikon Obersee. Das rechte Ufer heißt wegen seiner sonnigen Lage und der überdurchschnittlich einkommensstarken Bevölkerungsschicht im Volksmund »Goldküste«, während das meteorologisch weniger verwöhnte linke Ufer leicht herablassend »Pfnüselküste« (Pfnüsel = Schnupfen) genannt wird.

FISCHERS FRITZ CAMPING

Kreativ, nahe am Wasser und interessant auch für Gernegutesser zeigt dieser Campingplatz, dass sich Camping auch mit jungen, frischen Ideen umsetzen lässt: Fischers Fritz bietet nicht nur Stellplätze in einem teilweise parkähnlichen Gelände direkt am See, sondern serviert im angeschlossenen Restaurant auch raffiniert zubereiteten Fisch aus der Region.

Seestrasse 559, 8038 Zürich, www.fischers-fritz.ch, GPS: 47.33586, 8.54121

CAMPING SIHLWALD

Rund 17 Kilometer südwestlich von Zürich direkt an einem Bach im Naturerlebnispark Sihlwald gelegener Campingplatz mit 60 Stellplätzen und einer guten Infrastruktur für Wohnmobilisten. Ideal auch für einen etwas längeren Aufenthalt über die Stadtbesichtigung hinaus.

Tabletenstrasse 51, 8135 Sihlwald, www.campingsihlwald.ch, GPS: 47.26382, 8.56054

CAMPINGPLATZ RAUSENBACH

Knapp 15 Kilometer südöstlich der Stadt in einem Naturschutzgebiet am idyllischen Greifensee im Zürcher Oberland gelegener Campingplatz mit Stellplätzen. Familär geführt, sauber, gepflegt. Gute Anbindung mit Bus und Bahn, auch mit dem Fahrrad ist man bald in Zürich.

Rausenbachweg 8, 8124 Maur, www.camping-rausenbach.ch, GPS: 47.34624, 8.66958

Oben: Malerisch liegt die Berner Altstadt auf einem Plateau in einer Schleife des Flusses Aare. Rechte Seite: Kennzeichnend für das geschlossene Bild der Altstadt sind die stattlichen Zunft- und Bürgerhäuser mit ihren Laubengängen.

31 BERN

Dass die Eidgenossen im Jahr 1848 nicht Zürich zu ihrer Bundeshauptstadt erkoren, sondern das kleinere Bern, muss mit einer Erkenntnis Albert Einsteins zu tun haben, dessen Wohnung in der Kramgasse 49 heute ein Museum ist: Alles ist relativ – und nicht immer nur die Größe ausschlaggebend. Der Überlieferung nach gründete Herzog Berchthold V. von Zähringen im Jahr 1191 die Stadt. Dank kriegerischer Expansion konnte die seit 1218 Freie Reichsstadt ihr Territorium enorm vergrößern; im 16. Jahrhundert avancierte sie zum größten Stadtstaat nördlich der Alpen. Unter den Schweizer Städten ist die Bundesstadt heute die viertgrößte. Auch was die internationale Bedeutung als Wirtschaftsstandort anbelangt, haben ihr die Finanzmetropolen Zürich und Genf sowie das industriell ausgerichtete Basel den Rang abgelaufen. Aber Bern ist das politische Zentrum der Schweiz und ein viel besuchtes Reiseziel mit breitem Kulturangebot.

Informationen:
www.bern.com/de/home, www.myswitzerland.com/de-ch/reiseziele/bern, www.bern.ch/themen/mobilitat-und-verkehr/motorrad-und-auto/parkieren

01 Altstadt

Zu den elegantesten historischen Bauten in der Altstadt zählt das Rathaus, dessen Außentreppe und Wappenschmuck originalgetreu wiederhergestellt wurden. Es wurde von 1406 bis 1417 errichtet und 1942 erneuert. Die Heiliggeistkirche von 1729 gilt als der wichtigste protestantische Barockbau des Landes. Wahrzeichen der Stadt ist das ehemalige Stadttor Zytgloggeturm (Zeitglockenturm), das aus den Resten der Stadtmauer erbaut wurde. Unter der Vielzahl schöner historischer Wohngebäude sticht besonders das Ensemble in der Gerechtigkeitsgasse hervor, die Häuser stammen zum Teil noch aus dem 16. Jahrhundert.

02 Brunnen

Sehenswert sind die insgesamt elf Renaissancebrunnen mit ihren expressiven Brunnenfiguren. Am Gerechtigkeitsbrunnen lässt Justitia ihre Waagschalen über den Häuptern der mächtigsten Herrscher des Mittelalters schweben: Papst, Kaiser, Sultan und der Bürgermeister von Bern. Am Kindlifresserbrunnen schreckt eine unheimliche Figur Kinder vom Ungehorsam ab, am Rryfflibrunnen wacht ein Armbrustschütze.

03 Münster

Das Berner Münster St. Vinzenz ist die größte und bedeutendste Kirche der Spätgotik in der Schweiz. Der Grundstein für die dreischiffige Pfeilerbasilika wurde 1421 gelegt, der Turm erst 1893 vollendet. Bauherren waren die Bürger Berns, die auch die zwölf Seitenkapellen stifteten. Weltberühmt ist das Portal mit der Darstellung des Jüngsten Gerichts. Seine Figuren wurden wie diejenigen in der Hauptvorhalle von Erhard Küng geschaffen. Im Innern lassen die

CAMPING EICHHOLZ

Stadtnah mit eigenem Flussstrand – dieser Campingplatz ist ideal für Wohnmobilisten, die die Stadt Bern besichtigen möchten. Die kleinen Stellplätze liegen lauschig direkt an der Aareschleife, nah genug für einen Ausflug mit dem Rad in die Stadt. Oder man nimmt die Tram – Gäste erhalten das Bern Ticket gratis.

Strandweg 49, 3084 Wabern, www.campingeichholz.ch, GPS: 46.93274, 7.45536

TCS CAMPING BERN – EYMATT

Schöner, freundlich geführter Campingplatz mit geräumigen Stellplätzen und guter Verkehrsanbindung. Sauber, gepflegt. Beim Check-in erhält man auch hier das Bern Ticket gratis.

Wohlenstrasse 62C, 3032 Bern, www.tcs.ch/de/camping-reisen/camping-insider/campingplaetze/tcs-campingplaetze/campingplatz-bern-eymatt.php, GPS: 46.96484, 7.38397

---

hohen Chorfenster, deren älteste aus der Zeit um 1450 stammen, mit ihren Glasmalereien eine fast bühnenartige Beleuchtung entstehen. Im Jahr 1523 kam das reich mit Aposteln, Propheten und Alltagsfiguren geschnitzte Chorgestühl dazu, der Taufstein des Meisters Albrecht von Nürnberg folgte 1524. Im Turm befindet sich auch die mit zehn Tonnen schwerste Glocke der Schweiz mit einem der tiefsten Glockentöne der Welt.

04 Kram- und Gerechtigkeitsgasse

Mitten in der Berner Altstadt schlagen die Herzen der Shoppingfans höher. Über sechs Kilometer erstrecken sich die Lauben, in denen zahlreiche Geschäfte untergebracht sind. Schattenspendend oder vor Regen schützend – das Einkaufen in dieser historischen Atmosphäre ist immer ein Erlebnis!

05 Bärengraben

Dieses Gehege gehört zu Bern wie der Eiffelturm zu Paris und der Tower zu London. Deshalb führt auch jede Altstadtbesichtigung am Ende über die Aarebrücke zur Residenz der Berner Symboltiere. Weil ein solcher Graben nicht mehr dem heutigen Tierschutzstandard entspricht, entstand ein erweiterter Bärenpark, in dem sich Meister Petz auch mal verstecken kann, wenn ihm der touristische Andrang auf die Nerven geht.

06 Kellertheater Katakömbli

Fast 60 Jahre lang gehörte das Katakömbli in der Altstadt zur Kleinkunstszene. Zuletzt in der Hand einer Genossenschaft, wurde es als nicht gewinnorientierte Unternehmung geführt und hatte so größere Freiheiten als vergleichbare Institutionen. Und doch musste es im Dezember 2020 für immer schließen.

07 Marzilibad

Als traditionsreiche Freizeitinstitution machte das Berner Marzilibad an der Aare erstmals während der sexuellen Revolution der 1960er-Jahre Schlagzeilen, wurden dort doch die ersten Barbusigen gesichtet. Heute lockt das wohl niemanden mehr hinter dem Ofen hervor, und so lässt man sich mit Berner Nonchalance entspannt die Aare hinuntertreiben.

Oben: Wo die Fontäne des Jet d'eau ihr Wasser 145 Meter hoch gen Himmel schießt, liegt Genf (Genève), von Jura und Savoyer Alpen umkränzt, an die Bucht des Genfer Sees geschmiegt. Rechte Seite: Raddampfer am Genfersee.

32 GENF

Nach Zürich ist die am Abfluss der Rhone aus dem Genfersee gelegene Stadt die zweitgrößte der Schweiz. Das »protestantische Rom«, in dem Johannes Calvin vor gut 450 Jahren seine Reformideen propagierte und Henri Dunant 1864 das Rote Kreuz gründete, präsentiert sich heute als internationale Stadt. Ein Drittel ihrer Bewohner sind Ausländer, 200 überstaatliche Organisationen, darunter auch die Vereinten Nationen und die Weltgesundheitsorganisation (WHO), haben hier ihren Sitz. Zu den weiteren Attraktionen gehören die Kathedrale St. Peter samt angrenzender Place du Bourg-de-Four, das Palais des Nations – heute Hauptsitz der UN – und das Denkmal des gebürtigen Genfers Jean-Jacques Rousseau. Schön anzusehen ist außerdem der Jet d'eau an der Promenade.

Informationen:
www.geneve.com/de, www.geneve.ch/de/public/touristen, www.geneve-parking.ch

01 Internationales Rotkreuz- und Rothalbmondmuseum

Das Museum gibt einen Einblick in die Geschichte und die Arbeit der Internationalen Rotkreuz- und Rothalbmondbewegung, die auf den gebürtigen Genfer Henry Dunant (1828–1910) zurückgeht, der damit dem Schrecken kriegerischer Auseinandersetzungen, den er auch selbst während einer Geschäftsreise in der Nähe der italienischen Stadt Solferino erfahren hatte, humanistisch begegnen wollte. Die Dauerausstellung »Das humanitäre Abenteuer« informiert über Problematiken unserer Zeit, die zum Nachdenken anregen. Drei große Themenbereiche der Ausstellung wurden von verschiedenen Architekten innovativ gestaltet: »Die Menschenwürde verteidigen«, »Familienbande wiederherstellen«, »Risiken von Naturgefahren begrenzen«. Außerdem kann man 150 Jahre humanitäre Geschichte chronologisch nachverfolgen und einen aktuellen Einblick in die Arbeit des Roten Kreuzes und des Roten Halbmonds auf der ganzen Welt gewinnen. Sonderausstellungen zu vergangenen oder aktuellen Ereignissen sind eine interessante Ergänzung.

02 Ariana Museum Geneva

Von außen gleicht das erhabene Gebäude einem stolzen Schloss. Dabei ist im Schweizer Museum für Keramik und Glas, wie das Musée Ariana auch genannt wird, eine wertvolle Ausstellung untergebracht, die in dieser Form nur in der Schweiz zu finden ist und auch auf europäischer Ebene enorme Bedeutung hat. Gustave Revilliod, ein Genfer Sammler und Mäzen, ließ das prunkvolle Gebäude im 19. Jahrhundert als Museum erbauen. In den 1980er-Jahren wurde das Gebäude renoviert. In seinem Inneren, das nicht minder vornehm gestaltet ist als sein Äußeres, zeigt es wertvolle Exponate und Wissenswertes zur Glas- und Keramikherstellung vom 14. Jahrhundert bis in die heutige Zeit.

03 Jet d'eau

Rund 140 Meter hoch »springt« das Wasser des Jet d'eau – damit ist das Wahrzeichen der Stadt Genf sogar noch 50 Meter höher als die Freiheitsstatue. Ursprünglich konnte man den Wasserstrahl an dem Kraftwerkgebäude beobachten; jeden Abend wurde er aus technischen Gründen genutzt, um Überdruck in den Leitungen zu verhindern. Als das nicht mehr nötig war, beschloss man im Jahr 1891, das ausgediente Ventil an anderer Stelle, der Jetée des Eaux-Vives, neu zu installieren und zur Touristenattraktion zu machen. Der Plan ging auf, und so erfreuen sich Einheimische und Besucher aus aller Welt gleichermaßen an dem weißen Wasserstrahl. Übrigens ist der Jet d'eau bis heute nicht automatisiert, und so muss er jeden Morgen von Hand per Knopfdruck angeschaltet werden. Wenn zu starker Wind herrscht oder die Temperaturen sich dem Gefrierpunkt nähern, wird er sofort abgeschaltet.

04 Palais des Nations

Die Vereinten Natonen (UN oder UNO) sind die größte Organisation, die die Menschheit je gegründet hat: Und diese mächtige internationale Organisation hat einen ihrer beiden Hauptsitze (neben New York) in Genf, mitten im Ariana-Park am Ufer des Lac Léman. Palais des Nations heißt der eindrückliche Gebäudekomplex, in dem die rund 1600 Mitarbeiter Einsätze und Verhandlungen in der ganzen Welt koordinieren und in dem auch immer wieder hohe Gäste aus der internationalen Politik ihre Stühle zusammenrücken. Über 8000 sogenannte Nationentreffen finden in dem gut 600 Meter langen Megabau jährlich statt. Auf einer geführten Tour kann man neben berühmten Sälen wie der »Hall of Human Rights« (Menschenrechtssaal) auch die Räume besichtigen, in denen die Geschenke ausgestellt sind, die Staatschefs und Diplomaten aus aller Welt auf ihren UN-Besuchen nach Genf mitbrachten.

05 Kathedrale

Die dreischiffige Pfeilerbasilika St. Pierre in Genf, erbaut von 1150 bis 1232, war bis 1536 Sitz des katholischen Bischofs. In der Reformationszeit wurde sie das Wirkungszentrum Jean Calvins und Hauptkirche der Protestanten, die den Großteil des katholischen Dekors entfernten. In seiner calvinistischen Kargheit strahlt der im romanischen Stil begonnene und frühgotisch vollendete Bau majestätische Würde aus. Die beiden unvollendeten Haupttürme kamen im 13. Jahrhundert hinzu, der klassizistische Säulenportikus um 1750, die metallene Turmspitze im Jahr 1895. Sehenswert sind der Stuhl Calvins, das geschnitzte Chorgestühl und das Grab des Hugenottenführers Henri de Rohan (1579–1638). Eine steile Wendeltreppe führt auf den Nordturm, der einen hervorragenden Rundblick bietet. In einem Museum unter der Kathedrale werden die reichen archäologischen Funde des Ortes gezeigt.

06 Place du Bourg-de-Four
Der älteste Platz von Genf ist ein beliebter Treffpunkt bei Jung und Alt. Schon seit dem 11. Jahrhundert gilt er als das Zentrum der Stadt, an dem sich alle Straßen treffen. Wo früher noch reges Markttreiben herrschte, sitzen heute die Gäste gelassen in den einladenden Cafés und auf den Terrassen der Lokale.

07 Musée d'art et d'histoire
Das Museum für Kunst und Geschichte gehört zu den größten Museen der Schweiz. Auf vier Stockwerken werden anhand verschiedener Sammlungen der Bereiche Archäologie, Angewandte Kunst und Bildende Künste die bedeutenden Phasen der Geschichte der westlichen Zivilisation beleuchtet. Zu sehen sind unter anderem Objekte aus dem alten Ägypten, dem antiken Griechenland, dem Nahen Osten sowie byzantinische Kunst, Waffensammlungen, Musikinstrumente, Silber, außerdem Gemälde der italienischen, englischen, holländischen, französischen und Schweizer Schulen. Ein berühmtes Gemälde ist der »Wunderbare Fischzug« von Konrad Witz

Von oben nach unten: Internationales Rotkreuz- und Rothalbmondmuseum, mit dem Fahrrad durch die Altstadt von Genf, Librairie Bernard Letu in der Rue Jean-Calvin 2.

Rechte Seite: Genfs »grüne Seele«, der Parc des Bastions.

(um 1400–1446), der dabei drei am See Genezareth spielende biblische Szenen an das nördliche Ufer des Genfersees verlegte – und zwar so präzise, dass am rechten Bildrand noch einzelne Bauten der damals befestigten Stadt Genf zu sehen sind.

08 Parc des Bastions

Im großen Park am Rande der Altstadt prägen hohe Bäume und gepflegte Grünflächen das Bild, große Schachbretter sorgen für einen vergnüglichen Zeitvertreib. Außerdem verbirgt sich im Park eine der bedeutendsten Sehenswürdigkeiten von Genf: das Internationale Reformationsdenkmal, eine etwa 100 Meter lange Steinwand mit Skulpturen der Begründer der Genfer Reformation. Den Hauptteil bilden die Statuen der Genfer Reformatoren Guillaume Farel, Johannes Calvin, Theodor Beza und John Knox. Sie und die weiteren Skulpturen, die an der Mauer zu sehen sind, wurden von den französischen Bildhauern Paul Landowski und Henri Bouchard gefertigt. Des Weiteren gibt es in dem Park Prachtgebäude wie den Palais Eynard, das heutige Stadthaus, sowie das Universitätsgebäude und die Bibliothek von Genf zu bewundern.

09 MEG (Musée d'Ethnographie de Genève)

Schon von außen zieht der moderne Neubau alle Blicke auf sich, doch der eigentliche Schatz verbirgt sich im Inneren des Gebäudes. Hier wartet eine der größten völkerkundlichen Sammlungen der Schweiz. An die 400 000 Sammlerstücke, darunter Bücher, Foto- und Filmmaterial und weitere Objekte, geografisch nach Kontinent geordnet, sind hier zu bestaunen. Zusätzlich gibt es eine Fachbibliothek, Konferenzräume, ein Auditorium und Medienzentrum. Austauschen kann man sich auch im Café oder in der Buchhandlung. Der Außenbereich lädt mit viel Grün und Sitzgelegenheiten zum Verweilen ein.

10 Carouge

Als »Greenwich Village« des Kantons Genf wird Carouge auch bezeichnet. Der Ort ist zu Fuß von der Genfer Innenstadt aus über die Arve erreichbar, und obwohl die Carouge-Brücke heute mehr eine Verbindung als – wie im 18. Jahrhundert – eine Grenze zwischen beiden Städten darstellt, könnten sie unterschiedlicher nicht sein. Denn Carouges Vergangenheit als savoyische Königsstadt und Teil von Sardinien-Piemont brachte südländisches Flair, das bis heute spürbar ist. So reihen sich in den kleinen Gassen Künstler, Antiquitätenhändler, Boutiquen und winzige Läden aneinander, hinter beinahe jedem Haus verbirgt sich ein verwunschener Gartenhof, an beinahe jeder Ecke wartet ein Café mit schattiger Terrasse, am Abend sitzt man in gut besuchten Bars zusammen. Der lebhafte Ort hat trotz allem Dorfcharakter, sonntags herrscht feiertägliche Ruhe. Sehenswert sind der Jüdische Friedhof, die Kirche Saint-Croix und der Place du Temple.

TCS CAMPING GENF-VÉSENAZ

Am Genfer See zu stehen und vom Wohnmobil aus aufs Wasser zu blicken, muss kein Traum bleiben: Hier gibt es sogar einen eigenen Badestrand, und man erhält die Free Geneva Transport Card gratis.

Chemin de la Bise 19, 1222 Vésenaz, www.tcs.ch/de/camping-reisen/camping-insider/campingplaetze/tcs-campingplaetze/campingplatz-genf-vesenaz.php, GPS: 46.24525, 6.19356

CAMPING ST DISDILLE

Es gibt Campingplätze, die deutlich näher an Genf liegen – St Disdille ist etwas mehr als 40 Kilometer in nordöstlicher Richtung entfernt. Aber wenn Nähe nicht entscheidend ist, ist es hier am See sehr schön.

117 Av. de Saint-Disdille, 74200 Thonon-Les-Baines, https://disdille.com/de, GPS: 46.39935, 6.50401

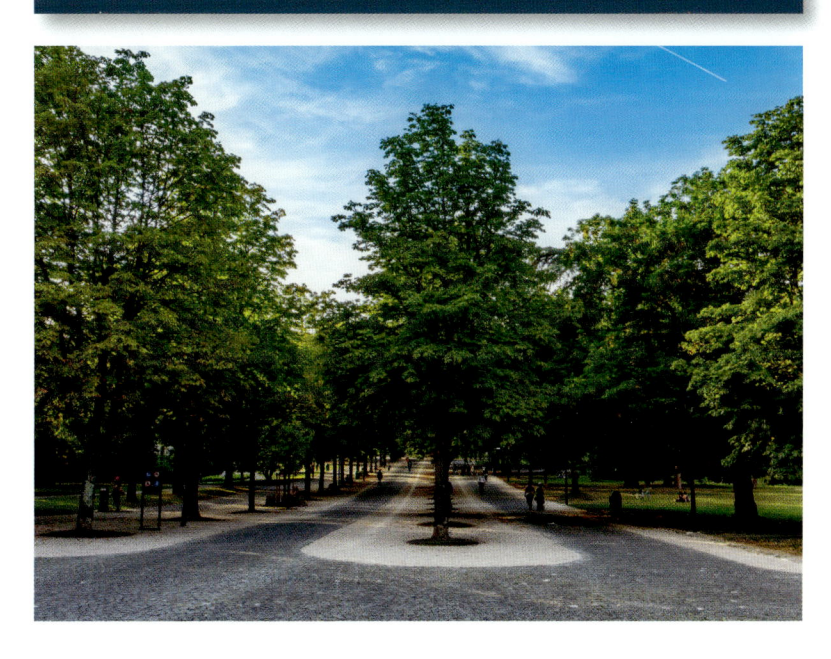

Über den Inn fällt der Blick auf die bunten Häuser der Stadt, dahinter erhebt sich das Karwendelgebirge: Auf dem Innsbrucker Klettersteig können Klettersportler die sieben Gipfel der Nordkette erobern.

33 INNSBRUCK

Innsbrucks landschaftliche Lage begeisterte schon Johann Wolfgang von Goethe, der von der Stadt – »herrlich in einem breiten, reichen Tale zwischen hohen Felsen und Gebirgen« – gefangen war. Ein Mann prägte die Geschicke Innsbrucks ganz besonders: Kaiser Maximilian I. (1459–1519). Der über das Heilige Römische Reich Deutscher Nation regierende Habsburger erkor Innsbruck nicht nur zu seiner Lieblingsstadt, sondern auch gleich zu seiner Hauptresidenz. Daraufhin begann er, die Stadt prächtig auszubauen. Eine berühmte Hinterlassenschaft ist das Goldene Dachl: 2657 vergoldete Kupferplatten zieren Europas wohl berühmtesten Hauserker. Auch die mittelalterliche Altstadt mit der Hofburg, der Hofkirche mit dem Grabmal Maximilians I., dem Dom und dem hoch aufragenden Stadtturm neben dem historischen Rathaus aus dem 14. Jahrhundert laden zu einem Spaziergang ein. Im Winter stürzen sich Skispringer südlich von Innsbruck von der legendären Bergiselschanze, die in ihrer heutigen Form ein Werk der Stararchitektin Zaha Hadid ist.

Informationen:
www.innsbruck.info, www.tirol.at/orte/a-innsbruck, www.austria.info/de/reiseziele/staedte/innsbruck, www.innsbruck.gv.at (P+R)

01 Maria-Theresien-Straße

Die vielen Einkaufsmöglichkeiten auf der teilweise zu einer Fußgängerzone umgewandelten Maria-Theresien-Straße sollten den Innsbruck-Reisenden nicht von den sehenswerten Gebäuden und Monumenten ablenken. Alles überragend dominiert die Annasäule die belebte Straße. Die Statue zeigt zwar die Jungfrau Maria; ihren Namen bekam die Säule aber, weil sie am Annatag gestiftet wurde. Das prächtige Alte Landhaus lohnt ebenfalls einen Blick. Der barocke Palast beeindruckt durch seine aufwendig gestaltete Fassade. Heute tagt hier der Landtag von Tirol unter Deckenfresken von Cosmas Damian Asam. Ihren Abschluss findet die Maria-Theresien-Straße in der Triumphpforte, die an die Hochzeit des Sohnes der Kaiserin erinnert; die nördliche Seite erinnert an den plötzlichen Tod ihres Mannes, der kurz nach den Feierlichkeiten 1765 verstarb.

02 Helblinghaus

Von gotischen Bauten umgeben, ist das barocke Helblinghaus in der Herzog-Friedrich-Straße kaum zu übersehen. Anfang des 18. Jahrhunderts wurde es vermutlich von Anton Gigl mit einer Stuckfassade ausgestattet. Früchte, Putti, Muscheln, Blumen und Blätter schmücken das Gebäude.

03 Dom zu St. Jakob

Elegant erhebt sich die nach innen schwingende Doppelturmfassade des Doms vor dem staunenden Besucher. Die hohe Kuppel, die den Chor bekrönt, ist nicht weniger beeindruckend. Zu Beginn des 18. Jahrhunderts wurde der Dom an der Stelle einer spätgotischen Kirche errichtet. Die beschwingten Stuckatu-

Das berühmte Goldene Dachl (oben links): Hier zeigte sich der Kaiser dem Stadtvolk oder war selbst Zuschauer bei Festen oder Turnieren. Oben rechts: Blick in den Innsbrucker Dom mit der großen Orgel auf der Westempore.

ren und farbintensiven, prall gefüllten Deckenmalereien schufen die Brüder Asam. Gewidmet sind sie der Vita des heiligen Jakob, dem Patron der Kirche. Im nördlichen Querschiff tötet hingegen der heilige Georg den sich windenden Drachen. Die Skulpturengruppe ist Teil des Grabmals des Landesfürsten Maximilian III.

04 Kaiserliche Hofburg

An der Innsbrucker Hofburg bauten diverse Herrscherpersönlichkeiten mit, angefangen bei Sigmund dem Münzreichen (1427–1496) über Kaiser Maximilian I. (1459–1519) bis hin zu Maria Theresia (1717–1780). Letztere verband aber keine guten Erinnerungen mit der Hofburg: Hier verstarb ihr geliebter Gatte, sein Sterbezimmer ließ sie zur Hofkapelle umbauen. Der bedeutendste Prunkraum ist der Riesensaal: Sein Name bezieht sich nicht auf dessen durchaus stattliche Dimensionen, sondern auf die ursprünglichen Wandmalereien. Maria Theresia ließ hier statt mythischer Giganten Familienporträts und ihre Dynastie preisende Deckengemälde anbringen. Auch Kaiserin Elisabeth (1837–1898), besser bekannt als Sisi, richtete sich ein Appartement ein. Prunkräume wie der Gardesaal oder das Ratszimmer sowie die kaiserlichen Appartements stehen interessierten Besuchern offen.

05 Hofkirche, Silberne Kapelle

»Schwarzmander« genannte Bronzefiguren umgeben in der Hofkirche das Grabmal Kaiser Maximilians I. Insgesamt sind es 28 bedeutende Herrschergestalten – vom sagenhaften König Artus bis hin zum Habsburger Friedrich III., dem Vater des Kaisers. Das Grab, das sie so würdevoll im Auge behalten, ist allerdings leer, denn der Kaiser ließ sich in Wien bestatten. Die Innsbrucker Hofkirche aus dem 16. Jahrhundert wurde mit dem Ziel erbaut, das Grabmal aufzunehmen; allerdings nicht etwa als Grabstätte, sondern als Denkmal für den Kaiser. Die wichtigste Pilgerstätte der Kirche ist heute wohl das Grabmal Andreas Hofers (1767–1810). Der Nationalheld Tirols fand hier 1823, 13 Jahre nach seinem Tod, die

Die Annasäule ist wie die Spitalskirche ein markanter Punkt auf der von schmucken Häusern gesäumten Maria-Theresien-Straße.

Oben: Der Spanische Saal im Schloss Ambras ist ein besonders beeindruckendes Beispiel der frühen Renaissance-Raumkunst im deutschsprachigen Raum.

Rechte Seite: Futuristisch wirkt der Eingang der Hungerburgbahn.

letzte Ruhe. Sehenswert ist auch die »Silberne Kapelle« im oberen Stock sowie die darin erhaltene Schwalbennestorgel. In der Kapelle sind die Grabmäler des Erzherzogs Ferdinand II. und seiner Frau Philippine Welser untergebracht.

06 Hofgarten

Im 15. Jahrhundert wurde der Hofgarten mitten in der heutigen Stadt angelegt. Spazieren gehen durften damals aber nur Adlige wie Fürsten und kaiserliche Hoheiten. Den Erzählungen nach soll Kaiserin Maria Theresia bei Umgestaltungen selbst mitgeplant haben. Glücklicherweise sind die feudalen Zeiten vorbei, sodass die »grüne Lunge Innsbrucks« heute von allen gerne genutzt wird, zum Picknicken und Erholen, als Treffpunkt mit Freunden und Familie. Wenn man zur richtigen Zeit im Hofgarten ist, kann man in einem Pavillon Musik lauschen. In der kalten Jahreszeit verwandelt sich der Park in ein Winterwunderland.

07 Alte Universität

Um die Jesuitenkirche herum befinden sich die historischen Gebäude der Universität Innsbruck. Heute ist hier die Theologische Fakultät untergebracht, und die Kreuzkuppelkirche bildet seit dem 17. Jahrhundert den passenden Mittelpunkt. Ihre Fassade wurde von Christoph Gumpp gestaltet. Sein Name ist in Innsbruck nicht unbekannt, mehrere Generationen seiner Familie prägten das architektonische Bild der Stadt.

08 Tiroler Landesmuseum

Andreas Hofer ist hier ebenso vertreten wie Bergbauhistorie: Die Sammlungen des Tiroler Landesmuseums in der Nähe der Hofkirche sind äußerst vielfältig angelegt, man findet historische Waffen, Münzen und Urkunden, aber auch kunstgeschichtliche Sammlungen mit Werken von Lucas Cranach dem Älteren oder Rembrandt, Instrumentensammlungen des Tiroler Geigenbauers Jakob Stainer und vieles mehr. Hier hat auch das Tiroler Volksliedarchiv seinen Sitz, in dem Noten und Texte ab dem 17. Jahrhundert gesammelt werden.

09 Alpenzoo

Den Eingang zu diesem außergewöhnlichen Zoo bildet die Weiherburg (1460). Wo heute das Bibergehege steht, befanden sich schon im 15. Jahrhundert Weiher, die der alten Burg ihren Namen gaben. Im Jahr 1591 ließ Erzherzog Ferdinand II. hier einen kaiserlichen Tiergarten erbauen. Der Alpenzoo in seiner heutigen Form ist das Lebenswerk des österreichischen Zoologen Hans Psenner (1912–1995). Der von ihm im Jahr 1962 gegründete und bis 1979 geleitete, vier Hektar umfassende Zoo beherbergt etwa 150 Tierarten. Wildtiere, die in der Alpenregion in freier Wildbahn leben, werden in großen, möglichst dem natürlichen Lebensraum nahe kommenden Gehegen und Aquarien gehalten. Das ganze Jahr über können Besucher die Tiere beobachten: Im Winter machen zwar Murmeltiere und Reptilien Winterschlaf, dafür gibt es im Frühling und Frühsommer bei vielen Tierarten Nachwuchs. Bemerkenswert sind auch Wiederansiedlungsprojekte von in Tirol ausgestorbenen oder vom Aussterben bedrohten Tierarten.

10 Stift Wilten

Am Anfang stand ein Mord: Der Riese Haymon erschlug einen anderen seiner Art und grämte sich so sehr, dass er an der Stelle ein Kloster stiftete – aber erst, nachdem ein Mönch ihn mahnend auf die Abscheulichkeit seines Verbrechens hingewiesen hatte. Mit Sicherheit weiß man von dem Kloster seit dem 12. Jahrhundert. Die Klosterkirche wurde immer

CAMPING NATTERER SEE

Modern, idyllisch und doch ruhig – dieser Platz verwöhnt seine Gäste mit der Nähe zu Innsbruck und mit dem abendlichen Badevergnügen im See. Nadelbäume spenden Schatten, und für Familien mit Kindern gibt es ausreichend Attraktionen am Platz.

Natterer See 1, 6161 Natters, www.natterersee.com, GPS: 47.2368, 11.34002

KARWENDEL-CAMPING

Dieser Campingplatz hat Flair, überzeugt mit modernen Sanitäranlagen und schön eingefriedeten Plätzen für alle, die ihre Zeit am Achensee noch gern verlängern wollen. Der Platz liegt schon an der Strecke nach Innsbruck.

Planbergstraße 23, 6212 Maurach am Achensee, www.karwendel-camping.at, GPS: 47.42154, 11.74038

wieder umgebaut, der heute sichtbare Bestand stammt aus dem Barock. Anlass für den erneuten Umbau war der Einsturz eines der Türme, der jedoch nicht neu errichtet wurde. Die Innengestaltung besticht vor allem durch die feine Farbabstimmung und den prächtigen Hochaltar mit der Darstellung vom Thron Salomons. Auch den reumütigen Stifter des Klosters und sein Opfer hat man nicht vergessen. Sie begrüßen, aus Stein gemeißelt, den Besucher gleich am Portal.

11 Wiltener Basilika

Rokoko vom Feinsten bietet die Pfarrkirche von Wilten, die mit vollem Namen »Basilika Unsere Liebe Frau von der unbefleckten Empfängnis« heißt. Schon römische Legionäre sollen hier die Heilige Jungfrau angebetet haben, und so begeben sich seit dem Mittelalter vermehrt Wallfahrer an den Ort. Dass die Kirche eine Wallfahrtsstätte ist, sieht man schon an ihrer für eine Pfarrkirche recht ungewöhnlichen Größe. Im Inneren wird aber nicht nur der fromme Wallfahrer von der herrlich leichten Rokokoausstattung verzaubert. Der feine weiße Stuck scheint geradezu an den Wänden in die Höhe zu schweben, die Deckenfresken schildern in pastellfarbenen Tönen das Leben Marias. Seinen im wahrsten Sinne des Wortes krönenden Abschluss findet der Innenraum mit dem von vier schlanken Säulen getragenen Hochaltar.

12 Nordkettenbahn

Wer Innsbruck von oben sehen will, der muss mit der Nordkettenbahn auf das Hafelkar hinauffahren, das ganze 2334 Meter über dem Meeresspiegel hoch ist. Die Bahn führt in drei Streckenabschnitten auf den Karwendelgebirgszug. Den ersten Abschnitt legt man mit der »Hungerburgbahn« zurück, die in den entsprechenden Stadtteil Innsbrucks fährt.

13 Schloss Ambras

Schmuck und ganz in Weiß hebt sich das Schloss vom umgebenden Bergpanorama ab. Der idyllische umliegende Park setzt die entsprechenden grünen Farbakzente. Die Anlage von Schloss Ambras kommt einem Märchenschloss verdächtig nahe. Schon seine Geschichte könnte aus einem Märchen stammen: Erzherzog Ferdinand heiratete im Jahr 1557 heimlich die nicht standesgemäße Kaufmannstochter Philippine Welser und überschrieb ihr das Schloss. Der Herzog brachte seine Kunstkammer und seine Waffensammlung ins Schloss, die beide auch heute noch hier zu besichtigen sind.

Über der vieltürmigen Silhouette der Stadt an der Salzach wacht die bereits ab dem 11. Jahrhundert errichtete und später mehrfach erweiterte Festung Hohensalzburg – eine der größten und imposantesten Burganlagen Europas.

34 SALZBURG

Das »Herz vom Herzen Europas« nannte Hugo von Hofmannsthal die Hauptstadt des Salzburger Landes. Die »Mozartstadt« zählt zu den großen Kunstmetropolen Europas, wenn nicht sogar der Welt. Festung Hohensalzburg, Dom, Kollegienkirche, Residenz, St. Peter und Schloss Mirabell – das urbane Gesamtkunstwerk an der Salzach zwischen Kapuziner-, Mönchs- und Festungsberg belebt und betört die Sinne aller aufgeschlossenen Besucherinnen und Besucher mit seinem schier überquellenden Barockambiente und einem faszinierenden Kulturangebot. Zu verdanken hat die Nachwelt das urbane Juwel im Wesentlichen dem Erzbischof Wolf Dietrich von Raitenau. Dieser ließ um 1600 ihren halben mittelalterlichen Kern abreißen und die zentralen Freiräume anlegen. In der Folgezeit komplettierten seine kunstsinnigen Nachfolger das Architekturensemble. Auch prächtige weltliche Residenzen entstanden, so Schloss Mirabell mit seiner Orangerie und Schloss Hellbrunn, dessen Säle prachtvoll ausgemalt wurden. Charakteristisch für die Gassen der Altstadt sind die verschachtelten Innenhöfe der sogenannten »Durchhäuser«. Zudem durchziehen zahlreiche Brücken die Innenstadt: Nonntaler Brücke, Mozartsteg, Staatsbrücke, Makartsteg und Müllnersteg.

Informationen:
www.salzburg.info, www.salzburgerland.com, www.salzburg-ag.at/bus-bahn/stadtverkehr/park-and-ride-salzburg.html

01 Festung Hohensalzburg

Schon im ausgehenden 11. Jahrhundert, während des Investiturstreits zwischen Papst und Königtum, thronte auf dem Dolomitstock, 120 Meter hoch über der Stadt, ein Kastell. Ihre heutige Gestalt und die spätgotische Ausstattung erhielt die Festung, die als die größte vollständig erhaltene ihrer Art in ganz Mitteleuropa gilt, im Wesentlichen vor rund 500 Jahren. Dass ihre klerikalen Herren sich nicht nur zu verteidigen, sondern auch durchaus gut zu leben wussten, beweisen die Fürstenzimmer im Palas, dem Alten Schloss. Sie sind mit wunderbaren Holzvertäfelungen und bemalten Kassettendecken, mit Schnitzwerk und Wandfresken ausstaffiert.

02 Residenz und Residenzplatz

Ein Zentrum der Altstadt bildet seit dem barocken Radikalumbau um 1600 der Residenzplatz. Das weitläufige Geviert wird an seiner Nordseite von der zierlichen Michaelskirche sowie dem Salzburger Weihnachtsmuseum, im Süden von der Längsseite des Doms flankiert. Seine Mitte markiert der kolossale, mit frühbarocken Athleten, Rössern und Delfinen versehene Residenzbrunnen. Im Westen erhebt sich – äußerlich bescheiden, fast abweisend streng, innen jedoch prunkvoll-repräsentativ ausgestattet – der ehemals erzbischöfliche Palast, die Alte Residenz. Im Kern an die 900 Jahre alt und um drei Höfe gruppiert, birgt

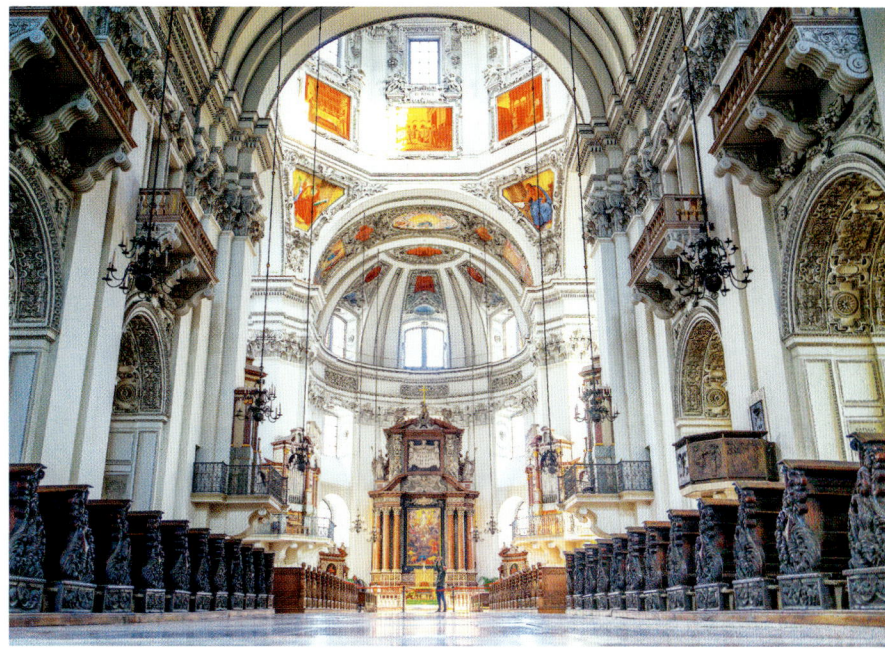

Der Salzburger Dom ist den Heiligen Rupert und Virgil gewidmet. Der Altarraum liegt unter verzierten Deckengewölben.

er 180 Räume, darunter die Residenzgalerie, deren Großteil öffentlich zugänglich ist. Vis-à-vis, in der vom berühmten Glockenspiel bekrönten Neuen Residenz an der östlichen Seite des Residenzplatzes, ist jenes Museum beheimatet, das wie kein zweites die Geschichte und Kultur der Stadt und des Landes Salzburg dokumentiert. Ebenfalls hier in der Neuen Residenz zu sehen ist das große historische »Salzburg Panorama« von Johann Michael Sattler.

03 Dom
Der Salzburger Dom ist die älteste Bischofskirche Österreichs. Die Wurzeln seiner Baugeschichte reichen tief ins frühe Mittelalter zurück und werden im Domgrabungsmuseum dokumentiert. Dort, unter der Chorkrypta, förderten Archäologen Reste sowohl einer ersten, dreischiffigen Basilika, die Bischof Virgil 774 an dieser Stelle weihte, als auch des 1181 nach einem Brand veranlassten fünfschiffigen Baus zutage. Der heutige Dom entstand in den Jahren 1614 bis 1628 nach Plänen das damaligen Hofbaumeisters Santino Solari. Dieser ließ sich von italienischen Gotteshäusern inspirieren und gestaltete eine barocke Schaufassade aus hellem Untersberger Marmor mit zwei 79 Meter hohen Türmen und reichem Figurenschmuck auf Balustrade und Giebel.

04 Franziskanerkirche
Die westlich an den Domplatz grenzende Franziskanerkirche ist »Unserer Lieben Frau« geweiht. Ihre Chronik verzeichnet einen Vorgängerbau

Vor der grandiosen Marmorfassade des Salzburger Doms kommt seit dem Jahr 1920 allsommerlich Hugo von Hofmannsthals Mysterienspiel »Jedermann« zur Aufführung.

aus dem 8. Jahrhundert und dessen Zerstörung im Jahr 1167, als Friedrich I. Barbarossa die Stadt in Flammen aufgehen ließ. Das heutige Langhaus, das man von der Sigmund-Haffner-Gasse her durch das Westportal betritt, ist ein düster anmutendes Überbleibsel des spätromanischen Folgebaus, der bereits im Jahr 1223 neu geweiht wurde. Der lichtdurchflutete gotischen Hallenchor wurde erst rund 240 Jahre später fertiggestellt – gut eine Generation vor dem gotischen Kirchturm, der die Silhouette der Altstadt bis heute maßgeblich prägt. Der reich stuckierte Kapellenkranz ist eine Hinzufügung aus dem Frühbarock.

05 Stiftskirche St. Peter

Die Benediktiner-Erzabtei von St. Peter ist das älteste noch bestehende Kloster im deutschen Sprachraum. Sie wurde um das Jahr 696 vom heiligen Rupert gegründet und fungiert seit damals als geistige und kulturelle Keimzelle der Stadt. Herzstück des zu Füßen des Mönchsbergs gelegenen Klosterbezirks, dessen Äbte stets auch (Erz-)Bischöfe von Salzburg waren, ist die Stiftskirche. 1125 bis 1147 erbaut, ist sie die einzige erhaltene hochromanische Basilika der Stadt und wurde im Barock mit Kuppel und Turmhelm versehen.

06 Felsenreitschule

Ursprünglich beherbergte der barocke Hofmarstall die Pferde der Fürsterzbischöfe. Dann, in der zweiten Hälfte des 17. Jahrhunderts, wurde der Bau am Fuße des Mönchsbergs nach Plänen J. B. Fischer von Erlachs um zwei Reitschulen erweitert. Die berühmte, aus der Felswand geschlagene Sommer- alias Felsenreitschule diente anfangs als Ort für Tierhatzen und Reitvorführungen. Ab 1926 wurde in ihr im Rahmen der Salzburger Festspiele Theater gespielt. Nach dem Krieg widmete man den 1400 Zuschauer fassenden Bau auf Betreiben Herbert von Karajans zur Opernbühne um. Später erhielt er eine Unterbühne und wurde mit einem zu öffnenden Dach versehen. Die Winterreitschule, Karl-Böhm-Saal genannt, fungiert als Pausen- und Repräsentationsraum – auch für die beiden anderen angrenzenden großen Bühnen, das Haus für Mozart und das Große Festspielhaus.

07 Mönchsberg

Den sanft welligen Höhenrücken des Mönchsbergs erklimmt man entweder bequem per Aufzug im äußersten Westen der Altstadt oder per pedes vom Festspielbezirk aus über die Stiege im Toscaninihof. Am beschaulichsten, weil relativ eben, ist der Zugang von der Festung Hohensalzburg über den Oskar-Kokoschka-Weg. Dieser führt vorbei am Freyschlössl, dem Kapellhausstöckl und der heute als Stefan-Zweig-Centre genutzten Edmundsburg, an Resten mittelalterlicher Wehranlagen entlang zum weithin sichtbar an der Bergkante thronenden Museum der Moderne. Ein Altstadtblick von der Humboldt-Terrasse aus, dann wandert man weiter Richtung Westen und hinab in den Stadtteil Mülln.

08 Haus der Natur

Das im äußersten Nordwesten der Altstadt unerhalb der Mönchsbergwand stehende Haus der Natur entstand schon in den frühen 1920er-Jahren durch die Ausgliederung der naturkundlichen Sammlung des Stadt- und Landesmuseums. In den Räumen des ehemaligen Ursulinenklosters untergebracht, deckt es eine große Spannbreite naturgeschichtlicher Themen ab – von den Anfängen des Universums und den Sauriern der Urzeit bis zur heutigen Fauna und Flora.

Oben: Der Mirabellgarten ist ein barockes Gartenjuwel.

Links: Mozarts Geburtshaus in der Getreidegasse 9.

Rechte Seite: Treppenaufgang am Mönchsberg mit herrlicher Sicht auf die Stadt an der Salzach.

09 Getreidegasse

Salzburgs berühmteste Shoppingmeile hat mit dem Einzug diverser Filialen von Fastfood- und Modeketten merklich an Originalität eingebüßt. Dennoch haftet ihr dank dem lückenlosen Spalier aus historischen Fassaden diverser Stilepochen ein sehr spezieller Charme an. Auch die vielen Durchhäuser, Vorläufer moderner Passagen, sowie die Fülle an schmiedeeisernen Hausschildern und Zunftzeichen tragen zur fotogenen Unverwechselbarkeit bei. Kulturgeschichtlich interessant sind das Rathaus mit dem stadtbildprägenden Uhrturm an ihrem östlichen Ende und das berühmte Hotel Goldener Hirsch am westlichen Ende. Gedenktafeln erinnern an die einst hier ansässigen prominenten Musiker Sigismund von Neukomm und Heinrich Ignaz Franz Biber. Den mit großem Abstand stärksten Besuchermagnet bildet freilich Haus Nr. 9 – das Geburtshaus eines gewissen Wolfgang Amadeus Mozart …

10 Mozarts Geburtshaus

Das mittelalterliche Bürgerhaus in der Getreidegasse 9, hinter dessen schönbrunngelbbeiger Fassade am 27. Dezember 1756 das musikalische Jahrhundertgenie Wolfgang Amadeus Mozart geboren wurde, ist ein Dreh- und Angelpunkt jeder Stadtbesichtigung. Es wurde im 12. Jahrhundert erbaut, im 15. Jahrhundert erstmals urkundlich erwähnt und barg bereits ab 1856 eine reichhaltige Ausstellung zu Leben und Werk Mozarts. Heute ist fast das gesamte Gebäude ein Museum.

11 Mozarts Wohnhaus

Als der Familie Mozart die Wohnung in der Getreidegasse zu eng geworden war, siedelte sie an das rechte Salzachufer hinüber. Hier, im »Tanzmeisterhaus« an der Ostseite des heutigen Makartplatzes, lebten sie acht Jahre lang, von 1773 bis 1787, in einer geräumigen Achtzimmerwohnung. Hier komponierten, probten und führten Vater und Sohn ihre Musik auch vor Gästen auf. Im Jahr 1944 wurde das Gebäude bei einem Bombenangriff zu zwei Dritteln zerstört, wenig später durch ein mehrstöckiges, gesichtsloses Bürohaus ersetzt und erst in den 1990er-Jahren dank einer Bausteinaktion der Stiftung Mozarteum sowie finanzieller Unterstützung eines japanischen Versicherungskonzerns originalgetreu wiederaufgebaut. Seither birgt es ein weiteres Mozartmuseum.

12 Mozarteum

Der kurz vor dem Ersten Weltkrieg errichtete Bau in der Schwarzstraße ist Sitz der Internationalen Stiftung Mozarteum und somit gleichsam der Nabel der weltweiten Mozart-Forschung. Er birgt aber auch Unterrichtsräume der Hochschule für Musik und Darstellende Kunst sowie zwei schöne Konzertsäle. Schmuckstück des Hauses ist die ganz im Jugendstil gestaltete Stiftungsbibliothek im ersten Stock. Sie umfasst neben einer speziellen »Bibliotheca Mozartiana« mit etwa 30 000 Titeln viele Musik- und Briefautografe der Familie Mozart. Im Garten steht das Zauberflötenhäuschen, in dem Mozart 1791, als es noch in einem Wiener Vorstadtgarten stand, große Teile seiner letzten, der gleichnamigen Oper komponiert haben soll.

REISEMOBIL STELLPLATZ SALZBURG

Dieser ist ein großer Platz mit allen notwendigen Ver- und Entsorgungseinrichtungen, Sanitär- und Waschbereichen und WiFi. Ganzjährig geöffnet. Er ist zwar nicht besonders schön, aber ideal gelegen, um Salzburg zu besuchen.

Carl-Zuckmayer-Str. 26, 5101 Salzburg, www.reisemobilstellplatz-salzburg.at, GPS: 47.83564, 13.06036

CAMPING NORD-SAM

Zentrumsnaher Campingplatz im Grünen mit etwas engen, aber teilweise auch angenehm schattigen Stellplätzen, kleinem Swimmingpool und guter Busanbindung. Auch ein Radweg ist nicht weit. Freundlich geführt, aber eher für einen Kurzaufenthalt zu empfehlen.

Samstraße 22A, 5023 Salzburg, www.camping-nord-sam.com, GPS: 47.82727, 13.0626

OST- UND SÜDEUROPA

»Grand Tour« nannte man einst die obligatorische Bildungsreise der europäischen Elite, genauer: der Söhne des europäischen Adels wie später auch des gehobenen Bürgertums, welche die vielversprechenden Sprösslinge in Länder wie Italien, Spanien und Griechenland führte. Inzwischen hat sich der Horizont bildungshungriger und erholungsuchender Reisender nicht nur auf andere Länder des europäischen Südens wie z. B. Portugal, Kroatien oder Slowenien erweitert, auch die Städte Osteuropas sind zum »klassischen Kanon« der Bildungsreisen hinzugekommen. Denn historische Architektur und faszinierende Kunstschätze lassen sich beispielsweise auch in Städten wie Warschau, Prag, Budapest oder Bukarest entdecken. Im Gegensatz zur Grand Tour vergangener Tage reisen wir heute außerdem umso bequemer: Unsere Kutsche ist das Wohnmobil! Zum Glück ist das »auf große Tour gehen« inzwischen auch nicht mehr nur auf ein Geschlecht oder eine Generation beschränkt. Und so manch einer, der in jungen Jahren seine Liebe zum sonnigen Süden oder den kulturellen Kleinoden des Ostens entdeckt hat, kommt gerne – und vor allem immer – wieder. Mit gutem Grund, wie man auf den folgenden Seiten sieht.

Immer der Sonne nach: Wo so schöne Ziele locken wie hier die von Zypressen gesäumte Auffahrt zu einer Abtei bei Florenz, da lass uns nicht länger warten – sondern gleich losfahren!

Grand Tour

Von den Kulturmetropolen Osteuropas wie Warschau, Prag oder Budapest führt dieses Kapitel in den sonnigen Süden, der mit Städten wie Sevilla, Rom oder Athen einst schon Sehnsuchtsziel früher Bildungsreisender war.

An das Ufer der Mottlau säumen sich nicht nur wunderschöne, historische Kaufmannshäuser, sondern auch das backsteinerne Frauentor sowie das unverkennbare Krantor.

35 DANZIG

Die Geschichte der polnischen Ostseemetropole reicht mehr als tausend Jahre zurück. Im 12. und 13. Jahrhundert unterhielt man enge Handelsbeziehungen zu Flandern, Russland und Byzanz. Seit dem Jahr 1361 war Danzig Mitglied der Hanse. Im Jahr 1466 kam die Stadt an die polnische Krone. 1945 zu 95 Prozent zerstört, wurde Danzig vorbildlich wiederaufgebaut. Die wichtigsten Sehenswürdigkeiten befinden sich im Zentrum der Stadt, in der Rechtstadt. Einen Besuch lohnt aber auch die nördlich der Rechtstadt gelegene Altstadt. Nicht weit vom historischen Stadtkern entfernt wurde auf der früheren Leninwerft das Ende der Volksrepublik eingeläutet. Den Kampf um die Freiheit dokumentiert das beeindruckende Europäische Solidarność-Zentrum.

Informationen:
https://visitgdansk.com/de, www.gdansk.pl/de/touristisch (hier auch Infos zum Thema Park and Ride)

01 Rechtstadt
Danzigs ältester Stadtteil bezaubert mit viel Gotik und Renaissance zwischen Goldenem und Grünem Tor. Die schlanken Prachtfassaden der Patrizierhäuser der Ulica Długa (Langgasse), das Rathaus und der Artushof am Długi Targ (Langen Markt) spiegeln die einstige Größe der Hansestadt wider. Der Platz mit dem schönen Neptunbrunnen war der »Salon« der einflussreichen Danziger Bürger und des Adels. Über all dem ragt die Marienkirche empor. Zu ihr führt die schmale ul. Mariacka, deren Beischlaghäuser eine ganz besondere Atmosphäre schaffen.

02 Artushof
Mit seiner breiten Fassade hebt sich der Sitz der kaufmännischen Bruderschaften von den anderen Gebäuden am Langen Markt ab. Im 14. Jahrhundert errichtet, traf sich hier seinerzeit alles, was Rang und Namen hatte. Zwischen den schlanken Pfeilern, die das Sterngewölbe der Haupthalle tragen, hängen heute Schiffsmodelle. Beeindruckend ist der 13 Tonnen schwere, mit 520 handgefertigten Kacheln verzierte Ofen. Der reich ausgestattete Raum ist als Teil des Stadtmuseums zugänglich, er wird aber auch für wichtige Empfänge der Stadt genutzt.

03 Rechtstädtisches Rathaus
Der hoch aufstrebende Uhrenturm und die im Stil der Spätrenaissance umgebaute Backsteinfassade setzen einen markanten Akzent am Übergang von der Ulica Długa zum Długi Targ. Der Große Ratssaal wird wegen seiner edlen Damasttapeten auch Roter Saal genannt. Seine aufwendigen Deckenmalereien sind in üppige vergoldete Schnitzereien eingefasst. Üppig vergoldet ist auch der monumentale Kamin aus Sandstein.

04 Uphagenhaus
1776–1779 vom Ratsherrn Johannes Uphagen errichtet, eröffnete hier 1911 das Museum bürgerlicher

Hinter der stolzen Renaissancefassade des Danziger Artushofs trafen sich einst Kaufleute und Adlige.

Wohnkultur. Die ausgelagerten Originale überdauerten den Weltkrieg, sodass Besucher in der Filiale des Stadtmuseums einen authentischen Einblick in die Lebensweise der Danziger Patrizierfamilien erhalten.

05 Krantor

Der mächtige mittelalterliche Bau aus dem Jahr 1444 ist wohl das bekannteste Wahrzeichen der Rechtstadt. Zur Mottlau hin flankieren zwei massive Halbrundtürme den nicht weniger eindrucksvollen Holzaufbau. Hier arbeiteten sich einst Gefangene in den Treträdern des Lastenkrans ab, um die bis zu vier Tonnen schweren Waren zu heben. Auf sechs Etagen gibt es zwei solcher Tretradpaare für verschiedene Hebedienste. In dem heute Brama Żuraw (Kranichtor) genannten gotischen Wehrbau informiert eine Ausstellung des Meeresmuseums über den Danziger Hafen.

Die Frauengasse im Schatten der Marienkirche zeigt die für eine Hansestadt typischen Beischläge.

06 Marienkirche

Die Marienkirche gilt als eine der größten Backsteinkirchen der Welt. Den Innenraum überspannt ein filigranes Sterngewölbe. Wertvollstes Stück ist Hans Memlings Triptychon »Das Jüngste Gericht«, das hier in einer Kopie zu bewundern ist. Das Original befindet sich im Nationalmuseum. Eindrucksvoll sind die vergoldeten Schnitzereien des Hauptaltars und die 14 Meter hohe astronomische Uhr von 1470. Ihre oberste Etage ziert ein Figurentheater mit Aposteln, Evangelisten, Adam und Eva, das sich nach jahrhundertelangem Stillstand wieder bewegt.

07 Altstadt

Zwischen grauen Wohnbauten und modernen Bürogebäuden sticht das Ensemble aus Katharinen- und Brigittenkirche sowie Großer Mühle

Oben links: Barock und Gotik in trauter Nachbarschaft – die Königskapelle vor der Marienkirche.

Oben rechts: Weit sichtbar – der Uhrenturm des Rathauses.

Links: Auf der Bleihof-Insel reihen sich Baltische Philharmonie und Speicherhäuser aneinander.

Unten: Der Äbtepalast in Oliwas Stadtpark gehörte wie der Dom einst dem Zisterzienserorden.

hervor. In der Katharinenkirche befindet sich das Grabmal des Danziger Astronomen Johann Hevelius. Die Brigittenkirche von 1602 wurde Anfang der 1980er-Jahre als Kirche der Solidarność bekannt. Der Freiheitsbewegung und den ermordeten Werftarbeitern ist der Hauptaltar gewidmet, dessen Verzierungen aus Bernstein gearbeitet sind. Um dieses Gold dreht sich alles in der Großen Mühle aus dem 14. Jahrhundert. Das viergeschossige Bauwerk besaß einst 18 Wasserräder und ist seit 2021 Sitz des Danziger Bernsteinmuseums.

08 Die Bleihof-Insel

Im neogotischen Elektrizitätswerk vom Ende des 19. Jahrhunderts befindet sich der Sitz der Baltischen Philharmonie mit zwei Konzertsälen. In der Nachbarschaft, in drei Speicherhäusern, zeigt das Meeresmuseum neben einer Ausstellung zur Seefahrt auch eine einzigartige Sammlung von manieristischen Gemälden flämischer und niederländischer Meister mit maritimen Motiven.

09 Nationalmuseum

Im ehemaligen Franziskanerkloster wird das Original des Triptychons »Das Jüngste Gericht« aufbewahrt. Ursprünglich für eine Familienkapelle in Florenz gemalt, kaperte der Danziger Seeräuber Paul Beneke das Schiff, das es von Brugge nach Italien bringen sollte, und stiftete das Werk der Marienkirche in seiner Heimatstadt. Das Museum zeigt in dem gotischen Klosterbau zudem Kunstgegenstände aus Danziger Sammlungen vom 13. bis 18. Jahrhundert.

10 Museum des Zweiten Weltkrieges

Einsam reckt sich der Museumsbau empor, erinnert an ein einstürzendes Haus. Die Ausstellung will die polnische Sicht auf die Ursachen und Folgen des Weltkrieges vermitteln. Authentische Stücke und Repliken sind in Kulissen arrangiert, die sich an Originalschauplätzen orientieren. Ton- und Filmaufnahmen verschaffen den Besuchern des Museums zusätzlich intensive Eindrücke.

PARKING PRZY ZOO

Wer den Oliwaer Dom besichtigen will und mit dem Wohnmobil unterwegs ist, findet hier in Laufweite zum Danziger Zoo einen kostenpflichtigen Parkplatz.

**Karwieńska, 80-328 Gdańsk,
GPS: 54.411349, 18.539795**

CAMPING STOGI NR. 218

Der mitten im Wald gelegene Campingplatz bietet sich an, wenn man Danzig ausgiebig entdecken will. Mit der Straßenbahn gelangt man in einer knappen halben Stunde ins Zentrum.

**ul. Wydmy 9, 80-656 Gdańsk, https://camping-gdansk.pl/de,
GPS: 54.3696901, 18.729322**

MARINA SIENNA GROBLA II

Blick auf die Altstadt, Parken am Hafen und nur zwei Kilometer bis ins Zentrum von Danzig. Was will man mehr? Auf diesem Logenplatz parken Camper das ganze Jahr über kostenlos, Sanitäranlagen stehen gegen eine Gebühr zur Verfügung.

**Sienna Grobla 6, 80-760 Gdańsk,
GPS: 54.35471, 18.66633**

---

11 Europejskie Centrum Solidarności – ECS

Neben dem rostfarbenen Koloss des Solidarność-Zentrums nimmt sich das blaue Tor Nr. 2 mit den weißen Lettern »Stocznia Gdańska« eher bescheiden zurück. Doch genau hier wurde 1980 Geschichte geschrieben. Die wird im ECS dokumentiert und multimedial präsentiert. In den sieben Stationen der Ausstellung können Besucher Polens Weg in die Freiheit von den Anfängen der Solidarność bis in die Jahre des Wandels nachverfolgen. Die begrünte Eingangshalle reicht über sechs Etagen, und nicht weniger eindrucksvoll ist der Blick von der Dachterrasse.

12 Oliwa

Umgeben von Plattenbauvierteln ist Oliwa ein wahres Kleinod. Bis heute hat sich sein kleinstädtischer, stellenweise sogar dörflicher Charakter erhalten. Im Zentrum liegt das von einem Park umgebene Zisterzienserkloster mit dem Dom von Oliwa. Die Erzkathedrale des Bistums Gdańsk vereint Elemente aus Gotik und Barock. Ihre drei reich verzierten Orgeln aus dem 17. und 18. Jahrhundert entfalten beim jährlichen Oliwaer Orgelfestival ihren vollen Klang.

13 Westerplatte

Mit dem Angriff des Panzerschiffs »Schleswig-Holstein« auf die Westerplatte beginnt am 1. September 1939 der Zweite Weltkrieg. 1924 hatte der Völkerbund das beliebte Seebad an der Weichselmündung dem polnischen Militär zur Nutzung übergeben, das hier ein Munitionsdepot errichtete. An die polnischen Soldaten, die eine Woche lang der deutschen Übermacht standhielten, erinnert seit 1966 ein Denkmal.

Der Warschauer Schlossplatz ist das freundliche Entree zur Altstadt. Es gibt kaum einen besseren Ausgangspunkt, um die polnische Hauptstadt in all ihren Facetten, vor allem mit Blick auf die Historie, zu erkunden.

36 WARSCHAU

Der Warschauer Skyline kann man förmlich beim Wachsen zusehen. Den 237 Meter hohen Pałac Kultury i Nauki aus den 1950er-Jahren flankiert längst ein gutes Dutzend glitzernder Glasfassaden moderner Wolkenkratzer. Die 1,8 Millionen Einwohner zählende Weichselmetropole ist nicht nur Polens Hauptstadt, sondern auch Handels- und Bankenzentrum, das einheimische wie internationale Konzerne anzieht. Bei den Reisenden gehören die Altstadt sowie die königlichen Parks Łazieniki und Wilanów zu den beliebtesten Sehenswürdigkeiten. Tatsächlich begeistert der Stadtkern wie im 13. Jahrhundert mit engen Gässchen und hübschen Bürgerhäusern. Vom Schlossplatz mit der Zygmundsäule bietet sich ein Spaziergang entlang der Stadtmauer bis zur mächtigen Barbakane am Übergang von der Alt- zur mittelalterlichen Neustadt an. Abends geht es dann gern zum Entspannen an die Weichsel.

Informationen:
https://warsawtour.pl/de,
www.myguidewarsaw.com/usefulinfo/park--ride

01 Rynek Starego Miasta

Auf dem rechteckigen Altstädter Markt erinnert die Statue der »Syrenka« (Meerjungfrau) an die Gründungslegende der Weichselstadt: Der Meerjungfrau Sawa wurden ihre lieblichen Gesänge fast zum Verhängnis. Ein Kaufmann wollte sie bei ihrer Rast am Weichselufer einfangen, um sie zu verkaufen. Doch der junge Fischer Wars und seine Freunde retteten sie auf heldenhafte Weise, sodass sie versprach, das arme Fischerdorf am Fluss ewig zu beschützen … Interessantes zur Warschauer Geschichte bietet das Stadtmuseum, das in elf Bürgerhäusern am Platz untergebracht ist.

02 Johannesdom

Das schlichte gotische Gotteshaus, die älteste Kirche Warschaus, macht durch seine markante Giebelfront auf sich aufmerksam. Seit dem 17. Jahrhundert war die einstige Schlosskapelle der masowischen Herzöge Schauplatz für Krönungen und Hochzeiten der polnischen Könige. Zudem fanden König Stanisław August Poniatowski, Staatspräsident Gabriel Narutowicz und der Literaturnobelpreisträger Henryk Sienkiewicz hier ihre letzte Ruhe.

03 Königsschloss Zygmunt III.

Waza verlegte die Residenz der Könige 1596–1611 von Krakau nach Warschau und ließ das Schloss der masowischen Herzöge im Stil des frühen Barocks umbauen. Der Thronsaal und die prachtvollen Gemächer spiegeln im Wesentlichen den Zustand des 18. Jahrhunderts wider. Eindrucksvoll ist die Gemäldesammlung, die außer den 23 Veduten Canalettos, die der Venezianer Ende des 18. Jahrhunderts im Auftrag König Stanisław Augusts anfertigte, auch Werke von Rembrandt und dem polnischen Historienmaler Jan Matejko umfasst. Eine Augen-

Auf einer 90 x 73 Meter großen Fläche wurde der Altstädter Marktplatz (Rynek Starego Miasta) im 13. Jahrhundert errichtet. Heute findet man hier hauptsächlich Restaurants und Cafés, die polnische Spezialitäten anbieten.

Rechts: Der Johannisdom mit seinem unverkennbaren gotischen Stufengiebel überragt die Dächer der Warschauer Altstadt.

Unten: Das Warschauer Königsschloss lockt mit Canalettos Veduten, repräsentativen Sälen und edlen Gemächern sowie eindrucksvollen Terrassengärten.

Unten: Mitten in der mittelalterlichen Stadtmauer, der sogenannten Barbakan, befindet sich ein Museum.

Ganz unten: Die Nożyk-Synagoge von 1902 ist Sitz des Oberrabbiners von Polen.

Rechte Seite unten: Ganz in der Nähe des Kulturpalastes befindet sich ein zentraler Campingplatz.

weide sind auch die Kubicki-Arkaden aus rotem Backstein und die Terrassengärten zur Weichsel hin.

04 Krakowskie Przedmieście/ Nowy Świat

Der Trakt Królewski (Königsweg) verbindet das Königsschloss in der Altstadt mit den Schlössern im Łazienki-Park und in Wilanów. Entlang der Krakauer Vorstadt (Krakowskie Przedmieście) befinden sich nicht nur der klassizistische Präsidentenpalast, sondern auch die 1816 gegründete Universität und die Heilig-Kreuz-Kirche, in der die Urne mit dem Herzen Fryderyk Chopins aufbewahrt wird. Die daran anschließende verkehrsberuhigte Ulica Nowy Świat (Neue Welt) wird von niedrigen klassizistischen Gebäuden gesäumt und ist wegen ihrer vielen Boutiquen und hübschen Cafés eine der beliebtesten Adressen Warschaus.

05 Marie-Skłodowska-Curie-Museum

Was viele Menschen außerhalb Polens immer noch nicht wissen: Marie Curie hieß, bis sie Pierre Curie heiratete, Maria Skłodowska, wurde in Warschau geboren und ging nach Paris, weil Frauen in Warschau damals nicht studieren durften. Im Geburtshaus der zweifachen Nobelpreisträgerin erinnert nun ein Museum an Leben und Werk der herausragenden Wissenschaftlerin.

06 Polin – Museum der polnischen Juden

Der eindrucksvolle Bau befindet sich am geschichtsträchtigen Plac Bohaterów Getta. Seit 1948 erinnert hier ein Denkmal an die Toten des Ghetto-Aufstandes. Davor fiel 1970 Bundeskanzler Willy Brandt spontan auf die Knie. Brüche in der über 1000-jährigen Geschichte der Juden in Polen soll der wie ein Riss in der Glasfassade gestaltete Eingangsbereich symbolisieren. Die multimediale Ausstellung führt auf vier Ebenen von der ersten Erwähnung polnischer Juden in der Chronik Ibrahim ibn Jakubs bis in die Gegenwart. Unter den vielen eindrucksvollen Exponaten sticht die rekonstruierte, prachtvoll bemalte Bima der Synagoge von Gwoździec hervor.

07 Nożyk-Synagoge

In Warschau lebte vor dem Zweiten Weltkrieg mit fast 370 000 Mitgliedern die größte jüdische Gemeinde Europas. Von den einst 400 jüdischen Gotteshäusern blieb nur die 1898–1902 erbaute Nożyk-Synagoge erhalten. In dem von Leandro Marconi entworfenen neoromanischen Bau mit orientalisierenden Elementen finden wieder tägliche Gottesdienste statt. Zudem dient der prachtvolle Innenraum als Kulisse für verschiedene Kulturveranstaltungen.

08 Chopin-Museum

Im barocken Ostrogski-Palais dreht sich alles um den wohl berühmtesten polnischen Komponisten. Besucher erfahren an den verschiedenen Multimediastationen alles, was der neueste Forschungsstand zu Leben und Werk Fryderyk Chopins hergibt. Schmuckstück des Museums ist ein Flügel aus der Werkstatt Camille Pleyels, auf dem Chopin in den letzten beiden Jahren vor seinem Tod in Paris spielte. Musikliebhaber können im offen zugänglichen Archiv in sämtliche seiner Werke hineinhören und dabei Noten mitlesen.

09 Pałac Kultury i Nauki

Das »Geschenk des sowjetischen an das polnische Volk« war mit seinen 237 Metern das höchste Gebäude Polens, bis ihm 2022 das 310 Meter hohe Varso, einer der Wolkenkratzer ringsherum, den Rang ablief. Architektonisch orientiert sich der 1952–1955 errichtete Kulturpalast an den sozrealistischen Moskauer Stalin-Hochhäusern »Sieben Schwestern«. Für die meisten Warschauer damals eine Provokation. Aber bis heute fin-

PARKING ZTM BUGAJ

Dies ist ein einfacher, bewachter und gebührenpflichtiger Parkplatz ohne Ver- und Entsorgungseinrichtungen. Er ist ganzjährig geöffnet und befindet sich in idealer Lage, um die Altstadt von Warschau zu besuchen (bis zum Marktplatz sind es nur 500 Meter).

Wybrzeze Gdanskie, 00200 Warszawa, GPS: 52.26016, 21.00711

CAMPING MOTEL WOK

Der Platz befindet sich etwa zwölf Kilometer von der Warschauer Altstadt entfernt. Regelmäßig verkehrende Busse sorgen für eine gute Anbindung an die Stadt. Neben Sanitäranlagen sind auch alle notwendigen Ver- und Entsorgungsanlagen vorhanden. Außerdem ist am gesamten Campingplatz WLAN verfügbar.

Odrębna 16 04-867, 04-867 Warszawa, https://campingwok.warszawa.pl/, GPS: 52.17812, 21.14734

CAMPING WARSZAWA 123

In der Nähe des Kultur- und Wissenschaftspalastes sowie des Bahnhofes Warszawa Zachodnia gelegen, eignet sich der ganzjährig geöffnete Campingplatz ideal für eine Erkundung des Zentrums.

Bitwy Warszawskiej 1920 r. 15/17, 02-366 Warszawa, www.majawa.pl/, GPS: 52.214684, 20.965342

CAMPING WARSZAWA

Der top ausgestattete und moderne Campingplatz am Stadtrand von Warschau befindet sich in einem ruhigen Viertel in der Nähe der Umgehungsstraße S2. Der ganzjährig geöffnete Platz bietet eine ideale Kombi aus Stadturlaub und Entspannung. Wer will, kann sogar für sieben Euro pro Person im dazugehörigen Hotel frühstücken.

Pałacowa 1, 05-816 Michałowice-Wieś, http://campingwarszawa.pl/pl/, GPS: 52.154798, 20.887090

Unten: Wo die Koneser-Fabrik einst Wodka produzierte, wird heute Hochprozentiges genossen.

Ganz unten und rechte Seite von oben: der (durch zwei Arkadenbrücken mit dem Festland verbundene) Inselpalast im Łazienki-Park, der Wilanów-Palast (das »polnische Versailles«) und der Ostrogski-Palas mit dem Chopin-Museum.

den sich auf 110 000 Quadratmeter Fläche wichtige Kultureinrichtungen. Und von der Aussichtsplattform im 30. Stockwerk bietet sich ein atemberaubender Rundumblick.

🔟 Muzeum Narodowe

Das monumentale Museumsgebäude von 1938 war eines der Prestigeprojekte des polnischen Staates. In den von der Antike bis in die Gegenwart reichenden Sammlungen möchte man Tage verbringen. Einzigartig ist die multimedial inszenierte Faras-Galerie zu den Grabungsfunden einer christlich-nubischen Kathedrale aus dem 8. Jahrhundert. In der Galerie der polnischen Kunst begeistert Jan Matejkos großformatige »Schlacht bei Grunwald«. Sehenswert ist zudem die Ausstellung zu polnischem Design.

11 Koneser-Gelände

Ein gelungenes Beispiel für die Neunutzung des industriellen Erbes im bis 1794 eigenständigen Praga ist das Koneser-Gelände. Die einstige Spirituosenfabrik ist heute ein lebendiges Kultur-, Wohn- und Geschäftszentrum und passende Heimat für das Wódka-Museum, das alles Wissenswerte zur wohl bekanntesten polnischen Spezialität vermittelt. Der Stadtteil verdankt seine erhaltene Bausubstanz der Sowjetarmee. Die hatte ihn bereits im September 1944 eingenommen und sah tatenlos zu, wie die NS-Truppen am anderen Weichselufer den Warschauer Aufstand niederschlugen und die Stadt dem Erdboden gleichmachten. Heute liegt Praga bei der jungen Kunst- und Kulturszene voll im Trend. Die historischen Straßenzüge ziehen Filmcrews und Architekturliebhaber an. Aber auch immer mehr Touristen finden in die Cafés und Clubs östlich der Weichsel.

12 Łazienki Królewskie

Von Frühjahr bis Herbst gibt es keinen schöneren Ort in Warschau als den königlichen Bäderpark. Dann flaniert man unter alten Akazien und Kastanien vorbei am Inselpalast, den Orangerien und vielen anderen bezaubernden Bauwerken bis zum Chopin-Denkmal. Die sonntäglichen Open-Air-Konzerte mit ihren Kompositionen sind kostenlos. Seinen Namen verdankt der Park dem Bäderpavillon, den der Fürst Lubomirski in einem künstlichen See errichten und der letzte polnische König Stanisław August Poniatowski zum Inselpalast umbauen ließ. Heute birgt der Pavillon eine Gemäldegalerie. Im Park können Besucher eine Reise durch die Geschichte der Gartenbaukunst unternehmen: vom barocken Königlichen Garten über den als Landschaftsgarten gestalteten Romantischen Park bis zum modernistischen Garten des frühen 20. Jahrhunderts.

13 Wilanów

König Jan III. Sobieski ließ das hinreißende Palais 1681–1696 für sich und seine Gemahlin Marie d'Arquien als Sommerresidenz errichten. Die beiden Seitenflügel kamen 1720 hinzu, als das Schloss im Besitz von Elżbieta Sieniawska war. Innen wie außen fallen die reichhaltigen barocken Stuckverzierungen ins Auge. Die prächtigen Gemächer und Säle mit Sammlungen europäischer und fernöstlicher Kunst können besichtigt werden. Das Museum im einstigen Marstall ist der polnischen Plakatkunst gewidmet, die in den 1950er- und 1960er-Jahren weltweit neue Maßstäbe setzte.

König Kazimierz I. verlegte seine Residenz im Jahr 1038 von Gnesen nach Krakau und bezog eine Burg auf dem Wawel hoch über der Weichsel und der Stadt. In der Kathedrale nebenan wurden die polnischen Könige gekrönt.

37 KRAKAU

Krakau war bis zum Jahr 1596 Polens Hauptstadt und vom 11. bis zum 18. Jahrhundert Krönungsort der polnischen Könige. Davon kündet noch der Wawelhügel mit Königsschloss und Kathedrale. Vom 12. bis zum 17. Jahrhundert wurde die Altstadt durch Baumeister und Künstler aus ganz Europa gestaltet. Auf dem Marktplatz, einem der größten Stadtplätze des Mittelalters, stehen die Tuchhallen und die gotische, im 14. Jahrhundert umgebaute Marienkirche. Darin befindet sich der berühmte Hochaltar von Veit Stoß. Den rund 150 000 Studierenden verdankt Krakau eine starke Clubszene. Viele von ihnen lernen an der Jagiellonen-Universität, eine der ältesten Hochschulen Europas.

Informationen:
http://krakow.travel/de, www.polen.travel/de/stadte/stadte/krakow-krakau, https://ztp.krakow.pl/en/park-and-ride

01 Rynek Główny

Krakaus Herz schlägt auf dem Hauptmarkt. Einheimische wie Touristen treffen sich am Denkmal von Nationaldichter Adam Mickiewicz, besuchen die Cafés und Restaurants am Platz und lauschen dem Hejnał des Trompeters der Marienkirche. Im Zentrum des 200 x 200 Meter großen Platzes erheben sich die 1555 im Stil der Renaissance errichteten Tuchhallen (Sukiennice) mit Läden und der Galerie polnischer Kunst des 19. Jahrhunderts. Unterhalb können Besucher angesichts freigelegter Kopfsteinpflaster und Gebäudefundamente in die Siedlungsgeschichte der Stadt eintauchen.

02 Kościół Mariacki

Die gotische Marienkirche fällt durch ihre unterschiedlich hohen Türme auf, die im Mittelalter auch als Wachtürme dienten. Einer Legende zufolge soll 1241 ein Wächter beim Blasen des Warnsignals von einem Pfeil der heranrückenden Goldenen Horde durchbohrt worden sein. Daran erinnert seit 1849 zu jeder vollen Stunde die abrupt abbrechende Trompetenmelodie Hejnał. Im Inneren wartet mit dem gotischen Hochaltar eines der wertvollsten sakralen Kunstwerke des Landes. Der Nürnberger Meister Veit Stoß schuf den Schnitzaltar 1477–1489. Die Halbreliefs des Triptychons zeigen Szenen aus dem Leben Marias.

03 Muzeum Książąt Czartoryskich

1798 schenkte Adam Jerzy Czartoryski seiner Mutter Izabela Czartoryska die »Dame mit Hermelin«. Das Werk von Leonardo da Vinci erweiterte die Sammlung der Fürstin, die ihre Kunstwerke 1801 in Puławy der Öffentlichkeit zugänglich machte. Zusammen mit einer Antikensammlung, Rembrandts »Landschaft mit dem barmherzigen Samariter« und weiteren bedeutenden europäischen Gemälden kam das Museum Ende des 19. Jahrhunderts nach Kraków, wo es heute in einer Zweigstelle des Nationalmuseums zu sehen ist.

Der zentrale Krakauer Marktplatz gehört an einem lauen Sommerabend zu den schönsten Treffpunkten der Kulturmetropole.

04 Collegium Maius

Das Collegium Maius ist das älteste erhaltene Gebäude der 1346 gegründeten Jagiellonen-Universität. Der schlicht wirkende Backsteinbau aus dem 15. Jahrhundert ist um einen malerischen Arkadenhof angelegt, birgt die prächtige manieristische Aula und die zauberhafte alte Universitätsbibliothek. Ausgestellt sind ein Globus von 1510 mit einer der ältesten Darstellungen Amerikas sowie astronomische Instrumente von Nikolaus Kopernikus.

05 Planty

Der K.-u.-k.-Teilungsmacht verdanken die Krakauer eine der schönsten Spaziermeilen der Stadt. Die Behörden ließen im 19. Jahrhundert die mittelalterliche Stadtbefestigung schleifen und stattdessen eine Grünanlage einrichten. Einzig die Barbakane am Florianstor blieb erhalten. Heute kann man unter dem hohen Dach alter Bäume einmal rund um die Altstadt flanieren, auf den Parkbänken plaudern oder in der hübschen Musiklaube einen sommerlichen Tangoabend besuchen. Dazu kommen Freilichtausstellungen und Konzertveranstaltungen.

06 Wawel

Hoch über der Weichsel erhebt sich der Kalkfelsen, auf dem sich über Jahrhunderte das politische und geistliche Zentrum Polens befand. Schon im 10. Jahrhundert entstand eine erste Burg, im Jahr 1000 wurde mit dem Bau der ersten Kathedrale begonnen. 1038 verlegte Kazimierz I. den Königssitz von Gnesen hierher. Auch heute noch lassen sich auf dem Wawel die Burganlage, die Krakauer Kathedrale und anderer historischer Bauten besichtigen.

07 Königsschloss Wawel

Im 16. Jahrhundert gestalteten italienische Architekten die Residenz im Stil der Renaissance um. Der von dreigeschossigen Arkaden umgebe-

Das Collegium Maius ist die Keimzelle der altehrwürdigen Jagiellonen-Universität in Krakau.

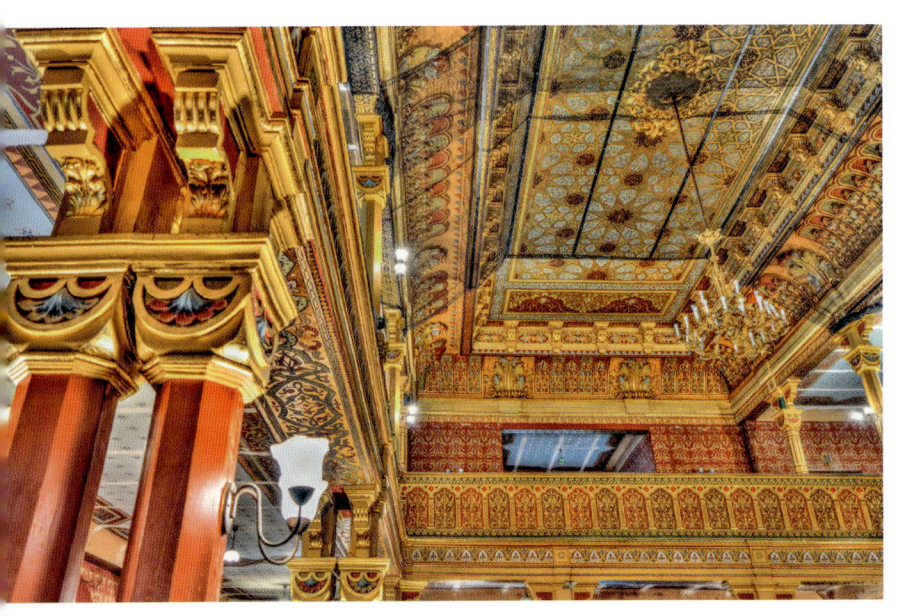

ne Innenhof verleiht dem Königsschloss die Leichtigkeit eines oberitalienischen Palazzos. Heute sind die Privatgemächter, Audienzsäle und der Kronschatz der allgemeinen Öffentlichkeit zugänglich. Einzigartig sind die flandrischen Wandteppiche und die Kunst aus dem Orient mit wertvollem Porzellan sowie der sogenannten Türkenbeute des Königs Jan Sobieski aus Wien mit komplett eingerichteten Zelten.

08 Wawel-Kathedrale

Die Kathedrale aus dem 14. Jahrhundert diente den polnischen Königen als Krönungs- und Grabstätte. Zu den prachtvollsten Grabmalen zählt das von Zygmunt I. Stary und seinem Sohn Zygmunt August in der Sigismundkapelle. Herrscher, Bischöfe und Magnaten stifteten über die Jahrhunderte 19 Kapellen, die die Kathedrale zu einem einzigartigen Dokument der Architekturgeschichte machen. Auch unter der Erde geht die eindrucksvolle Zeitreise weiter. Die romanische Leonardskrypta ist ein Überbleibsel der Hermanskathedrale aus dem 11. Jahrhundert. Hier fanden neben König Jan III. Sobieski auch die Nationalhelden Tadeusz Kościuszko und Józef Poniatowski ihre letzte Ruhe.

09 Kazimierz

König Kazimierz III. Wielki gründete im 14. Jahrhundert die nach ihm benannte Stadt, in die ab 1495 die Krakauer Juden ausgesiedelt wurden. Ende der 1930er-Jahre lebten

Oben: In dem einst jüdischen Krakauer Viertel Kazimierz stehen noch sieben Synagogen, aber nur bei der Tempel-Synagoge blieb auch die Innenausstattung gut erhalten.

Mitte: Golden leuchtet das Dach der Sigismundkapelle, ein Schatz der Renaissancearchitektur, an der Wawel-Kathedrale.

Unten: Krakaus grüne Lunge sind die Planty, die Parkanlagen rund um die Altstadt.

die meisten der rund 56 000 jüdischen Einwohner Krakaus im inzwischen eingemeindeten Kazimierz. Nur wenige Hundert überlebten den Holocaust. Von den über 90 Synagogen und Bethäusern blieben in Kazimierz sieben erhalten, nur noch die Tempel-Synagoge aus dem 19. Jahrhundert und die Remuh-Synagoge von 1553 werden für Gottesdienste genutzt. Die Alte Synagoge aus dem 15. Jahrhundert widmet sich als Dependance des Krakauer Stadtmuseums für jüdische Kultur den einstigen Bewohnern – ihrer Geschichte, dem Familienleben, der Religion, dem Alltag und ihren Festen. Dagegen wird in den Hotels, Restaurants und Galerien an der Ulica Szeroka, dem früheren Zentrum des Viertels, das jüdische Erbe auf Folklore reduziert, verstärkt vom typischen Krakauer Klezmersound der Straßenmusiker.

10 Podgórze

Die ehemalige Josefstadt wurde 1784 von den Österreichern in Konkurrenz zum polnischen Kraków gegründet, später eingemeindet. 1941 richteten die deutschen Besatzer hier das Ghetto Krakau ein, in dem zeitweise 20 000 Menschen auf engstem Raum eingesperrt waren. Zu den wenigen Überlebenden zählen Roman Polański, seine Cousine, die Malerin Roma Liebling-Ligocka und der Fotograf Ryszard Horowitz. Horowitz und Ligocka verdanken ihr Leben Oskar Schindler, der in Podgórze eine Emaillefabrik betrieb. Heute veranschaulicht dort eine spannend inszenierte Ausstellung die Zeit der Okkupation sowie den Weg Schindlers vom opportunistischen Fabrikanten und NSDAP-Mitglied zum streitbaren Retter von über 1000 Juden. Dafür wurde er in Israel als Gerechter unter den Völkern geehrt.

11 Nowa Huta

Der Stadtteil um den Plac Centralny beeindruckt durch sozialistische Häuserfronten. Mit ihrer Mischung aus schlichten klassizistischen Formen und kitschigem Pathos repräsentieren sie das ästhetische Programm der Stalin-Ära. Nowa Huta entstand ab 1949 als sozialistische Mustersiedlung für die Arbeiter der nahen Lenin-Stahlhütte und Gegenentwurf zum katholisch geprägten Krakau. Doch die Bewohner hielten an ihrer Religion fest und der Stadtteil wurde zu einem Zentrum der Solidarność-Bewegung. Heute wohnen in Nowa Huta rund 50 000 Menschen, vor allem Familien und immer mehr Besserverdienende. Das Leben in den Zeiten der Volksrepublik illustriert das Nowa-Huta-Museum im einstigen Kino Światowid.

12 Wieliczka

Kronleuchter, Altäre und Heiligenfiguren sind aus Salzkristallen geschaffen, die Halle 54 Meter lang und 12 Meter hoch in den Stein getrieben. Die atemberaubend schöne Kinga-Kapelle ist der Höhepunkt im ehemaligen Salzbergwerk. In Gold aufgewogen brachte das Salz der königlichen Minen viel Reichtum und Wohlstand in die Stadt an der Weichsel. Vom 13. Jahrhundert bis in die 1990er-Jahre hinein wurde in Wieliczka Steinsalz abgebaut, entstanden bis in eine Tiefe von 327 Meter auf neun Etagen Kammern und Gänge mit einer Gesamtlänge von 245 Kilometern. Die Bergarbeiter hinterließen nicht nur riesige Stützkonstruktionen und unterirdische Seen, sondern auch Skulpturen, Reliefs, Kapellen und Gedenkräume.

CAMPING ADAM

Diese schöne Anlage mit allen notwendigen Ver- und Entsorgungseinrichtungen, Duschen und WiFi ist von Anfang Mai bis Ende Oktober geöffnet. Der Platz liegt direkt an der Weichsel. Der Fußweg entlang des Flusses bis ins Zentrum beträgt vier Kilometer. Im Sommer fährt ein Wassertaxi (Krakowski Tramwaj Wodny) zur Burg.

Wioślarska 19, 30–206 Kraków, http://campingadam.pl/de/, GPS: 50.04631, 19.90304

CARAVANING ELCAMP

Im Südwesten von Krakau gelegen, bietet der Campingplatz auf dem Gelände eines Wohnmobilhändlers mit guten Busverbindungen ins sechs Kilometer entfernte Zentrum eine ideale Ausgangsposition zur Stadterkundung. Für umgerechnet circa sechs Euro pro Nacht dürfen Camper hier parken und die Ver- und Entsorgungsanlagen nutzen.

Tyniecka 118E, 30-376 Kraków, https://elcamp.pl, GPS: 50.03418, 19.87658

CAMPING CLEPARDIA

Trotz der ruhigen Lage des Campingplatzes im nordwestlichen Teil von Krakau befindet sich die Altstadt nur einen Katzensprung, genauer gesagt: vier Kilometer, entfernt. Alle notwendigen Einrichtungen wie Ver- und Entsorgung, Sanitärräume und sogar Küchen sind vorhanden. Geöffnet von Mai bis Oktober.

Henryka Pachońskiego 28, 31–223 Kraków, www.clepardia.com.pl, GPS: 50.095651, 19.941742

Das Ufer der Moldau säumen architektonische Meisterwerke: Vom Altstädter Brückenturm der Karlsbrücke ist hier zwar nur die Spitze zu sehen, dennoch ist er unverkennbar. Prager Burg mit Veitsdom vollenden das Stadtbild.

38 PRAG

Hier möchte sie lieber malen können als schreiben, meinte einst die Romantikerin Caroline de la Motte Fouqué: »Es gibt einen Punkt auf dieser Höhe, von wo der Blick, wie berauscht, in die Fülle des allergrößten Reichtums versinkt. Unmittelbar unter dem Abhange die Moldau, darüber weg das königliche Prag!« Unbeschreiblich, »vielleicht unvergleichlich« sei diese Stadt, fügte sie noch hinzu, und genau das ist es wohl auch, was Besucher zu allen Zeiten faszinierte: Seit Jahrhunderten schon ist die »Goldene Stadt« ein bedeutendes, durch ein einzigartig schönes städtebauliches Ensemble gekennzeichnetes geistig-kulturelles Zentrum. Zum Glück entging Prag im Zweiten Weltkrieg der Zerstörung, und die Tschechinnen und Tschechen sind mit Recht stolz auf ihre Hauptstadt, die alte Residenz der böhmischen Könige und Habsburger Kaiser. Wo sie einstmals residierten, auf dem Hradschin – heute der Amtssitz des Staatspräsidenten –, bietet sich auch die beste Aussicht über dieses Wunderwerk historischen Städtebaus.

Informationen:
www.prague.eu/de, https://praguetouristinformation.com,
www.prague.eu/de/objekt/orte/3601/auffangparkplatze-vom-typ-p-r

01 Prager Burg

Nicht nur optisch dominiert die auf dem »Hradschin« genannten Prager Hügel gelegene Burg seit über 1000 Jahren die Stadt – bis heute befindet sich hier das politische Zentrum des Landes. Vom frühen 12. Jahrhundert bis in die zweite Hälfte des 16. Jahrhunderts diente der dreigeschossige alte Königspalast dem jeweiligen Herrscher als Residenz. Das Prunkstück ist der 1493–1503 vom Baumeister Benedikt Ried errichtete Vladislav-Saal. Aufgrund seiner enormen Ausmaße – 62 Meter Länge, 16 Meter Breite, 13 Meter Höhe – konnten darin nicht nur ganze Märkte abgehalten, sondern sogar Reiterspiele und Turniere veranstaltet werden.

02 Kloster St. Georg

Dass die zweitürmige St.-Georgs-Basilika an der Nordseite des Georgsplatzes der älteste erhaltene Kirchenbau auf dem Areal der Prager Burg ist, würde man angesichts ihrer um das Jahr 1670 vorgeblendeten Barockfassade zunächst nicht vermuten. Schreitet man aber durch das Portal, öffnet sich ein dreischiffiger Bau, dessen romanisches Gepräge bei Renovierungen weitestgehend wiederhergestellt wurde. Gestiftet wurde die Kirche um das Jahr 920 von Fürst Vratislav I.

03 Goldenes Gässchen

Der Sage nach sollen hier Alchimisten versucht haben, Gold herzustellen. In Wahrheit befand sich in der Gasse an der Innenmauer der Prager Burg aber tatsächlich eine Armensiedlung mit winzigen Häusern. In einem davon – im Haus Nr. 22 – lebte und arbeitete zwischen den Jahren

Im östlichen Teil der Prager Burg befindet sich das ehemalige Kloster St. Georg mit der zugehörigen Basilika.

1916 und 1917 der Schriftsteller Franz Kafka. Heute sind in den mittlerweile unbewohnten Häusern Dauerausstellung, Souvenirläden und Cafés untergebracht.

04 Veitsdom

Der Veitsdom steht für die ruhmreiche Geschichte des Königreichs Böhmen und ist die Krönungskirche von 30 Herrschern. Wo er heute aufragt, hatte im Jahr 925 Herzog Wenzel zu Ehren des frühchristlichen Märtyrers Vitus (Veit) eine Rundkapelle errichten lassen. Der später ebenfalls heiliggesprochene Wenzel stieg zum Schutzpatron Böhmens auf; sein Grab in der von ihm gestifteten Kapelle wurde zur Pilgerstätte. Im Jahr 1344 legte man den Grundstein für die gotische Kathedrale, deren Bau erst nach vielen Unterbrechungen im Jahr 1929 vollendet werden konnte. Das Gebäude beeindruckt durch seine reiche künstleri-

Die charakteristische neogotische Westfassade des Prager Veitsdomes mit ihren zwei Türmen und der großen Fensterrosette mit dem Namen »Die Erschaffung der Welt«.

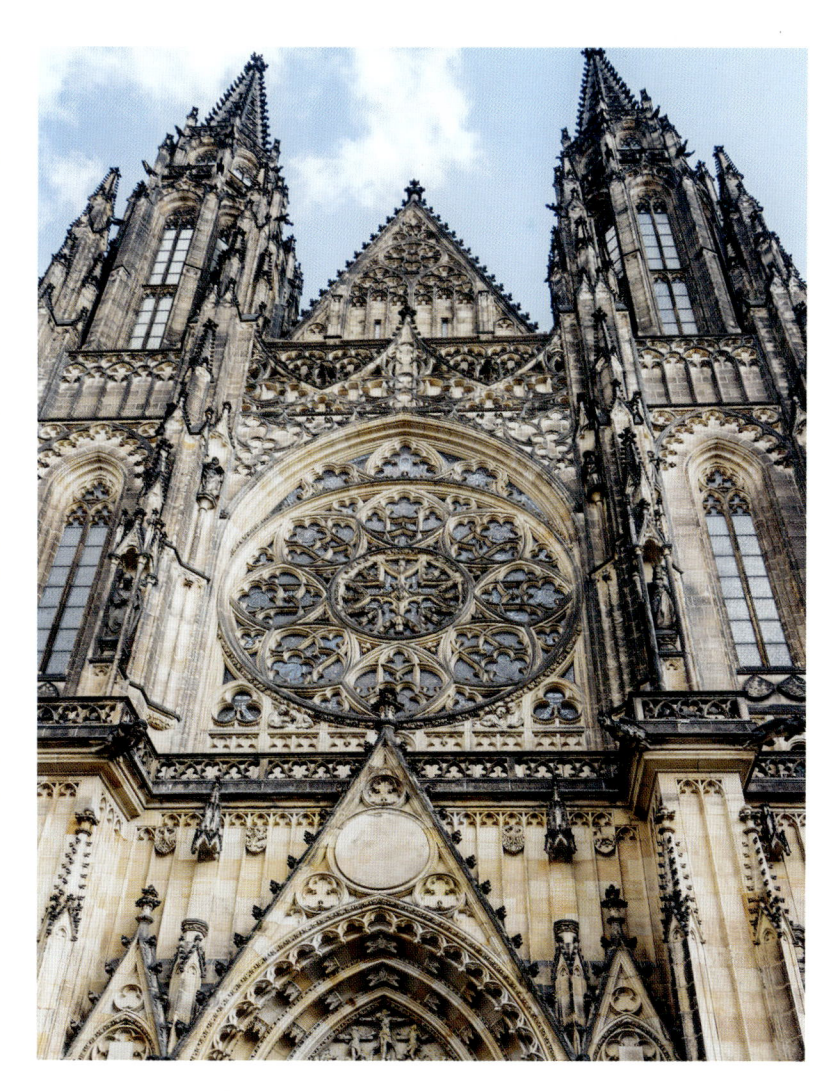

Links: Mit dem Wohnmobil nach Prag, das bedeutet Sightseeing pur wie hier bei der Teynkirche.

Unten: Die Prager Kleinseite in der Abendsonne (»Ganz Praha ist ein Goldnetz von Gedichten«, schrieb Detlev von Liliencron).

Ganz unten: Die Karlsbrücke verbindet die Prager Altstadt mit der Kleinseite.

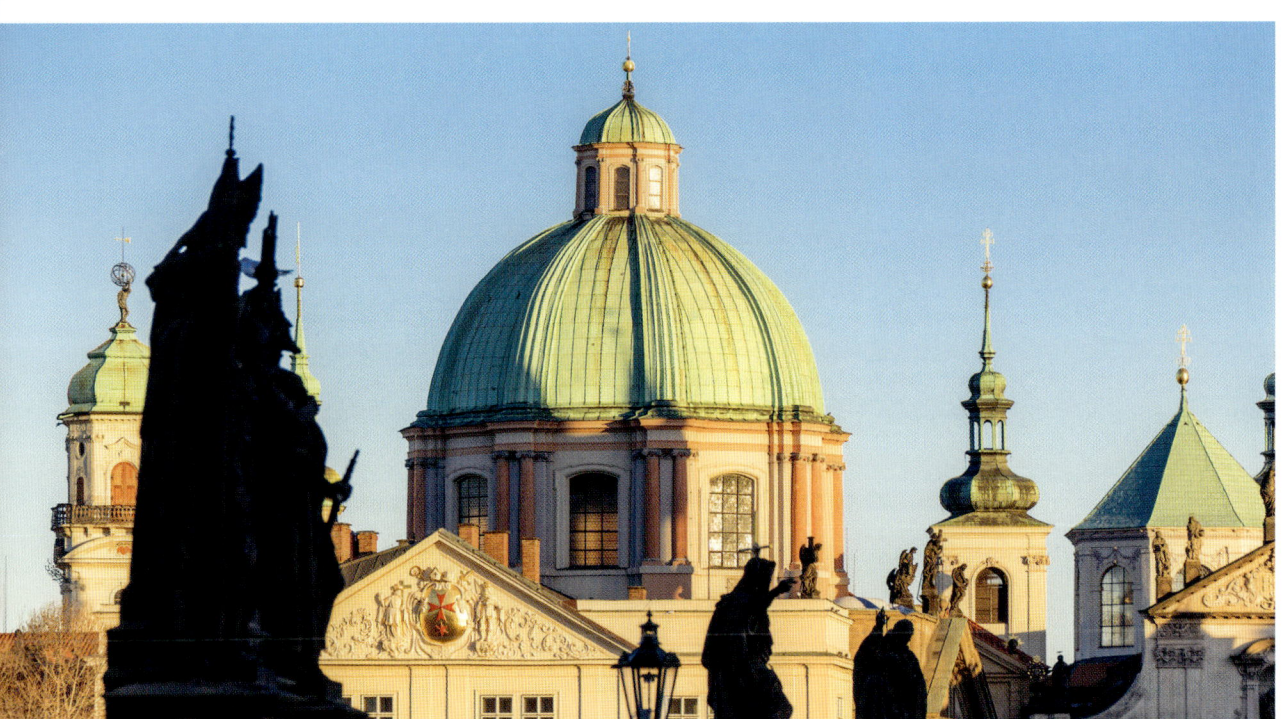

sche Ausgestaltung sowie durch seine gewaltigen Dimensionen: Mit einer Außenlänge von 124 Metern ist dies die größte Kirche in Prag.

05 Kloster Strahov

Es ist das älteste Prämonstratenserkloster in Böhmen und eines der bedeutendsten architektonischen Denkmäler in ganz Tschechien. Das Kloster wurde 1143 auf Betreiben des Olmützer Bischofs Jindřich Zdík mit Unterstützung des böhmischen Königs Vladislav II. gegründet. Noch heute wohnen hier rund 70 Mönche. Zu besichtigen sind die atemberaubende Bibliothek mit einer Vielzahl an mittelalterlichen Handschriften, Landkarten und Globen, eine Gemäldegalerie und die Wunderkammer mit vielen archäologischen Fundstücken.

06 Kleinseite

Die Prager Kleinseite (Malá Strana) ist der Stadtteil am westlichen Moldauufer unterhalb der Burg und des Burgbergs Hradschin. Ein Spaziergang durch das Viertel mit seinen zahllosen prachtvollen Palästen wirkt wie eine Reise in eine andere Zeit. Zentrum der Kleinseite ist der von bedeutenden Bauwerken gesäumte Kleinseitner Ring.

07 St.-Nikolaus-Kirche

Die Monumentalität von St. Nikolaus, der größten Barockkirche Prags, erklärt sich auch daraus, dass das im 17. und 18. Jahrhundert errichtete Gotteshaus zur Zeit der Gegenreformation und Rekatholisierung der böhmischen Länder entstand: Macht und Pracht der Architektur sollten auch den Triumph der orthodoxen katholischen Lehre über die abweichlerischen Doktrinen der Protestanten symbolisieren.

08 Karlsbrücke

An dieser Stelle führte ursprünglich die erste Steinbrücke Prags, die im 12. Jahrhundert erbaute Judithbrücke, über die Moldau. Nachdem diese 1342 bei einem Hochwasser eingebrochen war, wurde ein Ersatz nötig, denn eine feste Verbindung über den Fluss war für die Stadt lebensnotwendig. Der Bau der neuen Brücke begann jedoch erst 1357 mit der Grundsteinlegung durch Kaiser Karl IV. und wurde erst nach etwa 50 Jahren abgeschlossen. Über sie führte der Krönungsweg der böhmischen Könige.

09 Altstädter Ring

Der – nach einer um das Jahr 1900 erfolgten Erweiterung zur Moldau hin – heute rund 9000 Quadratmeter große Altstädter Ring entstand im 11./12. Jahrhundert als zentraler Marktplatz der Kaufleute. Aber auch Pranger und Blutgericht befanden sich hier, und im Lauf der Geschichte wurde der Platz viele Male zum Schauplatz entscheidender, oftmals blutiger Ereignisse.

10 Altstädter Rathaus

Das 1381 im gotischen Baustil errichtete Rathaus fällt mit seinen markanten Rund- und Spitzbogenfenstern auf. Das Rathaus kann sogar besichtigt werden, vor allem die Aussicht vom Rathausturm mitten in der Altstadt ist großartig. Der »Star« ist die astronomische Uhr aus dem 15. Jahrhundert. Zu jeder vollen Stunde zeigen sich Figuren der zwölf Apostel zu Glockenklang.

CAMP DANA TROJA

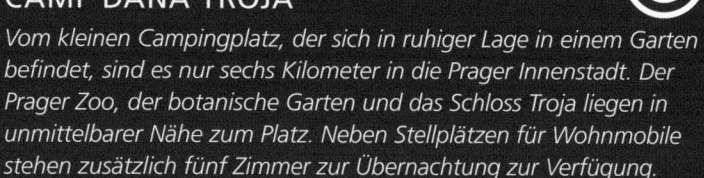

Vom kleinen Campingplatz, der sich in ruhiger Lage in einem Garten befindet, sind es nur sechs Kilometer in die Prager Innenstadt. Der Prager Zoo, der botanische Garten und das Schloss Troja liegen in unmittelbarer Nähe zum Platz. Neben Stellplätzen für Wohnmobile stehen zusätzlich fünf Zimmer zur Übernachtung zur Verfügung.

Trojská 129, 171 00 Praha-Troja, https://campdana.cz/de, GPS: 50.11718, 14.43177

AUTOCAMP HÁJEK

Der Platz im Grünen bietet Erholung vom Trubel der Stadt, die dennoch in weniger als 20 Minuten mit der Tram oder dem Rad zu erreichen ist. Neben den üblichen notwendigen Einrichtungen sind auf dem Platz auch Küchen und Waschräume zu finden.

Trojská 149 , 171 00 Praha-Troja, http://camphajek.cz/de/ueber-uns, GPS: 50.11718, 14.42892

PRAGUE CAMP

Idyllisch und dennoch zentrumsnah? Eine gute Kombination. Prague Camp macht es möglich: Der 4-Sterne-Platz befindet sich auf einer Insel mitten in der Moldau, zum Prager Zentrum ist es von hier aus nur einen Kilometer. Dank einer Komplettrekonstruktion des Platzes 2020 wird Wohnmobilisten hier einiges an Komfort geboten.

Císařská louka, Smíchov, 150 00 Praha 5, www.praguecamp.cz/de/, GPS: 50.05594, 14.41364

CARAVAN PARK YACHT CLUB

Nur vier Kilometer liegt das Stadtzentrum von diesem idyllischen Platz an der Moldau entfernt. Neben sauberen Sanitäranlagen, den nötigen Ver- und Entsorgungseinrichtungen sowie Waschräumen punktet der Platz mit schönen Grill- und Feuerstellen sowie einem Brötchen-Service zum Frühstück. Außerdem können Räder ausgeliehen werden.

171 00 Praha-Troja, https://rivercampingprague.com, GPS: 50.11414, 14.42661

Links: Die Spanische Synagoge erinnert ein wenig an die Alhambra.

Unten: die astronomische Uhr an der Südmauer des Rathauses.

Ganz unten: am Altstädter Ring.

Rechte Seite: Die Salvatorkirche gehört zum Clementinum.

11 Teynkirche

Nach dem Veitsdom ist die Teynkirche der bedeutendste Sakralbau Prags. Obwohl die dreischiffige Basilika nicht direkt an der Ostseite des Altstädter Rings liegt, sondern durch die vorgelagerte Teyn-Pfarrschule etwas nach hinten versetzt ist, beherrscht sie das Erscheinungsbild des Platzes wie sonst nur noch das Rathaus. Die Westfassade mit den zwei Türmen ist eines der Wahrzeichen der tschechischen Hauptstadt.

12 Jüdisches Viertel

Nicht weit vom Zentrum befindet sich die im 13. Jahrhundert entstandene Josefov. Leider ist heute nicht mehr viel davon übrig, nur noch einige Synagogen, das jüdische Rathaus und der Alte Friedhof mit dicht gedrängten Grabmalen. Eine Führung durch das jüdische Viertel ist empfehlenswert.

13 Clementinum

Die Jesuiten errichteten 1556 in einem leer stehenden Kloster eine katholische Hochschule. Mit Unterstützung weiterer prokatholischer Gönner baute man das Clementinum bis 1726 zum (nach der Burg) zweitgrößten Bau Prags aus – ein ganzes Stadtviertel musste dafür weichen. Neben Wohntrakten für die Lernenden und Lehrenden, Seminar- und Hörsälen barg das nahe am Moldauufer gelegene Clementinum auch ein Theater und eine Druckerei, eine Sternwarte und nicht zuletzt mehrere Sakralbauten wie die Spiegelkapelle. Heute ist hier der Sitz der Tschechischen Nationalbibliothek.

14 Wenzelsplatz

Mit 750 Metern Länge und 60 Metern breite ist der im 14. Jahrhundert angelegte Wenzelsplatz einer der größten Plätze Europas. Seit jeher fanden auf ihm historisch bedeutende Ereignisse statt, wie der Prager Pfingstaufstand von 1848 oder die Demonstrationen von 1968. Aber auch architektonisch ist der Platz interessant, etwa durch die Fassade des Grand Hotel Europa.

15 John-Lennon-Mauer

Es begann mit einem Porträt von John Lennon, dessen Musik in der Tschechoslowakei verboten war. Es folgten Bilder und Zitate zur Freiheit, Liebesgedichte und politische Botschaften. Bis heute schmücken diese die mittlerweile sehr bunte Wand.

16 Tanzendes Haus

Das futuristisch gestaltete Bürogebäude besteht aus einem Glas- und einem Betonteil. Beide schmiegen sich so aneinander, dass es aussieht, als würde eine Tänzerin im Kleid sich an einen Herrn mit Hut kuscheln. Unverkennbar ist hier die Handschrift des Architekten Frank O. Gehry, der schon viele ähnlich geschwungene Bauten erdacht hat.

Auf 85 Metern Höhe wacht die Burg Bratislava über die Altstadt und die Donau. Einst war sie die Residenz der ungarischen Könige, heute ist sie Sitz des Historischen Museums.

39 BRATISLAVA

Lange schien Bratislava im Schatten größerer Metropolen wie Budapest oder Prag zu liegen. Dabei wirkten auch hier bedeutende weltliche und geistliche Herrscher und wurde Geschichte geschrieben. Die Stadt liegt am linken Ufer der Donau in einem Gebiet am Fuß der Kleinen Karpaten, das jahrhundertelang von Menschen mehrerer Nationalitäten bewohnt war. Bratislava ist Regierungssitz und kulturelles Zentrum der Slowakei, Universitätsstadt, wichtiger Binnenhafen und Handelsstadt mit vielfältiger Industrie. Die Altstadt ist reich an historischen Bauten. Auffällig sind vor allem die zahlreichen Barockpaläste und die große Anzahl von Springbrunnen, die man in der Altstadt sieht. Visuell beherrscht wird das Stadtbild aber vor allem von der erhöht liegenden Burg Bratislava und deren optischem Kontrapunkt, der »Neuen Brücke« über der Donau.

Informationen:
www.visitbratislava.com/de (auch Infos zum Thema Parken),
https://slovakia.travel/de/bratislava

01 Burg Bratislava

Hoch über der Donau thront der Blickfang und das Wahrzeichen der Stadt, die massive, auf einem rechteckigen Grundriss erbaute Burg Bratislava. Spätestens seit dem 10. Jahrhundert stand auf dem Felsen eine Burganlage. Nach einer gängigen Auslegung wurde hier 1207 die heilige Elisabeth geboren, nach der auch eine Kirche in Bratislava benannt ist. Im Lauf der Zeit wurde die Festung ständig umgebaut, bis sie im 18. Jahrhundert in etwa ihr heutiges Aussehen erhielt. Im Jahr 1811 zerstörte ein Feuer die gesamte Anlage, die daraufhin fast anderthalb Jahrhunderte als Ruine auf die Stadt herabblickte. Erst 1953 begann der Wiederaufbau, und das slowakische Nationalsymbol wurde originalgetreu wiederhergestellt. Heute beherbergt die Burganlage mehrere Abteilungen des Nationalmuseums und wird teilweise auch vom Nationalrat – dem slowakischen Parlament – für Festakte und ähnliche Zwecke genutzt. 1992 fand hier die feierliche Unterzeichnung der slowakischen Verfassung statt.

02 Martinsdom

Am nördlichen Donauufer nahe der Altstadt Bratislavas treffen zwei Welten aufeinander: die gotische Kathedrale und eine Stadtautobahn, die den Fluss über eine futuristische Brücke überquert. Der im 14. Jahrhundert errichtete Martinsdom zählt zu den bedeutendsten Bauten der Stadt. Nachdem im 16. Jahrhundert das nördliche Ungarn an die Habsburger gefallen war, wurde Bratislava 1536 zur Hauptstadt der »ungarischen Reichshälfte«. Danach war der Dom bis 1830 die Krönungskirche der habsburgischen Monarchen Ungarns. Auch Maria Theresia wurde hier inthronisiert. Das Innere der dreischiffigen Kirche birgt vier Kapellen und zahlreiche Kunstwerke, etwa eine Büste von Franz Liszt.

Der Ganymedes-Brunnen vor dem Opernhaus stellt unter anderem Figuren der antiken Mythologie dar. Geschaffen wurde er im Jahr 1888 von Victor Tilgner, der auch die allegorischen Putten auf dem Opernhaus gestaltete.

03 Neue Donaubrücke

Der Turm des Doms ist der höchste der Stadt und übertrifft mit 85 Metern sogar das Pylonenpaar der 1972 eröffneten Donaubrücke am gegenüberliegenden Ufer. Auf dieser einzigen Trägerkonstruktion der asymmetrisch aufgehängten, über 430 Meter langen Neuen Brücke befindet sich in schwindelerregender Höhe ein Restaurant, das von außen an eine fliegende Untertasse erinnert und treffend »UFO« heißt. Ins Restaurant im linken Pylon gelangt man mit einem Aufzug. Dort wird man mit einem fantastischen Blick über die Stadt belohnt.

04 Hauptplatz

Der Hauptplatz (Hlavné námestie) ist nicht nur der belebte zentrale Platz der Altstadt Bratislavas, an dem regelmäßig Veranstaltungen stattfinden, sondern auch der Standort wichtiger Gebäude und Stadtpaläste. Hier befindet sich u.a. das Palais des ungarischen Magnaten- und

Das Michaelertor ist das einzige erhaltene Tor der mittelalterlichen Stadtbefestigung von Bratislava.

Adelsgeschlechts Esterházy, in dem heute die französische Botschaft residiert. Bevor die Esterházy das zweistöckige Bauwerk erstanden, gehörte es dem Baron von Kutschersfeld – dem Betreuer der königlichen Besitztümer – und wird deshalb auch Kutschersfeld-Palais genannt.

05 Maximiliansbrunnen

Etwas von der Mitte des Hauptplatzes versetzt steht ein kreisrunder Renaissancebrunnen mit neun Metern Durchmesser, der Maximilians- oder auch Rolandsbrunnen. Entstanden ist das eindrucksvolle Wasserspiel 1572 im Auftrag Kaiser Maximilians II. nach einem großen Stadtbrand. Die Unklarheit über den Namen verursacht die Figur auf der verzierten zentralen Säule: Sie könnte sowohl den Spender, Kaiser Maximilian, darstellen als auch den legendären Ritter Roland, den Beschützer der Städte.

06 Altes Rathaus

Am anderen Ende des Hauptplatzes steht das Alte Rathaus (Stará radnica), das durch sein schräges rotes Ziegeldach mit den mehrfarbigen dreieckigen Dachgauben und dem hohen Uhrenturm auffällt. Das gotische Bauwerk ist ein Komplex aus drei Gebäuden, ergänzt und umgebaut in späteren architektonischen Stilen. Der älteste Teil wurde im 14. Jahrhundert als Wohnhaus gebaut. Vom 15. bis zum 19. Jahrhundert dienten die Gebäude als Rathaus von Bratislava, heute residiert hier das Stadtmuseum. Erst im 20. Jahrhundert entstand der neugotische Ostteil. Das Portal dagegen ist spätgotisch mit einem darüberliegenden, von Statuen und Türmchen flankierten Erker. Sehenswert ist schließlich der arkadengesäumte Innenhof.

Oben: Ein stadtbekanntes Original und ein Charmeur alter Schule war Ignác Lamár, genannt der » Schöne Náci« (1897–1967). Ein Denkmal vor dem Café Mayer am Hauptplatz erinnert an ihn.

Links: Hier im Innenhof des Rathauses befindet sich eine Kanonenkugel, die angeblich von Napoleons Truppen dorthin abgeschossen worden sein soll.

Rechte Seite: Das Slowakische Nationaltheater befindet sich am Hviezdoslav-Platz.

07 Palais Grassalkovich
Das Palais ist der Amtssitz des slowakischen Präsidenten. Der Barockbau entstand 1760 im Auftrag des Finanzverwalters Maria Theresias, Graf Grassalkovich, der hier Bälle und Konzerte veranstaltete.

08 Primatialpalais
Das klassizistische Palais, in dem 1805 mit Frankreich der Frieden von Pressburg unterzeichnet wurde, ließ sich 1781 Erzbischof Jozef Batthyány erbauen. Heute residiert hier die städtische Gemäldegalerie.

09 Nationaltheater
Das Opernhaus Bratislavas am Hviezdoslavovo-Platz entstand im Jahr 1886 als Stadttheater im Stil der Neorenaissance. Seit 2007 gibt es auch ein Neues Nationaltheater.

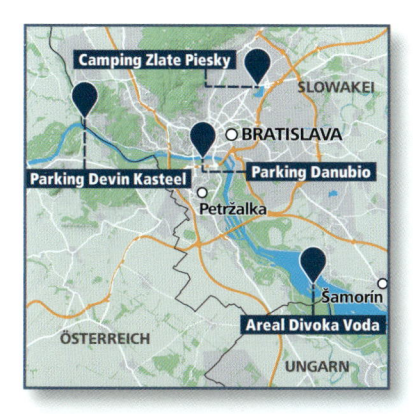

AREAL DIVOKA VODA
Mitten auf einer Donauinsel gelegen, ist der Wohnmobilstellplatz der ideale Ausgangspunkt für Abenteuer im Wasser, wie Wildwasserrafting, Motorboottouren oder Floßfahrten. Gäste können unter anderem auch in Hotelzimmern oder Bungalows schlafen.

Vodné dielo – Čunovo, 850 09 Bratislava 59, www.divokavoda.sk/en, GPS: 48.03171, 17.23054

CAMPING ZLATE PIESKY
Der Campingplatz mit großzügigen Stellplätzen liegt am Zlaté piesky, einem See und Naherholungsgebiet im Nordosten von Bratislava im Stadtteil Ružinov. Für Freizeitspaß ist gesorgt: Badesee, Bootsverleih, Minigolf, Tischtennis, Beach-Volleyball u.v.m.

Zlaté piesky 4370/8, 821 04 Bratislava, https://intercamp.sk/home, GPS: 48.18826, 17.18697

PARKING DEVIN KASTEEL
In der Umgebung der Burg Devin im gleichnamigen Stadtteil von Bratislava befindet sich der ganzjährig geöffnete, kostenlose Stellplatz. Restaurants und öffentliche Toiletten gibt es in der Nähe. Ins zwölf Kilometer entfernte Zentrum führt eine 20-minütige Busfahrt.

Muránská 15, 841 10 Bratislava, GPS: 48.17565, 16.97951

PARKING DANUBIO
Direkt an der Donau finden circa 15 Wohnmobile einen kostenlosen Stellplatz. Zudem dürfen die Ver- und Entsorgungsanlagen kostenfrei genutzt werden. Das Zentrum liegt fußläufig.

Tyršovo nábrežie, 851 01 Bratislava, GPS: 48.13621, 17.11528

Das Bild von der Stadt an der Donau ist geprägt vom imposanten im neogotischen Stil errichteten Parlamentsgebäude mit seinen markanten Türmen und Giebeln. Als Vorbild diente das britische Parlament in London.

40 BUDAPEST

Prachtvolle Bauten und breite Boulevards, elegante Kaffeehäuser und üppige Jugendstilbäder wie aus Tausendundeiner Nacht – nicht nur wegen ihres glanzvollen Musik-, Theater- und sonstigen Kulturlebens nennt man Budapest auch das »Paris des Ostens«. Wie es dazu kam? Im Jahr 1872 schlossen sich Buda, Óbuda (Alt-Buda) und Pest zu »Buda-Pest«, der neuen Hauptstadt des damaligen Königreiches Ungarn zusammen. Die Burgstadt Buda konnte sich ihre mittelalterliche Struktur bis heute bewahren. In Óbuda befinden sich die Ausgrabungsstätten der römischen Siedlung Aquincum mit dem etwa 13 000 Zuschauer fassenden Amphitheater. Auf der anderen Seite der Donau liegt Pest. Im 19. Jahrhundert war die Handelsstadt Zentrum des Geisteslebens und des Großbürgertums. Besonders eindrucksvoll zeigt sich die Bebauung um den Großen Ring. Lebensader der Stadt ist die Donau. Neun Brücken verbinden heute die beiden Stadtteile Buda (mit Óbuda) und Pest.

Informationen:
www.budapestinfo.hu, www.budapest.com/index.de.html, https://bkk.hu/en (Park and Ride)

01 Burgberg und Fischerbastei

Im 13. Jahrhundert entstand die Burg Buda als Festung an der Südspitze des Burgbergs und wurde bald danach zur Königsburg auserkoren. Zugleich erwuchs auf dem übrigen Teil der Erhebung eine mittelalterliche Bürgerstadt. Heute erstreckt sich das Burgviertel über etwa zwei Drittel des Plateaus, vom Wiener Tor im Norden bis zum St.-Georgs-Platz vor den Toren der Burg. Nach den Verwüstungen während der Türkenkriege musste das gesamte Viertel neu aufgebaut werden. Das verspielte, festungsartige Ensemble der Fischerbastei steht am Rand des Vorplatzes der Matthiaskirche am Steilabhang zur Donau. Es entstand 1902 nach Plänen des Budapester Architekten Frigyes Schulek, der romanische Formen mit solchen anderer Epochen kombinierte. Vom Viertel »Wasserstadt« direkt unterhalb führt eine zugehörige monumentale Treppenanlage den Berg hinauf.

02 Burgpalast

Wie zwei Geschwister stehen sie sich gegenüber – auf der einen Donauseite der Burgpalast mit seiner Kuppel, auf der anderen das Parlament. Ein wohl einzigartiges Panorama tut sich in Budapest auf. Auch wenn er vom fernen Ufer der Donau aus noch so schön aussehen mag – es lohnt sich, den Burgpalast einmal näher zu untersuchen. Seine Anfänge reichen zurück bis ins 13. Jahrhundert, als König Béla IV. sich hier einen gotischen Palast errichten ließ. Die Anlage überspannt fast den gesamten südlichen Hügel, sie ist 400 Meter lang und 200 Meter breit und die größte Burg Ungarns. In ihrer Geschichte hat sie viele Belagerungen gesehen und wurde vielfach zerstört, zuletzt im Zweiten Weltkrieg.

Nicht nur von außen ist die Stephans-Basilika prächtig, vor allem der üppige Baudekor im Inneren verzaubert die Besucher.

03 Ungarische Nationalgalerie

Im Burgpalast befindet sich die Nationalgalerie mit eine der umfassendsten Sammlungen ungarischer Kunst vom Mittelalter bis ins 20. Jahrhundert. Zu Kirchenkunst, mittelalterlichen Werken und moderner ungarischer Kunst gesellen sich wechselnde Ausstellungen.

04 Matthiaskirche

Die 1255 bis 1269 als romanische Basilika entstandene Kirche auf dem Burgberg von Buda wurde als Liebfrauenkirche geweiht. Ihr inoffizieller Name geht auf Matthias I. Corvinus zurück; ihm verdankt das im 14. Jahrhundert zur dreischiffigen gotischen Hallenkirche umgebaute Gotteshaus den 80 Meter hohen Südturm. So scheint die Matthiaskirche mit ihrem Dach aus bunten Keramikziegeln unversehrt die Zeiten überdauert zu haben. Weit gefehlt: Ihre heutige Gestalt geht auf eine umfassende Restaurierung (1874–1896) im Stil der Neogotik zurück.

05 Gellértbad

Die Thermalquellen rund um Budapest verführten schon die Römer, an der Donau zu bleiben und sich anzusiedeln. Später nutzen die türkischen Besatzer die heilenden Quellen am Fuße des Gellért-Berges als Hamam. Als Anfang des 20. Jahrhunderts wirtschaftlicher Aufschwung nach Budapest kam, wurde auch das Hotel Gellért erbaut, das viele Budapest-Besucher nur wegen des Bades kennen. Tatsächlich zählt der Komplex zu den schönsten Thermalbädern der gesamten Stadt. Eklektisch im Jugendstil errichtet, haben die Bauherren nicht an Verzierungen gespart: Herrlich verspielte Säulen stützen die zwei Etagen des Hauptschwimmbades, Glasmalereien, handgearbeitete Kacheln machen den Charme des Baus aus, der über drei Innen- und zehn Außenschwimmbecken verfügt.

06 Gellértberg

Der nach Bischof Gellért benannte Berg ist 235 Meter hoch und bietet eine herrliche Sicht auf die Stadt. Oben hat man dem Märtyrer ein Denkmal gesetzt. Die Zitadelle erinnert an die Unabhängigkeitsrevolte 1848/49. Am südlichen Hang des Berges wurde 1926 eine kleine Kapelle in eine Höhle gebaut. Sie ist seit 1989 wieder zugänglich.

07 Große Synagoge

Das Judentum hat in Ungarn eine lange, leider meist traurige Geschichte. Die Große Synagoge im Stadtzentrum von Pest ist mit knapp 3000 Sitzplätzen die größte Synagoge Europas und nach der in New York die zweitgrößte der Welt. Sie kann im Rahmen einer Führung besichtigt werden. Eindrucksvoll ist das Jüdische Museum und das Holocaust-Denkmal im Innenhof, wo Tausende Opfer des Faschismus bestattet wurden.

08 Kettenbrücke

Winter können in Ungarn sehr kalt werden, und die Donau kann sich zu einem mächtigen Eisstrom entwickeln. Selbst die stärksten Holzpfeiler würden der starken Strömung und dem Druck nicht standhalten, deswegen spannten die Budapester im Sommer eine Brücke aus Pontons zwischen ihre beiden Stadtteile und hofften im Winter auf eine zugefrorene Donau. Erst der Reformer István Széchenyi fasste den Mut für ein damals in ganz Europa einzigartiges Vorhaben – über einen derart starken und breiten Fluss eine Brücke bauen zu lassen. Der Bau begann

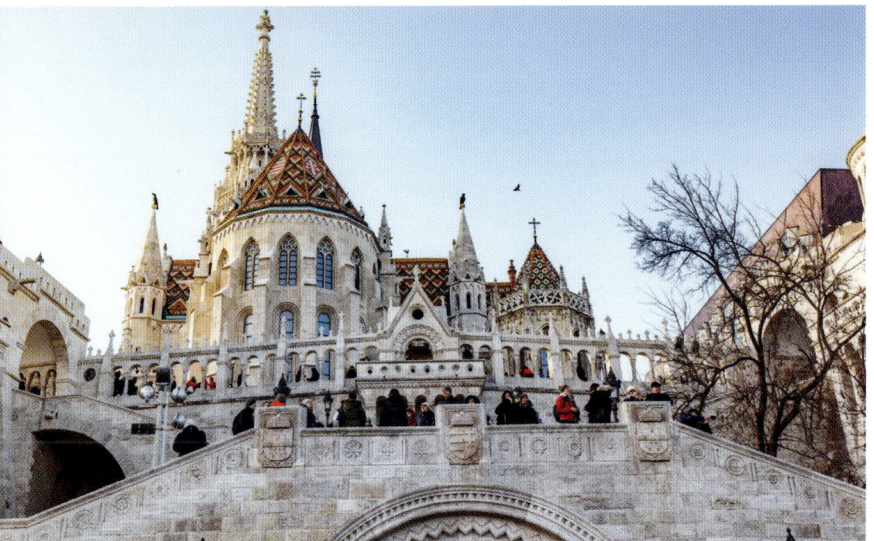

1839, Széchenyi organisierte Tonnen von Stahl und stellte das Vorhaben unter englische Bauleitung. Zehn Jahre später konnte die Brücke eingeweiht werden.

09 Parlament

Das mit 365 Türmchen und 88 Statuen und Figuren geschmückte Parlamentsgebäude besteht aus einem Mitteltrakt und zwei symmetrischen Seitenflügeln mit einer neugotischen Fassade, die auch Stilelemente des Barock und der Renaissance zeigt. Die Spitze der Kuppel schwebt 96 Meter über dem Boden, und die auf Pfeilern ruhende Decke des Kuppelsaals im Inneren erreicht eine lichte Höhe von 27 Metern; der Bau hat eine Länge von 268 Metern und eine Breite von 123 Metern. Damit zählt es zu den größten Parlamentsgebäuden der Welt.

Oben: Burg Vajdahunyad im Stadtwäldchen beherbergt seit dem Jahr 1907 das Ungarische Landwirtschaftsmuseum.

Links: Die Matthiaskirche war die erste Kirche am Schlossberg auf der Budaer Seite.

Unten: Die untergehende Sonne unterstreicht die backsteinerne Farbe der Parlamentsdächer.

10 St.-Stephans-Basilika

Als die St.-Stephans-Basilika im Jahr 1848 errichtet wurde, musste schon der Aushub unterbrochen werden, weil die Revolution ausgebrochen war. Als drei Jahre später die Arbeiten fortgesetzt werden konnten, starb der Baumeister Jószef Hild kurze Zeit darauf. Und dann brach auch noch die stolze Kuppel des Gebäudes zusammen. Der neue Baumeister Miklós Ybl ließ sie wieder neu errichten, verstarb aber auch wenig später. Allen Widrigkeiten zum Trotz ist die größte Kirche der Donau-Stadt dennoch fertiggestellt worden. Sie ragt mit ihrer Kuppel 96 Meter hoch in den Himmel. Die wichtigste Reliquie des Gotteshauses ist die einbalsamierte rechte Hand des heiligen Stephan, des ersten christlichen Königs von Ungarn.

11 Heldenplatz

In der Mitte des eindrucksvollen Heldenplatzes steht das Millenniumsdenkmal, eine 36 Meter hohe Säule, die eine Statue des Erzengels Gabriel trägt. Einer Sage nach soll er dem heiligen Stephan erschienen sein und ihm die Krone überreicht haben. Umgeben ist der Heldenplatz von zwei Kolonnaden. Zwischen den Säulen befinden sich die Statuen großer Persönlichkeiten der ungarischen Geschichte. Der Platz gehört zum Weltkulturerbe der UNESCO.

12 Ungarische Staatsoper

Sie gehört zu den prachtvollsten Opernhäusern in ganz Europa. Die im Stadtteil Pest an der prestigeträchtigen Andrássy-Straße gelegene Oper ist im Stil der Neorenaissance errichtet, ganz nach dem Willen des österreichischen Kaisers Franz Joseph, der damals eine Wien ebenbürtige Bühne in Budapest erbauen ließ. Der Kaiser hatte den berühmten ungarischen Architekten Miklós Ybl beauftragt und dazu die besten Künstler der damaligen Zeit nach Budapest reisen lassen, um Fresken und Marmorarbeiten auszugestalten. 1200 Menschen finden in dem Saal Platz, er ist bis heute weltberühmt für seine erstklassige Akustik.

HALLER CAMPING

Trotz seiner ruhigen Lage liegt der familienfreundliche Campingplatz nur unweit vom Stadtzentrum entfernt. Öffentliche Verkehrsmittel bringen Gäste im Nu mitten ins Geschehen von Budapest. Die 24-Stunden-Rezeption erlaubt eine flexible An- und Abreise.

Óbester utca 2, 1097 Budapest, https://hallercamping.hu, GPS: 47.47576, 19.08293

PARKING CAMPING-CAR EN CARAVANPARK

Der Stellplatz für circa zehn Wohnmobilisten in der Nähe des Zentrums verfügt über WLAN, Toiletten sowie die notwendigen Ver- und Entsorgungsanlagen. Duschen gibt es keine.

Hungária körút 189, 1146 Budapest, https://stellplatzbp.hu, GPS: 47.5184, 19.09022

ARENA CAMPING

Im Herzen von Budapest besticht der ganzjährig geöffnete Campingplatz mit besonderen Extras, wie einem Bach, viel Grün, modernen Sanitärblöcken mit warmen Duschen, WiFi auf dem gesamten Platz, einem äußerst zuvorkommendem Service u.v.m.

Pilisi utca 7, 1106 Budapest, https://arenacamping.eu, GPS: 47.50408, 19.15884

CAMPING AVE NATURA

Wie der Name schon sagt, befindet sich der Platz mitten in der Natur. Er umfasst ein Gebiet von 6000 Quadratmetern mit Wäldern und Wiesen. Der Bus 291 bringt Gäste von der 200 Meter entfernten Haltestelle in 25 Minuten ins Stadtzentrum.

Csermely út 3, 1121 Budapest, http://campingavenatura.hu, GPS: 47.51408, 18.9728

---

13 Margareteninsel

Mitten in der Donau liegt die 2,5 Kilometer lange Insel zwischen den Stadthälften Buda und Pest. Sie ist zu Fuß, per Straßenbahn oder mit dem Rad zu erreichen – Autos sind hier verboten. Man findet dort Strände, Joggingzonen, ein Schwimmbad, den Rosengarten mit 2500 verschiedenen Rosenarten, einen als Weltkulturerbe geschützten Wasserturm und die Ruinen alter Klöster. Das markante Zentenariumsdenkmal von István Kiss im Süden der Margareteninsel erinnert an die Vereinigung von Buda, Pest und Óbuda zur neuen Stadt Budapest im Jahr 1873. Im Norden der Insel befindet sich das Grand Hotel, das – wie die Staatsoper – nach Plänen des Architekten Miklós Ybl im Jahr 1873 errichtet wurde.

14 Burg Vajdahunyad

Die Burg unweit des Heldenplatzes gilt als bedeutende Vertreterin des ungarischen Historismus. Im Gebäudekomplex finden sich zahlreiche Baustile auf engerem Raum, von der Romanik über die Gotik und Renaissance bis zum Barock.

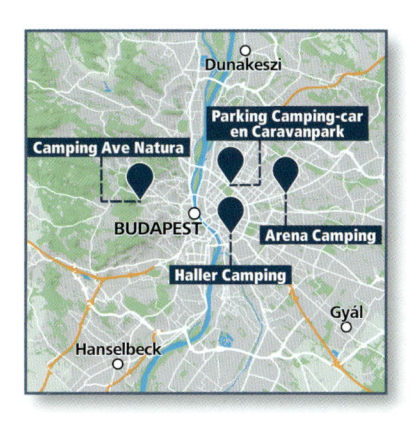

Außerhalb der Zentralen Universitätsbibliothek werden Besucher von einer Reiterstatue begrüßt, die Carol I., den ersten König des modernen Rumäniens, darstellt.

41 BUKAREST

Für Rumänien erfüllt Bukarest in jeder Hinsicht die Funktion eines Zentrums, politisch, wirtschaftlich und kulturell. Wer hier lebt, hat nicht nur die besten Verdienstmöglichkeiten im Land, er kann auch all die Vorzüge der Metropole genießen: Museen, Theater und Hochschulen, Ausgeh-, Einkaufs- und Freizeitmöglichkeiten. Seit 350 Jahren ist Bukarest Hauptstadt – 1659 löst es Târgoviște als solche endgültig ab. Aber bereits im 15. Jahrhundert residierten hier die stolzen Fürsten der Walachei. Zur königlichen Residenz wurde Bukarest im Jahr 1877 in der neu geschaffenen Monarchie. Wegen ihrer kosmopolitischen Hochkultur und des dominierenden französischen Einflusses in der Architektur wird die Stadt auch »Paris des Ostens« genannt – ein Titel allerdings, um den es sich mit anderen Städten streiten müsste. Drastisch verändert wurde das Gesicht der Stadt unter dem Diktator Ceaușescu, der ganze Viertel zerstören ließ, um Platz für den monumentalen Zuckerbäckerstil zu schaffen.

Informationen:
https://visitbucharest.today, https://romaniatourism.com/bucharest.html, www.parkme.com/de/bucharest-ro-parking

01 Parlamentspalast

Mit dem »Haus des Volkes« hat sich der kommunistische Diktator Nicolae Ceaușescu ein Denkmal gesetzt, das wahrlich nicht zu übersehen ist. Rücksichtslos ließ Ceaușescu ein ganzes Altstadtviertel abreißen, um seine »Kathedrale der Macht« im neoklassizistischen Stil zu errichten. Die Baukosten waren immens, angesichts der Dimensionen (450 000 Quadratmeter Nutzfläche), der aufwendigen Innengestaltung mit Prunksälen und Galerien, des unterirdischen Bunkersystems und der protzigen Umgebung des Palastes. Von 1984 bis 1989 waren Zehntausende damit beschäftigt, das zweitgrößte Gebäude der Welt zu errichten. Die neue Regierung ließ den Bau vollenden und machte ihn zum Sitz des Parlaments. Zudem hat sich der Stein gewordene Größenwahn des Diktators zur Touristenattraktion entwickelt.

02 Stadtzentrum, Calea Victoriei

Die beste Orientierung im weiträumigen Zentrum bietet die Calea Victoriei, Bukarests Prachtboulevard, der sich, gesäumt von teilweise pompösen Bauwerken des 19. und beginnenden 20. Jahrhunderts, von Nord nach Süden quer durch die gesamte Innenstadt zieht. Der Name »Siegesstraße« geht zurück auf 1877/78, als sich Rumänien die staatliche Unabhängigkeit erkämpft hatte und nach Jahrhunderten der türkischen und österreichisch-ungarischen Herrschaft ein selbstständiges Königreich wurde. Selbstverständlich wurde auch der neoklassizistische Königspalast (Palatul Regal; 1937) hier gebaut, heute beherbergt er das Nationale Kunstmuseum. Ebenfalls an der Calea Victoriei fin-

CAMPING CASA ALBA

Dieser recht schattige Campingplatz am Wald bietet neben circa 40 Wohnmobilstellplätzen auch Übernachtungen in Hütten, Appartements und Bungalows an. Der Platz liegt ideal, um Bukarest zu erkunden, Busse halten vor der Zufahrt auf der Hauptstraße. Auf dem Platz finden Gäste ein Restaurant.

Aleea Privighetorilor 1, 077190 Bukarest, www.casaalba.ro, GPS: 44.51645, 26.09172

det sich, im klassizistischen Bau der früheren Hauptpost, das hochinteressante Nationale Geschichtsmuseum mit der Schatzkammer der walachischen Fürsten.

03 Lipscani-Viertel

Wer den Charme des alten Bukarest erleben will, der macht sich auf in das Altstadtviertel rund um die Lipscani-Straße, einst das wichtigste Wirtschaftszentrum der gesamten Walachei. Alle möglichen Handwerker, vom Schuster bis zum Goldschmied, betrieben in den eng bebauten Gassen ihre Werkstätten, doch den meisten Profit machten hier, am Schnittpunkt zwischen Orient und Okzident, die Kaufleute. Und die Händler mit den Waren aus Leipzig, also aus dem Westen, gaben schließlich auch der größten Straße den Namen: Lipscani, Leipziger, nannte man sie auch.

04 Nationales Kunstmuseum

Einen Streifzug durch 1000 Jahre rumänische Malerei unternimmt man im Nationalen Kunstmuseum (Muzeul National de Artă al României) am Revolutionsplatz im ehemaligen Königspalast. Es beherbergt wertvolle Sammlungen rumänischer Kunst, die von der königlichen Familie zusammengetragen wurden.

Oben links: Für Opernfreunde der pure Genuss – ein schöner Abend in der prächtigen Nationaloper von Bukarest.

Unten: Die Kirche Curtea Veche mit ihren rötlichen Streifenornamenten ist das älteste erhaltene Bauwerk der Stadt.

Die traditionellen Portweinboote (»barcos rabelos«) auf dem Douro dienen heute nur noch touristischen Zwecken. Praktischen Nutzen hat jedoch nach wie vor die 1886 eröffnete Ponte Dom Luís I, entworfen von Théophile Seyrig.

42 PORTO

Portugals zweitgrößte Stadt liegt an einem steilen Hang über dem Rio Douro, kurz vor dessen Mündung in den Atlantik. In den Jahren 716 bis 997 von Mauren beherrscht, wurde die in der Antike als »Portus Cale« bekannte Siedlung im 11. Jahrhundert zur Hauptstadt der Grafschaft Portucalia, der Keimzelle des späteren Königreichs Portugal. Das ist ein großes Erbe für die Stadt mit ihren terrassenartig an den steilen Felswänden angelegten Häusern. Fünf Brücken verbinden Porto mit der gegenüberliegenden Schwesterstadt Vila Nova de Gaia, dem Sitz der meisten Portweinkellereien. Dort reifen in Eichenfässern die kräftigen Rotweine der Region Alto Douro, in der seit fast 2000 Jahren Wein angebaut wird. Aus dieser Tradition entwickelte sich dort eine außergewöhnlich schöne Kulturlandschaft, deren berühmtestes Produkt der Portwein ist

Informationen:
https://visitporto.travel/en-GB/home,
https://en.metrodoporto.pt/pages/439

01 Ponte Dom Luís I

Beim Anblick dieser Stahlkonstruktion fühlen sich viele an den Eiffelturm erinnert – und treffen mit der Assoziation fast ins Schwarze: Die Planung und Bauleitung lag in den Händen von Théophile Seyrig, einem ehemaligen Weggefährten von Gustave Eiffel. Das Bauwerk gilt als Meisterleistung der damaligen Ingenieurskunst. 3000 Tonnen Stahl stecken in der doppelten, frei gespannten Konstruktion der Ponte Dom Luís I. Ihr Namensgeber, der portugiesische König Luís I., war auch derjenige, der das Bauwerk beim Eröffnungsfest 1886 feierlich an die Bevölkerung übergab. Über den Douro gelangen Trams, Autos und Fußgänger gleichermaßen.

02 Cais da Ribeira

Die Kais am Douro, an denen früher die Handelsschiffe anlegten und Waren entladen wurden, sind heute fest in der Hand der Touristen. Restaurants und Cafés residieren in den einstigen Lagerräumen. Das Viertel zwischen Praça da Ribeira und der Brücke Ponte Dom Luís I zählt zu den ältesten Portos und war bis vor wenigen Jahren auch eines der ärmsten. Heute sind viele der einstigen Bewohner vor dem Tourismus geflohen; andere halten trotzig an ihrem Alltag in den verwinkelten Gassen fest. Hier wurde der Legende nach am 4. März 1394 Dom Henrique, Heinrich der Seefahrer, geboren und sofort mit Fernweh infiziert.

03 Sé do Porto

Wie eine Festung überragt der wuchtige Kathedralbau aus dem 12. Jahrhundert das Ribeira-Viertel. Zwei mächtige Türme rahmen den Querbau mit romanischer Rosette und Zinnenkranz ein. Sein Inneres galt als düster, bis im 18. Jahrhundert der seinerzeit viel beschäftigte Baumeister Nicolau Nasoni mit einigen wenigen Kunstgriffen ein paar aufregende Akzente setzte: Er schuf

Zentrum Portos ist die Uferpromenade Cais de Ribeira. Tagsüber ist es hier selten ruhig, zahlreiche Lokale locken mit einem Plätzchen im Freien.

einen strahlenden, mit Gold überzogenen Hauptaltar unter einer lichten Kassettendecke aus Marmor und Granit und platzierte in der Sakramentskapelle im linken Querhaus einen noch prächtigeren Altar, der 1632 bis 1732 von Manuel Teixeira, Manuel Guedes, Bartolomeus und weiteren portugiesischen Künstlern aus 800 Kilogramm reinen Silbers getrieben wurde.

04 Igreja de Santa Clara

Wer die Igreja de Santa Clara nur von außen betrachtet, sieht vielleicht nur ein weiteres Kirchengebäude, eines unter vielen in Porto. Doch das Innere verheißt eine Formenexplosion vor dem Auge des Betrachters: »Üppig« ist gar kein Ausdruck für diese Ornament- und Schmuckvielfalt! Die Holzschnitzereien gelten als Meisterwerke der Sakralkunst im Barock- und Rokokostil. Neben den Azulejos ist die vergoldete Holzschnitzerei, die Talha dourada, besonders in der portugiesischen Kunst. Der Kreuzgang im manieristischen Stil, die mit Blattgold überzogenen Holzschnitzarbeiten sowie der Vorraum und das hölzerne Chorgestühl in den oberen Räumlichkeiten lohnen den Besuch.

05 Igreja de São Lourenço

Der Gründung von Kirche und Kloster durch die Jesuiten im 16. Jahrhundert gingen heftige Proteste voraus. Die Bürger von Porto wehrten sich vor allem gegen die Einrichtung eines Kollegs, denn sie befürchteten, dadurch eines ihrer Privilegien zu verlieren: Adligen war es zu jener Zeit nämlich nicht gestattet, länger als drei Tage in Porto zu verweilen. Die Schule, so die Sorge, würde hochwohlgeborene Kinder und deren Eltern dazu verleiten, sich in der Stadt niederzulassen – was trotz der Proteste passierte. Das Kloster ist verschwunden, doch die Kirche mit ihren Architekturstilen von Manierismus über Barock bis Klassizismus blieb. Im Inneren schwelgt sie in Azulejos und Talha dourada.

06 Palácio da Bolsa

In Porto wird Geld verdient, in Lissabon ausgegeben – so stellt sich das Verhältnis der beiden traditionell miteinander konkurrierenden Städte aus der Sicht von Porto dar. Gäbe es ein besseres Symbol für die große Bedeutung des Handels als eine prunkvolle Börse? Der Börsenpalast (Palácio da Bolsa) wurde im Jahr 1842 als Sitz von Portos Handelsvereinigung in Auftrag gegeben und erst 1910 vollendet. Dadurch vereint er in seinem eklektizistischen Dekor alle Stile des 19. Jahrhunderts. Kostbare Parkett- und Mosaikböden in komplizierten Mustern, Gemälde und Möbel komplettieren die prachtvolle Ausstattung.

07 Igreja Monumento de São Franciscoi

Die Kirche geht auf eine Franziskanergründung im 13. Jahrhundert zurück. In den 1720er-Jahren entfernten Architekten und Bildhauer die gotische Ausstattung und ersetzten sie durch eine nahezu alle Kapellen bedeckende Hülle aus Talha dourada. Das vergoldete Schnitzwerk schwingt sich zu fantastischen Altären wie jenem der Nossa Senhora da Rosa auf. Zu ihrem Höhepunkt findet diese Orgie aus Holz und Gold im Altar, der dem Thema der »Wurzel Jesse« gewidmet ist. Ein wahres Wimmelbild in ihrer Bewegung erstarrter Skulpturen zeichnet den Stammbaum Christi von Adam und Eva über die Patriarchen des Alten Testamentes bis hin zu Maria und Josef nach.

08 Livraria Lello
Eine unvergessliche Sehenswürdigkeit ist die Livraria Lello e Irmão in der Rua das Carmelitas 144, eine der schönsten Buchhandlungen der Welt. Schon die aufwendig verzierte Fassade des Jugendstilgebäudes aus dem Jahr 1906 ist eindrucksvoll. Im Inneren der imposanten »Kathedrale der Bücher« beeindrucken die Büsten berühmter Schriftsteller, gefertigt von Bildhauer Romão Júnior, und die geschwungene Holztreppe, die zu den holzvertäfelten, offenen oberen Etagen führt. Im Obergeschoss unter der Buntglasdecke kann man in einer kleinen Cafeteria unter anderem Portwein genießen.

09 Igreja dos Clérigos
Die Kirche der Bruderschaft der Kleriker ist eines der wenigen portugiesischen Gotteshäuser, das nicht durch den Umbau eines älteren Sakralbaus in der Mode des Barock entstand, sondern ganz im Geiste dieses Baustils errichtet wurde. Nicola Nasoni ließ sie 1732 bis 1748 auf ovalem Grundriss erbauen. Ein monumentales Barockportal führt in das innen erstaunlich schlicht wirkende Gotteshaus. Akzente mit dem Talha-dourada-Schnitzwerk setzte Nasoni sehr zurückhaltend.

10 Igreja do Carmo
Die Doppelfassade der beiden nebeneinander erbauten Kirchen Igreja do Carmo und Igreja dos Carmelitas ist die auffällige Landmarke an Portos hoch gelegener Praça de Carlos Alberto, dem Mittelpunkt des Universitätsviertels. Etwas mehr als 100 Jahre liegen zwischen der Fertigstellung der beiden Gotteshäuser, 100 Jahre, die einen völlig neuen Stil hervorbrachten. Zeigt sich die Fassade der Karmelitenkirche aus dem Jahr 1650 noch in den klaren Linien des Manierismus, feiert do Carmo (1768) den Überschwang des Barock. Im Inneren kontrastieren üppig geschnitzte Talha-dourada-Altäre und mit Azulejos verkleidete Säulen mit dem klaren Weiß des Baus.

11 Estação São Bento
Portos Bahnhof, sicherlich die berühmteste Bahnstation des Landes, wurde zu Beginn des 20. Jahrhunderts errichtet. Dafür musste ein Kloster aus dem 16. Jahrhundert abgerissen werden. Noch während der Bauarbeiten verlängerte die Bahngesellschaft ihre Linie zur Praça da Liberdade und ließ dabei drei Tunnel graben. Erst 1916 konnte die Station in Betrieb genommen werden. Ihre riesige Bahnhofshalle ist komplett mit Azulejobildern ausgekleidet: Sie beschwören bedeutende Momente der portugiesischen Geschichte. Alle Bilder stammen von einem der bekanntesten Azulejomaler Portugals, Jorge Colaço.

12 Avenida dos Aliados und Praça da Liberdade
Als hätte sich eine Pariser Avenue in die nordportugiesische Metropole geschlichen: Die Avenida dos Aliados mit ihren neoklassizistischen Prunkbauten links und rechts könnte ebenso die französische Hauptstadt schmücken. In der Anlage dieser Straße spiegelt sich der Wohlstand Portos zu Beginn des 20. Jahrhunderts, als ein altes Viertel abgerissen wurde, um Platz für die repräsentative Flaniermeile zu schaffen. Sie führt auf das 1920 erbaute Rathaus zu. Mehrere Denkmäler und das Reiterstandbild König Dom Pedros IV. auf der anschließenden Praça da Liberdade schmücken die Avenida.

Oben: Kreuzgang und Fassade der Kathedrale wurden nachträglich mit Azulejos geschmückt.

Links: Die Igreja de São Lourenço prägt die Silhouette der Stadt.

13 Rua de Santa Catarina und »Café Majestic«

Portos wichtigste Einkaufsstraße beginnt am Bahnhof und ist gesäumt von schicken Boutiquen, den Filialen großer Modehäuser, Cafés, Restaurants und auch noch so manchem Geschäft, das mit seinem etwas antiquierten Sortiment von beispielsweise Knöpfen oder Miederwaren längst überholt erscheint. Eben dieses Nebeneinander von Alt und Neu macht den besonderen Charme der Rua de Santa Catarina aus, und er kumuliert im Jugendstilambiente des 1916 eröffneten »Café Majestic«.

14 Mercado do Bolhão

Mittelpunkt des im Herzen der Stadt gelegenen zweistöckigen Gebäudes ist der überdachte Innenhof, in dem die Gemüse- und Obsthändler ihre Waren feilbieten. Entlang der mit schmiedeeisernen Balustraden geschmückten Galerien gruppieren sich Metzger und Fischverkäufer, Garküchen und Cafés.

15 Vila Nova de Gaia

Dieser Porto gegenüberliegende Ort duftet geradezu nach seinem wichtigsten Produkt: Das zarte Aroma von Portwein schwebt über den Handelshäusern, die das Südufer des Douro säumen. Weil dieses von der Sonne nicht so intensiv beschienen wird wie das Nordufer, ist es als Standort für die Portweinlager (»armazéns«) ideal. Bis heute ist Vila Nova de Gaia ein wichtiger Lager- und Umschlagplatz für Portwein.

16 Mosteiro da Serra do Pilar

Das markante, hoch über Vila Nova de Gaia thronende Kloster bildet mit seinem kreisrunden Gotteshaus ein einzigartiges architektonisches Ensemble. Schon bald wurde dem im 16. Jahrhundert begonnenen Bau seine Lage zum Verhängnis. Der Komplex eignete sich hervorragend für militärische Zwecke, fungierte bei der Belagerung von Porto 1832 während der Miguelistenkriege als Fort und wird zum Teil auch heute noch so genutzt. Besucher erfreuen sich an der Dachterrasse der Rotunde, von der aus der Blick weit über den Douro und die Altstadt von Porto am anderen Flussufer schweift.

17 Sandeman

Als George Sandeman seinen Weinhandel im London der 1790er-Jahre startete, sah er sicherlich nicht so verwegen aus wie »der Don«: Die schwarze Silhouette eines Mannes mit spanischem Caballero-Hut und portugiesischer Studenten-Capa, der heute als Markensymbol für Sandeman die Werbeflächen ziert, erinnert eher an Zorro als an einen seriösen Kaufmann. Kongenial vereint er die beiden Säulen des Unternehmens, den Handel mit (spanischem) Sherry und (portugiesischem) Portwein. Sandeman ist längst mehr als nur eine »cava« unter vielen. Zum Unternehmen gehören ein Museum, ein Restaurant und ein Hotel.

ORBITUR CANIDELO

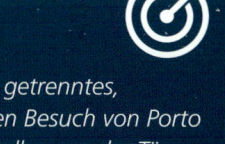

Durch die Küstenstraße vom langen Sandstrand getrenntes, weitgehend schattenloses Gelände. Gut für einen Besuch von Porto geeignet, die Bushaltestelle befindet sich unmittelbar vor der Tür. Ordentliche Sanitäranlagen, riesiger beheizter Pool. Es besteht freie Platzwahl. Ganzjährig geöffnet.

Avenida Beira-Mar 441, 4400-382 Vila Nova de Gaia, www.orbitur.pt, GPS: 41.124730, -8.666289

ORBITUR ANGEIRAS

Am Wochenende finden sich hier viele Camper aus dem nur acht Kilometer entfernten Porto ein. Sie wissen das bewaldete Gelände mit Pool und Spielplatz sowie die Nähe von Strand und Fischersiedlung mit Restaurants (je zehn Minuten zu Fuß) zu schätzen. Bushaltestelle nach Porto vor der Anlage. Ganzjährig geöffnet.

Rua de Angeiras, 4455-039 Lavra, www.orbitur.pt, GPS: 41.267331, -8.719918

ISTAS' GARDEN

Besonders für längere Besuche und für Familien mit Kindern ist der Stellplatz südlich von Porto empfehlenswert. Die Besitzer kümmern sich rührend um ihre Gäste, regelmäßig finden Weinabende statt. Mit Pool, Küche, Grillmöglichkeit und Co. ausgestattet.

Rua da Cavada 617, 4405-519 Vila Nova de Gaia, www.istasgarden.com, GPS: 41.06293, -8.38478

ESTACIONAMENTO AUTOCARAVANAS, PORTO

Auf diesem kostenlosen Parkplatz am Douro gibt es keinerlei Versorgungseinrichtungen. Ganzjährig geöffnet. 1,5 Kilometer sind es bis zum Teleférico de Gaia. Von dort geht es über die Ponte Dom Luís I ins historische Zentrum von Porto.

Cais do Cavaco 2, 4400 Vila Nova de Gaia, GPS: 41.08352, -8.37565

Lissabon wird auch »weiße Stadt am Tejo« genannt. Dennoch lassen sich hier auch pastellfarbene Häuser in Blau, Gelb oder Rosa finden. Den besten Blick auf die Stadt hat man vom Südufer des Tejo aus.

43 LISSABON

Von der breiten Mündungsbucht des Tejo zieht sich ein Häusermeer die steilen Hügel hinauf. Die traumhafte Lage der Hauptstadt Portugals zieht Besucherinnen und Besucher aus aller Welt an, die wie die Einheimischen in den Eléctricos, den alten quietschenden Straßenbahnen, durch die Stadt fahren. Lissabon teilt sich in eine Oberstadt (Bairro Alto) – das Ausgehviertel mit ungezählten Kneipen, Restaurants und Fado-Lokalen – und eine Unterstadt (Baixa), die nach dem verheerenden Erdbeben im Jahr 1755 planmäßig aufgebaut wurde und heute das Banken- und Einkaufsviertel ist.

Informationen:
www.visitlisboa.com/de,
www.parkme.com/de/lisbon-pt-parking

01 Praça do Comércio

Eigentlich ist Lissabon kein typisches Touristenzentrum. Es ist so lebendig, bunt und offen, dass es Besucher in Bewohner zu verwandeln scheint – einzige Ausnahme ist die Praça do Comércio und die zu ihr führende Rua Augusta. Von letzterer kommend, überwölbt der Arco Triunfal den Durchgang zum heutigen Handelsplatz, der bis zum Erdbeben 1755 vom Königspalast bestimmt und bereits Mordschauplatz und revolutionärer Versammlungsort war.

02 Elevador de Santa Justa

Er ist kein Eiffelturm, aber trotzdem eine Auffahrt wert: der in neugotischer eiserner Eleganz erstrahlende Elevador de Santa Justa. Er wurde von einem Schüler Eiffels, Raoul Mesnier de Ponsard, 1902 errichtet, um Baixa mit dem benachbarten und höher gelegenen Stadtteil Chiado und dem Bairro Alto zu verbinden. Größere Höhenunterschiede inmitten von Städten können von Standseilbahnen, steilen Treppen oder eben schlichtweg mit einem Fahrstuhl überbrückt werden. Lissabon bietet alle Varianten, doch der Elevador de Santa Justa ist mehr als ein Mittel zum Zweck. Er ist ein architektonisches Kunstwerk und eine gute Gelegenheit, von oben das Treiben auf dem Rossio zu beobachten.

03 Rossio

Der Rossio (offiziell: Praça de Dom Pedro IV.) wurde bereits im 16. Jahrhundert als Handelsplatz eingerichtet. Hier sollten die über den Atlantik verschifften und über den Tejo an der Praça do Comércio angelandeten Waren zum Verkauf angeboten werden. Heute werden keine Kolonialwaren, sondern Zeitungen und Sonnenbrillen am Rossio verkauft – und der Kirschlikör »Ginjinha«. Wo früher der Palast der Inquisition stand und regelmäßig Hinrichtungen und Stierkämpfe stattfanden, schaut heute König Peter IV. von seiner Marmorsäule aus dem Treiben auf dem Stadtplatz zu. Samstags findet auf dem Rossio ein bunter Blumenmarkt statt. Gesäumt wird der Platz von Gebäuden aus dem 17. und 18. Jahrhundert, in deren unteren Etagen Cafés locken, darunter das im Artdéco-Stil gehaltene »Nicola«.

Verschiedene Architekturstile treffen am mehrfach um- und ausgebauten Rossio aufeinander. Die Springbrunnen stammen aus dem 19. Jahrhundert.

04 Estação de Caminhos de Ferro do Rossio

Hinter dem Wortungetüm verbirgt sich nichts anderes als der Bahnhof Lissabon-Rossio. Und so pompös wie sein Name klingt, so pompös ist auch seine im neumanuelinischen Stil gehaltene Fassade.

05 Praça dos Restauradores

An die Zeit des ersten Befreiungsschlages von 60-jähriger Fremdherrschaft durch Spanien erinnert die Siegessäule in der Mitte des von Verkehr umströmten Platzes. Gesäumt wird er von bemerkenswerten Häusern wie dem Teatro Éden und dem Palácio Foz. Unter der Ägide des Marquis von Foz wurde der Palast Ende des 19. Jahrhunderts ausgebaut, heute findet man dort die Touristeninfo. Der Obelisk ist ein Denkmal des portugiesischen Restaurationskriegs 1640 bis 1668.

06 Parque Eduardo VII de Inglaterra

Die formal gestaltete Grünanlage erstreckt sich hinter der Plaça Marquês de Pombal, von deren oberen Ende aus sich ein schöner Blick entlang der Avenida da Liberdade zum Tejo hinunter eröffnet. Es passt zu den geometrisch geformten Hecken, dass hier jährlich die Lissabonner Buchmesse stattfindet. Wem der Jardim Botânico da Universidade de Lisboa etwas zu wild ist, der kommt in den beiden Gewächshäusern auf seine Kosten, in denen diverse tropische Pflanzen kultiviert sind.

07 Alfama

Gegensätzlicher können Stadtteile nicht sein: Die Alfama ist das älteste, der Parque das Nações das jüngste Viertel. Die Alfama wird von alten Häusern, an denen die Farbe abblättert, und engen Gassen, in die kaum Licht fällt, geprägt. Der Parque das Nações ist lichtdurchflutet und besteht vor allem aus Glas und Beton, über allem schwebt eine hochmoderne Seilbahn. Es lärmen Discos und das Spielkasino. Durch die engen Straßen Alfamas rumpelt die alte Tram 28, und nachts erklingen dort die melancholisch-zarten Töne des Fado. Es ist diese Spannung, die Lissabon zu einer großartigen Stadt formt und so gehören Alfama & Parque das Nações zu den wichtigen Stadtvierteln, auch wenn die Grenzen nirgends klar definiert sind.

08 Catedral Sé Patriarcal

Der heilige Antonius von Padua soll 1195 in der alten romanischen Kirche getauft worden sein. Dass es öfters einem Erdbeben zum Opfer fiel, ist diesem ältesten Gebäude Lissabons von außen kaum anzusehen. Im Kreuzgang wird die Geschichte sichtbarer, dort zeigt eine archäologische Ausstellung unterschiedliche Stadien der Bebauung. Im Inneren vermischen sich Romanik und Gotik. Beeindruckend sind die gotische Grablege in einer Seitenkapelle des Chorumganges und der Kirchenschatz in der Sakristei.

09 Castelo de São Jorge

Von nahezu jedem Punkt der Stadt aus ist die riesige Festungsanlage sichtbar. Seit dem 12. Jahrhundert in christlicher Hand, wurde das Castelo mit dem Machtzuwachs Portugals im 15. Jahrhundert in seiner Verteidigungsfunktion und als Königsresidenz immer unwichtiger. Heute ist es nicht zuletzt ein besonderer Aussichtspunkt. Im Torre de Ulisses befindet sich eine Camera obscura, die mittels Spiegel und diversen Linsen einen 360°-Rundblick über die Stadt ermöglicht.

10 Feira da Ladra
Flohmärkte mag man oder man mag sie nicht. Wer ein Liebhaber ist, ist auf dem Feira da Ladra auf dem Campo de Santa Clara goldrichtig.

11 São Vicente de Fora
Weiß schimmert der Klosterkomplex, der in der Nähe auf einem Hügel der Stadt thront. Wichtige Könige aus dem Geschlecht der Bragança haben hier ihre Grabstätte. Und die Patriarchen Lissabons, die ranghöchsten Geistlichen nach dem Papst, verewigen sich im Panteão dos Patriarcas. Unter den eleganten Kreuzgängen lässt sich beschaulich wandeln. Die alte Zisterne nebst Schöpfstelle wirkt wie aus einem Märchen.

12 Parque das Nações
Nicht nur für Kinder ist die Fahrt in einer der leicht im Wind schaukelnden Gondeln der Seilbahn, die entlang des Tejo über das ehemalige EXPO-Gelände führt, ein beglückendes Ereignis. Unten liegen das riesige Ozeaneum, ein Wissenschaftsmuseum (Pavilhão do Conhecimento), und im Sonnenlicht glitzern die Wasser-Vulkan-Springbrunnen, die über das Gelände verteilt sind.

13 Estação do Oriente
Der jährlich bis zu 75 Millionen Reisende empfangende Ostbahnhof ist ein architektonisches Meisterwerk aus Glas, Holz und Stahlbeton – geschaffen anlässlich der EXPO 1998 von Santiago Calatrava. Fragile Holzstreben überspannen die Gleise, rundliche Stahlbetontragwerke erinnern an ein großes Raumschiff.

14 Chiado & Bairro Alto
Künstlerviertel, Treffpunkt der Lissabonner Bohème, Sitz vieler Verlage, Theater und teurer Läden – das alte Chiado war schon im 19. Jahrhundert ein reiches Viertel gewesen und bis heute ein wichtiges intellektuelles Zentrum der Stadt. Architektonisch dominieren Bürgerhäuser im Art-déco-Stil. Nach einem vernichtenden Großbrand 1988 beauftragte die Stadt den Architekten Álvaro Siza Vieira mit einem originalgetreuen Wiederaufbau. So finden sich heute hinter alten Fassaden zum Teil hochmoderne Gebäude. Bairro Alto, die Oberstadt, befand sich noch im 16. Jahrhundert außerhalb der Stadtmauer. Im 19. Jahrhundert wohnten die weniger wohlhabenden Intellektuellen, die sich im Chiado-Viertel zum Diskutieren trafen, im Bairro Alto, weil die Mieten hier erschwinglich waren. Heute ist

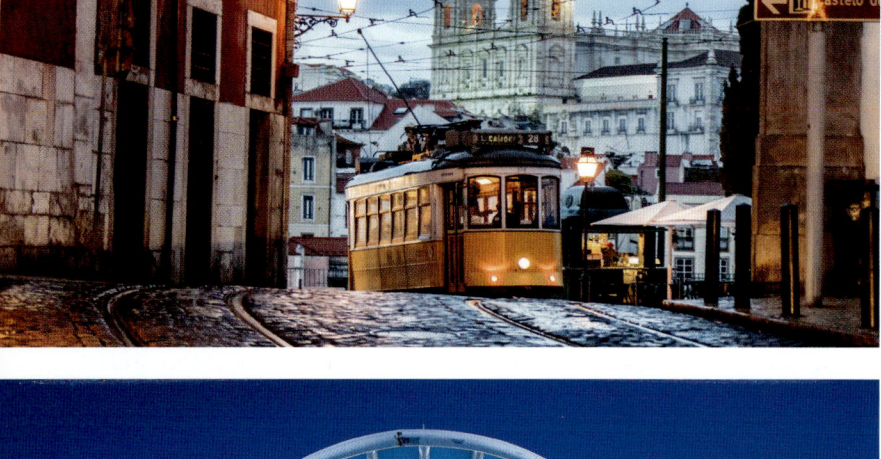

Oben: Der Elevador de Santa Justa wurde ursprünglich mit einer Dampfmaschine angetrieben.

Mitte: Nur wenige Straßenbahnlinien weltweit sind so berühmt wie Lissabons Tram 28.

Links: Wer mit der Bahn zum ehemaligen EXPO-Gelände anreist, wird vom spektakulären Gebäude des Ostbahnhofs empfangen.

der Bairro Alto die Kneipenmeile Lissabons. Hier finden sich unzählige Bars, Clubs und Restaurants – für jedes Alter und jede Stimmung.

15 Convento do Carmo

In langen Sommernächten dringen manchmal Konzertklänge aus den Ruinen des Kirchenschiffes der Igreja do Carmo. Nur teilweise wurde das 1755 durch ein Erdbeben zerstörte Karmeliterkloster wiederaufgebaut. Heute befindet sich hier das Museo Arqueológico do Carmo. Ebenfalls weltlicher Art ist die Nutzung eines Traktes der Anlage als Hauptquartier der portugiesischen Nationalgarde; von hier aus war 1974 während der Nelkenrevolution die Republik ausgerufen worden.

16 Praça do Municipio & Câmara Municipal

Ein augenfälliges schwarz-weißes Bodenmosaik und eine kleine Kuriosität prägen den Platz: In der Mitte der Praça do Municipio steht ein Pranger, er symbolisierte die Durchsetzung des geltenden Rechts. Dahinter leuchtet die neoklassizistische Fassade des Rathauses (Câmara Municipal) und erinnert an Zeiten, als hier 1910 vom Balkon aus die Erste Republik ausgerufen worden war. Jedes Jahr gedenken viele Menschen auf dem Rathausplatz dieses Ereignisses. Der ursprüngliche Bau aus dem Jahr 1774 erlag allerdings im Jahr 1863 einer Feuersbrunst und musste neu aufgebaut werden. In seiner heutigen Form stammt das Rathaus aus dem Jahr 1875. Seine Innenräume sind reich mit Malereien ausgestaltet und können sonntagmorgens im Rahmen einer kostenlosen Führung besichtigt werden.

17 Rua Garrett

Eine Straße ist noch keine Literaturmeile, nur weil sie nach einem bekannten Dichter heißt, Almeida Garrett (1799–1854). Doch wenn der älteste Buchladen der Welt sowie das »A Brasileira«, in dem Fernando Pessoa oft weilte, ebenso hier liegt, ist sie zumindest eine mit der Poesie Portugals eng verwobene Straße. Mehr als Bücher zu bieten hat sie dank einiger traditionell geführter Geschäfte, die zwischen den vielen globalen Marken die Rua Garrett davor retten, beliebig zu werden. Darunter der Juwelier »Tous« mit vergoldeten Rokokomöbel und »Paris Em Lisboa«, seit 1888 erhält man hier hinter einer Jugendstilfassade Haushaltstextilien.

18 Mercado da Ribeira

Von außen erinnert das Ende des 19. Jahrhunderts errichtete Gebäude an eine Mischung aus Bahnhof und Kirche. Und wie auf einem großen Bahnhof wimmelt es im Inneren des auch als »Time Out Market« bekannten Marktes von Menschen. In einem Teil der Halle liegen die Marktstände, die frische Waren von Fisch über Honig zu Obst und Gemüse von den Bauern der Region anbieten. Es ist kein Touristenzentrum, sodass Qualität und Preis-Leistungs-Verhältnis nach wie vor stimmig sind. Im ersten Stock findet man auch portugiesisches Kunsthandwerk.

19 Praça de São Paulo

Als ein klassischer »Pombal-Platz« gilt der São-Paulo-Platz, als Erfindung des »Erdbebenministers« Marquês de Pombal, der den Wiederaufbau Lissabons seit 1755 leitete. Barocke Kirchenfassade, Brunnen (Chafariz) mit Obelisk, geometrische Pflastersteine – ein kleines rechtwinkliges Gesamtkunstwerk, das vor allem nachts sein Eigenleben führt. Dann dringen aus den anliegenden Cafés Stimmen, Gelächter und Gläserklirren. Um den Brunnen und auf den Steinbänken versammeln sich Jugendliche, oft mit Gitarre.

20 Ascensor da Bica

Ihre Fahrt startet hinter einer Haustür, die aussieht, als führe sie in ein Privathaus, was schon die persönlichere Atmosphäre ankündigt, die in dieser Standseilbahn vorherrscht. Wenige Reisende nutzen sie. Und es lässt sich sogar in die Wohnungen der anliegenden alten Häuser blicken, so schmal ist an manchen Stellen der Weg. Wie in alten Zeiten

---

CAIS DA VISCONDESSA

Direkt an den Hafenanlagen am Tejo liegt dieser kostenlose Parkplatz ohne Versorgungseinrichtungen. Ganzjährig geöffnet. Guter Standort für eine Besichtigung der Stadt: Bis zur Praça do Comércio sind es 1,5 Kilometer. Dafür kann es zuweilen recht laut werden.

Cais da Viscondessa, Av. de Brasilia, 1200–109 Lissabon, GPS: 38.42163, -9.09252

LISBOA CAMPING & BUNGALOWS

Die Anlage liegt am Westhang des Monsanto, des bewaldeten Hausbergs von Lissabon. Idealer Ausgangspunkt für einen Besuch der Stadt (Linienbus). Nicht ganz leise wegen Autobahn und Musik aus einem nahen Lokal. Plätze auf Rasen unter Bäumen. Ganzjährig.

Estrada da Circunvalação, 1400-061 Lisboa, https://lisboacamping.com, GPS: 38.724694, -9.207851

ORBITUR COSTA DE CAPARICA

Große Camping- und Bungalowanlage. Der Campingbereich hat teilweise Baumschatten. Plätze weiter innen vergleichsweise ruhig. Ein sicherer Standort, um von hier aus Lissabon zu erkunden (Linienbus nach Trafaria, dann Fähre nach Belém). Ganzjährig.

Avenida Afonso de Albuquerque, 2825-450 Costa de Caparica, www.orbitur.pt, GPS: 38.653964, -9.238550

hängen viele Familien ihre Wäsche noch immer vor den Fenstern auf, eine weitere Vermischung von öffentlichem und privatem Raum, die etwas Heimeliges hat auf dieser Strecke. Ähnlich den anderen beiden Ascensores ist das Bahnmodell im alten Stil gehalten und führt auf kürzestem Weg von der Unter- in die Oberstadt. Die Bica startet in der Rua de São Paulo und endet in der Calçada do Combro/Rua do Loreta. Sie überwindet dabei, ähnlich wie der Ascensor da Gloria und der Ascensor da Lavra, etwa 45 Höhenmeter.

21 Amoreiras

Über 200 Shops, 50 Restaurants, sieben Kinos, zwei Beauty-Salons und einige Banken versammeln sich im Amoreiras. Von »Anselmo 1910« über »Salvatore Ferragamo« zu »Zara« ist alles dabei. Für diejenigen, die auch ohne Einkaufen gut zurechtkommen, sei ein Abstecher auf die Dachterrasse des riesigen Shoppingcenters empfohlen. Die Aussicht hält natürlich dem Vergleich mit denen von den Miradouros oder dem Aquädukt nicht stand, aber Lissabon ist eine spannungsvolle Stadt zwischen Altem und Neuem und auf dem Glas-Stahlbeton-Riesen des Amoreiras lässt sich dieser Spannung ganz gut nachspüren.

22 Doca de Santo Amaro

Der neue Jachthafen ist nicht nur eine Anlaufstelle für Segler, sondern bietet dank höher gelegenen Pontons und angrenzenden Bars auch einen beliebten Szenetreffpunkt – zum Lunch, auf einen Cocktail oder Kaffee, und abends zum Tanzen.

Oben: In der Klosterkirche des Mosteiro dos Jerónimos beeindruckt die Stabilität der schmalen Säulen.

Mitte: Zwei Glockentürme, Heiligenfiguren und allegorische Statuen schmücken die Basílica da Estrela.

Links: Von der Terrasse des Denkmals der Entdeckungen blickt man auf den Tejo samt Ponte 25 de Abril.

23 Palácio de São Bento, Assembleia da República

Wenn die wichtigsten Politiker des Landes an ihren Arbeitsplatz eilen, haben sie möglicherweise den Blick für die Ermahnungen verloren, die die Bauherren einst direkt am Eingang aufstellen ließen. Drei große Statuen thronen auf gleißend weißen Marmorsockeln. Die vier steinernen Damen stehen für die Tugenden Mäßigung, Gerechtigkeit, Stärke und Vernunft. Das Haus, in dem heute das portugiesische Parlament tagt, war einst ein Benediktinerkloster, das die Mönche bis in das Jahr 1820 betrieben. Im hinteren Teil des Gebäudes hat der Ministerpräsident seinen Sitz. An das Parlament grenzt ein großer Park an.

24 Jardim da Estrela

Hohe Palmen und exotische Bäume mit Luftwurzeln bilden ein dichtes Blätterdach mitten in der Stadt: Der Jardim da Estrela gehört nicht ohne Grund zu Lissabons beliebtesten Grünflächen und erstreckt sich gegenüber der gleichnamigen Basilika. Das Zentrum dieses grünen Juwels ist der See, zu dem ein mit Statuen geschmückter Weg führt. Ein weiterer Blickfang des Parks ist der Musikpavillon aus dem 19. Jahrhundert.

25 Belém & Ajuda

Als hätte das große Erdbeben im Jahr 1755 ein Erbarmen mit der Stadt gehabt und eine kleine Ruhepause in der Zerstörung einlegen wollen, so liest sich die Geschichte von Belém. Der Stadtteil, der übersetzt Bethlehem heißt, wurde bei der Naturkatastrophe kaum in Mitleidenschaft gezogen. Wie durch ein Wunder blieben Bauten wie das Hieronymitenkloster oder der Turm von Belém erhalten. Hier locken die Bäckerei mit ihren berühmten Puddingtörtchen und Häuser wie das Marine-, das Kutschen- oder das Archäologische Museum. Das Zentrum von Belém bildet die Praça do Imperio; der Platz erinnert fast an einen Park und hat einen zentralen Brunnen in der Mitte. Sehenswert ist auch das angrenzende Ajuda. In diese Nachbargemeinde wichen viele Menschen nach dem Erdbeben aus. Schnell wurde Ajuda eingemeindet und später sogar mit dem Bau des Palácio Nacional da Ajuda als Königssitz geadelt.

26 Padrão dos Descobrimentos

Errichtet wurde es im Jahr 1960 anlässlich des 500. Todestages von Heinrich dem Seefahrer. Gut 52 Meter hoch erhebt sich der Betonriese am Ufer des Tejo. Er stellt ein Schiff dar, auf dem 33 große Seefahrer Portugals verewigt sind, darunter auch Vasco da Gama, Pêro Escobar oder Bartolomeu Dias. Den Bug des Betonschiffes ziert die Statue Heinrichs des Seefahrers, der in seiner Hand eine Karavelle hält. Karavellen sind Schiffe mit wenig Tiefgang, die hoch am Wind segeln konnten.

27 Mosteiro dos Jerónimos

Dass sich an dieser Stelle einst eine kleine Seefahrerkapelle befunden hat, scheint kaum vorstellbar zu sein. König Manuel I. war sie wohl an derart prominenter Stelle nicht standesgemäß genug, und so bat er den Papst 1496 um die Erlaubnis, ein Kloster bauen zu dürfen. Sechs Jahre später begannen die Bauarbeiten und dauerten ganze 69 Jahre an. Das Hieronymitenkloster stellt eine einzigartige Mischung aus Gotik, Spätrenaissance und Manuelinik dar.

28 Museu Nacional de Arqueologia

In den ehemaligen Schlafsälen des Hieronymitenklosters untergebracht, gibt das Archäologische Museum allein mit seinem Gebäude ein interessantes Ausflugsziel ab. Zu den beliebtesten Sälen zählt die »Schatzkammer« mit Schmuck und Münzen aus der vorchristlichen Zeit. Das Passieren der strengen Sicherheitsvorkehrungen lohnt sich, denn das Zimmer quillt fast über vor Schmuck aus Gold und Silber – und das aus einer Zeit von vor 2000 Jahren.

29 Museu Coleção Berardo

Laut der englischen Zeitung »The Guardian« gehört dieses Haus zu den zehn besten Museen Europas mit (zum Teil) freiem Eintritt. Sehenswert ist, was José Manuel Rodrigues Berardo zusammengetragen hat. Schon zu seiner Schulzeit war er ein begeisterter Sammler von Briefmarken und Postkarten, heute ist es eben moderne Kunst, die er als Dauerleihgabe zur Verfügung stellt.

30 Torre de Belém

Geschichten von der Seefahrt scheint er zu erzählen, vom einstigen Ruhm und Reichtum der Entdeckernation Portugal. Verziert mit Ornamenten, die sich wie Taue um die Türmchen schlingen, mit Ankern und Muscheln setzt der Turm eindeutig der Seefahrt ein Denkmal. Er stammt aus der Mitte des 16. Jahrhunderts, einer Zeit, als sich Portugal in voller Blüte seiner Seefahrer- und Handelsqualitäten befand. Der mächtige Torre de Belém garantierte dem Hafen zusammen mit der Festung von Cascais Sicherheit. Immerhin sind die Mauern des Turms dreieinhalb Meter dick, und die wenigen Fensteröffnungen gleichen kleinen Schießscharten. Seine Bauweise enthält viele maurische Einflüsse und ist eine Mischung aus Gotik und Renaissance. Im Erdgeschoss lagerten einst Schießpulver und Kanonen, darüber befindet sich der Gouverneurssaal. Besucher zieht die große Aussichtsterrasse an, die 35 Meter über dem Meer einen weiten Blick in die Umgebung garantiert. Da der Turm das Letzte und Erste war, was Lissabons Seefahrer sahen, befindet sich an der Bollwerkmauer auch ein Abbild der »Virgem da Boa Viagem«, der Jungfrau der sicheren Heimkehr.

Die Titanfassade des Guggenheim-Museums spiegelt die Lichter der Stadt. Von Frank O. Gehry im Stil des Dekonstruktivismus entworfen, öffnete es 1997 seine Türen zu den Ausstellungen zeitgenössischer Kunst des 20. Jahrhunderts.

44 BILBAO

Die von Diego López V de Haro am 15. Juni 1300 an der Mündung des Rio Nervión gegründete Stadt ging aus einer bereits ab dem 11. Jahrhundert bestehenden Fischersiedlung hervor und ist heute eine quirlige Industriemetropole sowie »Die Stadt des Guggenheims« – denn mit der Errichtung des Museums änderte sich für Bilbao alles: Mit New York und Venedig zeigt Bilbao nun die wichtigste Privatsammlung moderner und zeitgenössischer Kunst.

Informationen:
www.bilbaoturismo.net/BilbaoTurismo/en/tourists (auch P+R),
www.spain.info/de/reiseziel/bilbao/

01 Guggenheim-Museum

Bis vor wenigen Jahren war Bilbao eine zwar große, aber auch ziemlich trostlose Industrie- und Hafenstadt an der spanischen Biskayaküste. Durch ein geradezu einzigartiges Stadtsanierungsprogramm wurde es zu einer der großen Kunst- und Architekturstädte der Welt. Berühmte Architekten aus aller Herren Länder arbeiteten an einer neuen Stadtstruktur. Höhepunkt war 1997 die Eröffnung des Guggenheim-Museums für moderne Kunst, das der amerikanische Architekt Frank O.

Gehry in vier Jahren erbaute. Durch Form und Material entstand ein spektakulärer, weithin sichtbarer Bau, der gegen den Hintergrund der Stadt wie eine überdimensionale Skulptur wirkt. Das gigantische Museum am Ufer des Nervión ist mittlerweile zu einem der international bekanntesten Symbole für die Kunst unserer Zeit geworden. Die Kombination aus Titanplatten, die wie Fischschuppen geformt sind, und vorhangähnlichen Glaswänden verleiht den Kunstwerken im Inneren optimale Lichtverhältnisse und dem Gebäude seine besondere Leichtigkeit. Das Museum zieht mit ständig wechselnden Ausstellungen von Gemälden, Videoinstallationen und Skulpturen der bedeutendsten Künstler der Gegenwart wie Roy Lichtenstein, Robert Rauschenberg, Jeff Koons, Jackson Pollock, Anselm Kiefer oder auch Andy Warhol jährlich Hunderttausende Besucher an.

02 Siete Calles

Sehenswert ist vor allem die Altstadt, und dort besonders die Siete Calles: Diese sieben Straßen liegen zwischen der Kathedrale und dem Fluss und sind alle zum Fluss hin ausgerichtet.

Linke Seite unten: Die gläserne Fassade des Mercado de la Ribera leuchtet mit der Stadt um die Wette.

Unten: Vor neoklassizistischen Säulen sitzt man an der Plaza Nueva.

ÁREA DE AUTOCARAVANAS DE KOBETAMENDI

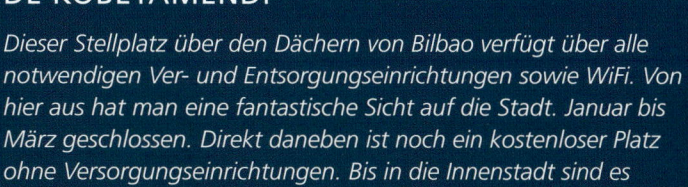

Dieser Stellplatz über den Dächern von Bilbao verfügt über alle notwendigen Ver- und Entsorgungseinrichtungen sowie WiFi. Von hier aus hat man eine fantastische Sicht auf die Stadt. Januar bis März geschlossen. Direkt daneben ist noch ein kostenloser Platz ohne Versorgungseinrichtungen. Bis in die Innenstadt sind es 3 Kilometer, eine Bushaltestelle ist in unmittelbarer Nähe.

**Kobeta 31, 48002 Bilbao,
GPS: 43.25892, -2.96262**

CAMPING PLAYA ARENILLAS

Auch für Wohnmobile gut geeigneter Familiencampingplatz in 200 Meter Entfernung von einer geschützten Badelagune. Weitläufige Rasenstellfläche, moderne Sanitäranlagen. Linienbus nach Bilbao. April bis September geöffnet.

**Barrio Arenillas 43, 39798 Islares,
www.campingplayaarenillas.com, GPS: 43.403651, -3.310233**

Die im 14. Jahrhundert errichtete Kathedrale brannte im Jahr 1571 vollständig aus, ihre heutige Form und der Kreuzgang stammen deshalb aus dem ausgehenden 16. Jahrhundert. Das elegante Leben spielt sich an der im 19. Jahrhundert neoklassizistisch aus gestalteten Plaza Nueva ab. Nördlich des Platzes lohnt die im 15. Jahrhundert errichtete Kirche San Nicolás einen Besuch. Sie besitzt nicht nur einen wunderschönen gotischen Schnitzaltar, sondern auch interessante Skulpturen. Einen eigenen Besuch wert ist auch das Museum der Schönen Künste mit Werken von El Greco, Goya und Gauguin.

03 Puente Vizcaya

Die 160 Meter lange Brücke überspannt in 45 Metern Höhe den Fluss Nervión. Ihre Konstruktion wurde nötig, als sich Bilbao mit seinen Vororten im 19. Jahrhundert auf die andere Flussseite ausdehnte. Der Architekt Alberto de Palacio y Elissague (1856–1939) und der Ingenieur Ferdinand Arnodin (1845–1924) konstruierten ein Stahlgerüst, das an Seilen einen Laufwagen trägt – sozusagen ein Stück Fahrbahn. Man nennt das eine Schwebefähre (»transbordador«). Ferdinand Arnodin ist der Erfinder des gedrehten Stahlkabels, das diese kühne Konstruktion erst ermöglichte. Damit konnte der Landverkehr das Gewässer überqueren, ohne dabei Schiffe mit hohen Aufbauten zu behindern.

Bunte Farben, detailreiche Verzierungen und unkonventionelle Formen prägen den Park Güell, mit dem Antoni Gaudí der katalanischen Hauptstadt zu einer eindrucksvollen Sehenswürdigkeit verhalf.

45 BARCELONA

Die Hauptstadt Kataloniens mit ihren faszinierenden Baudenkmälern, dem aufregenden Nachtleben und den schönen Promenaden am Hafen und am Meer verbindet großzügige Weltoffenheit mit eigenständiger Tradition. Nicht zuletzt ist sie die Stadt von Antoni Gaudí, der hier seine berühmtesten Bauwerke errichtete. Die ewige Konkurrentin von Madrid hat eine rund 2000 Jahre alte Geschichte: Von den Römern gegründet, wurde sie 236 v. Chr. vom Karthager Hamilkas Barcas erobert, der ihr den Namen Barcino gab. 415 ging die Macht über die Stadt am Mittelmeer an die Westgoten, 713 an die Araber und 803 an die Franken über. Nach der Vereinigung der Königreiche Katalonien und Aragon (1137) begann der Aufstieg zur wichtigen Hafen- und Handelsstadt. Heute ist Barcelona ein Ort der Kultur, der Industrie und des Handels. Ein schönes Erbe der Olympischen Sommerspiele 1992 ist der Olympische Hafen, Port Olímpic.

Informationen:
www.barcelonaturisme.com,
www.car-parking.eu/spain/barcelona/pr

01 Barri Gòtic
Das Barri Gòtic ist das Herz des mittelalterlichen Barcelona und besteht aus verschiedenen Bezirken, darunter das alte jüdische Viertel, das im Mittelalter durch Mauern abgetrennt war. Im historischen Stadtkern auf dem Berg Tàber findet man heute noch die Überreste aus römischer Zeit: vier korinthische Säulen des Tempels César Augusto. Viele Baudenkmäler stammen aus dem 14. und 15. Jahrhundert. Mit seinen schmalen, in verwinkelte Plätze mündenden Gassen, hat das Barri Gòtic sein Flair über die Jahrhunderte bewahrt. Im Mittelpunkt erhebt sich die Kathedrale mit den sie umgebenden Gebäuden, darunter die Basílica Santa Maria del Mar und der Palau de la Generalitat auf der Plaça de Sant Jaume. An der Plaça de la Mercè liegt die der Schutzpatronin Barcelonas, Nostra Senyora de la Mercè, gewidmete Basilika.

02 La Seu
Die dem Heiligen Kreuz und der heiligen Eulalia geweihte Bischofskirche von Barcelona geht in ihren Wurzeln bis ins frühe Christentum zurück. Davor befand sich auf diesem Platz ein römischer Tempel. Der heutige Bau entstand von 1298 bis 1450 in den strengen Formen der katalanischen Gotik. Die reich verzierte Fassade und der Mittelturm kamen jedoch erst im 19. Jahrhundert hinzu.

03 Plaça de Sant Jaume
Schon zur Römerzeit lag in der Nähe des Forums das politische Zentrum der Stadt. Heute wird der Platz vom Palau de la Generalitat (Regierungspalast), dem Ajuntament (Casa de la Ciutat oder Rathaus) und von La Caixa (einer der ältesten Banken) gesäumt. Der Name geht auf eine dem heiligen Jakobus geweihte, 1824 abgerissene Kirche zurück.

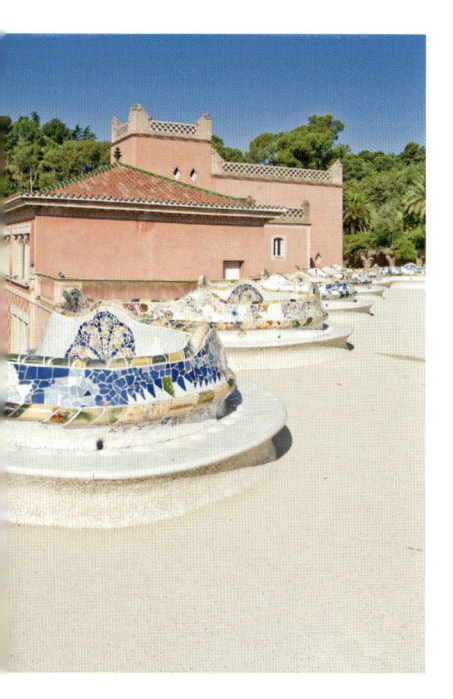

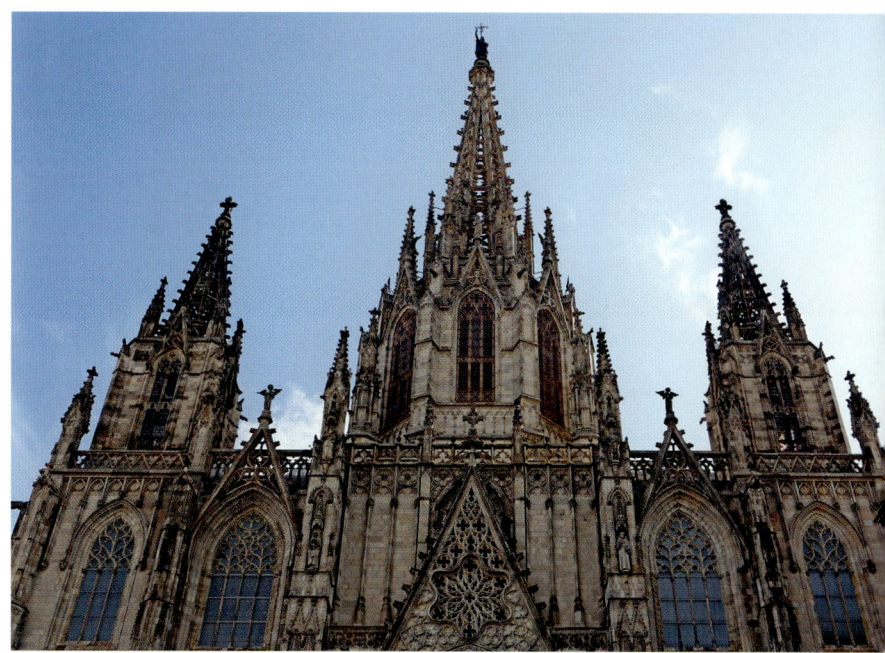

Zwar erscheint das Hauptportal der Kathedrale von Barcelona gotisch zu sein, doch erst Ende des 19. Jahrhunderts wurde es dem Bau hinzugefügt.

04 Les Rambles

Die in fünf Abschnitte unterteilte Rambla – auch Les Rambles genannt – reicht von der zentralen, zwischen der Alt- und der Neustadt gelegenen, Plaça de Catalunya bis zur Kolumbussäule und zum alten Hafen. Der von Platanen gesäumte Boulevard ist Barcelonas Flaniermeile. Von kunstvoll geschmückten Palästen und Herrenhäusern, der Oper Gran Teatre del Liceu, der Barockkirche Església de Betlem, dem Font de les Canaletes, einem Bodenmosaik von Miró, der Boqueria, dem wohl schönsten Blumen- und Lebensmittelmarkt der Stadt, über Vogelhändler, Souvenirläden, Kioske, Café- und Restaurantterrassen samt Gästen und Müßiggängern bis zu Porträtmalern und Straßenkünstlern kann man hier alles erleben.

05 Antic Hospital de la Santa Creu

Schon im 12. Jahrhundert befand sich hier ein Pilgerhospiz. 1401 wandelte man diese Anlage in ein allgemeines Krankenhaus mit vielen medizinischen Einrichtungen um. Wenig später hatte es bereits den Ruf, eines der besten Spitäler im ganzen Abendland zu sein. Auch ein Waisenhaus und eine Irrenanstalt gehörten dazu. Die heutigen Gebäude wurden ab 1417 im Stil der katalanischen Gotik errichtet und im 16. und 17. Jahrhundert ergänzt. Besonders eindrucksvoll sind der alte Kreuzgang und die Innenhöfe. Noch bis 1930 war der Komplex als städtisches Krankenhaus in Betrieb. Hier starb auch Antoni Gaudí 1926 an den Folgen eines Straßenbahnunfalls. Heute ist der Hauptteil der Gebäude mit den gotischen Sälen Sitz der Katalanischen Nationalbibliothek und des Institut d'Estudis Catalans.

06 La Boqueria

Erste Berichte von Verkaufsständen an der Stelle des heutigen Boqueria-Markts findet man in Aufzeichnungen aus dem 13. Jahrhundert. Die mit Glasmosaik reich verzierte, geschwungene Eisenkonstruktion der Halle – typisch für den Modernisme – wurde im Jahr 1914 errichtet, als sich der Markt bereits etabliert hatte. Heute gleicht ein Einkauf in der Boqueria einem Eintauchen in ein von Köstlichkeiten überquellendes Füllhorn. Zwischen den Marktständen flanieren, ein Schwätzchen halten oder in einer der kleinen Tapasbuden einkehren gehört für die Bewohner Barcelonas zu einem Marktbesuch unbedingt dazu.

07 Gran Teatre del Liceu

Im Jahr 1994 bereits zum zweiten Mal abgebrannt, erstrahlt das Opernhaus heute wieder in alter Pracht und Herrlichkeit, aber mit modernster Technik. Ursprünglich wurde es auf Betreiben von Offizieren errichtet und über Spenden und Platzkäufe finanziert. Schon seit der Eröffnung im Jahr 1847 besitzt die Bühne des Liceu einen hervorragenden Ruf. Sänger wie Montserrat Caballé und José Carreras machten hier ihre ersten Schritte in Richtung Weltruhm. Außerdem ist das Liceu das größte Opernhaus Spaniens und eines der größten in Europa. Der vom Feuer verschonte berühmte Spiegelsaal und die Marmortreppe in ihrer neobarocken Fülle erinnern auch heute noch an die Erbauungszeit im Historismus. Den Bühnenvorhang ziert nun jedoch ein Werk von Antonio Miró. Auch die Gestaltung der Decke durch den katalanischen Künstler Perejaume zollt der Moderne Tribut.

08 Port Vell

An dem zum Meer führenden unteren Ende der Rambles liegt der alte Hafen. Einst ein quirliges Seefahrtszentrum, dem die Stadt ihre Größe und ihre wirtschaftliche Stellung verdankte, verlor er nach einer wechselvollen Geschichte im Lauf des 20. Jahrhunderts zunehmend an Bedeutung. Die Anlagen verfielen, ein neuer Hafen wurde gebaut, und die noch vorhandenen Betriebe und Unternehmen wurden umgesiedelt. Nun befindet sich der moderne Industrie- und Handelshafen entlang des Küstenstreifens am Fuße des Montjuïc. Der alte Hafen wurde nach einer Generalsanierung in ein Freizeitareal umfunktioniert. Jachten liegen hier, an Land reihen sich Bars und Restaurants aneinander.

09 Rambla del Mar

Die 1992 zu den Olympischen Spielen errichtete Rambla del Mar sollte ursprünglich nur als Verlängerung der Rambles bis hinaus in den Jachthafen und zum Vergnügungskomplex Maremagnum dienen. Doch inzwischen ist sie an Beliebtheit den Rambles fast ebenbürtig, und dies, obwohl die neue Flaniermeile in perfektem Understatement als gewöhnlicher Holzsteg daherkommt. Doch seine imposante wellenförmige Bauweise sowie der herrliche Blick über den Hafen, den Montjuïc und die Altstadt haben die Rambla del Mar zum Magneten für Besucher aus aller Welt gemacht. Die Architekten der postmodernen Wippbrücke, die für die Einfahrt größerer Schiffe geöffnet wird, sind die Katalanen Helio Piñón und Albert Viaplana, die das Antlitz des modernen Barcelona geprägt haben.

Oben: Einen guten Blick auf die Sagrada Família bietet die von Gaudí geschaffene Casa Batlló.

Mitte: Der Palau Nacional gleicht in seinem Äußeren einem Schloss.

Links: Zu Spaziergängen lädt der Parc de la Ciutadella ein.

10 La Barceloneta

Die ehemalige Fischersiedlung Barceloneta auf einer der Altstadt vorgelagerten Landzunge entstand im Jahr 1753. Kastilien hatte den Erbfolgekrieg für sich entschieden und Barcelona erobert. Zur Bewachung der Stadt wurde die Zitadelle errichtet, mit deren Bau die damaligen Bewohner ihre Bleibe verloren und in kleine, eingeschossige Häuser in Meernähe umgesiedelt wurden. Noch bis Anfang der 1990er-Jahre war Barceloneta eines der authentischen Fischer- und Arbeiterviertel, bevor es im Zuge der Vorbereitung der Olympischen Spiele von 1992 eine moderne Umgestaltung erfuhr. Am Anfang der Molí de Barceloneta liegt der Palau de Mar mit den vorgelagerten Kais. Das alte Speicherhaus ist heute der Sitz des Museu d'Història de Catalunya.

11 Passeig Marítim

Der Strand von Barceloneta galt schon immer als gute Adresse für frischen Fisch und Meeresfrüchte. An Wochenenden traf sich hier Alt und Jung in Bars und einfachen kleinen Holzbuden zum unprätentiösen Tapasessen. Doch auch Barcelonetas Strand erhielt 1992 ein anderes Gesicht. Der Passeig Marítim, eine herrlich angelegte Strandpromenade mit Schatten spendenden Palmen, dient tagsüber als Flaniermeile für Spaziergänger, Skater und Radfahrer. Dahinter liegt der Sandstrand, der Sun & Fun inmitten der Großstadt verspricht. Auf der anderen Seite des Passeig Marítim tummelt sich heute Partyvolk in neu eröffneten Strandklubs, schicken Lounges und modernen Restaurants. Die unmittelbare Meerlage sorgt in Kombination mit stimmungsvoller House-Music für Ibiza-Feeling. Großstädtischer gibt sich dagegen der Port Olímpic mit seinen eindrucksvollen Bauten und Skulpturen.

12 Hospital de la Santa Creu

Als Ersatz für das 500 Jahre alte Krankenhaus von Barcelona konzipierten Lluís Domènech i Montaner und sein Sohn Pere Domènech i Roura die neue »Krankenhausstadt«. Zwischen 1902 und 1930 wurden 48 Pavillons für die verschiedenen medizinischen Bereiche, eine Kapelle und ein Erholungsheim, umgeben von viel Grün und frischer Luft, mit unterirdischen Verbindungsgängen errichtet – ein für die damalige Zeit revolutionär fortschrittliches Konzept. Darüber hinaus sollte die Verwendung von Farben und Ornamenten den Heilungsprozess unterstützen. So ist der ganze Komplex mit gekachelten Kuppeln, Mosaikschmuck und Buntglas nach Bauweise des katalanischen Jugendstils und in Anlehnung an gotische und maurische Vorbilder geschmückt.

13 Parc Güell

Bunt und einladend wirkt der ab 1900 im Rahmen einer Gartenstadt angelegte Park. Gaudí sollte im Auftrag von Eusebi Güell eine geschlossene Wohnsiedlung für Wohlhabende zusammen mit einem Park nach dem Muster englischer Gartenstädte errichten. Ausgeführt wurden nur der Park und die Mauer mit bewachten Eingängen. Von den 60 Parzellen Baugrund konnten jedoch nur zwei verkauft werden, eine davon erwarb Gaudí selbst. Das Leben in einem Getto für die Reichen war damals wohl nicht attraktiv. Gaudí, der durch Josep Maria Jujol unterstützt wurde, bewies nicht nur hier, dass er auch ein großartiger Landschaftsgestalter war. Architektur und Natur befinden sich in Einklang wie selten in der späteren Baukunst. Zwei Pförtnerhäuschen, eine sich um den Park windende Mauer, Säulen und mosaikgeschmückte Bänke verwandeln den Hang in eine Märchenwelt.

PARKING DEL PUEBLO ESPAÑOL

Auf dem schlichten, aber sehr teuren bewachten Parkplatz sind alle notwendigen Ver- und Entsorgungseinrichtungen vorhanden. Ideale Lage, um Barcelona zu besuchen. Der Palau Sant Jordi ist einen Kilometer entfernt, das Castell de Montjuïc 2,5 Kilometer. Die Plaza España liegt in einem Kilometer Entfernung.

Avinguda des Montanyans, 08001 Barcelona, GPS: 41.22032, 2.08482

CAMPING GLOBO ROJO BARCELONA

Am Strand von Canet de Mar gelegene 4-Sterne-Anlage, eine komfortable Campingmöglichkeit in der Nähe von Barcelona. Die Stadt ist per Linienbus oder Bahn bequem zu erreichen. Die Parzellen sind zwischen 60 und 80 Quadratmetern groß, bieten Stromanschluss und natürlichen Baumschatten. Alternativ kann auch in luxiuriösen Bungalows übernachtet werden. Geöffnet Anfang Mai bis Mitte Oktober.

C. Drassanes de Pia 46, 08360 Canet de Mar, www.globo-rojo.com, GPS 41.590812, 2.591947

CAMPING MASNOU

Eher einfache Anlage, aber ideal für einen Besuch in Barcelona und für zwei, drei Nächte durchaus akzeptabel. Eine Bahnstation ist nur 300 Meter entfernt. Wahlweise strampelt man mit dem Fahrrad 11 Kilometer bis in die City. Schattig, vom Strand durch Straße und Bahngleise getrennt.

C. Camil Fabra 33, 08320 Barcelona, www.campingmasnoubarcelona.com, GPS 41.475248, 2.303782

14 Torre Agbar

Nicht nur nachts ist der 142 Meter hohe Bürokomplex »Torre Agbar« an der Avinguda Diagonal eine Sensation. Dann malen 4500 blaue, rote, pinke und gelbe Leuchtdioden schillernde Wasserfälle auf die Fassade. Auch tagsüber fasziniert der Büroturm durch einen Wandel der Farbe. Der Grund: Seine Außenhaut besteht aus rund 56 000 verschiedenfarbigen und unterschiedlich ausgerichteten Glasplatten. Mit jeder Veränderung des Sonnenlichts gibt es deshalb neue Farbreflexe. Die doppelte Außenhülle erfüllt aber nicht nur ästhetische Zwecke: Sie lässt frische Luft zirkulieren und kühlt auf natürliche Weise.

15 Casa Lleo Morera

Eines der Schmuckstücke des Modernismeblocks »Mançana de la Discòrdia« ist die Casa Lleó Morera, ab 1902 von Lluís Domènech i Montaner zum Jugendstilpalast umgestaltet. Das Wohnhaus aus dem Jahr 1864 diente dabei als bauliches Rohmaterial, auf dessen Basis der Architekt zusammen mit dem Bildhauer Eusebi Arnau sowie Spezialisten in Mosaikkunst, Keramikarbeiten und Inneneinrichtung ein Gesamtkunstwerk konzipierte. Neben Elfenwesen und Blumendekor finden sich in der Gestaltung der Fassade viele Anspielungen auf den Namen des Besitzers in Form von Maulbeerbäumen (»moreres«) und Löwen (»lleons«). Die Balkone des ersten Stocks werden von Frauenfiguren eingerahmt, die in ihren Händen Grammofon, Fotoapparat, Telefon und Elektrizität präsentieren – Errungenschaften der damaligen Technik.

Oben: Die Weltausstellung 1888 betrat man durch den Arc de Triomf.

Mitte: Durch den mit blauen Kacheln verkleideten Schacht des Innenhofs dringt Licht in die Casa Batlló.

Links: Anfang des 20. Jahrhunderts entstand der Palau de la Música Catalana nach Plänen Domènechs.

16 Casa Amatller

1998 gab Barcelonas berühmter Chocolatier Antoni Amatller den Bau seines Wohnhauses in Auftrag, der von Josep Puig i Cadafalch in Anlehnung an einen gotischen Stadtpalast konzipiert wurde. Die Fassade ist mit gemusterten Keramikfliesen überzogen und wird von kunstvoll in Stein gehauenem Fensterschmuck durchbrochen. Zwei asymmetrisch angelegte Eingangstüren werden vom Drachenkampf Sant Jordis, des heiligen Georg, eingerahmt. Eine Treppe im Innenhof führt zu den Stockwerken, die mit hohen Steinbögen, Glasmosaiken und Jugendstillampen ausgestattet sind.

17 Casa Batlló

Wie ein mystisches Tier, märchenhaft verwunschen und mit ihrem gezackten Schuppendach an einen Drachen erinnernd, steht die Casa Batlló eingebettet zwischen den sie umgebenden Häusern am Passeig de Gràcia. Den Eingang säumen graue Säulen, die wie Elefantenfüße anmuten, kleine Balkone unterbrechen die sanft gewellte Struktur der Fassade. Tatsächlich ist die Casa Batlló dem Drachentöter Sant Jordi gewidmet und gibt in ihrem Aufbau die Legende des Heiligen wieder. Wie bereits bei anderen Bauwerken Antoni Gaudís finden sich auch in diesem ab 1904 im Auftrag des Stofffabrikanten Josep Batlló i Casanovas umgebauten Wohnhaus keine rechten Winkel oder Kanten. Die weichen, fließenden Formen wirken organisch und sind der Natur nachempfunden. Das oberste Stockwerk wird von einer weitläufigen Dachterrasse mit Türmchen und Mosaikschornsteinen bekrönt. Die spielerische Architektur der Fassade setzt sich im Innern der Casa Batlló fort.

18 Casa Milà

Dieses groß angelegte Miets- und Geschäftshaus, auch unter dem Namen »La Pedrera« (Steinbruch) bekannt, plante Gaudí in den Jahren 1906 bis 1910 für seinen Auftraggeber Pere Milà. Gaudí verband hier eine moderne Skelettbauweise mit organisch gewellten Steinfassaden. Märchenhaft wirkende Schmiedeeisengitter an den Balkonen, Dachaufsätze und Kamine von überbordender Fantasie schmücken den ansonsten wuchtig wirkenden Bau. Im Innern entstanden Wohnungen fast ohne Geraden und rechte Winkel. Nach Auseinandersetzungen um die Ausstattung kam es zwischen dem Bauherrn und Gaudí jedoch zum Bruch. Ausstellungsräume in der Beletage, ein kleines Museum im Dachgeschoss, eine elegante, im Stil des Modernisme eingerichtete Wohnung und die fantastische Dachterrasse mit ihren Schornsteinen können besichtigt werden.

19 Plaça d'Espanya

Der ehemalige Hinrichtungsplatz ist einer der wichtigsten Verkehrsknotenpunkte der Millionenstadt. Aus sechs verschiedenen Richtungen ergießen sich breite Ausfallstraßen in die Ringstraße um den Platz mit dem Nobelhotel Catalonia Barcelona Plaza und den zwei venezianischen Türmen. Für die 47 Meter hohen Backsteintürme hatte sich der spanische Architekt Ramon Raventós den Campanile des Markusplatzes in Venedig zum Vorbild genommen. Sie wiesen 1929 den Eingang zur Weltausstellung. Den Türmen gegenüber befindet sich eine Backsteinrotunde im maurischen Mudejarstil. Die ehemalige Arena wird jetzt als nobles Einkaufszentrum genutzt. In der Mitte des Platzes steht der Jugendstilbrunnen »des Gott geweihten Spaniens«. Josep Maria Jujol, ein Schüler Gaudís, hat ihn 1929 zur Weltausstellung entworfen.

20 Palau Nacional

Der Palast wurde als Hauptpavillon für die Weltausstellung des Jahres 1929 erbaut. Seine Anlage gleicht einem neobarocken Schloss, die einzelnen Gestaltungselemente weisen dagegen ein eklektizistisches Stilgemisch auf. Die Freitreppe und die riesige Kuppel unterstreichen das Selbstdarstellungsbedürfnis der Gastgebernation. Das unter Diktator General Miguel Primo de Rivera errichtete Gebäude sollte aber auch – entgegen den katalanischen Separationswünschen – zu einem Nationaldenkmal des Landes werden. Seit dem Jahr 1934 beherbergt der Palast jedoch das katalanische Nationalmuseum.

21 Deutscher Pavillon

Der zu den Schlüsselwerken der Klassischen Moderne zählende Bau entstand 1929 anlässlich der Weltausstellung. Ludwig Mies van der Rohe, ab 1930 letzter Bauhausdirektor in Dessau, errichtete ihn im Auftrag der Weimarer Republik als Empfangsgebäude für das spanische Königspaar. Wie für Weltausstellungsgebäude üblich, wurde der Pavillon nach dem Ende der Schau wieder abgetragen. Zum 100. Geburtstag von Mies van der Rohe im Jahr 1986 rekonstruierte man ihn originalgetreu. Große Wandscheiben, dünne Stützen und das Flachdach zeigen die abstrakte Formensprache des internationalen Stils. Im Innern besticht der Bau – gemäß Mies van der Rohes Devise »weniger ist mehr« – durch elegante Schlichtheit. Zur Möblierung entwarf der Architekt den Barcelona-Sessel – bis heute ein Klassiker modernen Designs.

22 Museu Nacional d'Art de Catalunya

Ein Besuch des Nationalmuseums der Künste Kataloniens, das seit seiner Gründung im Jahr 1990 im Palau Nacional residiert, vermittelt einen umfassenden Einblick in die Geschichte der Kunst dieser Region, von der Romanik bis hin zur Kunst der Moderne.

Als größtes Holzbauwerk der Welt an der Stelle einer früheren Markthalle errichtet, ist der Metropol Parasol heute ein neues Wahrzeichen in der Altstadt von Sevilla. Darunter kann man einkaufen, etwas trinken oder ins Museum gehen.

46 SEVILLA

Sevilla gehört zu den reizvollsten Städten des Landes, steht allerdings in einem ständigen Wettstreit mit Granada, der zweiten andalusischen Schönheit mit maurischer Vergangenheit. Ihre Blütezeit erlebte die Stadt nach der Entdeckung Amerikas als Flusshafen am Guadalquivir und als bedeutende Handelsstadt, von der aus die Waren aus den spanischen Überseekolonien abgeladen und weitertransportiert wurden. Das brachte sehr viel Reichtum und die frische Luft der Neuen Welt in die alte Stadt.

Informationen:
https://welcometoseville.com, www.visitasevilla.es/de,
https://parkimeter.com/de/sevilla-parkplatze

01 Altstadt, Barrio Santa Cruz

Das Stadtviertel Santa Cruz ist in den 1920er-Jahren radikal im sevillanischen Baustil umgestaltet worden. Seitdem prangen schmiedeeiserne Gitter vor Fenstern und Türen, Säulenportale sind reich und filigran verziert. Das Barrio Santa Cruz grenzt unmittelbar an die Alcázar-Gärten und den Kathedralbezirk.

02 Giralda und Kathedrale Santa María de la Sede

Die Giralda ist ein beeindruckendes Relikt aus islamischer Zeit, das einstige Minarett der Moschee, und heutiger Glockenturm der Kathedrale. Insgesamt gilt die Kathedrale als die drittgrößte der Welt hinter dem Petersdom in Rom und der Saint Paul's Cathedral in London. Ihre Bauzeit dauerte von 1402 bis 1526. Wie viele andere Kirchen Andalusiens ist auch sie auf dem Fundament einer Moschee errichtet. Der Patio de los Naranjos, der Orangenhof, ist ebenfalls ein Überbleibsel aus der Zeit des Islams: Als einstiger Vorhof der Moschee diente er rituellen Waschungen.

03 Kirchenschiff und Kapellen

Als im Jahr 1401 das Sevillaner Domkapitel beschloss, eine gigantische Kathedrale zu errichten, begann man mit den Bauarbeiten, die nicht immer störungsfrei verliefen. Denn gerade, als die gotische Kirche Anfang des 16. Jahrhunderts vollendet war, stürzte ihre Kuppel ein. Strebebögen wurden eingebaut, die bis heute das äußere Erscheinungsbild der Kathedrale Santa María de la Sede prägen. Altäre, Madonnenfiguren, Kruzifixe, Sarkophage bedeutender Persönlichkeiten Sevillas, Reliquien und Gemälde zeugen von einem Reichtum an Kunstschätzen.

04 Archivo de las Indias

Das Archiv ist ein beeindruckendes Zeugnis des Renaissance-Baustils von Architekt Juan de Herrera. Das Gebäude entstand im Jahr 1572 als Handelsbörse für Geschäfte, die bis dahin oft in Kathedralen abgeschlossen wurden. 1785 ernannte Karl III. das Gebäude zum Sitz des Archivs der Westindischen Inseln. In den insgesamt neun Kilometer langen Regalen lagern rund 43 000 Aktenbündel mit jeweils 1000 handbeschriebenen Blättern sowie etwa

Von der Giralda bietet sich ein schöner Blick auf die Details der Kathedrale und auf die umliegende Stadt.

7000 historische Landkarten. In der oberen Etage gründete Barockmaler Bartolomé Esteban Murillo die Akademie für Zeichnen und Malen.

05 Reales Alcázares

Die Puerta del León, zu Deutsch das »Löwentor«, ist der Eingang zu diesem prachtvollen Palast einstiger arabischer Herrscher. Eine hohe Zinnenmauer umschließt die riesige Residenz, die die nachfolgenden christlichen Könige immer wieder in neuen Stilen umgestalteten. Glanzstück des Komplexes ist der Mudéjar-Palast, den Peter der Grausame 1364 für seine Geliebte María de Padilla errichten ließ. Die Räume des Palastes sind mit imposanten Stuckarbeiten und bemalten Stalaktitengewölben reich dekoriert. Ein Aufgang in der Hofecke führt zu den oberen Gemächern, die noch immer von der königlichen Familie genutzt werden.

06 Patios und Salon de Los Embajadores

Verwunschen, romantisch, beeindruckend – die Patios des Alcázars übertreffen sich gegenseitig. Beispielsweise der Patio de Yeso, der »Gipshof«. Er verdankt seinen Namen den Stuckornamenten und Bauteilen der Galerie mit ihren sieben Bögen. Hinter dem Eingang liegt der große Patio de la Montería, einst Vorhof zu den Privatgemächern und Versammlungsplatz der Jagdgesellschaften. Zentrum der Anlage ist der Patio de las Doncellas. Unten dominiert maurischer Stil, im Obergeschoss die italienische Renaissance.

07 Santa María la Blanca

Äußerlich eher unscheinbar, im Inneren aber leuchtet pompös das Gold von den Decken: Filigrane Ornamente schmücken die Kuppeln, bizarre Schnörkel winden sich um die oberen Enden der roten Marmorsäulen in den drei Schiffen. Dafür wurde vor allem Gips verwendet. Wer durch Santa Cruz spaziert, sollte auf jeden Fall einen Blick hinein werfen.

08 Casa de Pilatos

Das Haus des Pilatus liegt am nordwestlichen Rand von Santa Cruz und verbindet sowohl klassizistische Formen, als auch antike Skulpturen und maurischen Dekor. Die Wände der unteren Galerie beeindrucken mit Fliesen und aufwendigem Stuck. Die Anlage umfasst mehrere Flügel, Innenhöfe und Gärten. In den vier Ecken des Haupt-Patios wacht jeweils eine große Statue, unter anderem die Pallas Athene aus dem fünften Jahrhundert vor Christus.

09 Iglesia de San Luis

Ein Meisterwerk barocker Baukunst ist die Kirche San Luis de los Franceses. Die Fassade ist in dezentem Rosarot, die Türme aprikotfarben gestrichen und mit blauen Mosaiken bestückt. Strahlend weiß heben sich die kunstvollen Schnörkel davon ab. Farben, Formen und Figuren der Erzengel vereinen christliche und arabische Baukunst miteinander. Im Inneren lassen sich prachtvolle Architektur, Retablos und goldene Verzierungen bewundern.

10 Avenida de la Constitución

Den besten Blick auf die Avenida de la Constitución hat man aus der Luft, oder aus größerer Höhe, wie beispielsweise vom Turm der Kathedrale aus. Schnurgerade verbindet sie etwa 800 Meter lang und mit hellgrauen Steinen gepflastert die Puerta de Jerez mit der Plaza Nueva, die ein unsichtbares Geheimnis birgt: Unter ihr liegt ein Wikingerschiff, das beim Bau der U-Bahn entdeckt wurde. Die Avenida selbst ist eine Art Schlucht – rechts und links ragen mehrstöckige Gebäude des schönen Geschäftsviertels auf. Die Architektur stammt aus den 1920er- und 1930er-Jahren des 20. Jahrhunderts und lässt ein einheitliches Bild entstehen.

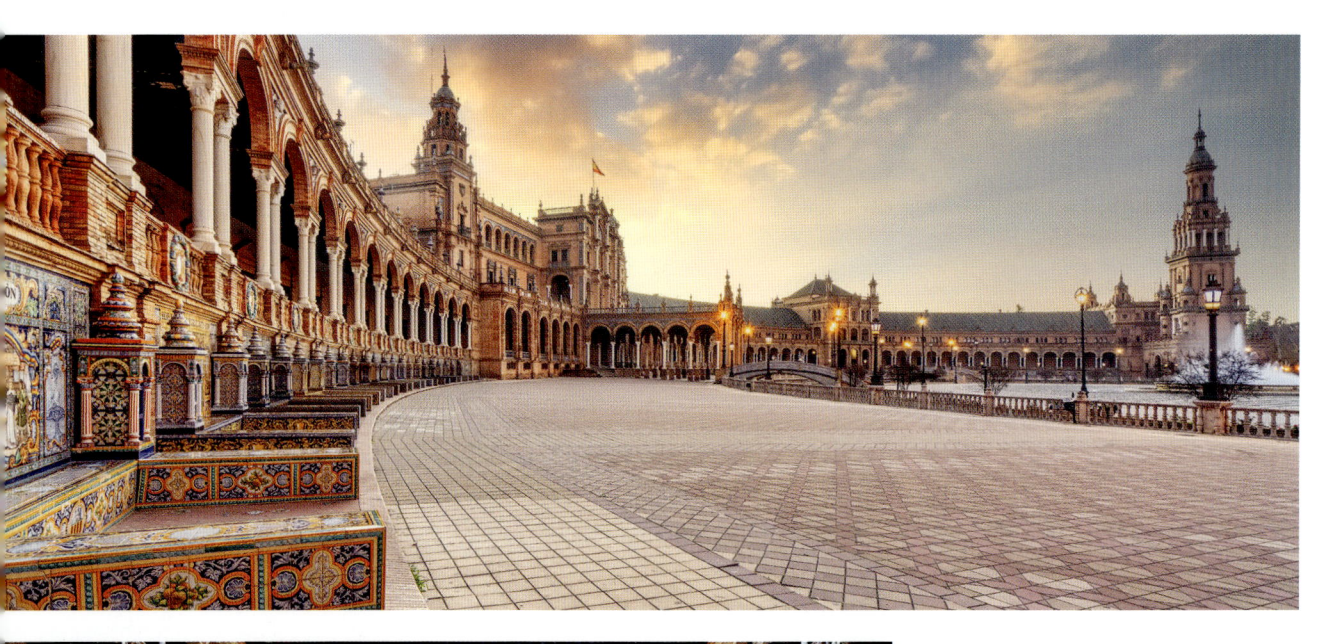

11 La Real Maestranza

Der Stierkampf polarisiert wie kaum ein anderes Brauchtum in begeisterte Anhänger und vehemente Gegner. Erbaut wurde die Stierkampfarena »La Maestranza« Ende des 18. Jahrhunderts. Das angeschlossene Museum erzählt mit wertvollen Exponaten die Geschichte des Stierkampfs, in der Kapelle bitten Toreros vor dem Kampf um göttlichen Beistand. Der weiß getünchte barocke Rundbau hat knallrote Türen und ockerfarben gerahmte Fenster. Durch das Haupttor tragen Fans die Toreros nur dann auf Schultern hinaus, wenn sie überzeugt haben.

Oben: Die Plaza de España beeindruckt als Ensemble ebenso wie in den detailreichen Azulejos.

Mitte: Patio de las Doncellas wird der größte Innenhof im Alcázar genannt.

Links: Auch die Gärten des Königspalastes sind sehenswert.

12 Hospital de la Santa Caridad

Ritter Don Miguel de Mañara führte im 17. Jahrhundert ein ausschweifendes Leben. Das änderte er jedoch grundlegend, als ihn eine Todesvision plagte. Daraufhin gründete er ein Asyl für Arme und Kranke und fand schließlich unter dem Altar der Kirche seine letzte Ruhestätte. Mit der Ausstattung der Hospitalkirche hatte er zwei der größten Künstler seiner Zeit beauftragt: Murillo und Valdés Leal. Die Gemäldesammlung gilt daher als die zweitwichtigste Sevillas nach der im Museo de Bellas Artes. Heute ist das Hospital de la Caridad ein Altersheim.

13 Palacio San Telmo

Orangerot und ockerfarben erhebt sich die langgestreckte Fassade des Palacio de San Telmo am Paseo de las Delicias. Mit all seinem Prunk erinnert er auch heute noch an die Glanzzeit Sevillas als Handelshafen Ende des 17. Jahrhunderts. Zunächst diente der Palast, der außerhalb der Stadtmauern errichtet wurde, als Seefahrerschule und den Waisen und Hinterbliebenen der Seeleute als Unterkunft. Deshalb krönt auch San Telmo, der Schutzheilige der Seeleute, das imposante Barockportal.

14 Plaza de España

Für die Iberoamerikanische Ausstellung 1929 gebaut, ist er heute einer der bekanntesten Plätze in Sevilla. Ihn umschließt ein halbkreisförmiges Gebäude, das zum Fluss hin offen ist. Ein Symbol für den Weg, der nach Amerika führt. Das gesamte Gebäude ist mit wunderschönen Mosaiken bedeckt, deren vorherrschende Farbe intensives Blau ist und auf denen die Wappen der spanischen Provinzen prangen. Auch die zahlreichen Säulen und Bänke ringsum sind bunt gemustert. Künstlich angelegte Wasserläufe und der angrenzende Park der Herzogin María Luisa runden das Bild ab.

15 Plaza de América

Hier steht alles im Zeichen der Kunst: Die Plaza de América ist die Museumsmeile der Stadt. Sie grenzt an Sevillas größten Stadtpark, den Parque de María Luisa. Drei Gebäude beeindrucken besonders: der spätgotische Pabellón Real, der Pabellón Renacimiento mit Archäologischem Museum sowie der Pabellón Mudéjar mit dem Museo de Artes y Costumbres Populares. Letzteres dokumentiert das volkstümliche Leben in Andalusien. Im Archäologischen Museum sind Funde aus dem westlichen Andalusien von der Frühzeit bis zu den Mauren zu sehen.

16 Triana

Sind da nicht Gitarrenklänge und Klatschen zu hören? In Triana, dem Stadtviertel auf der anderen Seite des Flusses, scheint der Geist des Flamencos durch jede Gasse zu schweben. Hier schlug bereits im 19. Jahrhundert das Herz des ausdrucksstarken Tanzes, Triana war die Heimat der »Gitanos«, berühmter Flamenco-Interpreten und Stierkämpfer. Außerdem wird hier auch heute noch so richtig Seemannsgarn gesponnen, denn der Vorort Sevillas ist ursprünglich ein »Barrio« der Handwerker und Seefahrer. Ihre abenteuerlichen Geschichten gibt es in den gemütlichen Bodegas und Tavernen gratis zum Glas Wein oder zu einer Flasche San Miguel. Selbstbewusst bezeichnen stolze Trianeros Sevilla als einen Stadtteil Trianas. Die beiden Bezirke sind durch eine schmiedeeiserne Brücke aus dem Jahr 1845 verbunden.

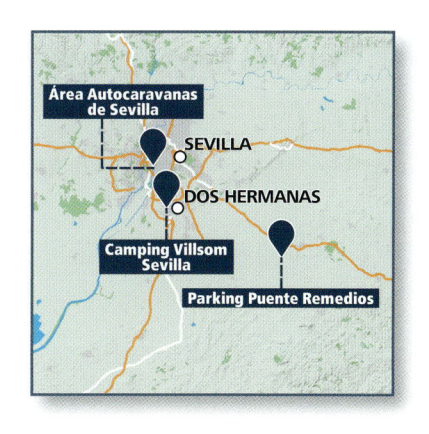

PARKING PUENTE REMEDIOS

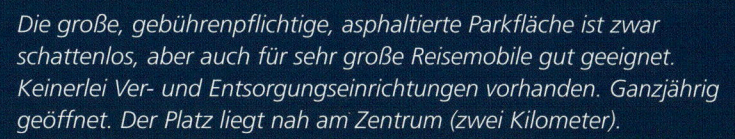

Die große, gebührenpflichtige, asphaltierte Parkfläche ist zwar schattenlos, aber auch für sehr große Reisemobile gut geeignet. Keinerlei Ver- und Entsorgungseinrichtungen vorhanden. Ganzjährig geöffnet. Der Platz liegt nah am Zentrum (zwei Kilometer).

**Av. Presidente Adolfo Suarez, 41011 Sevilla,
GPS: 37.22228, -5.59373**

ÁREA AUTOCARAVANAS DE SEVILLA

Praktisch gelegener Wohnmobilplatz, der aus allen Richtungen über die Umgehungsstraße SE-30 leicht zu erreichen ist. Fünf Minuten zur Stadtbushaltestelle, ein Radweg beginnt 200 Meter entfernt. Sevilla besitzt ein vorbildliches Radwegenetz und die beste Art die Stadt zu erkunden. Ganzjährig geöffnet.

**Av. García Morato, 41011 Sevilla,
www.areasautocaravanas.com, GPS: 37.362391, -5.995033**

CAMPING VILLSOM SEVILLA

Ein hoher Baumbestand und ein gefälliger Pool zeichnen den Platz am Stadtrand von Sevillas Nachbarort Dos Hermanas aus. Gut für Wohnmobile geeignet. WLAN und Snackbar vorhanden, Hunde angeleint erlaubt. Linienbus nach Sevilla, die Haltestelle ist fünf Minuten entfernt. Ganzjährig geöffnet.

**Ctra. Isla Menor, 41703 Dos Hermanas,
www.campingvillsom.com, GPS: 37.277582, -5.936514**

Ein warmes Leuchten geht von den historischen Mauern der Alhambra aus, wenn abends die Sonne ihre letzten Strahlen über die Stadtburg auf dem Sabikah-Hügel schickt.

47 GRANADA

Die wohl schönste Liebeserklärung an Granada verfasste der in Fuente Vaqueros in der Provinz Granada geborene Dichter Federico García Lorca, für den die Stadt nicht nur wie »gemacht für Traum und Träumerei« war, sondern auch ein Ort, in dem ein Verliebter »besser als in irgendeiner anderen den Namen seiner Liebe in den Sand« schreiben könnte. Allerdings muss man heute auf dem Weg ins Zentrum erst triste Vorstädte hinter sich lassen, um den Zauber der Stadt wirklich zu spüren. Was Granada zu einem Märchen wie aus Tausendundeiner Nacht macht, ist das gewaltige maurische Erbe, das die heutige Hauptstadt der gleichnamigen Provinz seit Jahrhunderten geprägt hat. Ihre Blütezeit erlebte die Stadt zwischen dem 13. und dem 15. Jahrhundert, als sich die Mauren vor den Heeren der christlichen Rückeroberer nach Süden zurückzogen. Rund 250 Jahre lang war Granada die Hauptstadt des selbstständigen Königreichs der Nasriden. In dieser Zeit entstand auch ihre attraktivste Sehenswürdigkeit, die Alhambra. Jetzt liegt der ebenso trutzigen wie eleganten Burg die Stadt Granada zu Füßen – mit der Sierra Nevada als ihre himmlische Kulisse.

Informationen:
www.andalucia.org/de/provincia-granada,
www.lovegranada.com (auch P+R)

01 Albaicín

Orientalischer Duft hängt schwer in den engen Gassen, hier passt kaum ein Auto durch. Zu Fuß geht es den Hügel hinauf in das älteste Stadtviertel Granadas – und beinahe in eine andere Welt. Albaicín ist ein Barrio mit arabischen Häusern und Gärten hinter weißen Mauern. Neben dem Basarbummel ist das interessanteste Erlebnis der Besuch einer muslimischen Teestube. Deren Bänke und Wände sind mit beeindruckenden Mosaiken aus kleinen, überwiegend blauen Fliesen beklebt.

02 Alhambra

Sie thront auf einem Ausläufer der Sierra Nevada wie ein Palast aus Tausendundeiner Nacht über Granada: die Alhambra. Eine Besichtigung der verwinkelten Gebäude, Säle und Außenanlagen am späten Abend, der »Visita Nocturna«, bietet Atmosphäre und stimmungsvolles Licht. Durch Säulengänge geht es vorbei an Gärten mit Brunnen, zu den Königlichen Bädern und, zweifellos ein Höhepunkt der Anlage, zum Harem, den »verbotenen« und privaten Gemächern des Sultans. Ein besonders wichtiger Teil des Palastes war die Alcazaba, die Militärfestung mit Wach- und Waffenturm an der Westspitze. Die Jardines del Partal sind am nördlichen Rand der Alhambra zu finden und ein idealer Ort, um sich von einer Besichtigungstour zu erholen. Der Myrtenhof liegt ebenfalls an der Nordseite und gehört zum Palast der Nasriden, dem einstigen Wohnsitz der Könige von Granada. Nach der Eroberung durch die Christen ist der Bereich des Patio de

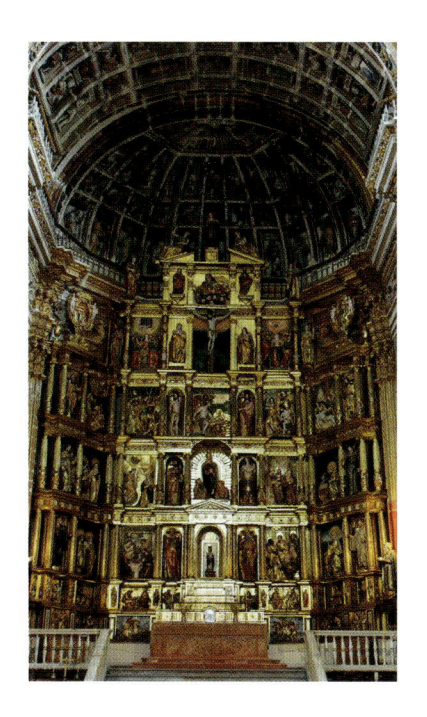

Mit vielen Figuren ausgeschmückter Altar im Kloster San Jerónimo.

CAMPING GRANADA

Gut ausgestatteter Platz der ersten Kategorie mit Pool und Restaurant in ländlicher Umgebung. Für Wohnmobile ab etwa sechs Meter Länge herausfordernde Zufahrt. Geöffnet Ende März bis Ende September.

**Paraje, Cerro de la Cruz, 18210 Granada
www.campinggranada.es, GPS: 37.241438, -3.631240**

CAMPING SUSPIRO DEL MORO

Teils schattig, teils sonnig und mit geräumigem Pool und großem Ausflugsrestaurant ausgestattet. Ein Linienbus nach Granada hält vor dem Platz. Ganzjährig geöffnet.

Ctra. Bailén-Motril Km 145, 18630 Otura, www.campingsuspiro delmoro.com, GPS: 37.068255, -3.652089

PARKING AUTOCARAVANAS, ALHAMBRA

Wenige hundert Meter von der Alhambra entfernt, videoüberwacht. Keinerlei Versorgungseinrichtungen. Ganzjährig geöffnet.

Calle Tramo de Unión, 18009 Granada, GPS: 37.10181, -3.34468

---

los Arrayanes nicht verändert worden, sodass die arabisch-maurische Architektur erhalten blieb. Der Name des Empfangssaals, Sala de la Barca, lässt sich sowohl auf die kunstvoll verzierte hölzerne Decke zurückführen, deren Form an ein umgestülptes Boot (»Barca«) erinnert, als auch an die spanische Kurzform des arabischen Wortes »Baraka«, das übersetzt »Segen« bedeutet und an den Wänden zu lesen ist. Der Botschaftersaal Sala de los Embajadores nimmt das Innere des Comares-Turms ein, in dem auch der Thron der nasridischen Herrscher gestanden haben muss. Die Decke besteht aus 8017 Zedernholztäfelchen, Elfenbein und Perlmutt, die zu einem funkelnden Sternenzelt angeordnet sind. Im Löwenhof trifft einfache Bauweise auf künstlerischen Höhepunkt in Sachen Dekoration: Der allegorische Löwenbrunnen in der Mitte des Innenhofs ist nur eine Schale, die zwölf Tiere auf ihren Rücken tragen. Vier Wasserrinnen symbolisieren die vier im Koran erwähnten Gärten, unter denen die Paradiesflüsse in alle Himmelsrichtungen strömen sollen. Der an der Nordseite des Patio de los Leones angrenzende Saal der zwei Schwestern, Sala de las dos Hermanas, war mit den Räumen dahinter wohl die Winterwohnung der Sultaninnen und ihrer Kinder. Der Palacio del Generalife steht am äußersten Zipfel der Alhambra und hat als einziger ehemaliger Sommersitz der Sultane bis heute überlebt.

03 Plaza Nueva

Die Plaza Nueva ist nicht nur Schnittstelle zwischen Alhambra- und Albaicín-Hügel, sondern war in früheren Zeiten ein Ort für Wettstreit, Stierkampf und Hinrichtungen. Heute ist der Neue Platz ein beliebter Treffpunkt für Shopping-Touren.

04 Caldereria Nueva

Von der Plaza Nueva bildet die Nachbarstraße Caldereria Nueva die Basar- und Souvenirmeile für Händler aus dem Maghreb. Die Carrera del Darro führt ins maurische Axares, das »Viertel der Erquickung und Wonne«. Es gibt arabische Bäder aus dem 11. Jahrhundert, die damals als öffentliche Dampfbäder dienten.

05 Kathedrale, Capilla Real

Die Kathedrale und die Capilla Real, die Grabkapelle der katholischen Könige, sind baulich eng miteinander verbunden. Im Gegensatz zur Kathedrale, deren Innenraum in Weiß und Gold sowie mit eleganten Säulenbündeln prunkvoll ausgestattet ist, blieb die Kapelle schlicht und schmucklos. Nur die Grabmale der spanischen Königsfamilie wurden aus edlem Carrara-Marmor gestaltet und aufwendig verziert.

06 San Jerónimo

Das Kloster für den Hieronymus-Orden wurde zu Beginn des 16. Jahrhunderts erbaut, jedoch schon bald zu einer Begräbnis- und Erinnerungsstätte umfunktioniert. Im Chor stehen imposante Skulpturen des Künstlers Diego de Siloé.

Eine herrliche Kombination aus mediterranem Flair und alpiner Kulisse bietet Meran. An derem östlichen Rand, inmitten des Botanischen Gartens, liegt Schloss Trauttmansdorff, in dem einst auch Kaiserin Elisabeth (»Sisi«) weilte.

48 MERAN

Bis um die Mitte des 14. Jahrhunderts war die Stadt an der Passer unter der Herrschaft der Grafen von Tirol der blühende Mittelpunkt des Landes. Nachdem die Habsburger auch in Südtirol das Zepter übernommen und die Residenz nach Innsbruck verlegt hatten, führte Meran ein Schattendasein. Ins Rampenlicht rückte es erst wieder im 19. Jahrhundert, als sich die heilende Wirkung der örtlichen Quellen und des milden Klimas herumzusprechen begann.

Informationen:
www.merano-suedtirol.it/de/meran.html,
www.visitmeran.it (auch Infos zum Thema Parken)

01 Heiliggeistkirche

Das gotische Kirchlein wurde im Jahr 1271 als Kapelle für ein heute nicht mehr existierendes Spital außerhalb der Stadtmauern von Meran errichtet. Bei einem Hochwasser der Passer wurde es im 15. Jahrhundert zerstört und einige Jahrzehnte später neu errichtet. Sehenswert ist besonders das gotische Portal mit einer Marienstatue mit Kind; im Innern stellen Fresken die dramatische Überschwemmung dar. Des Weiteren verdient noch die barocke Orgel eine genauere Betrachtung.

02 Stadtpfarrkirche St. Nikolaus

An der Pfarrkirche steht lebensgroß der heilige Nikolaus und deutet mit erhobenem Finger durchs Bozner Tor hinaus zur Passer, als wolle er sagen: »Bürger von Meran, passt auf ihre Fluten auf!« Die Schäden von früher sind vergessen, seit flussaufwärts Staubecken die Wassermengen regulieren. Im Inneren der spätgotischen Kirche haben zahlreiche Künstler ihre Spuren hinterlassen.

03 Südtiroler Landesmuseum

In dem wunderschönen Schloss Trauttmansdorff, umgeben von seinen paradiesischen Botanischen Gärten, befindet sich ein weiteres Highlight: das Südtiroler Landesmuseum für Tourismus – das »Touriseum«. In lebendig inszenierten Räumen können sich die Besucher auf eine spannende Zeitreise begeben, die 200 Jahre Tourismusgeschichte aufdeckt. Den Höhepunkt bildet ein Parcours mit 20 Räumen, der wie eine Reise durch diese lange Geschichte führt. Auch zahlreiche Sonderausstellungen zu verschiedenen Themen werden gezeigt.

04 Schloss Trauttmansdorff

Ein kleines Paradies liegt fast in Sichtweite von Meran: Zwischen Palmen, Feigen- und Orangenbäumen hat sich schon Kaiserin Sisi erholt. Der zwölf Hektar große Park mit seinen Teichen, dem Schloss und den geheimnisvollen Gärten zählt zu den schönsten Anlagen seiner Art in Italien. Immer wieder entdecken Besucher Neues, wenn sie zwischen den Bäumen wandeln, etwa einen Hexengarten mit Giftpflanzen und merkwürdigen Schnitzereien, die ein wenig an Voodoo erinnern. Oder eine wackelige Abenteuerbrücke. Oder den Matteo Thun'schen Gucker – eine Aussichtsplattform, bei der die Besucher wie auf einem riesigen Fernglas im Himmel zu schweben scheinen. Zwischendurch fasziniert die Gartenkunst, ob am nördlichsten Olivenhain Italiens oder bei den fast senkrecht bepflanzten Lehmwänden. Sogar eine kleine asiatische Teeplantage gibt es.

CAMPERSTELLPLATZ AM SCHNEEBURGHOF IN MERAN

Ein relativ enger Platz, der aber über alle notwendigen Ver- und Entsorgungseinrichtungen sowie über Duschen und Waschmaschinen verfügt. Es gibt ein reichhaltiges Frühstücksbüfett, ein Freibad und eine Liegewiese. Der Platz ist umgeben von Weinbergen und Obstwiesen und befindet sich oberhalb von Meran. Ganzjährig geöffnet. Die Altstadt von Meran liegt zwei Kilometer entfernt.

**Segenbühelstraße 26, 39019 Dorf Tirol/Meran,
GPS: 46.40337, 11.10019**

Oben: Die im Herzen der Altstadt aufragende Kirche St. Nikolaus gilt als Wahrzeichen Merans. Errichtet wurde sie im Stil der Spätgotik und eingeweiht Mitte des 15. Jahrhunderts nach langer Bauzeit.

Linke Seite: Eine Gruppe Mädchen tanzt für ewig versteinert auf dem Mittelrisalit des Meraner Kurhauses. Das Gebäude markiert das Ende der Umgestaltung zur Kurstadt.

Aus Laaser Marmor schuf Heinrich Natter das Denkmal für Walther von der Vogelweide, nach dem auch der Platz benannt ist. Im Hintergrund erhebt sich der Dom Maria Himmelfahrt mit seinem spätgotischen Glockenturm.

49 BOZEN

Südtirols Kapitale ist eine lebendige Metropole, die mit der dreisprachigen Universität und Bauten wie dem Theater, der Messe und dem Museion den Sprung in die Moderne schaffte, ohne den Charme einer reichen Historie einzubüßen. Gelegen in einem weiten Talbecken, in dem sich die Flüsse Etsch, Eisack und Talfer vereinigen, prägt Bozen eine spannende Mischung aus mediterraner Lässigkeit und nordeuropäischem Ordnungssinn. Italienische und deutsche Kultur, Architektur, Sprache und Lebensart prallen hier aufeinander. Die Naturkulisse rings um die Stadt ist einzigartig!

Informationen:
www.bolzano-bozen.it/de,
www.gemeinde.bozen.it (auch Infos zum Thema Parken)

01 Altstadt
Der gut erhaltene Stadtkern westlich des Flusses lässt die mittelalterliche Anlage noch erkennen. Die Bozner Laubengänge, heute eine exklusive Einkaufsstraße, bildet mit den parallel verlaufenden Silber- und Bindergassen, Rathausplatz und Obstmarkt ein fast geschlossenes Ensemble.

02 Museion
Bozens Altstadt ist eine bedeutende »Museumsmeile«: Neben dem Stadtmuseum und dem (die weltberühmte Gletscherleiche Ötzi in einer Klimakammer aufbewahrenden) Archäologiemuseum findet man hier das von den Berliner Architekten »KSV Krüger Schuberth Vandreike« entworfene, kurz »Museion« genannte Museum für moderne und zeitgenössische Kunst. Direkt an den Talferwiesen gelegen und über eine elegante Fußgängerbrücke zu erreichen, ist der transparente Kubus des Museumsbaus Ausstellungsort und Hort einer interdisziplinär ausgerichteten Kunstwerkstatt zugleich.

03 Bozener Lauben
Die Bürgerhäuser entlang der historischen Haupteinkaufsstraße stammen überwiegend aus der Spätgotik. Unter den Arkadengängen locken Boutiquen und Cafés. Manche Gebäude sind üppig mit Stuck geschmückt, wie das barocke Haus mit der Nr. 46. Mit seinen spitz zulaufenden gotischen Arkaden hat Haus Nr. 30 einen Wasserspeier in Form eines Drachens auf der Dachtraufe. Sehenswert ist die »Apotheke zur Madonna«. Die Geschichte der Lauben wird im Merkantilmuseum bei einem Rundgang durch das unterirdische Bozen erzählt.

04 Dom
Im 14. Jahrhundert wurde mit dem Bau im gotischen Stil begonnen. Mit der Fertigstellung des in spätgotischen Formen ausgeführten Glockenturms, der mit einer Höhe von 62 Metern das Wahrzeichen der Stadt ist, war im Jahr 1517 das Bauwerk vollendet. Vielfarbige Ziegel kennzeichnen das geometrische Muster des Daches. Im Innern ist aufgrund mehrerer Zerstörungen nur recht wenig von der Originalausstattung erhalten geblieben. Sehenswert

sind die gotische Kanzel aus Sandstein, die um 1514 entstand, und der prächtige barocke Hochaltar.

05 Dominikanerkloster

Der Dominikanerplatz bildete im Mittelalter das Wirtschaftszentrum der Stadt Bozen. Händler trafen sich hier ebenso wie Banker und Marktfrauen. Schon bald brauchte der Platz auch einen Ort des Glaubens, so gründeten Kaufleute 1272 hier ein Kloster. Später stiftete der Bankier Nicolo Rossi-Boccio aus Florenz Wandmalereien. Viele der Kunstschätze sind Bombenangriffen im Zweiten Weltkrieg zum Opfer gefallen. Die Fresken in der Johanneskapelle, gemalt im Stil von Giotto, sind als einzige heute noch erhalten.

06 Franziskanerkloster

Ganz in der Nähe des Obstmarktes in Bozen versteckt sich eine Oase der Stille hinter dicken Mauern. Das bis heute bewohnte Franziskanerkloster gehört zu den christlichen Schätzen der Stadt – und zu den ersten Klöstern der Franziskaner im deutschsprachigen Raum. Im Jahr 1237 wurde das Haus bereits urkundlich erwähnt – elf Jahre nach dem Tode des heiligen Franziskus von Assisi. Von dem ursprünglichen Bau ist nichts mehr erhalten, denn er ging 1291 in Flammen auf. Mehr als 50 Jahre später wurde das Kloster im gotischen Stil wiederaufgebaut. Vor allem der Kreuzgang mit seinem angrenzenden Garten ist sehenswert. Auch der von Hans Klockner gestaltete Flügelaltar, der Szenen der Geburt Christi zeigt, zählt zu den Kunstschätzen.

07 Kapuzinerkirche

Die erste von Kapuzinermönchen errichtete Kirche in Bozen entstand im Mittelalter, der heutige Bau stammt aus dem 17. Jahrhundert. Das dem heiligen Antonius von Padua geweihte Gotteshaus besticht in seinem Innern vor allem durch den barocken Hochaltar und das Altargemälde »Antonius zwischen Andreas und Paulus« von Felice Brusasorci.

08 Merkantilmuseum Bozens

Den Aufstieg zur Messestadt ebnete einst Erzherzogin Claudia de Medici. Ihr verdankt man hier die 1635 erfolgte Gründung eines autonomen Handels- und Wechselgerichts, des Merkantilmagistrats. Das prächtige Barockgebäude entstand zwischen 1708 und 1731 nach Plänen Francesco Perottis. Im Inneren zeigt das Merkantilmuseum gut erhaltene, schöne Barockmöbel und Gemälde.

09 Südtiroler Archäologiemuseum

Die in Anspielung auf die weltbekannte, rund 5300 Jahre alte Gletschermumie »Ötzi-Museum« genannte Sammlung zeigt neben dem Sensationsfund selbst viel Interessantes aus der Historie der Region seit der Altsteinzeit.

10 Waltherplatz mit Denkmal

Dem bedeutenden Lyriker des Mittelalters, Walther von der Vogelweide, ist das 1889 enthüllte Denkmal auf dem nach ihm benannten Platz gewidmet. Angeblich war der Minnesänger ein Sohn Tirols.

AREA CAMPERSTOP KLAUSEN

Auf dem autobahnnahen Campingplatz gibt es alle notwendigen Ver- und Entsorgungseinrichtungen. Ganzjährig geöffnet. Bis in die Ortsmitte sind es 800 Meter. Der Bahnhof ist 300 Meter entfernt.

Griesbruck 10, 39043 Chiusa, www.camping-gamp.com, GPS: 46.64092, 11.57343

CAMPING MOOSBAUER

Komfortabel ausgestattet mit Ver- und Entsorgungseinrichtungen sowie Duschen, Waschmaschinen, Trocknern, WiFi und einem guten Restaurant. Ganzjährig geöffnet.

Moritzinger Weg, 83, 39100 Bozen, www.moosbauer.com/de, GPS: 46.50347, 11.29948

Zum Glück bieten sich auf der Fahrt immer wieder Gelegenheiten zum Anhalten und Panorama-Genießen.

Aus der historischen Stadtsilhouette von Florenz ragen die zwei markantesten Gebäude heraus: der Dom Santa Maria del Fiore samt riesiger Kuppel und der Palazzo Vecchio mit dem 94 Meter hohen Turm.

50 FLORENZ

Wie keine andere Stadt prägt Florenz die Geschichte des Abendlandes: Die zu beiden Seiten des Arno gelegene Kapitale der Toskana war einst Ausgangspunkt von Renaissance und Humanismus und ist von überragender Bedeutung für die europäische Kunstgeschichte. Wer sich erst mal einen Überblick verschaffen möchte, der geht zur 104 Meter über der Altstadt liegenden Piazzale Michelangelo. Fast alle Sehenswürdigkeiten sind zu Fuß erreichbar. Die Innenstadt wird vom Duomo Santa Maria del Fiore dominiert. Die Uffizien beherbergen eine der wichtigsten Gemäldesammlungen der Welt. Ganz in der Nähe spannt sich der berühmte Ponte Vecchio über den Fluss. Zurück auf dem Domplatz, empfiehlt sich ein Bummel entlang der Via Calzaiuoli zur Piazza della Signoria, dem schönsten Platz der Stadt.

Informationen:
www.visitflorence.com
www.feelflorence.it/de/elastic (Park and Ride)

01 Santa Maria Novella

Die vom 13. bis ins 14. Jahrhundert errichtete gotische Santa Maria Novella ist Teil eines Dominikanerklosters. Ihre Renaissancefassade aus grünem und weißem Marmor schuf Leon Battista Alberti. Die Kirche beherbergt bemerkenswerte Kunstwerke – hervorzuheben sind Filippo Lippis Fresken und die von Benedetto Maiano 1491 bis 1493 gestaltete Ruhestätte in der Grabkapelle des Filippo Strozzi. Die erneuerten Grünflächen und Sitzgelegenheiten laden zum Verweilen ein.

02 Mercato Centrale

Ein Paradies für Gourmets und solche, die es werden wollen, ist der gleich bei der Kirche San Lorenzo gelegene Mercato Centrale. Von Obst und Gemüse über Gewürze, Nudeln, bis hin zu frischem Fisch und Fleisch reicht das Sortiment. Feinschmecker wissen regionale Spezialitäten sehr zu schätzen – Trippa alla fiorentina (Kutteln in Tomatensoße) und Lampredotto (Kutteln im Brötchen mit Rindermagen) oder auch Coniglio mit »verdure fritte« (Kaninchen mit frittiertem Gemüse).

03 Cappelle medicee

Noblesse oblige – deshalb beauftragten die Medici 1520 Michelangelo mit dem Bau einer neuen Grablege. Bis 1533 arbeitete er an der Neuen Sakristei und schuf ein Meisterwerk der italienischen Hochrenaissance. Vollendet hat der Meister nur die Gräber von Lorenzo di Piero und Giuliano di Lorenzo. Die Sarkophage der Medici sind heute auf die Alte Sakristei von Filippo Brunelleschi, auf Michelangelos Bau und die Fürstenkapelle von Bernardo Buontalenti verteilt.

04 San Lorenzo

Die Basilika des Klosters gehört zu den ältesten Kirchen der Stadt, ihre Fundamente gründen im 4. Jahrhundert. Ursprünglich diente sie als Kathedrale, verlor ihren Status aber

Ende des 13. Jahrhunderts begann die Baugeschichte des Palazzo Vecchio, seither überragt er das rege Treiben auf der Piazza della Signoria.

an den Vorgängerbau des heutigen Doms. Dennoch galt sie den Medici als das wichtigste Gotteshaus und als ihre Hauskirche. Mit dem Kirchenbau wurde im Jahr 1419 Filippo Brunelleschi beauftragt. Die Fassade der Renaissancekirche blieb bis heute unvollendet. Sehenswert ist auch die zum Kloster gehörende Biblioteca Laurenziana.

05 Cattedrale Santa Maria del Fiore

Der Dom von Florenz zählt mit 153 Metern Länge, 38 Metern Breite und einer Außenhöhe der Kuppel von 114 Metern zu den größten Kirchen der Welt. Im Jahr 1436 wurde er geweiht. Seine neugotische Fassade orientiert sich am Stil des von Giotto entworfenen Campanile. Das Prunkstück des Baus ist die von Brunelleschi gestaltete Kuppel, die mit 46 Metern Durchmesser die größte ihrer Zeit war. In ihr befinden sich von Vasari begonnene und von Zuccari 1579 vollendete Fresken des Jüngsten Gerichts.

Blick über die Dächer der Stadt am Dom und dem Baptisterium vorbei bis zum Palazzo Vecchio.

06 Battistero di San Giovanni

Die Ursprünge der oktogonalen, dem heiligen Johannes geweihten Taufkirche reichen vermutlich bis in das 4. Jahrhundert zurück. Um das Jahr 1100 wurde sie im Stil der Protorenaissance gestaltet und zum Vorbild späterer Renaissancearchitektur. Ihre Kuppel ist innen vollständig mit Mosaiken aus dem 13. Jahrhundert ausgekleidet – ein Meisterwerk abendländischer Mosaikkunst mit einem acht Meter hohen Jesus als Weltenrichter. Bedeutend sind auch die Portale des Baptisteriums.

07 Piazza della Signoria / Loggia dei Lanzi

Seit dem 14. Jahrhundert ist die Piazza della Signoria das politische Zentrum der Stadt. Damals wie heute fällt der Blick auf Statuen von Michelangelo und Donatello, auf Giambolognas Reiterstandbild

Cosimos I. der Medici, auf Ammanatis Fontana del Nettuno, die Loggia dei Lanzi, den Palazzo Vecchio, die Galleria degli Uffizi. Von der Bedeutung der Piazza della Signoria für das politische Leben der Republik Florenz zeugt auch die im 14. Jahrhundert errichtete Loggia dei Lanzi.

08 Palazzo Vecchio

Das um das Jahr 1300 von Arnolfo di Cambio gebaute Gebäude war ursprünglich einmal das Rathaus von Florenz. Später lebte hier Cosimo I., bevor er in den Palazzo Pitti umzog. Als Zentrum der Macht wurde der »Alte Palast« auch entsprechend repräsentativ ausgestattet. Der von Michelozzo gestaltete erste Hof imponiert durch Fresken, einen zierlichen Putto-Brunnen und prachtvolle Säulen. Im »Saal der Fünfhundert« in der ersten Etage, mit Michelangelos »Genius des Sieges«, verherrlichen schöne Bilder in der Kassettendecke die Stadtgeschichte.

Oben: Reich verziert zeigt sich der Innenhof des Palazzo Vecchio.

Mitte: Im Giardino di Boboli wartet schönste Gartenkunst.

Links: Santa Croces eindrucksvolle Marmorfassade wurde erst im 19. Jahrhundert hinzugefügt.

Unten: Ein beliebtes Fotomotiv ist der Ponte Vecchio im milden Licht der untergehenden Sonne.

09 Galleria degli Uffizi

Im Jahr 1560 wurde auf Befehl Cosimos I. mit dem Bau eines Gebäudes begonnen, in dem alle »uffici delle magistrature«, die Büros der Stadtverwaltung, untergebracht werden sollten. Sein Nachfolger, Francesco, ließ das Obergeschoss für eine Kunstsammlung einrichten, die von seinen Nachfahren stetig erweitert und 1743 der Stadt vermacht wurde. Diese Sammlung genoss bald solches Ansehen, dass die langen Gänge (italienisch: »gallerie«) des Palastes zum Synonym für Kunstgalerien wurden. Heute enthält sie herausragende Werke der italienischen, niederländischen und deutschen Malerei, antike Bildwerke und Skulpturen der Neuzeit.

FLORENCE PARK SCANDICCI

Dieser ist ein kostenpflichtiger, sicherer Platz mit allen notwendigen Ver- und Entsorgungseinrichtungen sowie Internetzugang. Ganzjährig geöffnet. Der Park ist ein guter Standort für eine Besichtigung der Stadt. Mit dem Bus der Linie 6 gelangt man in 25 Minuten ins Zentrum von Florenz.

*Via di Scandicci, 241–243, 50143 Firenze,
GPS: 43.75878, 11.20184*

FIRENZE CAMPING IN TOWN

Wer sich beim Campen etwas mehr Luxus gönnen möchte, ist auf dem am nördlichen Arno-Ufer gelegenen Platz richtig. Ver- und Entsorgung, WLAN, Pool und mehr ist vorhanden. Am Fluss entlang führt ein Radweg, über den man die Altstadt bequem erreicht.

*Via Generale C. A. dalla Chiesa, 1/3, 50136 Firenze,
firenze.huopenair.com, GPS: 43.76556, 11.31528*

---

10 Santa Croce

Kurz vor dem Tod des heiligen Franziskus (1226) hatten die Franziskaner einen Vorgängerbau von Santa Croce errichtet, für den angeblich der Ordensgründer selbst noch den Grundstein gelegt haben soll. Die Pläne für den ab 1295 begonnenen Neubau sollen von Arnolfo di Cambio entworfen worden sein, dem offenbar ein an der alten Peterskirche in Rom orientierter Sakralbau vorschwebte. Seine gewaltigen Ausmaße erregten die Kritik vieler Ordensmitglieder, die einen Widerspruch zur Armutsregel des heiligen Franziskus erkannten. So ist das 115 Meter lange, 38 Meter breite Gotteshaus die größte jemals von Franziskanern errichtete Kirche.

11 Ponte Vecchio

Als natürliche Stadtbefestigung, Verkehrsweg und Wasserversorgung hatte der Arno große Bedeutung. An seiner schmalsten Stelle überwand man wohl schon in etruskischer Zeit den Fluss; als gesichert gilt, dass die römische Konsularstraße Via Cassia über eine hölzerne Brücke den Fluss überquerte. An gleicher Stelle entstand im 14. Jahrhundert der Ponte Vecchio, die älteste Brücke von Florenz. Sie ist mit kleinen Ladenlokalen bebaut, die am Brückenrand zur Wasserseite hin vorkragen. Darin findet man hauptsächlich Juweliere.

12 Palazzo Pitti

Das Kernstück dieses größten der Florentiner Paläste ließ Luca Pitti ab 1457 von dem Architekten Luca Francelli errichten. 1549 erwarb Eleonora von Toledo den Palast und ließ ihn zu einer dreiflügeligen Anlage ausbauen. Nachdem ihr Gatte Cosimo 1571 seinem Sohn die Regierungsgeschäfte übertragen hatte, zog er sich in diesen fortan als Familienpalast genutzten, später mehrfach erweiterten Palazzo zurück. 1864–1871, als Florenz die Hauptstadt eines noch nicht gänzlich geeinten Italien war, residierten darin die italienischen Könige. Heute beherbergt der Palast mehrere Museen, darunter die Galleria Palatina.

13 Giardino di Boboli & Giardino Bardini

Über dem Südufer liegt das Fort Belvedere genau zwischen zwei der schönsten Florentiner Parks. Westlich erstreckt sich der Giardino di Boboli. In der im 16. Jahrhundert konzipierten Grünanlage gibt es Grotten, Tempel, versteckte Ecken und zahlreiche Skulpturen zu entdecken. Sitzbänke wurden allerdings nicht vorgesehen. Auch der Giardino Bardini im Osten des Forts (die beiden Gärten sind miteinander verbunden), wurde mit Einbauten wie Grotten und Brunnen versehen.

14 Santa Maria del Carmine

Hinter einer schmucklosen Fassade warten in der Cappella Brancacci überaus kostbare Freskenzyklen der Frührenaissance von Masolino, Masaccio und Filippino Lippi. Die ursprüngliche Gestalt dieser Fresken wurde durch Restaurationsarbeiten in den 1990er-Jahren wiederhergestellt. Sehenswert ist Santa Maria del Carmine auch wegen der barocken Cappella Corsini mit den Gräbern von Neri und Piero Corsini.

15 San Miniato al Monte

Hoch über dem Südufer des Arno überblickt man ganz Florenz. Die im 11. Jahrhundert errichtete romanische Basilika schmückt eine eindrucksvolle Fassade aus weißem Marmor und grünem Serpentin. Unüblich ist die Unterkirche zwischen den beiden Krypta-Abgängen.

Im unteren Teil der Engelsburg war bis 1870 ein Kerker untergebracht. Für die im 2. Jahrhundert als Übergang zum Mausoleum errichtete Brücke entwarf Bernini mit seinen Schülern zehn die Passion Christi darstellende Engelsfiguren.

51 ROM

Dort, wo sich heute das Zentrum der italienischen Hauptstadt befindet, an jener Stelle, wo der Tiber ein Knie bildet, haben sich schon vor rund 3000 Jahren die ersten Siedler niedergelassen. Und von Anbeginn an hinterließen die Menschen, die hier ansässig waren, Spuren ihrer Existenz. Bei einem Gang durch die Stadt werden einem ihr mythischer Begründer König Romulus ebenso präsent wie die großen Kaiser des Römischen Reichs oder die Päpste. Rom führt einem die Entwicklung der europäischen Kultur vor Augen, hier kann man die Wurzeln der westlichen Zivilisation aufspüren.

Informationen:
www.turismoroma.it/en
www.atac.roma.it/en/utility/atac-parking/park-ride-car-parks

01 Piazza del Popolo

So wie dieser mehrfach umgebaute »Platz des Volkes« sich heute darbietet, ist er ein Werk des Architekten Giuseppe Valadier, dessen Anliegen es war, Rom zu »öffnen«. Als er im Jahr 1816 mit der Umgestaltung der Piazza begann, ließ er die rund 1500 Jahre alte Porta ebenso bestehen wie die beiden Zwillingskirchen aus dem 17. Jahrhundert, Santa Maria in Montesanto und Santa Maria dei Miracoli, die im Süden den Eingang zur Via del Corso flankieren.

02 Villa Borghese

Die in den Jahren 1613 bis 1616 erbaute Villa war einst im Besitz von Kardinal Scipione Caffarelli Borghese, einem bedeutenden Kunstmäzen und Neffen Pauls V., der mit bürgerlichem Namen Camillo Borghese hieß. Zur Villa gehörte ein schöner Park, der zum Ende des 18. Jahrhunderts zur öffentlichen Anlage mit Brunnen, Pavillons und künstlichen Ruinen wurde – heute als eine der weiträumigsten und schönsten Parkanlagen Roms beliebt.

03 Piazza di Spagna & Santissima Trinità dei Monti

An der Via del Babuino liegt die Piazza di Spagna. Der Name »Spanische Treppe« für den bis 1725 erbauten Aufgang, der den Platz mit der höher gelegenen Kirche Santissima Trinità dei Monti verbindet, ist irreführend, denn die Anregung zum Bau kam aus Frankreich. Ludwig XIV. wollte mit dem Bau einer Freitreppe von der Größe seines Königshauses künden. Gekrönt worden wäre sie, dem Selbstverständnis des »Sonnenkönigs« entsprechend, von seinem Reiterstandbild. Doch erst unter Innozenz XIII. wurde das Projekt neu aufgegriffen und (ohne Reiterstandbild) realisiert. Stattdessen steht seit 1789 die Nachbildung eines ägyptischen Obelisken auf dem Platz oberhalb der Treppe. Dort wurde ab 1502 die Dreifaltigkeitskirche, Santissima Trinità dei Monti, errichtet.

04 Fontana di Trevi

Roms größter Brunnen ist die 1732–1751 nach Entwürfen von Nicolò Salvi für die bereits seit dem Altertum existierende Wasserleitung Acqua Virgo vor dem Palazzo Poli angelegte Fontana di Trevi.

Es gibt nicht viele Treppen, die weltberühmt sind wie die sogenannte Spanische Treppe. Oben erwartet einen die Kirche Santissima Trinità dei Monti.

05 Palazzo di Montecitorio

Dass sich der Palazzo di Montecitorio, seit 1871 Sitz der italienischen Abgeordnetenkammer, ausgerechnet an einem Ort erhebt, an dem Überreste altertümlicher Scheiterhaufen entdeckt wurden, können selbst die ärgsten Kritiker der römischen Politik nicht in engeren Zusammenhang bringen. Als Familienpalast errichtet wurde der Palazzo erst ab 1650 im Auftrag von Innozenz X. nach Entwürfen von Bernini. Nach dessen Tod mussten die Arbeiten aus finanziellen Gründen eingestellt werden; erst 1694 konnte Carlo Fontana den Bau im Auftrag von Innozenz XII. vollenden.

06 Piazza del Quirinale & Palazzo del Quirinale

Quirinus ist der Name einer mit Mars und Jupiter in Verbindung gebrachten altsabinischen Gottheit, nach der wohl der »Quirinal« benannt wurde: Dieser dem Palatin benachbarte höchste Hügel Roms soll der Überlieferung nach vom Volk der Sabiner unter König Titus Tatius besiedelt worden sein, das sich später mit den Römern vereinte. Tatsächlich belegen Funde aus der Eisenzeit eine sehr frühe Besiedlung des Hügels; denkbar ist zudem, dass die Sage vom »Raub der Sabinerinnen« ihren historischen Kern in einer Auseinandersetzung zwischen den benachbarten Siedlern hat. Seit 1870, als sich der erste König des vereinten Italien in einem ehemaligen, ab 1574 am Südhang des Hügels errichteten päpstlichen Sommerpalast einquartierte, gilt »der Quirinal« als Inbegriff des italienischen Staates; seit 1946 ist der Palast Sitz des Präsidenten der italienischen Republik.

07 Terme di Diocleziano (Museo Nazionale Romano)

Von den vier großen Thermenanlagen der römischen Kaiser sind die ab dem Jahr 298 im Nordosten der Stadt, entstandenen Diokletiansthermen die größten. Ihren ungewohnten Luxus konnten damals bis zu 3000 Menschen gleichzeitig genießen. Nach der Aufhebung des im 16. Jahrhundert in den Komplex der Thermen integrierten Kartäuserklosters gründete man im Februar 1889 in dessen Räumen ein staatliches Museum für die archäologischen Funde zur Vor- und Frühgeschichte Roms und Latiums.

08 Santa Maria degli Angeli e dei Martiri

Im Mittelalter wurde das verfallene Areal der Diokletiansthermen als Steinbruch genutzt, bis Paul III. die Ruinen dem Kartäuserorden schenkte, der dort ab 1560 die kühn in die antike Bausubstanz integrierte Kirche errichten ließ. Michelangelo fiel die Aufgabe zu, einen Teil der Thermen zur Kirche umzugestalten. Als Fassade benutzte er die hintere Wand des Caldariums. Eine Besonderheit ist der in den Boden eingelassene bronzene Meridian, der der Bestätigung des gregorianischen Kalenders diente.

09 Santa Maria Maggiore

Dem Papst Liberius soll im August des Jahres 352 die Jungfrau Maria im Traum erschienen sein und ihm befohlen haben, dort, wo er am nächsten Morgen Schnee erblicken würde, eine Kirche zu erbauen. Zur Erinnerung an dieses Wunder, dem der Sakralbau – eine der vier Patriarchalbasiliken Roms – seine Entstehung verdankt, findet nun jährlich ein Gottesdienst statt, bei dem statt des Schnees weiße Blütenblätter auf die Gläubigen hinabregnen.

10 San Lorenzo fuori le mura & Campo Verano

Das vor der östlichen Stadtmauer liegende Viertel San Lorenzo wurde im Weltkrieg schwer beschädigt. Auch die gleichnamige Basilika – sie ist dem heiligen Märtyrer Laurentius gewidmet – blieb nicht verschont, wurde aber restauriert. Das heutige Gotteshaus Sankt Laurentius vor den Mauern entstand durch die Zusammenlegung der eigentlichen Laurentiuskirche mit einer benachbarten Marienkirche. In San Lorenzo befindet sich auch der Sarkophag von Pius IX. Der angrenzende Campo Verano, der größte Friedhof Roms, wurde 1835 angelegt.

11 Santa Croce in Gerusalemme

Die Kirche zum »Heiligen Kreuz von Jerusalem« gehört zu den sieben Pilgerkirchen Roms, die nach christlicher Tradition an einem Tag besucht werden sollten und in dieser Zeitspanne zu Fuß erreichbar waren. Errichtet wurde sie 320 von Kaiser Konstantin als Aufbewahrungsort der Kreuzesreliquien, die seine Mutter aus Jerusalem mitgebracht hatte. Aufsehen erregte 2011 die Auflösung der Zisterzienserabtei Santa Croce di Gerusalemme, deren Mönche rund 500 Jahre lang über diese

Von oben nach unten:

An der Südseite der Piazza del Popolo erheben sich die »Zwillingskirchen« Santa Maria in Montesanto und Santa Maria dei Miracol.

Zu den wohl eindrucksvollsten Wahrzeichen und Zeugnissen der Antike gehört das Kolosseum.

Der südlichste der Brunnen auf der Piazza Navona ist unter dem Namen Fontana del Moro bekannt.

Auch die Piazza della Rotonda ziert ein Brunnen, hinter dem das Pantheon Besucher anzieht.

Rechte Seite: Castor und Polux flankieren die Cordonata Capitolina.

(nun einem Diözesanpriester anvertrauten) Reliquien wachten.

12 San Giovanni in Laterano & Scala Santa

Der Name »Lateran«, den heute ein ganzes Viertel trägt, leitet sich ab von der einst mächtigen Familie Laterani. Kaiser Konstantin ließ hier die erste christliche Basilika Roms erbauen. Diese brannte zweimal nieder, wurde aber in ihrer ursprünglichen Gestalt wiederaufgebaut. 1646 passte Borromini Teile des Innenraums an, im 18. Jahrhundert wurde die Fassade vorgeblendet. Für Katholiken ist die Lateransbasilika die »Mutter aller Kirchen«. Sie erhebt sich an der Südseite des Lateranspalastes, der bis Anfang des 13. Jahrhunderts Residenz der Päpste war. Dem Palast gegenüber liegt die Heilige Treppe (Scala Santa), ein Pilgerziel, da sie aus Stufen besteht, die Jesu Füße berührt haben sollen, als man ihn zu Pontius Pilatus führte.

13 Terme di Caracalla

Die Römer besaßen eine hochentwickelte Badekultur. Schon im 2. Jahrhundert v. Chr. wurden öffentliche Badeanstalten eingerichtet, in die jeder gegen eine geringe Gebühr Einlass fand. In ihnen gab es ein Caldarium (einen Raum mit feucht-heißer Luft), ein Frigidarium (ein Becken mit kaltem Wasser), diverse Wärmeschleusen, Wandelgänge, Sportplätze u.v.m. Die Kaiserthermen entstanden aus der Erkenntnis der Herrscher heraus, dass man sich die Gunst des Volkes mit solchen Stätten erkaufen konnte. Zu den monumentalsten Anlagen dieser Art gehören die nach dem gleichnamigen Kaiser benannten Caracallathermen: Rund 1600 Menschen konnten hier gleichzeitig ihr Bad genießen, täglich sollen bis zu 6000 Besucher in den Thermen gewesen sein.

14 Aventin & Basilica di Santa Sabina

Der Aventin ist der südlichste Hügel Roms. Sein Westhang fällt zum Tiber hin ab; von ihm hat man einen großartigen Blick auf die Insel und auf den Vatikan auf der anderen Flussseite. Oben merkt man wenig von der Hektik der Stadt. In der in den Jahren 425 bis 432 errichteten Kirche Santa Sabina findet man die älteste holzgeschnitzte Tür christlicher Kunst mit einer der ältesten bekannten Kreuzigungsszenen.

15 Circo Massimo

Im 4. Jahrhundert schrieb der Historiker Ammianus Marcellinus über die Angehörigen des »niederen Volks«: »Ihr ganzes Dasein verbringen sie bei Wein und Würfelspiel, in Bordellen, bei Lustbarkeiten und Schauspielen, und der Circus Maximus dient ihnen als Tempel und Heimstatt.« So übel beleumundet war die Anlage, als sie etwa 800 Jahre zuvor angelegt wurde, noch nicht: Der Legende nach soll schon unter dem in den Jahren 616 v. Chr. bis 579 v. Chr. regierenden König Tarquinius Priscus in dem sumpfigen Tal zwischen Palatin und Aventin eine Arena für Pferderennen errichtet worden sein. Damals saß man noch auf hölzernen Sitzen, unter Julius Cäsar wurde die Arena prachtvoll ausgebaut.

16 Palatin & Orti Farnesiani

Auf dem Palatin findet man die ältesten, bis ins 10. Jahrhundert v. Chr. zurückreichenden Besiedlungsspuren Roms. Vielleicht ist es dieser Nimbus, der den Hügel zum bevorzugten Wohnort der Reichen und Berühmten ihrer Zeit machte. Jedenfalls ließ sich der Redner Cicero ebenso hier nieder wie der Dichter Catull. Zudem befanden sich auf dem Palatin auch die Domizile von Kaiser Augustus und seiner Gemahlin Livia. Spätere Herrscher wie Tiberius, Caligula oder Domitian ließen

AREA SOSTA CAMPER – ROMAE, ROM

Nicht gerade idyllisch, aber dafür praktisch gelegen, um die Innenstadt zu besuchen. Er ist umzäunt und bewacht, die nächste Metro-Station in wenigen Minuten zu Fuß erreicht. Alle 35 Stellplätze haben einen Stromanschluss und eine Ver- und Entsorgungsstation gibt es auch.

Via dell'Arco di Travertino 5, 00181 Roma, www.rexbus.it/area-sosta-camper-romae, GPS: 41.86874, 12.53781

PARCHEGGIO STAZIONE, FRASCATI

Dieser kostenpflichtige Parkplatz am Bahnhof ist erstaunlich ruhig. Er verfügt über keinerlei Ver- und Entsorgungseinrichtungen und ist rund 500 Meter von der Innenstadt entfernt.

Via A. Mancini, 00044 Frascati, www.metropark.it (Frascati), GPS: 41.80655, 12.67774

sich hier prunkvolle Paläste errichten, die die Zeiten allerdings nicht überdauert haben. So ist das, was von der ehemaligen Residenz des Kaisers Tiberius übrig blieb, bereits seit dem 16. Jahrhundert von den Farnesischen Gärten überdeckt.

17 Kolosseum

Dort, wo heute die Ruine des größten Amphitheaters der Antike aufragt, stand einst ein hölzerner Vorgängerbau, den Kaiser Nero gestiftet hatte – Im Jahr 64 n. Chr. fiel dessen Bühne dem großen Brand zum Opfer. Um das Jahr 72 gab Neros Nachfolger Vespasian dann die dreistöckige steinerne Arena in Auftrag. Zur Einweihung veranstaltete man hunderttägige Spiele, bei denen zur Erheiterung der johlenden Massen Scharen von Menschen und Tieren getötet wurden.

Oben: Die Piazza Venezia wird dominiert vom Monumento Nazionale a Vittorio Emanuele II.

Links: Auf dem Campo de' Fiori herrscht Marktatmosphäre.

Unten: Unverkennbar ist der Bau des Petersdoms in der Vatikanstadt.

18 Forum Romanum
Dieser »Ort« – die sumpfige Senke zwischen Palatin und Kapitol – lag ursprünglich »draußen« (lat. foris), außerhalb des damals besiedelten Bereichs. Nach und nach entwickelte sich das römische Forum zum Zentrum des Lebens. In den errichteten Bauten fanden religiöse Zeremonien ebenso statt wie politische Versammlungen, wurden Reden gehalten und Waren angeboten.

19 Kapitol
Heute erklimmt man die Anhöhe von Westen mittels einer von Michelangelo entworfenen Freitreppe, die sich neben einer älteren, zur Kirche Santa Maria in Aracoeli führenden Stiege entlangzieht. Oben angelangt – es ist der niedrigste der »sieben Hügel« Roms –, steht man auf einer ebenfalls von Michelangelo entworfenen Piazza. Aus ihrer Mitte ragt in Bronze das Reiterstandbild Marc Aurels auf. Der Palazzo Senatorio an der Stirnseite der Piazza ist heute der Sitz des Bürgermeisters.

20 Musei Capitolini
Zwei der Gebäude an der Piazza del Campidoglio, der Palazzo dei Conservatori und der ihm gegenüberliegende Palazzo Nuovo, beherbergen die Kapitolinischen Museen. Deren Grundstock geht zurück auf eine Sammlung berühmter antiker Skulpturen, die Papst Sixtus IV. 1471 dem römischen Volk »zurückgab«, wie es sinngemäß in der Stiftungsurkunde heißt, um damit das Band zwischen Kirche und Bevölkerung enger zu knüpfen.

21 Pantheon
Das Pantheon war, wie sein griechischer Name besagt, ein allen Göttern geweihter Tempel und ein eindrucksvolles Bauwerk. Die runde Öffnung in der Kuppel, der »Oculus« (Auge), hatte eine mystische Bedeutung: Sie sollte die Verbindung zur Welt der Götter herstellen. Im Inneren des ehemaligen Tempels befinden sich unter anderem das Grab des Malers Raffael und die letzte Ruhestätte Viktor Emanuels II.

22 Piazza Navona
Dieser Platz wurde nicht »angelegt«, sondern entstand in einem jahrhundertelangen Wachstumsprozess. Einst befand sich hier ein Stadion. Im frühen Mittelalter errichtete man dort, wo die heilige Agnes den Märtyrertod erlitt, eine Kirche. In den Unterbauten der Zuschauertribünen entstanden Wohnquartiere und Läden. Im 15. Jahrhundert wurde ein Markt eröffnet und der Platz gepflastert. Im 17. Jahrhundert beauftragte man geniale Baumeister mit dem Ausbau: Bernini schuf unter anderem den Vierströmebrunnen, Borromini den Neubau von Sant'Agnese.

23 Campo de' Fiori
Der Campo de' Fiori ist der alte Blumenmarkt der Stadt, der allerdings auch für Pferderennen benutzt wurde – und für Hinrichtungen. Der bekannteste Delinquent ist Giordano Bruno. Er starb 1600 auf dem Scheiterhaufen – unter anderem deshalb, weil er daran zweifelte, dass die Erde das Zentrum des Universums sei. Ihm zum Gedächtnis wurde 1884 von Freimaurern als Zeichen des Protestes gegen die Kurie ein Denkmal errichtet. Heute dient der Campo weniger düsteren Zwecken, es werden Blumen und regionale Lebensmittel verkauft, auch viel Nippes und Souvenirs; nachts wandelt er sich zum Treffpunkt für Roms Jugend.

24 San Pietro in Vaticano
Mit einer überbauten Fläche von rund 15 000 Quadratmetern und einem Fassungsvermögen von etwa 20 000 Besuchern war sie bis zum Beginn der 1990er-Jahre die größte christliche Kirche der Welt. Die berühmtesten Architekten und Künstler ihrer Zeit – Bernini, Bramante, Maderno, Michelangelo, Raffael und Sangallo – wirkten an der Gestaltung mit. Bramantes ursprünglicher Plan sah einen überkuppelten Zentralbau auf dem Grundriss der um 324 entstandenen Vorläuferkirche vor.

25 Musei Vaticani
Heute findet man in den einen Großteil der Vatikanischen Paläste an der Viale Vaticano einnehmenden Vatikanischen Museen die größte Kunstsammlung der Welt. Die Exponate reichen von altägyptischen und etruskischen Objekten bis zur modernen sakralen Kunst.

26 Cappella Sistina
Die von Papst Sixtus IV. 1477 beauftragte Kapelle war Andachtsort, aber auch eine Festung mit drei Meter dicken Mauern. Bis heute dient sie den Kardinälen für das Konklave zur Papstwahl. Nach Bauschluss schickte Lorenzo de' Medici einige führende Maler seiner Stadt nach Rom, um die Kapelle innen mit Fresken schmücken zu lassen. Erst später wurde die Decke von Michelangelo übermalt.

27 San Pietro in Montorio
Die Kirche des »heiligen Petrus auf dem Goldberg« verdankt ihren Namen der goldbraunen Erde. Bereits im 9. Jahrhundert erhob sich hier eine erste Kapelle, die ab 1481 auf Kosten des spanischen Königshauses als einschiffige Basilika neu errichtet wurde. Bis heute untersteht die Kirche dem Königreich Spanien, dem auch das frühere Franziskanerkloster gehört, in dem nun die Spanische Akademie untergebracht ist.

28 Santa Maria in Trastevere
Die Piazza di Santa Maria in Trastevere gilt als das Herz dieses lebhaften Viertels. Wohl die älteste Marienkirche der Stadt ist an jenem Ort gegründet worden, wo der Legende nach 38 v. Chr. eine Ölquelle entsprungen sein soll. Das heutige Erscheinungsbild der Kirche entstand im Wesentlichen im 12. Jahrhundert.

Im Laufe der Jahrhunderte wurde die Burg von Ljubljana immer wieder umgebaut. Heute erreicht man das über die Stadt thronende Bauwerk ganz bequem mit einem Schrägaufzug.

52 LJUBLJANA

Sloweniens Hauptstadt hat, obwohl sie nur knapp 300 000 Einwohner zählt, alle baulichen Insignien staatlicher Souveränität: Parlament, Ministerien, Botschaften sowie Nationalmuseum, -galerie und -bibliothek. Und sie erfreut sich eines ungemein regen kulturellen Lebens. Vor allem aber hat die Stadt Anmut und Charme. Wie in Salzburg thront auch hier über dem historischen Kern eine Burg, von der aus die Statthalter des Kaisers in Wien jahrhundertelang das Herzogtum Krain verwaltet haben. Die Stadt liegt am Ufer der Ljubljanica. Auf der einen Seite findet man die denkmalgeschützte Altstadt mit ihren engen Gassen, dem Dom und dem Bischofspalais. Diese sind um die drei zentralen Plätze (Stadtplatz, Alter Platz und Oberer Platz) eng beieinander angeordnet und bilden den ältesten Teil der Stadt. Auf der anderen Flussseite befindet sich das belebtere Ljubljana mit dem Prešerenplatz und zahlreichen Cafés, Restaurants sowie der Fußgängerzone und ihren Kaufhäusern und Boutiquen.

Informationen:
www.visitljubljana.com/de/besucher, www.slovenia.info/de,
www.ljubljana.info/parking/park-and-ride-ljubljana

01 Franziskanerkirche

Am Prešerenplatz im Zentrum Ljubljanas beherrscht vor allem die Franziskanerkirche Mariä Verkündigung mit ihrem rosa-weißen Anstrich das Bild. Die barocke Basilika wurde zwischen 1646 und 1660 errichtet, wobei die Fassade erst um 1700 ihr heutiges Aussehen erhielt und der Altar aus der Mitte des 18. Jahrhunderts stammt. Ein Erdbeben 1895 beschädigte die Decke und zerstörte so einen Großteil der ursprünglichen Fresken. Neue schuf Mitte der 1930er-Jahre der Impressionist Matej Sternen.

02 Tromostovje

Ebenfalls am Prešerenplatz befindet sich eines der Wahrzeichen Ljubljanas, die »Tromostovje«, die »Drei Brücken«. Und tatsächlich: Drei Brücken kreuzen den Fluss unmittelbar nebeneinander. Nachdem die ursprüngliche mittelalterliche Holzbrücke 1657 niederbrannte, wurde sie durch eine neue ersetzt. Diese musste schließlich 1842 einem wiederum neuen Flussübergang weichen, dieses Mal einem steinernen. Zwischen 1929 und 1932 kamen dann nach Plänen von Jože Plecnik zwei seitliche Fußgängerbrücken hinzu. Seitdem überqueren die Tromostovje gemeinsam die Ljubljanica.

03 Schusterbrücke

Auch die Schusterbrücke (Cevljarski most) ist ein Werk von Jože Plecnik. Bevor der Architekt hier tätig wurde, stand an der gleichen Stelle im Mittelalter eine Holzbrücke und im 19. Jahrhundert eine gusseiserne Brücke, die Plecnik kurzerhand ein Stück den Fluss hinab versetzen ließ. An der Stelle dieser Vorgängerbrücken errichtete Plecnik mit seiner neuen Schusterbrücke eine Art breiten Platz über dem Wasser. Die aus

Kunststein und Beton bestehende Konstruktion erhielt schlicht geformte Geländer und an jeder Seite eine Reihe von sechs hohen Säulen mit Kugeln an den Spitzen. Die Brücke entstand in den Jahren 1931 und 1932 und verbindet eher wie eine Piazza denn als klassische Brücke die Stadtteile beiderseits des Flusses.

04 Altstadt

An der Altstadtseite, wo die Schusterbrücke in den Stadtplatz (Mestni trg) mündet, stehen auch gleich die ersten Straßencafés. Hier ist man schon mitten im ältesten und heute weitgehend verkehrsberuhigten Teil der Stadt. Die umgebenden Häuser sind beinahe durchweg barocke Bauwerke. Einige zeigen aber an den

Oben: Seit 1932 überquert das Ensemble der Tromostovje – drei eng beieinanderliegende und fast parallel verlaufende Brücken – im Schatten der Franziskanerkirche die Ljubljanica.

Rechts: Mit ihren Balustraden und Säulen hat die Schusterbrücke die Anmutung einer über dem Wasser schwebenden Piazza.

Giebelformen, dass sie ursprünglich gotisch waren. Bedeutende Sehenswürdigkeiten sind hier nicht mehr

Ganz oben: Für den Bau der Slowenischen Nationalgalerie hat sich der Architekt von der Prager Staatsoper inspirieren lassen.

Oben: Viele Vorhängeschlösser zieren die Fleischerbrücke.

Links: Die Drachenbrücke ist das Wahrzeichen der Stadt und wird immer wieder gern fotografiert.

weit, so wie das Rathaus aus dem Jahr 1718 und der Brunnen der Drei Flüsse am Stadtplatz oder am Oberen Platz (Gornji trg) die im Jahr 1672 vollendete Kirche St. Florian.

05 Kolonnaden

Von den Drei Brücken bis zur Drachenbrücke verläuft eine lange Kolonnadenreihe direkt am Ufer der Ljubljanica. 1939 und 1940 von Jože Plecnik gebaut, verleiht sie der Innenstadt eine reizende mediterrane Atmosphäre. Hinter den Kolonnaden verbergen sich, leicht zu übersehen, die Markthallen. Auch diese tragen unverkennbar die Handschrift des großen Architekten. Die eleganten Formen der weißen Arkaden erinnern an griechische Tempel, im Inneren werden die frischen Erzeugnisse des Umlands angeboten.

06 Sommertheater Križanke

Auch die Umgestaltung des ehemaligen Klosters des Deutschen Ritterordens am Platz der Französischen Revolution (Trg francoske revolucije) ist Plecniks Verdienst. Von 1952 bis 1956 gab der Architekt der Anlage, die schon einmal im barocken Stil umgebaut wurde, ein neues Gesicht. Heute befindet sich hier eine Schule für Design und Fotografie sowie das beliebte Sommertheater Križanke.

07 Nationalgalerie

Das Gebäude der Nationalgalerie wurde 1896 durch den tschechischen Architekten František Skabrout als Veranstaltungsort für slowenische Vereine gebaut und hieß »Nationalhaus«. Die Nationalgalerie ist hier seit 1918 untergebracht.

CAMPER-STOP LJUBLJANA

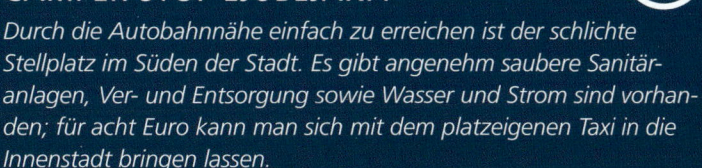

Durch die Autobahnnähe einfach zu erreichen ist der schlichte Stellplatz im Süden der Stadt. Es gibt angenehm saubere Sanitäranlagen, Ver- und Entsorgung sowie Wasser und Strom sind vorhanden; für acht Euro kann man sich mit dem platzeigenen Taxi in die Innenstadt bringen lassen.

Peruzzijeva ulica 105, 1000 Ljubljana, www.camperstop ljubljana.com, GPS 46.116, 14.3122

LJUBLJANA RESORT CAMPING

Die Lage ist ein Pluspunkt: Mit dem Fahrrad dauert es nur etwa eine halbe Stunde bis in die Innenstadt. Die Sanitäranlagen sind etwas in die Jahre gekommen, aber meist sauber.

**Dunajska c. 270, 1000 Ljubljana,
GPS 46.551, 14.318**

GOSTILNA LIVADA

Gegenüber dem Restaurant Gostilna Livada liegt ein kleiner Camper-Stop, auf dem man mit seinem Wohnmobil kostenlos die Nacht verbringen kann, wenn man zuvor im Restaurant einkehrt – was sicher kein schlechter »Deal«, sondern angesichts der leckeren Pizza durchaus eine gute Empfehlung ist.

**Hladnikova cesta 15, 1000 Ljubljana, www.gostilna-livada.si,
GPS 46.0207, 14.3034**

DOLGI MOST P+R

Am gleichnamigen Bahnhof liegt der Parkplatz, auf dem Wohnmobile Strom, Wasser und Entsorgungsmöglichkeiten (Grauwasser, Chemietoilette) finden. Der Lage geschuldet, ist es nachts nicht ganz ruhig. Ganzjährig nutzbar.

**Dolgi most, 1000 Ljubljana,
GPS 46.214, 14.2755**

WOHNMOBILSTELLPLATZ PRI KOVAČU

Etwas außerhalb im Osten der Stadt liegt das Restaurant Gostilna Pri Kovaču, das auch einige wenige Stellplätze für Camper anbietet. Wasser, WC, WLAN, Entsorgung von Grauwasser und Chemietoilette sind im geringen Preis enthalten, Strom zahlt man bei Bedarf extra. Der Platz ist eben und geschottert.

**Cesta II. grupe odredov 82, 1000 Ljubljana,
www.gostilna-pri-kovacu.si, GPS 46.0154, 14.3616**

CAMPER-STOP COLONIAL LJUBLJANA

Es gibt hier keinerlei Ver- und Entsorgungsmöglichkeiten, aber dafür ist der Platz immerhin mit Strom ausgestattet und bietet sich dank der zentralen Lage zumindest für einen kürzeren Aufenthalt zur Stadtbesichtigung in Ljubljana an. Der Untergrund ist betoniert, die Preise sind für das Gebotene durchaus angemessen.

**Parmova ulica 51, 1000 Ljubljana,
GPS 46.350, 14.309**

Am Abend auf einer Bank sitzen und Spaziergänger beim Bummel über die Uferpromenade beobachten: Splits elegante Flaniermeile kann sich sehen lassen, in einer Allee sind sogar Palmen angepflanzt.

53 SPLIT

Die historische Stadt Split ist nach der Hauptstadt Zagreb die zweitgrößte Stadt Kroatiens. Größter Anziehungspunkt ist der antike Palast des Diokletian. In nur zehn Jahren ließ sich Kaiser Diokletian für die Zeit nach seiner Abdankung (305) einen Palast im Typus des römischen Castrums errichten. Sein Altersruhesitz nahe der römischen Stadt Salona umschloss eine Fläche von etwa 215 × 180 Metern und wurde mit turmbewehrten Mauern befestigt. Nach einem Einfall von Awaren und Slawen etwa 614/615 floh ein Teil der Bewohner Salonas in die Ruinen des altrömischen Palastes, dessen Areal auf diese Weise zur Keimzelle des heutigen Split wurde. Das achteckige Mausoleum Diokletians wurde durch den Anbau einer Eingangshalle und eines Glockenturms zum christlichen Dom, die kostbare Ausstattung der Grabstätte blieb jedoch unverändert. Der Jupitertempel wurde zum Baptisterium umgebaut. Aus der Blütezeit der mittelalterlichen Handelsstadt stammen der spätgotische Papali-Palast mit einem stilvollen Innenhof sowie das Cindro- und das Agubio-Palais, die wohl schönsten Barockpaläste Splits.

Informationen:
https://visitsplit.com/de/1/willkommen-in-split, www.dalmatia.hr/de, https://parkingsplit.com

01 Promenade

Trotz ihrer Größe hat sich Split ihren mediterranen Charme bewahrt. Das wird vor allem an der Uferpromenade deutlich. Sie ist von einer Allee aus Palmen gesäumt und erstreckt sich entlang der Front des spätrömischen Diokletianpalastes. Dessen Bauwerke dominieren schon von Weitem das Bild, vor allem wegen des Campaniles, der aus dem Dächermeer der Altstadthäuser aufragt. Die kleinen Boote im Hafenbecken wirken beinahe wie Spielzeug. Aber die Promenade vermittelt auch Großstadtflair: Hier herrscht ein geschäftiges Treiben, sie ist zur Shopping- und Restaurantmeile geworden. Split ist heute das wirtschaftliche und kulturelle Zentrum Dalmatiens, vor dessen Toren sich der gleichnamige Archipel mit einigen kleinen Inseln erstreckt. Hierher kommen die Touristen, Split selbst ist nicht unbedingt in erster Linie das Urlaubsziel.

02 Altstadt

Das Besondere an der Altstadt Splits ist, dass sie komplett innerhalb der Mauern des Diokletianpalastes liegt. Der Kaiser hatte seine Festung nämlich so groß bauen lassen, dass sowohl der Hofstaat als auch die komplette Garde darin Platz fanden. So entdeckt der Besucher heute ein dicht besiedeltes historisches Zentrum inmitten steinerner Paläste, trinkt einen Cappuccino oder probiert die lokalen Spezialitäten in den kleinen Restaurants der Altstadtgassen – und sitzt währenddessen mitten in einem Baudenkmal. Vom Buchladen bis zu Märkten findet sich

Cafés und Restaurants laden entlang der Promenade dazu ein, entspannt Platz zu nehmen und die Zeit in der Sonne verstreichen zu lassen.

alles neben oder direkt in den denkmalgeschützten Palastgebäuden. Hier gibt es übrigens auch die kleinste Straße der Welt, die »Pusti me proći«. Im Laufe der Jahrhunderte wurden immer wieder neue Mauerringe um die wachsende Stadt gezogen, von denen viele heute noch erhalten sind.

03 Diokletianpalast

Kaiser Diokletian sorgte früh für seinen Altersruhesitz. Der römische Herrscher, der das Reich neu geord-

Das Peristyl, der beeindruckende antike Säulenhof, war einst die kaiserliche Empfangshalle. Heute kann man hier bei einem Kaffee die historische Kulisse genießen.

net und die Christen hatte verfolgen lassen, ließ sich eine Sommerresidenz in Split bauen, die eine Mischung aus Landsitz, Stadtpalast und Festung sein sollte, auch ein Mausoleum enthielt der Bau. Strategisch im Herzen des Römischen Reiches war er gelegen. In nur zehn Jahren, von 295 bis 305, entstand der Komplex, der noch heute dominierendes Bauwerk der Stadt und über sie hinaus berühmt ist. Mauern und Türme schützen den Palast, dessen private Gemächer zur Hafenseite lagen. Diese sind bis auf das Vestibül nicht zugänglich, aber in den Podrumi, den Kellergewölben unter den

Oben: Im Westen Splits ragt der Strand von Kasjuni ins Meer.

Links: Achteckig konstruiert wurde der Venezianische Turm.

Unten: Relikten der Römerzeit begegnet man in Kroatien überall. Bei Split kann man etwa die Ruinen des antiken Salona besichtigen.

Kaiserapartments, gewinnt man einen Eindruck von der schieren Größe der Anlage: Aus mehr als 50 Räumen besteht das Untergeschoss. Fast immer breiten fliegende Händler in den Gewölben ihre Waren aus, denn jeder Passant, der von der Promenade ins Peristyl, den Innenhof des Palastes, will, kommt hier durch.

04 Kathedrale des heiligen Domnius

Der St.-Domnius-Dom (Sv. Duje) in der Altstadt von Split wurde im Mittelalter in den vier Hektar großen Palastkomplex (295–305) von Kaiser Diokletian hineingebaut – ursprünglich war es als sein Mausoleum vorgesehen. Um 650 wurde das achteckige kaiserliche Mausoleum an der Ostseite des Palasthofes (Peristyl) allerdings zur christlichen Kirche geweiht, an die eine Eingangshalle und ein rund 60 Meter hoher Glockenturm angefügt wurden. Heidnische Symbole und der Sarkophag des Kaisers mussten weichen, stattdessen verlegte man die Gebeine zweier Märtyrer – Domnius und Anastasius – hierher. Die kostbaren Mosaiken und Reliefs in dem auf 24 antiken Säulen ruhenden zentralen Kuppelbau blieben erhalten. Ihr heutiges Aussehen erhielt die Kathedrale im 13. Jahrhundert; aus dieser Zeit stammen die geschnitzten Portalflügel, die Kanzel und das Chorgestühl. Im 16. Jahrhundert wurde der Campanile vollendet. Heute kann man an ihm sowohl romanische, als auch gotische Elemente bewundern. Gegen Gebühr erreicht man über die Treppe im Inneren des Glockenturms eine Aussichtsplattform mit Blick über die Stadt.

05 Baptisterium/Jupitertempel

Der Mini-Tempel verbirgt sich in einer Seitengasse gegenüber der Kathedrale und ist an der Skulptur einer Sphinx vor dem Eingang gut zu erkennen. Christen wandelten ihn in ein Baptisterium um, beließen aber die römische Ausstattung wie eben die Sphinx und das Tonnengewölbe mit seiner fantastischen spätantiken Kassettendecke. Das Taufbecken in Kreuzform trägt frühchristliche Reliefs, wie sie bei den ersten kroatischen Christen beliebt waren. Die Statue von Johannes dem Täufer steuerte der Bildhauer Ivan Meštrović bei. Von ihm stammt auch die Monumentalskulptur des Bischofs Grgur Ninski – zugleich Kanzler des mittelalterlichen kroatischen Königreiches – am Nordeingang des Palastes, der Porta Aurea. Übrigens: Den großen Zeh des mittelalterlichen Bischofs zu polieren bringt Glück!

CAMPINGPLATZ STOBREČ

Auf diesem Platz finden Sie auch mit einem größeren Mobil eine Stellfläche. Die Parzellen sind recht breit und die Zufahrten geräumig und unkompliziert. Die Vier-Sterne-Anlage ist mit allem Komfort ausgestattet, auch wenn nicht alles den neuesten Standards entspricht. Das große Plus dieses Platzes aber ist der feinkieselige Strand, der hier vergleichsweise breit ist.

Put Svetog Lovre 6, 21311 Stobreč, www.campingsplit.com, GPS 43.504467, 16.525812

SPLIT PARKING CAMPER

Mit Sicherheitspersonal und Kamera überwacht wird der Parkplatz, der rund 60 Campern einen Stellplatz bietet. Der Platz nahe des Poljud Stadiums ist rund um die Uhr geöffnet. Für 120 Kuna darf man 24 Stunden auf dem Platz stehen.

Kopilica ul. 25, 21000 Split, www.splitbusparking.com, GPS 43.52331, 16.45441

AUTOCAMP TAMARIS

Ein kleiner, familiengeführter Platz mit dementsprechend herzlicher Atmosphäre. Die Sanitäranlagen sind etwas älter, aber gut gepflegt. Gelegen ist der Platz an der Küste, außerhalb von Split.

Cesta Svetog Martina 114, 21312 Podstrana, www.autocamp-tamaris.net, GPS 44.25097, 15.53800

Erhaben thront sie inmitten der griechischen Hauptstadt – die imposante Akropolis von Athen. Der Ballungsraum umfasst heute eine weit ausgedehnte Fläche, zwischen vier und fünf Millionen Menschen leben hier.

54 ATHEN

Griechenlands Metropole zählt zu den ältesten Städten Europas. Sie ist das historische, kulturelle und wirtschaftliche Herz des Landes, Wiege der Demokratie, erste Kulturhauptstadt des Kontinents: Lange war sie der Dreh- und Angelpunkt der griechischen Welt. Ihr weißes Häusermeer wird auf drei Seiten von hohen Bergzügen eingerahmt. Einer davon trägt die Akropolis. Athens schönstes historisches Viertel ist die Pláka direkt unterhalb davon. Zu den stattlichen klassizistischen Villen aus dem 19. Jahrhundert gesellen sich viele Lokale, Hotels, Souvenirgeschäfte. Das alte Händler- und Handwerkerviertel Psirrí gleich nebenan hat sich zum lebhaften Szenetreff entwickelt, doch tagsüber gehen hier noch immer viele Handwerker und Händler ihrem traditionsreichen Gewerbe nach.

Informationen:
www.thisisathens.org/de, www.cityofathens.gr/en,
https://localrent.com/en/journal/greece/articles/parking

01 Syntagma-Platz

Athens repräsentativster Platz entstand während der Regentschaft von Otto I. An seinem Saum erhebt sich das einstige königliche Schloss (heute Parlament), von dessen Balkon aus der Regent 1843 seine Zustimmung gab zur konstitutionellen Monarchie, also zu einer Verfassung – daher der Name des ursprünglich den Musen gewidmeten Platzes. Er glänzt mit weißem Marmor und Statuen und zählt zu den beliebtesten Treffpunkten der Stadt. An seinen Rändern münden zahlreiche große Straßen, stehen die Universität und das historische Hotel Grande Bretagne, unter ihm entdeckte man beim U-Bahn-Bau antike Fundamente. Vor dem Grabmal des Unbekannten Soldaten zelebrieren Mitglieder einer Elitetruppe der griechischen Armee, die Evzoren, regelmäßig den Wachwechsel in Traditionsuniform. Auf dem Platz kommt es aber auch immer wieder zu Demonstrationen.

02 Parlament

Als Alter Palast diente das 1834 bis 1838 im neoklassizistischen Stil errichtete Gebäude nach der Verlegung der Hauptstadt des neuen Königreichs Griechenland von Nauplia nach Athen zunächst als Residenz für König Otto I. und dessen Gemahlin Amalie. Bis 1910 beherbergte der prächtige Flügelbau weitere griechische Königsfamilien. In den folgenden Jahren diente er als Flüchtlingsunterkunft, Krankenhaus und Museum. Nach einem Brand begannen Umbauarbeiten, dabei wich auch die große Freitreppe seitlichen Aufgängen. 1934 tagte erstmals nach seinem Umzug vom Gebäude des heutigen Nationalen Historischen Museums das griechische Parlament in dem ehemaligen Stadtschloss.

03 Nationalgarten

Königin Amalie ließ die gut 15 Hektar große Grünanlage nahe der Residenz zwischen 1838 und 1840 als botanischen Garten und privates Refugium im romantischen Stil eines englischen Landschaftsparks planen. Sie beteiligte sich anfänglich persönlich an den Pflanztätigkeiten etwa mit dem Einsetzen eines Dutzends von Palmen. Während der Arbeiten stieß man auf noch heute sichtbare Tempelfundamente, ein römisches Mosaik und eine Wasserleitung aus der Zeit um 600 v. Chr. Tatsächlich lag in der Antike auf einem Teil des Geländes der Privatgarten des Philosophen und Botanikers Theophrastos von Eresos. 1923 wurde der Königliche Garten der Öffentlichkeit freigegeben und 1974 in Nationalgarten umbenannt. Auch der Haupteingang wurde damals verlegt. Ein kleines Museum informiert über die Geschichte des Parks.

04 Zappeion

Von Anfang an war das klassizistische Palais in dem an den Nationalgarten angrenzenden Park als Multifunktionsgebäude geplant. Eröffnet wurde anlässlich der 4. Olympien 1888 – jener Vorläufer der modernen Olympischen Spiele, die der griechische Kaufmann und Mäzen Evangelos Zappas begründet hatte und zu denen auch die Ausstellung nationaler Produkte gehörte. Zappas Vermächtnis, eine geeignete Stätte für künftige Olympien zu errichten, war damit erfüllt. In Theodor Hansens markantem Ensemble wurden 1896 die ersten olympischen Fechtwettbewerbe ausgetragen, 1906 wurde das Zappeion als erstes olympisches Dorf genutzt. Seither gibt es dort Musikveranstaltungen, Kunst- und Warenschauen, Kongresse.

05 Panathenäisches Stadion

Auf den Fundamenten der um 330 v. Chr. in einer Mulde östlich der Akropolis errichteten Wettkampfanlage für die bedeutenden alljährlichen Panathenäischen Spiele rekonstruiert, diente die hufeisenförmige

Bekannt ist das Erechtheion auf der Akropolis insbesondere für die Säulen in Form von Mädchenfiguren.

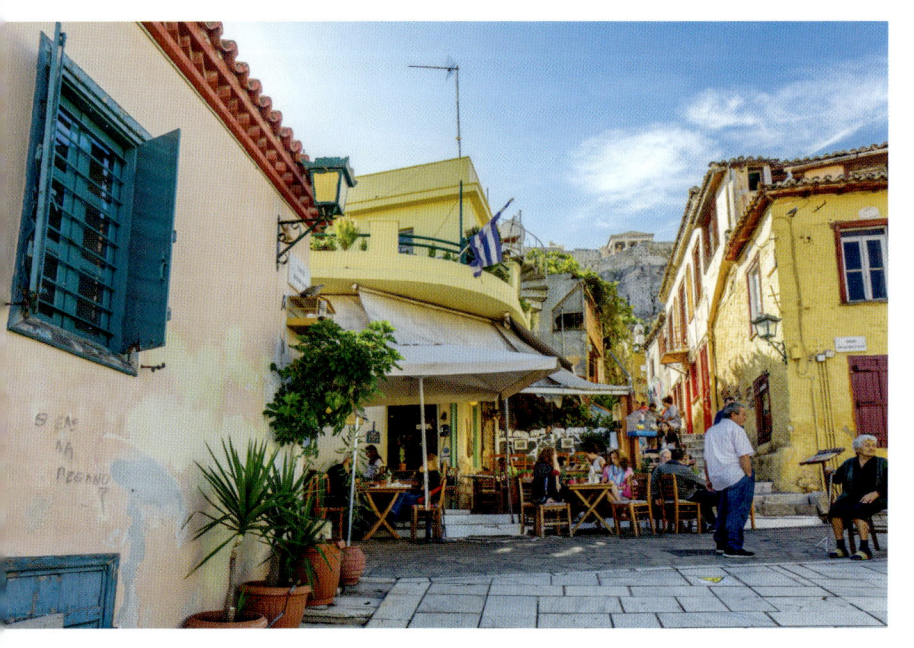

Anlage 1896 als Austragungsort der ersten Olympischen Spiele der Neuzeit. Die Tribünen für etwa 50 000 Zuschauer sollten ganz in Marmor ausgekleidet werden, doch die Zeit war zu knapp. Erst 1906, zu den inoffiziellen Zwischenspielen, war es so weit. Neben den Leichtathletik-Wettkämpfen wurden in ihm auch die Wettbewerbe im Gewichtheben, Ringen und Turnen ausgetragen. Heute wird das Panathinaiko-Stadion nur selten für Veranstaltungen genutzt, ist aber Ziel des seit 1982 ausgetragenen Athen-Marathons.

06 Hadrianstor & Tempel des olympischen Zeus

Die Athener ehrten Kaiser Hadrian um das Jahr 131 mit dem Bau eines Triumphbogens. Das aus demselben Marmor wie das Pantheon errichtete Tor trägt zwei Inschriften. Jene auf der Akropolis-Seite lautet: »Dies ist Athen, einst Theseus' Stadt«, die gegenüberliegende: »Dies ist Hadrians, nicht Theseus' Stadt«. Mit dieser Gleichstellung Hadrians und des Sagenhelden zollte Athen seinem Wohltäter Anerkennung. Nahe dem Hadrianstor stehen die verbliebenen 14 (von ursprünglich 104) Marmorsäulen des einst größten Tempels der griechischen Welt, dem Tempel des olympischen Zeus, auch »Olympieion« genannt. Bereits im 6. Jahrhundert v. Chr. wurde mit seiner Errichtung begonnen – vollendet wurde der Bau jedoch erst im Jahr 132.

07 Psirri-Viertel

Schicke Weinbars, urige Tavernen, oft mit Live-Musik, hippe Cafés und

Das Innere der Großen Mitropolis ist reich mit Fresken, Ikonen und Steinmetzarbeiten geschmückt und überaus prächtig anzuschauen.

2009 eröffnet, präsentiert das Akropolis-Museum ausschließlich Fundstücke der Athener Akropolis.

In der Plaka, Athens historischer Altstadt, ziehen sich viele von Cafés gesäumte Gassen den Hang hinauf.

Clubs, versteckte Pop-up-Hinterhoflokale: Das Areal zwischen Zentralmarkt und Monostiraki-Flohmarkt ist eine angesagte Ausgehadresse für Studenten wie Besserverdienende. In seinen Anfängen war das Viertel jenes der Einwanderer, Gesetzlosen und Revolutionäre. Nach und nach wurde Psirri dann zur Heimat von Handwerkern, wuchsen Betriebe und Märkte, sodass die Arbeiterklasse das Viertel ihr Zuhause nannte. Danach kam die Gentrifizierungswelle, der viele der alten Werkstätten und Kleinunternehmen zum Opfer fielen. Inzwischen gibt es aber wieder kleine, besondere Läden und an so mancher Fassade sorgt Street-Art-Kunst für einen neuen Blickfang.

08 Plaka

Bis zur modernen Stadtplanung Ottos I. im frühen 19. Jahrhundert bildete das malerische Mosaik aus schmalen Straßen und kleinen Plätzen am Fuß der Akropolis den Kern von Athen. 1840 lebten noch fast 20 000 Menschen in der Plaka. Allmählich aber wandelte sie sich zum Tavernen-Viertel. Viele ihrer meist nur zweistöckigen Holzbalkon-Häuser, zwischen denen sich mitunter byzantinische Kirchlein, eine Moschee, ein Hamam oder kleine Gärten verstecken, stehen auf antiken Fundamenten. Heute ist der Stadtteil geprägt von Souvenirläden und Lokalen mit meist griechischem Fastfood. In der Plaka liegen aber auch das Frissiras-Museum für moderne Kunst sowie jenes für Volkskunst, die römische Agora und die erste griechische Universität. Fast die gesamte Plaka ist verkehrsberuhigt, perfekt zum Bummeln also.

09 Große Mitropolis

Ihr offizieller Name lautet Kathedrikos Naos Evangelismoutis Theotokou und den Grundstein legte 1842 der damalige König Griechenlands, Otto von Bayern. Relikte von mehr als 70 heute nicht mehr existierenden Kirchen wurden für die Athener Kathedrale verbaut. Ihr Inneres ist reich mit Fresken, Ikonen und Steinmetzarbeiten im Stil des byzantinischen Formenkanons geschmückt. Wichtige Heiligtümer sind die Schreine der heiligen Philothea und des Patriarchen Gregor V. Die Große Mitropolis ist die Staatskirche Athens, in ihr legen Politiker ihren Amtseid ab und finden Bischofsweihen statt.

10 Kolonaki-Viertel

»Kleine Säule« bedeutet wörtlich der Name dieses Stadtteils im Herzen Athens. Einst geprägt von Künstlern, Literaten und Studenten, gilt er heute als der eleganteste und wohlhabendste der Landesmetropole. Zahlreiche Botschaften haben hier, am Saum des Lykavittos-Hügels, ihren Sitz. Zudem liegen mehrere Museen in dem Viertel, darunter das Byzantinische, jenes für kykladische Kunst und das seit 1929 in einem klassizistischen Herrenhaus untergebrachte private Benaki-Museum mit Exponaten aller Epochen der griechischen Kultur und Geschichte. Mit den ab 1920 erbauten luxuriösen Apartmenthäusern von Kolonaki zog zudem der Stil des Funktionalismus in die Athener Architektur ein. Etliche Bars, Ouzerien und Tavernen mit Sitzplätzen im Freien sorgen abends für eine lebhafte Atmosphäre.

11 Antike Agora

Jahrhundertelang das wirtschaftliche und politische Zentrum von Athen, mutet das heute üppig bewachsene Gelände am Fuß der Akropolis nahezu idyllisch an. Von seinen einst rund dreißig Gebäuden blieben nur zwei: der Hephaistos-Tempel (5. Jahrhundert v. Chr.) und die Stoa des Attalos (ca. 150 v. Chr.). Das Hephaisteion mit seinen 34 noch aufrechten Säulen zählt zu den besterhaltenen Tempeln Griechenlands. Ab dem 7. Jahrhundert bis 1834 diente er als Kirche, danach als erstes archäologisches Museum von Athen. In den Säulengängen der rekonstruierten Stoa wurde einst gehandelt, philosophiert und das »Scherbengericht« abgehalten, in dem attische Bürger über die zeitweilige Verbannung einzelner Politiker abstimmen konnten. Heute ist hier das sehenswerte Ago-

---

CAMPING ATHENS

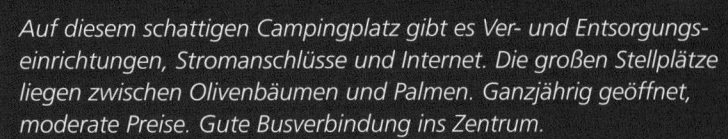

Auf diesem schattigen Campingplatz gibt es Ver- und Entsorgungseinrichtungen, Stromanschlüsse und Internet. Die großen Stellplätze liegen zwischen Olivenbäumen und Palmen. Ganzjährig geöffnet, moderate Preise. Gute Busverbindung ins Zentrum.

Leoforos Athinon 198–200, Athina 12136
www.campingathens.gr, GPS: 38.00314, 23.40195

CAMPING DIONISSOTIS

Unter schattigen Pinien steht man auf dem im Nordosten Athens gelegenen Campingplatz. Die Sanitäranlagen sind in die Jahre gekommen, wer autark im Wohnmobil unterwegs ist, muss sich davon allerdings nicht stören lassen.

Par. A/D Pathe, Athina 14564, www.campingdionissotis.gr,
GPS: 38.105183, 23.813301

PARKOPOLIS

Der kleine Parkplatz unweit des Hafens von Piräus im Südwesten Athens bietet zwar keinerlei Ver- und Entsorgungsmöglichkeiten, doch man steht hier sicher hinter einem nachts verschlossenen Tor, die Besitzerin Maria ist hilfsbereit und freundlich, eine nahe U-Bahn-Station bringt einen schnell ins Zentrum.

Fokionos 1-7, Pireas 18531,
GPS: 37.94768, 23.64599

ra-Museum untergebracht. Die Südost-Ecke schmückt heute als einziges Zeugnis der byzantinischen Ära die rekonstruierte Apostoli-Kirche.

12 Akropolis mit Parthenon und Erechtheion

Die Besiedlung des Athener Burgbergs führt bis in die Jungsteinzeit zurück. Die alte Königsburg wurde bereits im 6. Jahrhundert v. Chr. in einen heiligen Bezirk umgewandelt. Nach ihrer Zerstörung durch die Perser gelang es in der zweiten Hälfte des 5. Jahrhunderts v. Chr., die Heiligtümer in rascher Folge wiederaufzubauen. Das Bild der Akropolis Athens wird vom Parthenon beherrscht. Der in den Jahren 447 bis 422 v. Chr. entstandene Tempel war der Göttin Pallas Athene geweiht, deren Kultbild im Inneren aufbewahrt wurde. Er besteht aus leicht eisenhaltigem Marmor, der im Sonnenlicht besonders schön leuchtet. Die Säulen und Stufen legte der ausführende Baumeister Iktinos etwas geneigt an, wodurch der Eindruck der Symmetrie noch unterstrichen wird. Das nach dem mythischen König von Athen benannte Erechtheion entstand von 421 bis 406 v. Chr. Insgesamt 13 Göttern und Halbgöttern wurde in ihm gehuldigt – ein Sammeltempel gewissermaßen. Auch eine der Athene heilige Schlange soll hier gelebt haben. Die Vorhalle des Erechtheions tragen sechs überlebensgroße Mädchenstatuen, die sogenannten Karyatiden. Wen die Figuren darstellen, ist nicht bekannt. Die Propyläen sind die monumentale Toranlage der die Akropolis umgebenden Mauern. Sie entstanden in den Jahren 437 bis 432 v. Chr. Der etwas später erbaute Tempel der Athena Nike ist eines der ältesten erhaltenen Gebäude überhaupt im ionischen Stil.

13 Archäologisches Nationalmuseum

Untergebracht in einem klassizistischen Gebäude, zählt das Athener Sammlungshaus zu den größten Museen der Welt. Im Gros seiner gut fünfzig Räume sind mehr als 10 000 Exponate des griechischen Altertums aus allen Teilen des Landes ausgestellt – etwa die Hälfte des Bestandes. Der zeitliche Bogen des Konvoluts von Skulpturen, Bronzen, Keramiken, Schmuckstücken etc. spannt sich von der Vorgeschichte bis zur späten Klassik. Zu den bekanntesten antiken Ausstellungsstücken zählen die »Maske des Agamemnon«, die Fresken von Santorin, die Bronzestatue des Zeus oder Poseidon, der »Jockey vom Kap Artemision« und der »Mechanismus von Antikythera«.

14 Pedion tou Areos

Fast zweieinhalb Hektar misst das »Feld des Ares« – und ist damit der größte Park der Landesmetropole. 1933 begann die Anlage der großzügigen Grünanlage, deren Fertigstellung erst nach dem Zweiten Weltkrieg erfolgte. Mit ihr wollte man die Helden des Aufstands von 1821 ehren. 21 Marmorbüsten erinnern beiderseits der Hauptallee an sie. Am Haupteingang fällt der Blick zunächst auf die Reiterstatue König Konstantins I. Am südlichen Zugang reckt sich Göttin Athene marmorweiß himmelwärts. Auch zwei Kirchen stehen auf dem dicht bewaldeten Parkgelände: Agios Taxiarches und Agios Charalampos.

15 Kloster von Kaisariani

In einem von Zypressen, Platanen und Kiefern geprägten Tal steht diese Anlage, die zu den bedeutendsten byzantinischen Monumenten Attikas zählt. Erbaut im 11. Jahrhundert und bald erblüht zum reichsten der Klöster an den Hängen des bis zu tausend Meter hohen Hymettos-Rückens, blieb es bis 1821 aktiv. Einst besaß es Ländereien mit Olivenbäumen, Weinbergen, Bienenstöcken und Heilkräutergärten. Als die Osmanen im Jahr 1458 Attika besetzten, soll Sultan Mehmed II. beim Kloster der Schlüssel zur Stadt Athen überreicht worden sein. Von der ummauerten Anlage sind die Hauptkirche (Katholikon), das Refektorium, die Küche, das Badehaus und einige Zellen erhalten. Das Kloster ist heute ein Museum.

16 Piräus

515 v. Chr. wurde der Hafenort Teil Athens. Um einen ungehinderten Meereszugang sicherzustellen, ließ der Seestratege Themistokles beide Städte mit gemeinsamen, teilweise noch heute sichtbaren Mauern befestigen. Inzwischen ist Piräus der größte Passagierhafen Europas. Sein antiker Hafen bildet das Zentrum des Stadtlebens. Hier ankert das Liberty Ship Hellas als Museum der griechischen Handelsschifffahrt. Das nachindustrielle Retsina-Areal entwickelt

Der Hafen von Piräus ist der größte Seehafen Griechenlands.

Oben: das Kloster von Kaisariani wurde am Berghang des Hymettos errichtet.

Mitte: Schon der Portikus des Nationalmuseums ist beeindruckend.

Unten: Der Pedion tou Areos ist der größte Park der Stadt Athen.

sich zum neuen Kultviertel. Vom Kastella-Viertel mit seinen Treppenwegen bieten sich dafür herrliche Ausblicke. Auf dem Gebiet von Zea Marina lagen in der Antike große Werften, heute steht hier das Archäologische Museum.

17 Häfen

Neben seinem Haupthafen Kantaros mit Fährverbindungen zu Destinationen in ganz Griechenland und weltweitem Containerverkehr, verfügt Piräus auch über zwei Jachthäfen: Zea Marina und Mikrolimano. Zweiwichtigster Hafen im Großraum Athen ist Rafina, etwa 30 Kilometer nördlich des Athener Stadtzentrums. Benannt nach dem mythischen attischen Helden Araphin liegt er am nächsten zum Athener Flughafen und verbindet die Landeshauptstadt mit Kreta (Heraklion) sowie den Kykladen-Inseln Santorini, Ios, Paros, Mykonos Tinos und Andros. Lavrio am südlichsten Ende der Attika-Halbinsel wurde erst in jüngerer Zeit in ein Hauptfährterminal für die griechischen Inseln umgebaut. Es verbindet die Halbinsel Attika u.a. ebenfalls mit den Kykladen (auch kleineren wie Nea, Kythnos, Syrios) sowie mit Kavala und einigen Inseln der Ägäis.

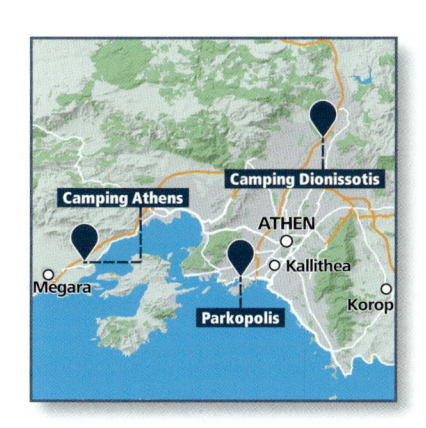

REGISTER

A

Aarhus 50
 ARoS Århus Kunstmuseum 50
 Den Gamle By 53
 Latinerkvarteret 53
 Marselisborg Slot 51
 Mejlgade og Skolegade 53
 St.-Clemens-Dom 50
 Stellplätze 53
 Universitet 53
Amsterdam 72
 Anne Frank Huis 73
 Begijnhof 77
 Blumenmarkt 72
 Dam-Platz und Königspalast 75
 Hauptbahnhof 72
 Rijksmuseum 75
 Rotlichtviertel 77
 Stellplätze 77
 Van-Gogh-Museum 75
 Vondelpark 77
Antwerpen 84
 Bahnhof 86
 Grote Markt mit Stadthuis und Brabo-Brunnen 84
 Hafen 87
 Liebfrauenkathedrale 84
 Museum Plantin-Moretus 85
 Königliches Museum der schönen Künste 86
 Stellplätze 87
Athen 230
 Akropolis 234
 Antike Agora 233
 Archäologisches Nationalmuseum 234
 Große Mitropolis 233
 Hadrianstor & Tempel des olympischen Zeus 232
 Kloster von Kaisariani 234
 Kolonaki-Viertel 233
 Nationalgarten 230
 Panathenäisches Stadion 231
 Parlament 230
 Pedion tou Areos 234
 Piräus 234
 Plaka 233
 Psirri-Viertel 232
 Stellplätze 233
 Syntagma-Platz 230
 Zappeion 231

B

Barcelona 196
 Antic Hospital de la Santa Creu 197
 Barri Gòtic 196
 Casa Amatller 201
 Casa Batlló 201
 Casa Lleo Morera 200
 Casa Milà 201
 Deutscher Pavillon 201
 Gran Teatre del Liceu 197
 Hospital de la Santa Creu 197
 La Barceloneta 199
 La Boqueria 197
 La Seu 196
 Les Rambles 197
 Museu Nacional d'Art de Catalunya 201
 Palau Nacional 201
 Parc Güell 199
 Passeig Marítim 199
 Plaça de Sant Jaume 196
 Plaça d'Espanya 201
 Port Vell 198
 Rambla del Mar 198
 Stellplätze 199
 Torre Agbar 200
Bergen 34
 Akvariet i Bergen 37
 Bergens Kunstmeile 37
 Festung Bergenhu 37
 Gamle Bergen 35
 Stellplätze 37
Berlin 120
 Alexanderplatz 122
 Berliner Dom 122
 Brandenburger Tor und Pariser Platz 123
 Bundeskanzleramt 120
 Checkpoint Charlie 125
 East Side Gallery 125
 Fernsehturm 120
 Forum Fridericianum 123
 Friedrichstadtpassagen und Galeries Lafayette 124
 Gendarmenmarkt 124
 Grunewald 125
 Hackesche Höfe 121
 Hauptbahnhof 121
 Haus der Kulturen der Welt 121
 Kronprinzenpalais und Opernpalais 123
 Kurfürstendamm 124
 Martin-Gropius-Bau 124
 Museumsinsel 122
 Neue Nationalgalerie 121
 Neue Synagoge 121
 Neue Wache 123
 Nikolaiviertel 122
 Oranienburger Straße 121
 Philharmonie 121
 Potsdamer Platz 121
 Reichstagsgebäude 120
 Rotes Rathaus 122
 Schloss Bellevue 121
 Schloss Charlottenburg 124
 Siegessäule 121
 Stellplätze 123
 Strandbad Wannsee 125
 Synagoge 125
 Unter den Linden 123
 Zeughaus 123
Bern 138
 Altstadt 138
 Bärengraben 139
 Brunnen 138
 Kellertheater Katakömbli 139
 Kram- und Gerechtigkeitsgasse 139
 Marzilibad 139
 Münster 138
 Stellplätze 139
Bilbao 194
 Guggenheim-Museum 194
 Puente Vizcaya 195
 Siete Calles 195
 Stellplätze 195
Bordeaux 100
 Kathedrale St.-André 100
 Place de la Comédie 100
 Saint-Michel & Saint-Seurin 100
 Stellplätze 101
 Triangle d'Or 101
Bozen 210
 Altstadt 210
 Bozener Lauben 210
 Dom 210
 Dominikanerkloster 211
 Franziskanerkloster 211
 Kapuzinerkirche 211
 Merkantilmuseum Bozens 211
 Museion 210
 Stellplätze 211
 Südtiroler Archäologiemuseum 211
 Waltherplatz mit Denkmal 211
Bratislava 174
 Altes Rathaus 176
 Burg Bratislava 174
 Hauptplatz (Hlavné námestie) 175
 Martinsdom 174
 Maximiliansbrunnen 176
 Nationaltheater 175
 Neue Donaubrücke 175
 Palais Grassalkovich 177
 Primatialpalais 177
 Stellplätze 177
Bremen 116
 Böttcherstraße 117
 Dom St. Petri, Dom-Museum und Bleikeller 117
 EADS Space Transportation 119
 Kunsthalle 119
 Liebfrauenkirche 117
 Rathaus 116
 Rhododendronpark 119
 Roland 116
 Schlachte 118
 Schnoor 119
 Stellplätze 119
 St. Stephani 118
 Überseemuseum 119
 Wallanlagen und Wallmühle 119
Brüssel 88
 Atomium 91
 Basilique Nationale du Sacré-Cœur 89
 Grand Place 88
 Hôtel de Ville 89
 Maison du Roi 89
 Musées Royaux des Beaux Arts de Belgique 91
 Palais Stocle 91
 Parc du Cinquantenaire 91
 Stellplätze 91
 St. Michel 90
Budapest 178
 Burgberg und Fischerbastei 178
 Burgpalast 178
 Burg Vajdahunyad 181
 Gellértbad 179
 Große Synagoge 179
 Heldenplatz 181
 Kettenbrücke 179
 Margareteninsel 181
 Matthiaskirche 179
 Parlament 180
 Stellplätze 181
 St.-Stephans-Basilika 181
 Ungarische Nationalgalerie 179
 Ungarische Staatsoper 181
Bukarest 182
 Calea Victoriei 182
 Lipscani-Viertel 183
 Nationales Kunstmuseum 183
 Parlamentspalast 182
 Stellplätze 183

D

Danzig 154
 Altstadt 156
 Artushof 157
 Die Bleihof-Insel 157
 Europejskie Centrum Solidarności – ECS 157
 Krantor 155
 Marienkirche 156
 Museum des Zweiten Weltkrieges 157
 Nationalmuseum 157
 Oliwa 157
 Rechtstadt 154
 Rechtstädtisches Rathaus 154
 Stellplätze 157
 Uphagenhaus 154
 Westerplatte 157
Den Haag 78
 Binnenhof 78
 Gemeentemuseum 78
 Mauritshuis 79
 Stellplätze 79
Dublin 14
 Bank of Ireland 17
 Bord Gáis Energy Theatre 18
 Christ Church Cathedral 19
 City Hall 17
 Custom House 15
 Docklands 18
 Dublin Castle 18
 Government Buildings 17
 Grafton Street 14
 Kilmainham Gaol 19
 National Gallery 17
 National Library 16
 National Museum 17
 O'Connell Street 14
 Phoenix Park 19
 Samuel Beckett Bridge 18
 Stellplätze 17
 St Patrick's Cathedral 18
 Trinity College 15

E

Edinburgh 24
 Balmoral Hotel 26
 Calton Hill 26
 Dean Village 27
 Edinburgh Castle 24
 Holyrood Palace 26
 National War Museum 24
 New Town 26
 Old Town 24
 Princes Street 26
 Princes Street Gardens 25
 Queen Street Gardens 27
 Ross Fountain 25
 Royal Botanic Garden 27
 Royal Mile 24
 Scott Monument 26
 St Andrew Square 26
 Stellplätze 27
 St Giles' Cathedral 25
 Thistle Chapel 25

F

Florenz 212
 Battistero di San Giovanni 213
 Cappelle medicee 212

Cattedrale S. Maria del
  Fiore 213
Galleria degli Uffizi 215
Giardino di Boboli &
  Giardino Bardini 215
Mercato Centrale 212
Palazzo Pitti 215
Palazzo Vecchio 214
Piazza della Signoria /
  Loggia dei Lanzi 213
Ponte Vecchio 215
San Lorenzo 212
San Miniato al Monte 215
Santa Croce 215
Santa Maria del Carmine 215
Santa Maria Novella 212
 Stellplätze 215
Frankfurt am Main 126
Alte Oper 127
Alt-Sachsenhausen 129
Dom St. Bartholomäus 126
Frankfurter Zoo 129
Freßgass 129
Goethe-Haus u. -Museum 129
Paulskirche 127
Römer und Römerberg 126
Städelsches Kunstinstitut
  und Städtische Galerie 129
Steinernes Haus 126
 Stellplätze 129

G

Genf 140
Ariana Museum Geneva 140
Carouge 143
Internationales Rotkreuz-
  und Rothalbmond-
  museum 140
Jet d'eau 141
Kathedrale 141
MEG (Musée d'Ethno-
  graphie de Genève) 143
Musée d'art et
  d'histoire 142
Palais des Nations 141
Parc des Bastions 143
Place du Bourg-de-Four 142
 Stellplätze 143
Glasgow 20
Clyde Waterfront 22
Finnieston Crane 23
George Square und City
  Chambers 20
Glasgow Botanic Gardens 21
Glasgow School of Art 21
Glasgow Science Centre 22
Kelvingrove 21
Kelvingrove Park 22
Merchant City 20
Queen's Park 22
Riverside Museum 23
Royal Exchange Square und
  Gallery of Modern Art 20
Scottish Event Campus (SEC) 23
SEC Armadillo 23
Seven Lochs Wetland Park 22
 Stellplätze 23
St Mungo's Cathedral 21
Victoria Park 22
Granada 206
Albaicín 206
Alhambra 206
Caldereria Nueva 207
Kathedrale, Capilla Real 207

Plaza Nueva 207
San Jerónimo 207
 Stellplätze 207

H

Hamburg 110
Altona 114
Außenalster 114
Blankenese 115
Chilehaus 112
Fischmarkt 115
Fleetinsel 111
Gängeviertel 111
Jungfernstieg 110
Kunsthalle 113
Mönckebergstraße 110
Museum für Kunst und
  Gewerbe 112
Nikolaifleet/Deichstraße 112
Övelgönne 115
Palmaille 115
Planten un Blomen 114
Rathaus 110
Reeperbahn 114
Roter Baum/Harvestehude 114
Schanzenviertel 114
Speicherstadt 113
 Stellplätze 113
St. Jakobi 113
St.-Katharinenviertel 112
St. Michaelis 111
St. Pauli Landungsbrücken 113
St. Petri 113
Tierpark Hagenbeck 115
Helsinki 60
Ateneum 61
Botanischer Garten und
  Kaisaniemi-Park 60
Design-Museum 62
Dom 61
Felsenkirche 62
Finlandia-Halle 63
Freizeitpark Linnanmäki 63
Hauptbahnhof 60
Kapelle des Schweigens 62
Kauppatori 61
Kiasma – Museum für
  Gegenwartskunst 63
Museum für Finnische
  Architektur 62
Musikhalle 63
Nationalbibliothek 61
Nationalmuseum 62
Nördliche Esplanade bis
  Aleksanterinkatu 61
Olympiastadion 63
Oper 62
Sibelius-Park 63
 Stellplätze 63
Traditionskaufhaus
  Stockmann 61
Uspenski-Kathedrale 61

I

Innsbruck 144
Alpenzoo 146
Alte Universität 146
Dom zu St. Jakob 144
Helblinghaus 144
Hofgarten 146
Hofkirche, Silberne Kapelle 145
Kaiserliche Hofburg 145
Maria-Theresien-Straße 144
Nordkettenbahn 147

Schloss Ambras 147
 Stellplätze 147
Stift Wilten 146
Tiroler Landesmuseum 146
Wiltener Basilika 147

K

Kopenhagen 54
Amalienborg Slot &
  Frederiks Kirke 57
Bibliotekshaven 56
Botanisk Have 59
Christiansborg Slot 56
Christianshavn 57
Dansk Design Center 59
Det Kgl. Bibliotek 56
Gammeltorv & Nytorv 55
Holmens Kirke & Børsen 56
Nationalmuseet 59
Ny Carlsberg Glyptotek 55
Nyhavn 57
Operaen på Holmen 58
Pisserenden & Latinerkvar-
  teret 59
Rådhus 54
Rådhuspladsen 54
Ridebaneanlægget 56
Rosenborg Slot 58
Rundetårn 57
Sankt Petri Kirke 59
Slotsholmen 56
Slotskirke 56
Statens Museum for Kunst 59
 Stellplätze 57
Strøget 57
Universitet 59
Krakau 164
Collegium Maius 165
Kazimierz 166
Kościół Mariacki 164
Muzeum Książąt
  Czartoryskich 164
Nowa Huta 167
Planty 165
Podgórze 167
Rynek Główny 164
 Stellplätze 167
Wawel 165
Wieliczka 167

L

Lissabon 188
Alfama 189
Ascensor da Bica 191
Belém & Ajuda 193
Castelo de São Jorge 189
Catedral Sé Patriarcal 189
Chiado & Bairro Alto 190
Convento do Carmo 191
Elevador de Santa Justa 188
Estação de Caminhos de
  Ferro do Rossio 189
Estação do Oriente 190
Feira da Ladra 190
Jardim da Estrela 193
Mercado da Ribeira 191
Mosteiro dos Jerónimos 193
Padrão dos Descobrimentos 193
Palácio de São Bento,
  Assembleia da República 193
Parque das Nações 190
Parque Eduardo VII de
  Inglaterra 189
Praça de São Paulo 191

Praça do Comércio 188
Praça do Municipio &
  Câmara Municipal 191
Praça dos Restauradores 189
Rossio 188
Rua Garrett 191
São Vicente de Fora 190
 Stellplätze 191
Torre de Belém 193
Ljubljana 222
Altstadt 222
Franziskanerkirche 222
Kolonnaden 225
Nationalgalerie 225
Schusterbrücke 222
Sommertheater Križanke 225
 Stellplätze 225
Tromostovje 222
London 28
Bank of England 32
British Museum 31
Buckingham Palace 29
Docklands & Canary Wharf 33
Downing Street 30
Guildhall 32
Hyde Park 32
Kew Gardens 33
London Eye 33
Museum of London 32
National Gallery 31
 Stellplätze 31
St Paul's Cathedral 29
Tate Britain 31
Tate Modern 31
The Monument 32
The Shard 33
Tower Bridge 28
Tower of London 28
Victoria & Albert Museum 31
Westminster Abbey 30
Westminster Palace 30
Lyon 102
Centre d'Histoire de la
  Résistance et de la
  Déportation 103
Grand Hôtel-Dieux 103
Musée des Beaux-Arts 102
Notre-Dame de Fourvière 102
 Stellplätze 103

M

Malmö 42
Gamla staden 42
Hafen 42
Lilla Torg 43
Schloss Malmöhus 43
 Stellplätze 43
Trelleborg 42
Marseille 104
Cathédrale 104
Le Panier 107
MuCEM 104
Notre-Dame-de-la-Garde 106
Palais Longchamp 107
 Stellplätze 107
Vieux Port 105
Meran 208
Heiliggeistkirche 208
Schloss Trauttmansdorf 209
Stadtpfarrkirche St.
  Nikolaus 209
 Stellplätze 209
Südtiroler Landesmuseum 209

München 130
  Alter Peter 130
  Asamkirche 131
  Deutsches Museum 133
  Englischer Garten 133
  Feldherrnhalle 131
  Frauenkirche 131
  Haus der Kunst 133
  Hofgarten 133
  Königsplatz 133
  Kunstareal München 133
  Marienplatz 130
  Nationaltheater 133
  Neues Rathaus 130
  Olympiapark 133
  Residenz 133
  Schloss Nymphenburg 133
  Stadtmuseum Jakobsplatz 131
  🎯 Stellplätze 133
  Theatinerkirche 131
  Valentin-Karlstadt-Musäum 131
  Viktualienmarkt 130

N

Nizza 108
  Altstadt 109
  Promenade des Anglais 108
  🎯 Stellplätze 109

O

Oslo 38
  Aker Brygge 39
  Bygdøy 41
  Domkirke 40
  Fram-Museum 41
  Historisches Museum 38
  Karl Johans gate 39
  Königliches Schloss 38
  Munch-Museum 41
  Museet for Samtidskunst 40
  Nationalgalerie 39
  Norsk Folkemuseum 41
  Norsk Sjøfartsmuseum 41
  Oper 40
  Rathaus 39
  🎯 Stellplätze 41
  Stortinget 39
  Vigelandpark 38
  Vikingskiphuset 41

P

Paris 92
  Centre Pompidou 94
  Champs-Elysées 95
  Eiffelturm 97
  Galeries Lafayette 95
  Hôtel des Invalides 96
  Hôtel de Ville 93
  Île Saint-Louis und Île de la Cité 93
  Jardin des Tuileries 95
  Jardin du Luxembourg 96
  Louvre 95
  Marais 93
  Montmartre 97
  Notre-Dame 93
  Opéra Garnier 96
  Panthéon 96
  Place de la Bastille 94
  Place de la Concorde 95
  Place des Vosges 94
  Sacré-Cœur 97
  Sainte-Chapelle 93
  🎯 Stellplätze 95
Porto 184
  »Café Majestic« 187
  Cais da Ribeira 184
  Estação São Bento 186
  Igreja de Santa Clara 185
  Igreja de São Lourenço 185
  Igreja do Carmo 186
  Igreja dos Clérigos 186
  Igreja Monumento de São Franciscoi 185
  Livraria Lello 186
  Mercado do Bolhão 187
  Palácio da Bolsa 185
  Ponte Dom Luís I 184
  Praça da Liberdade 186
  Sé do Porto 184
  🎯 Stellplätze 187
  Vila Nova de Gaia 187
Prag 168
  Altstädter Rathaus 171
  Altstädter Ring 171
  Goldenes Gässchen 168
  John-Lennon-Mauer 173
  Jüdisches Viertel 173
  Karlsbrücke 171
  Kleinseite 171
  Kloster Strahov 171
  Prager Burg 168
  🎯 Stellplätze 171
  St.-Nikolaus-Kirche 171
  Tanzendes Haus 173
  Teynkirche 173
  Veitsdom 169
  Wenzelsplatz 173

R

Riga 66
  Altstadt 66
  Dom St. Marien 66
  Jugendstilbauten 69
  Kultur- und Wissenschaftspalast 69
  Nationaloper 69
  Neustadt 69
  Petrikrche 66
  Schwarzhäupterhaus 67
  🎯 Stellplätze 69
  Zentralmarkt 69
Rom 216
  Campo de' Fiori 221
  Cappella Sistina 221
  Circo Massimo 219
  Fontana di Trevi 216
  Forum Romanum 221
  Kapitol 221
  Kolosseum 220
  Musei Capitolini 221
  Musei Vaticani 221
  Palatin & Orti Farnesiani 219
  Palazzo di Montecitorio 217
  Pantheon 221
  Piazza del Popolo 216
  Piazza del Quirinale & Palazzo del Quirinale 217
  Piazza di Spagna & Santissima Trinità dei Monti 216
  Piazza Navona 221
  San Giovanni in Laterano & Scala Santa 219
  San Lorenzo fuori le mura & Campo Verano 218
  San Pietro in Montorio 221
  San Pietro in Vaticano 221
  Santa Croce in Gerusalemme 218
  Santa Maria degli Angeli e dei Martiri 217
  Santa Maria in Trastevere 221
  Santa Maria Maggiore 217
  🎯 Stellplätze 219
  Terme di Caracalla 219
  Terme di Diocleziano (Museo Nazionale Romano) 217
  Villa Borghese 216
Rotterdam 80
  Euromast 82
  Grote Kerk 80
  Kijk-Kubus 82
  Markthalle 83
  Museum Boijmans van Beuningen 83
  Stadthuis 81
  🎯 Stellplätze 83
  Van-Nelle-Fabrik 80

S

Salzburg 148
  Dom 149
  Felsenreitschule 150
  Festung Hohensalzburg 148
  Franziskanerkirche 149
  Getreidegasse 151
  Haus der Natur 150
  Mönchsberg 150
  Mozarteum 151
  Mozarts Geburtshaus 151
  Mozarts Wohnhaus 151
  Residenz und Residenzplatz 148
  🎯 Stellplätze 151
  Stiftskirche St. Peter 150
Sevilla 202
  Altstadt, Barrio Santa Cru 202
  Archivo de las Indias 202
  Avenida de la Constitución 203
  Casa de Pilatos 203
  Giralda und Kathedrale Santa María de la Sede 202
  Hospital de la Santa Carid 205
  Iglesia de San Luis 203
  La Real Maestranza 204
  Palacio San Telmo 205
  Patios und Salon de Los Embajadores 203
  Plaza de América 205
  Plaza de España 205
  Reales Alcázares 203
  Santa María la Blanca 203
  🎯 Stellplätze 205
  Triana 205
Split 226
  Altstadt 226
  Baptisterium/Jupitertempel 229
  Diokletianpalast 227
  Kathedrale des heiligen Domniu 229
  Promenade 226
  🎯 Stellplätze 229
Stockholm 44
  Djurgården 49
  Gamla Stan 44
  Helgeandsholmen 48
  Königsschloss 47
  Norrmalm 45
  Östermalm 47
  Riddarholmen 47
  Schloss Drottningholm 49
  Skansen 48
  Stadshuset 47
  🎯 Stellplätze 51
  Storkyrkan 47
  Vasamuseum 48
Straßburg 98
  Cour de Corbeau 99
  Liebfrauenmünster 98
  Musée d'Art Moderne et Contemporaine (MAMCS 99
  Palais Rohan 98
  Ponts Couverts und La Petite France 98
  🎯 Stellplätze 99

T

Tallinn 64
  Alexander-Newski-Kathedrale 65
  Altstadt 64
  Heiliggeistkirche 65
  Kadriorg 65
  Marktplatz und Rathaus 64
  Ratsapotheke 64
  🎯 Stellplätze 65

W

Warschau 158
  Chopin-Museum 161
  Johannesdom 158
  Koneser-Gelände 163
  Königsschloss Zygmunt III. 158
  Krakowskie Przedmieście/Nowy Świat 160
  Łazienki Królewskie 163
  Marie-Skłodowska-Curie-Museum 160
  Muzeum Narodowe 162
  Nożyk-Synagoge 161
  Pałac Kultury i Nauki 161
  Polin – Museum der polnischen Juden 161
  Rynek Starego Miasta 158
  🎯 Stellplätze 161
  Wilanów 163

Z

Zürich 134
  Fraumünster 134
  Grossmünster 134
  Opernhaus 135
  🎯 Stellplätze 137
  Zürichsee 137
  Zürich-West 137

BILDNACHWEIS · IMPRESSUM

Abkürzungen: C = Corbis; G = Getty Images; M = Mauritius Images

S. 2–3 Look/age fotostock; S. 4–5 M/Alamy; S. 6–7 G/JongYoung Kim; S. 8–9 G/Pakin Songmor; S. 11 M/Nicola Ferrari; S. 12–13 M/A. Tamboly; S. 14 C/Carl Bruemmer; S. 15 Look/Lukas Larsson; S. 15 Leonid Andronov/Shutterstock.com; S. 16 Look/age fotostock; S. 16 M/Lucas Vallecillos; S. 16 M/Stefan Kiefer; S. 18 G/View Pictures; S. 19 Look/Jan Greune; S. 19 Ross Mahon/Shutterstock.com; S. 20 Leonid Andronov/Shutterstock.com; S. 21 M/Alamy; S. 22 Look/Karl Johaentges; S. 22 M/Alexander Foraker; S. 24–25 C/Guido Cozzi; S. 25 M/Alamy; S. 26 G/Joe Daniel Price; S. 28–29 Sven Hansche/Shutterstock.com; S. 29 Willy Barton/Shutterstock.com; S. 29 f11photo/Shutterstock.com; S. 30 C/Rudy Sulgan; S. 30 Salparadis/Shutterstock.com; S. 30 M/Ralf Poller; S. 32 S.Borisov/Shutterstock.com; S. 33 G/Pawel Libera; S. 34–35 Mark and Anna Photography/Shutterstock.com; S. 35 G/Brian D. Bumby; S. 35 G/Andrew J Shearer; S. 35 Look/age fotostock; S. 36 kross13/Shutterstock.com; S. 36 M/Lucas Vallecillos; S. 36 M/Alexey Kovalev; S. 38–39 Look/Christian Bäck; S. 39 Look/Konrad Wothe; S. 40 Michael715/Shutterstock.com; S. 40 Mikhail Markovskiy/Shutterstock.com; S. 42–43 Look/Olaf Meinhardt; S. 43 M/Dan Manila; S. 44–45 G/fotoVoyager; S. 45 Look/Olaf Meinhardt; S. 45 G/Atlantide Phototravel; S. 46 G/Peter Adams; S. 46 M/Alamy; S. 46 M/Christian Bäck; S. 47 GenOMart/Shutterstock.com; S. 48 Look/Elan Fleisher; S. 49 Look/Brigitte Merz; S. 50 Look/Christian Bäck; S. 51 M/Sindre Ellingsen; S. 51 M/Nick Brundle; S. 51 M/R. Ian Lloyd; S. 52 G/Bob Douglas; S. 52 G/Andrea Rapisarda; S. 52 M/Roberto Rizzi; S. 54–55 M/Michael Abid; S. 55 Look/Lukasz Zandecki; S. 55 M/Daryl Mulvihill; S. 56 M/imageBROKER; S. 58 M/Prisma Archivo; S. 58 G/kavalenkau; S. 58 Sina Ettmer Photography/Shutterstock.com; S. 60–61 elina/Shutterstock.com; S. 61 Studio GM/Shutterstock.com; S. 62 watermelonart/Shutterstock.com; S. 62 Look/Olaf Meinhardt; S. 64 Look/Kay Maeritz; S. 65 G/Thomas Roche; S. 66–67 M/Alamy; S. 67 dimbar76/Shutterstock.com; S. 67 Look/Hemis; S. 68 Sergei25/Shutterstock.com; S. 68 G/tomch; S. 68 G/Tonygers; S. 70–71 G/Feifei Cui-Paoluzzo; S. 72–73 M/Noppasin Wongchum; S. 73 G/Pakin Songmor; S. 73 M/Yuliya Mykolaïvna Heikens; S. 73 G/Ali Suliman; S. 74 G/Buena Vista Images; S. 74 Look/Hanna Wagner; S. 74 M/Werner Dieterich; S. 75 Fotografiecor.nl/Shutterstock.com; S. 75 M/Simon Montgomery; S. 76 M/Alamy; S. 76 M/Rene Mattes; S. 76 G/George Pachantouris; S. 78 f11photo/Shutterstock.com; S. 78–79 G/Georgios Tsichlis; S. 79 G/Georgios Tsichlis; S. 79 Andrew Balcombe/Shutterstock.com; S. 80–81 Look/Franz Suflbauer; S. 81 Look/Franz Suflbauer; S. 81 M/Alamy; S. 81 M/Peter Schickert; S. 82 Frans Blok/Shutterstock.com; S. 82 M/Nicolas Economou; S. 83 G/frans Willemblok; S. 84–85 Dmitry Rukhlenko/Shutterstock.com; S. 85 G/sedmak; S. 86 M/Jochen Tack; S. 86 M/Alamy; S. 87 Look/age fotostock; S. 87 Look/Holger Leue; S. 88–89 TTstudio/Shutterstock.com; S. 89 M/Alamy; S. 89 symbiot/Shutterstock.com; S. 90 Look/robertharding; S. 90 Look/Image Source; S. 90 Look/robertharding; S. 92–93 NicoElNino/Shutterstock.com; S. 93 M/Alamy; S. 94 G/Sylvain Sonnet; S. 94 Look/Hemis; S. 96 G/Pawel Libera; S. 96 fokke baarssen/Shutterstock.com; S. 97 Rene Gabrielli/Shutterstock.com; S. 97 Look/Hemis; S. 98 Marina Datsenko/Shutterstock.com; S. 99 S. Nedev/Shutterstock.com; S. 99 FreeProd33/Shutterstock.com; S. 100 M/Jeff Gilbert; S. 101 M/Bruno Kickner; S. 101 M/Julian Elliott; S. 101 LucVi/Shutterstock.com; S. 102 Look/Hemis; S. 102–103 prochasson frederic/Shutterstock.com; S. 103 Pigprox/Shutterstock.com; S. 104–105 G/Westend61; S. 105 M/Martin Thomas; S. 106 G/Yann Guichaoua; S. 106 S-F/Shutterstock.com; S. 106 Carolyne Parent/Shutterstock.com; S. 107 G/btrenkel; S. 108 Look/robertharding; S. 108–109 54115341/Shutterstock.com; S. 108–109 Look/Hemis; S. 109 Look/robertharding; S. 110–111 Jonas Weinitschke/Shutterstock.com; S. 111 Nick N A/Shutterstock.com; S. 112 H. & D. Zielske; S. 112 Yarchyk/Shutterstock.com; S. 112 Look/Hanna Wagner; S. 114 Look/Ulf Böttcher; S. 114 Look/Engel & Gielen; S. 115 Look/Walter Schiesswohl; S. 115 M/Alamy; S. 116 pixelschoen/Shutterstock.com; S. 116–117 canadastock/Shutterstock.com; S. 117 Look/Günther Bayerl; S. 117 Look/Günther Bayerl; S. 117 Mikhail Markovskiy/Shutterstock.com; S. 118 Look/Günther Bayerl; S. 118 Look/Günther Bayerl; S. 118 M/Hans P. Szyszka; S. 120–121 M/Andreas Vitting; S. 121 M/Catharina Lux; S. 122 Look/Photononstop; S. 122 canadastock/Shutterstock.com; S. 122 Chitarra/Shutterstock.com; S. 124 frank_peters/Shutterstock.com; S. 125 T.Lagerwall/Shutterstock.com; S. 125 Wirestock Creators/Shutterstock.com; S. 126–127 canadastock/Shutterstock.com; S. 127 Look/age fotostock; S. 128 Look/Ingolf Pompe; S. 128 Look/Christian Bäck; S. 128 travelview/Shutterstock.com; S. 128 Look/Manuel Bischof; S. 130–131 Noppasin Wongchum/Shutterstock.com; S. 131 Diego Grandi/Shutterstock.com; S. 131 manfredzy/Shutterstock.com; S. 132 AllesSuper/Shutterstock.com; S. 132 fabio1s/Shutterstock.com; S. 132 Lukassek/Shutterstock.com; S. 132 M/Alessandra Schellnegger; S. 134–135 Look/robertharding; S. 135 Look/ClickAlps; S. 135 M/Juergen Held; S. 136 Look/travelstock44; S. 136 Gina Power/Shutterstock.com; S. 136 Look/travelstock44; S. 137 Everyonephoto Studio/Shutterstock.com; S. 138–139 Look/robertharding; S. 139 Look/robertharding; S. 140–141 S-F/Shutterstock.com; S. 141 Look/robertharding; S. 142 M/Kim Petersen; S. 142 G/L. Toshio Kishiyama; S. 142 Look/Ingolf Pompe; S. 143 Markus Wissmann/Shutterstock.com; S. 144 Kadagan/Shutterstock.com; S. 145 Look/robertharding; S. 145 Mikhail Markovskiy/Shutterstock.com; S. 145 Look/age fotostock; S. 146–147 Ihor Serdyukov/Shutterstock.com; S. 147 M/Werner Dieterich; S. 148–149 Yevhenii Chulovskyi/Shutterstock.com; S. 149 Aleksandr N/Shutterstock.com; S. 149 Look/Lukas Pilz; S. 150 M/Martin Moxter; S. 150 canadastock/Shutterstock.com; S. 151 M/ImageBROKER; S. 152–153 M/Bruno Kickner; S. 154–155 artba_nwh/Shutterstock.com; S. 155 Boris Stroujko/Shutterstock.com; S. 155 Patryk Kosmider/Shutterstock.com; S. 156 Mazur Travel/Shutterstock.com; S. 156 Sova Olena/Shutterstock.com; S. 156 wjarek/Shutterstock.com; S. 156 vivooo/Shutterstock.com; S. 158 fotorince/Shutterstock.com; S. 159 M/Ian Dagnall; S. 159 Ruslan Lytvyn/Shutterstock.com; S. 159 Stanislaw Tokarski/Shutterstock.com; S. 160 Look/Lukasz Zandecki; S. 160 M/Piotr Borkowski; S. 161 M/Alessio Eramo; S. 162 Mateusz Skoneczny/Shutterstock.com; S. 162 Fotema/Shutterstock.com; S. 163 Tupungato/Shutterstock.com; S. 163 Fotokon/Shutterstock.com; S. 164–165 Daniel Turbasa/Shutterstock.com; S. 165 G/Joe Daniel Price; S. 165 MoLarjung/Shutterstock.com; S. 166 mehdi33300/Shutterstock.com; S. 166 Elzbieta Krzysztof/Shutterstock.com; S. 166 pabmap/Shutterstock.com; S. 168–169 Look/robertharding; S. 169 Look/Karl Johaentges; S. 169 Look/Avalon.red2; S. 170 G/Ilia Fuki; S. 170 Look/Spaces Images; S. 170 Look/ClickAlps; S. 172 Look/Don Fuchs; S. 172 Look/Elan Fleisher; S. 172 Look/age fotostock; S. 173 Kiev.Victor/Shutterstock.com; S. 174 Look/Brigitte Merz; S. 175 Look/PhotoAlto; S. 175 Look/Brigitte Merz; S. 176 Look/ClickAlps; S. 176 Rudy Balasko/Shutterstock.com; S. 177 Look/Julia Franklin Briggs; S. 178–179 Mistervlad/Shutterstock.com; S. 179 Look/age fotostock; S. 180 Look/robertharding; S. 180 Look/age fotostock; S. 180 Look/Norbert L. Maier; S. 182 Look/Hans Georg Eiben; S. 183 M/Dimitar Chobanov; S. 183 Look/robertharding; S. 184–185 Look/Steffen Hoppe; S. 185 G/Japatino; S. 186 Look/ClickAlps; S. 186 M/Aziz Ary Neto; S. 188–189 Look/Thomas Stankiewicz; S. 189 Look/Frank Waldecker; S. 190 Look/Konrad Wothe; S. 190 Look/robertharding; S. 190 M/Stefan Kiefer; S. 192 G/Walter Alter Zerla; S. 192 G/Sylvain Sonnet; S. 192 M/Peter Herbert; S. 194 Look/Andreas Straufl; S. 194 Jon Chica/Shutterstock.com; S. 195 Look/age fotostock; S. 196–197 G/fotoVoyager; S. 197 Pen_85/Shutterstock.com; S. 198 Look/robertharding; S. 198 Look/Andreas Straufl; S. 198 Look/robertharding; S. 200 M/Marco Simoni; S. 200 Look/Daniel Schoenen; S. 200 Look/Saga Photo; S. 202–203 Look/robertharding; S. 203 Look/ClickAlps; S. 204 Look/ClickAlps; S. 204 Look/age fotostock; S. 204 Look/ClickAlps; S. 206 Look/ClickAlps; S. 207 M/Rene Mattes; S. 208 G/Helmuth Rier; S. 208 Look/Helge Bias; S. 209 Look/Helge Bias; S. 210 xbrchx/Shutterstock.com; S. 211 M/Roger Hollingsworth; S. 212–213 G/Mitch Diamond; S. 213 G/Givaga; S. 213 G/Maremagnum; S. 214 Look/Juergen Richter; S. 214 G/Atlantide Phototravel; S. 214 Look/Juergen Richter; S. 214 G/Anna Pakutina; S. 216–217 C/Ken Kaminesky; S. 217 G/sborisov; S. 218 Look/Gerald Hänel; S. 218 G/Christophe Faugere; S. 218 C/Ken Kaminesky; S. 218 G/Edwin Remsberg; S. 219 Look/Strau Andreas; S. 220 G/Nico De Pasquale; S. 220 G/Jumping Rocks; S. 220 Look/Manuel Bischof; S. 222–223 Look/Hanna Wagner; S. 223 M/Alamy; S. 223 C/Matthew Williams-Ellis; S. 224 M/Moreno Geremetta; S. 224 Look/Hanna Wagner; S. 224 Look/Hanna Wagner; S. 226–227 Look/robertharding; S. 227 Look/robertharding; S. 227 G/Douglas Pearson; S. 228 Look/robertharding; S. 228 M/Alamy; S. 228–229 Ajsnhar73; S. 230–231 M/Michael Abid; S. 231 M/Haris Vithoulkas; S. 232 M/Frank Fell; S. 232 M/Wiliam Perry; S. 232 M/Alamy; S. 234 M/Richard Cummins; S. 235 M/Giannis Katsaros; S. 235 M/Giuseppe Masci; S. 235 M/Andrey Shevchenko

Genehmigte Sonderausgabe für Weltbild GmbH & Co. KG, Ohmstraße 8a, 86199 Augsburg

Copyright © 2022 by Kunth Verlag, München – MAIRDUMONT GmbH & Co. KG, Ostfildern
b2b@kunth-verlag.de
Projektleitung: Micaela Verfürth

Umschlaggestaltung: Atelier Seidel, Teising
Umschlagmotive: iStockphoto/bruev

Printed in Italy

ISBN 978-3-8289-4037-6

Besuchen Sie uns im Internet:
www.weltbild.de

MIX Papier aus verantwortungsvollen Quellen
FSC® C015829

Text: Anke Benstem, Romana Bloch, Oliver Breda, Anna Eckerl, Stephan Fennel, Robert Fischer, Stephanie Fischer, Dr. Natalie Göltenboth, Melanie Goldmann, Christiane Gsänger, Dr. Maria Guntermann, Cornelia Hammelmann, Rita Henss, Katinka Holupirek, Laura Joppien, Stefan Jordan, Gerhard von Kapff, Anja Kauppert, Daniela Kebel, Maria Kornkamp, Thomas Krämer, Andrea Lammert, Ingrid Langschwert, Dr. Susanne Lipps-Breda, Kerstin Majewski, Olaf Matthei-Socha, Michael Müller, Iris Ottinger, Bernhard Pollmann, Christa Pöppelmann, Dr. Ulrike Prinz, Gabriele Redden, Dr. Isabel Rith-Magni, Andrea Rudolf, Dörte Saße, Iris Schaper, Daniela Schetar, Julia Schott, Snežana Šimicic, Oswald Stimpfl, Annika Voigt, Walter Weiss, Sabine Welte
Redaktion: Anna Eckerl, Robert Fischer, Annika Voigt
Gestaltung: Ulrike Lang
OSM-Kartographie: © KOMPASS-Karten GmbH, Karl-Kapferer-Straße 5, A-6020 Innsbruck, unter Verwendung von Kartendaten von OpenStreetMap Contributors
Verlagsleitung: Grit Müller

Alle Rechte vorbehalten. Reproduktionen, Speicherung in Datenverarbeitungsanlagen, Wiedergabe auf elektronischen, foto-mechanischen oder ähnlichen Wegen nur mit der ausdrücklichen Genehmigung des Copyrightinhabers.

Alle Fakten wurden nach bestem Wissen und Gewissen mit der größtmöglichen Sorgfalt recherchiert. Redaktion und Verlag können jedoch für die absolute Richtigkeit und Vollständigkeit der Angaben keine Gewähr leisten. Der Verlag ist für alle Hinweise und Verbesserungsvorschläge jederzeit dankbar. Verlag ist für alle Hinweise und Verbesserungsvorschläge jederzeit dankbar.